盛益民 主编

科教读物

启悟问答

清末上海话自然读物

盛益民 杨阳 编著

中西書局

图书在版编目(CIP)数据

清末民初上海话文献丛刊. 第一辑. 3, 启悟问答 : 清末上海话自然读物 / 盛益民主编; 盛益民, 杨阳编著. —上海 : 中西书局, 2024

ISBN 978-7-5475-2063-5

Ⅰ.①清… Ⅱ.①盛… ②杨… Ⅲ.①吴语－文献－上海－近代－丛刊 Ⅳ.①H173-55

中国国家版本馆 CIP 数据核字(2024)第056793号

目　　录

导　言

一

《启悟问答》(以下简称“《问答》”)是一本用上海方言编写的自然科学教科书,主要讲授天文、地理、物理等方面的知识。

《问答》一书,未见之前的各类书目提及,也罕为学界所知,笔者近日于澳大利亚国家图书馆的“伦敦会特藏(Special collection from London Missionary Society)”中发现。该书出版于清光绪十九年(1893),板藏上海土话书局,由上海美华书馆摆印。书中的作者信息阙如,而关于“上海土话书局”的相关信息,我们尚未查到。

所幸的是,清末上海学者黄世荣[①]的《文惠全书》为我们保留下来《问答》的相关信息:“约翰书院所刊《启悟问答》即《启悟初津》易以俗语,与《花夜记》第二本之文言俗语并列,皆教法之煞费苦心者。然

① 吴成平主编《上海名人辞典》载:“黄世荣(1848—1911),清末江苏嘉定(今属上海市)人,字问伯,一字去华,号慰慈,晚号蝯叟。廪生。治经学,通中医。历任圣约翰大学、松江府中学堂、清华女学堂、浙江嘉兴师范学堂教员。光绪中期,于家乡嘉定创办中英学社、普通学社,积极提倡女学。光绪二十年(1894)中日甲午战争后,接受维新思想。二十八年(1902),创办近代嘉定第一张报纸《嘉定旬报》,议论兴革,在当地产生强烈反响。著有《味退居文集》《书牍诗存》《蝯叟诗存》《嘉定物产表》《重订外科证治全生》以及《治疗偶记》等。”

俗语多无正字,方音随处各殊,以沪语教瞟人仍苦不能悉解……”[①]从中可知,《问答》由圣约翰书院发行,是从《启悟初津》(以下简称“《初津》”)翻译而成,想来《问答》的翻译者当为《初津》的作者——美国圣公会著名传教士卜舫济(Francis Lister Hawks Pott, 1864—1947)或者他在圣约翰书院的其他同仁。而这个推测在卜舫济写给汪康年的信札中得到了证实:“《启悟问答》,此系弟为敝院中便初学之作。文理粗浅,乃荷俯采刍荛,令人惶汗。”[②]

笔者所见《初津》藏于苏州大学图书馆,其上未注明出版信息,首页题名“启悟要津”,正文起首作“启悟初津”(参见图1)。由于《问答》是根据《初津》翻译成上海方言的,《初津》的出版年份应该早于1893年,不过我们现在能见到的最早文献记录是1899年《教务杂志》(第30期第260页)对该书的介绍:“《启悟初津》*Science Catechism*(Wên-li), Rev. F. L. H. Pott。”[③]《初津》的英文名*Science Catechism*与《启悟问答》也完全对应。另有一种《启悟要津》(以下简称“《要津》”,上海图书馆藏1898年版),正文前有邹弢的序和目录,书名和正文首页均作“启悟要津”(参见图2)。邹弢在序中就把该书称为“启悟初津”,可见两者为同一种书,《要津》当为《初津》的修订版。

“启悟”系列的作者卜舫济生于美国纽约,1883年从美国哥伦比亚大学毕业后,进入圣公会总神学院(General Theological Seminary)学习神学,1886年获神学学士学位。从神学院一毕业,他就接受美国圣公会的差遣前往中国传教,于1886年11月18日抵达上海,开启了长达半个多世纪的在华传教生涯。1887年圣公会派他到圣约翰书院(后改

---

① 见《文惠全书》第一册《味退居文集》卷三第9页。所据版本为民国四年(1915)嘉定黄氏铅印本,复旦大学古籍部藏。

② 上海图书馆编《汪康年师友书札》(上海书店出版社,2017)第1卷。

③ 陈琳主编《贵州省古籍联合目录》(贵州人民出版社,2007)上册第418页记录了一种清光绪二十八年上海美华书馆铅印的《初津》。笔者未见。

啟悟初津

第一課 論地球

問 地球何物。

答 水陸交錯而成。

問 水有何名。

答 洋海江河，此其大者，其餘不及備記。

問 陸有何名。

答 大洲海島。

問 地球分開有何名目。

答 名東半球、西半球。

图1 《启悟初津》书影

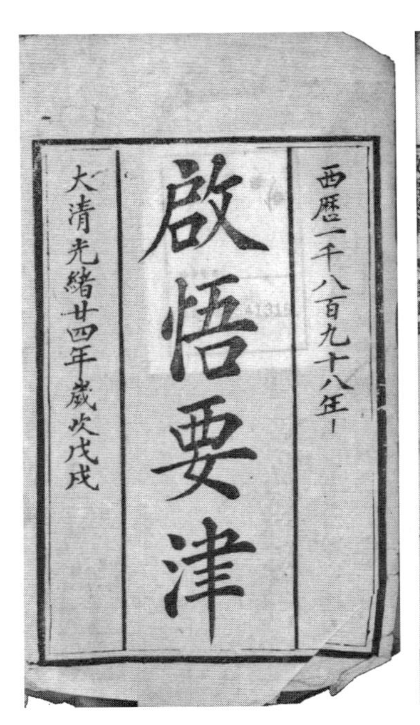

西歷一千八百九十八年

啟悟要津

大清光緒廿四年歲次戊戌

啟悟要津

第一課　論地球

問地球何物。答水陸交錯而成。

問水有何名。答洋海江河此其大者其餘不及悉記。

問陸有何名。答大洲海島。

問地球分開有何名目。答名東半球西半球。

問天下共有幾洲。答六大洲。

問東半球有幾大洲。答四大洲曰

啟悟要津　論地球

图2 《启悟要津》书影

为圣约翰大学）任英文教师；两年后，他接替施约瑟当上了圣约翰书院的院长，开始了其在中国教育史上辉煌的篇章。卜舫济为了尽快融入上海，刚到上海没多久就学会了上海方言，他在上海方言领域也颇有建树，所编*Lessons in the Shanghai Dialect*是20世纪初最具影响的上海方言教材之一。关于卜舫济的生平事迹及相关成就，另可详参石建国撰《卜舫济传》（社会科学文献出版社，2011）。

图3　卜舫济（1864—1947）

二

"启悟"系列是圣约翰书院/大学的科学教科书，根据《圣约翰书院章程》（1904），西学斋备馆第一年就要求学习《初津》；该书也为其他学校所用，比如《圣玛利亚女书院章程》的"课程"部分规定，初级课程的第三年读《初津》上半册，第四年读下半册。[①]

关于编撰"启悟"系列的目的，卜舫济在写给汪康年的信札中说，《问答》"为敝院中便初学之作"，邹弢在《要津》的序中则说得更加明了："卜君舫济……近因敷教于吴淞江之滨，总管梵王渡圣约翰书院事务，深虑读书子弟识见难开，因译《启悟初津》一书。凡天地万物自然之理，无不略举其要，体会入微，而又恐学人未易贯通，乃设为问答之辞，发明其义。"梁启超对本书评价颇高，在《论幼学》（1897）中说："西人问答专书译成华文者，有卜舫济之《启悟要津》，言天文地学浅理，次

① 以上两则材料均根据朱有瓛、高时良主编《中国近代学制史料》第4辑（华东师范大学出版社，1993）。

第秩然，一览可解，惜为书甚少，于他种学问，尚从阙如。”

《问答》基于《初津》翻译成上海方言，这也可以从两书内容的高度一致中看出来。下面列出三种书的目录作一比较。

表1 “启悟”系列目录对照表

《问答》	《初津》	《要津》
第一课　论地球	第一课　论地球	第一课　论地球
第二课　论地球形状	第二课　论地球形状	第二课　论地球形状
第三课　论天上星宿	第三课　论天上星辰	第三课　论天上星辰
第四课　论月	第四课　论月	第四课　论月
第五课　论日	第五课　论日	第五课　论日
第六课　论时候与日球之用	第六课　论时候与日球之用	第六课　论时候与日球之用
第七课　雨雪冰雾	第七课　论雨雪冰雾	第七课　论雨雪冰雾
第八课　论气与露	第八课　论气与露	第八课　论气与露
第九课　论水	第九课　论水	第九课　论水
第十课　论风	第十课　论风	第十课　论风
第十一课　论大风与星		
第十二课　论行星	第十一课　论行星	第十一课　论行星
第十三课　论行星第一等、第二等及恒星、彗星	第十二课　论第一等、第二等行星及恒星、彗星	第十二课　论第一等、第二等行星及恒星、彗星
第十四课　论日球有吸力、行星有离力	第十三课　论日球有吸力、行星有离力	第十三课　论日球有吸力、行星有离力
第十五课　论地球有吸力	第十四课　论地球吸力	第十四课　论地球有吸力
第十六课　论万物有结力	第十五课　论万物结力	第十五课　论万物结力
第十七课　重论结力	第十六课　重论结力	第十六课　重论结力
第十八课　论万物定有五种要理	第十七课　论万物定有要理	第十七课　论万物定有要理
第十九课　重论物理	第十八课　接论物理	第十八课　接论物理
	第十九课　接论物理	第十九课　接论物理
第二十课　论造物主能力无限	第二十课　论造物主能力无限	
		第二十课　论此书之有益

从表1中可以看出，三书的内容基本一致，差异仅有以下几点:《问答》分出“第十一课 论大风与星”，而《初津》《要津》无;《初津》《要津》“接论物理”分成了两课，《问答》只有一课;《要津》把第二十课改成了“论此书之有益”。具体内容上也有一些参差，本书正文中均已一一指出。

由于此前学界罕见《问答》一书，该书在语言学及自然科学等方面的价值尚待进一步研究。书中提到一些自然科学术语，如“南温道”“北温道”“南寒道”“北寒道”“吸力”“结力”等，与现今之翻译不同。另外，书中一些有意思的语言现象也颇值得注意，比如对应于普通话的存在领有否定词“没有”，全书使用了23次“无没”和5次“勿有”。张敏(2002)[①]、刘丹青(2005)[②]、沈家煊(2010)[③]等均指出，从古至今，汉语都普遍存在标准否定/普通否定(如“不”)与存在否定/有无否定(如“没”)之别。而“勿有”是用普通否定词“勿”否定存在—领有动词“有”，这在汉语中是非常特别的现象。相关问题的深入探究，容笔者专文讨论。

三

最后交代一下本书的体例与成书过程。

本书正文部分采用左图右文的方式展现该书：左为澳大利亚国家图书馆藏《问答》的书影；[④]右上部分的文字由笔者据左侧《问答》书影

---

① 张敏《上古、中古汉语及现代南方方言里的“存在—否定演化圈”》，收入余霭芹主编*International Symposium on the Historical Aspect of the Chinese Language: Commemorating the Centennial Birthday of the Late Professor Li Fang-Kuei.* (Vol. Ⅱ) Seattle：University of Washington。

② 刘丹青《汉语否定词形态句法类型的方言比较》，载《中国语学》(日本)总252期。

③ 沈家煊《英汉否定词的分合和名动的分合》,《中国语文》第5期。

④ 该书电子版见https://nla.gov.au/nla.obj-45593583。

标点、整理而来；右下部分文字则据苏州大学所藏《初津》中所对应的文本标点、整理而来，[①]分页断句之处以《问答》文字为准，并用“【一上】”“【二下】”等方式标注《初津》中的分页情况。至于《问答》与《初津》两者文本有别处，本书以下加圈点的方式（如“圈点示例”）标示。又若遇到文字内容较多时，则偶尔采取双栏形式以尽量不割裂同一页中的文字内容，方便读者进行比较和对勘。

《问答》中用到的主要方言虚词整理成表格与索引，置于附录之中。其中的词义注释参考了许宝华、陶寰《上海方言词典》。

本书的文字录入、对照工作主要由杨阳完成，最后由盛益民统稿校定。感谢澳大利亚国家图书馆中文部郑冰女士在文献搜索与授权方面的帮助，感谢上海图书馆徐锦华、刁青云两位先生在查找和复制《启悟要津》上的大力支持，感谢复旦大学古籍部眭俊、乐怡两位老师在疫情期间帮忙核对《文惠全书》并提供相关内容的扫描件。若有舛误之处，还祈望方家不吝赐正。

盛益民

2020年7月25日于尚景园

2021年3月10日改定于复旦大学光华楼

① 该书电子版见http://cadal.edu.cn/cardpage/bookCardPage?ssno=61005096。

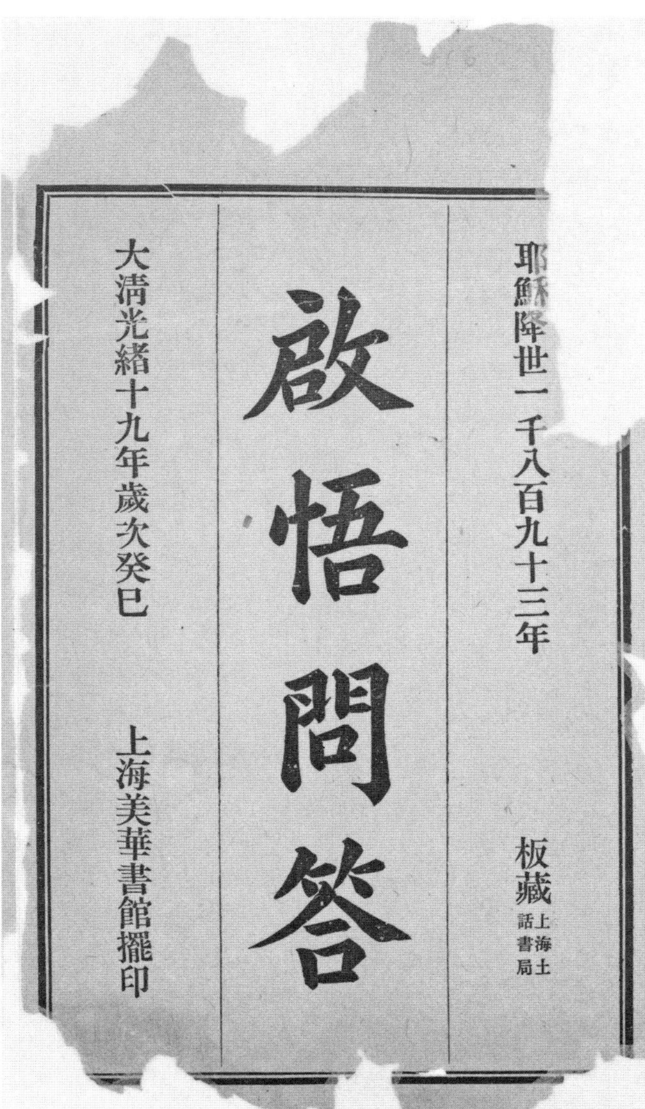
耶穌降世一千八百九十三年
啟悟問答
大清光緒十九年歲次癸巳
上海美華書館擺印
板藏上海土話書局

啓悟問答

第一課 論地球

問 啥个物事、成功地球、

答 水咾旱地、

問 水个總名叫啥、

答 洋海江湖、

問 旱地个總名叫啥、

答 大洲、搭之海島、

問 地球分開兩面叫啥、

答 叫東半球咾西半球、

問 地球上共總有幾个大洲、

東半球

启悟问答

第一课　论地球

问：啥个物事，成功地球？

答：水咾旱地。

问：水个总名叫啥？

答：洋海江湖。

问：旱地个总名叫啥？

答：大洲搭之海岛。

问：地球分开两面叫啥？

答：叫东半球咾西半球。

问：地球上共总有几个大洲？

第一课　论地球

问：地球何物？

答：水陆交错而成。

问：水有何名？

答：洋海江河，此其大者，其余不及悉记。

问：陆有何名？

答：大洲、海岛。

问：地球分开，有何名目？

答：名东半球、西半球。【一上】

问：天下共有几洲？

啓悟問答

答　六个大洲、

問　東半球、有幾个大洲、

答　有四个、呌亞細亞歐羅巴亞弗利加奧大利亞、

問　西半球有幾个大洲、

答　有二个、呌南亞美利加北亞美利加、

問　儂住拉那裡一个大洲裏、

答　亞細亞大洲裏、

問　大洲搭之海島、有啥分別、

答　有个、大洲旱地多、海島旱地少、

西半球

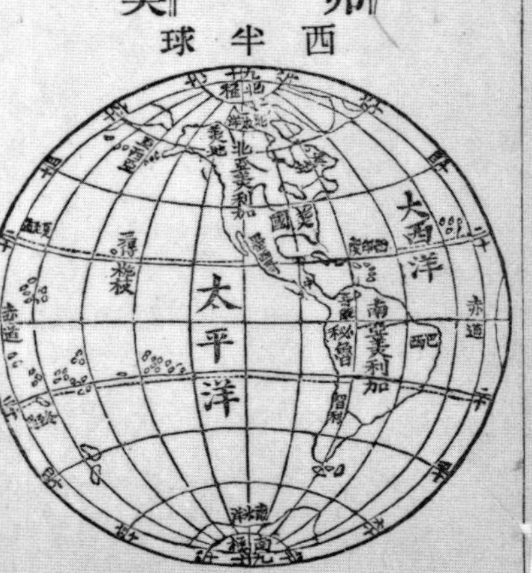

答：六个大洲。

问：东半球，有几个大洲？

答：有四个。叫亚细亚、欧罗巴、亚弗利加、奥大利亚。

问：西半球有几个大洲？

答：有二个[①]。叫南亚美利加、北亚美利加。

问：依住拉那里[②]一个大洲里？

答：亚细亚大洲里。

问：大洲搭之海岛，有啥分别？

答：有个。大洲旱地多，海岛旱地少。

① 二个：本书部分量词前数词用“二”而非“两”。
② 那里：本字为“何里”，传教士文献中多用训读字“那”。

答：六大洲。

问：东半球有几大洲？

答：四大洲，曰亚细亚洲，曰欧罗巴洲，曰亚弗利加州，曰奥大利亚洲。

问：西半球有几大洲？

答：两大洲。曰南亚美利加洲，曰北亚美利加洲。

问：尔居于何洲？

答：亚细亚洲。【一下】

问：大洲海岛何别？

答：洲大于岛。洲则陆地多，岛则陆地少。

問海島是那能樣式个、
答四面末是水、當中末顯出旱地、
問中國東邊、有啥个大海島、
答日本海島、也叫東洋、
問近中國福建省、有啥个海島、
答有一个臺灣島、
問近中國廣東省、有啥个海島、
答瓊洲島、也叫海南島、

第二課　論地球形狀

問地球是那能樣式个、
答是像福橘能、圓个、

问：海岛是那能样式个？

答：四面末是水，当中末显出旱地。

问：中国东边，有啥个大海岛？

答：日本海岛，也叫东洋。

问：近中国福建省，有啥个海岛？

答：有一个台湾岛。

问：近中国广东省，有啥个海岛？

答：琼洲岛，也叫海南岛。

第二课　论地球形状

问：地球是那能样式个？

答：是像福橘能，圆个。

问：岛形若何？

答：水环四极，中突陆地。

问：中国之东何岛？

答：日本海岛，又名东洋。

问：中国福建省何岛？

答：台湾海岛。

问：中国广东省何岛？

答：琼洲岛，又名海南岛。

第二课　论地球形状【二上】

问：地球之形若何？

答：其形圆，上下微平，如福州橘相似。

問比方拿地球、拉當中劈開來、像啥个樣式、

答像破開个橘子、一半爿叫東半球、一半爿叫西半球、

問那能曉得是圓个、

答有多化憑據、

問那裡个憑據最容易明白、

答拉月蝕个時候、月亮上有圓个黑影、就是地球个黑影、

問比方人拉日頭裏走、伊个黑影是像啥、

答是像人、

問方个物事个影是那能个、

答伊个黑影也是方个、

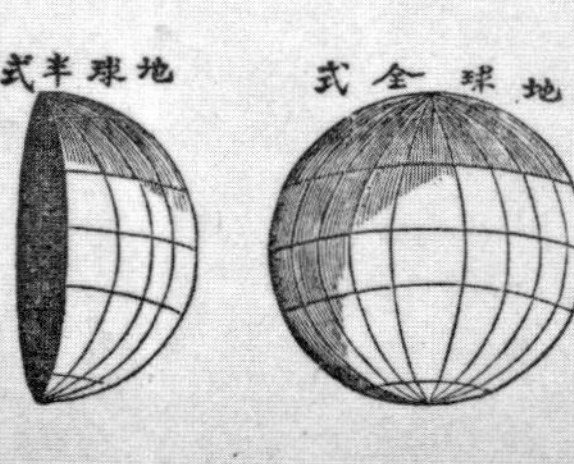

二

启悟问答

问：比方拿地球，拉当中劈开来，像啥个样式？

答：像破开个橘子，一半爿叫东半球，一半爿叫西半球。

问：那能晓得是圆个？

答：有多化凭据。

问：那里个凭据，最容易明白？

答：拉月蚀个时候，月亮上有圆个黑影，就是地球个黑影。

问：比方人拉日头里走，伊个黑影是像啥？

答：是像人。

问：方个物事个影，是那能个？

答：伊个黑影也是方个。

启悟初津

问：从地球之中而剖之，则何形何名？

答：如剖开福橘，一名东半球，一名西半球。

问：地球何以知圆？

答：有所考据。

问：考据有几？

答：有四样确据。

问：第一据是何？

答：人从上海动身，常往前走，方向不改，过海返地，到底还还上海。【二下】

问：第二据是何？

答：譬如人乘船行于海面上，不能见远处之船身，初次只见旂桅，直至近时，方见船身，以初次该船尚在地球下面，继而渐高故也。

问：第三据是何？

答：譬之人在平地上，仅能望见近处，若登高而望，则可以见远处，因地球是圆，故于平地不能远见，高则一览无余也。

问：第四据是何？

答：月蚀时，月上有黑影甚圆，即是地球黑影。

问：人行日下其影何若？

答：亦犹之人。【三上】

问：方物圆物之影如何？

答：物方则影方，物圆则影圆，此定理也。

問 圓个物事个影是那能个、
答 是圓个、
問 若然看見之圓个黑影伊个物事、是方个呢圓个、
答 是圓个、
問 看見地球个黑影拉月亮上是圓个、蓋末曉得地球是那能个、
答 一定是圓个、
問 天上多化星總名分幾種、
答 分二種、叫行星咾恒星、
問 啥叫行星、
答 行星是兜轉日頭、常庄行咾勿停个、
問 啥叫恒星、

启悟问答

问：圆个物事个影，是那能个？

答：是圆个。

问：若然看见之[①]圆个黑影，伊个物事，是方个呢圆个？

答：是圆个。

问：看见地球个黑影，拉月亮上是圆个，盖末晓得地球是那能个？

答：一定是圆个。

问：天上多化星，总名分几种？

答：分二种，叫行星咾恒星。

问：啥叫行星？

答：行星是兜转日头，常庄行咾勿停个。

问：啥叫恒星？

① 之：对应"了$_1$"的体标记，传教士文献多写作"之"。

启悟初津

问：假如所见为圆影，则物果方乎圆乎？

答：必系圆物。

问：见地球黑影，映于月上，作圆式，则地球之形若何？

答：定系是圆。

问：天上众星总名几种？

答：二种，曰行星，曰恒星。

问：何谓行星？

答：在日球之上环行，永无止息者。

问：何谓恒星？【三下】

答爲之人看起來是停拉拉天空裏咾、像勿換地方、實在伊拉自家拉旋轉咾、有个恒星拉兜轉別个大个恒星、

問地球是行星呢恒星、

答是行星因爲地球、一年兜轉日頭一轉、受日頭个亮光咾熱氣、

問月亮也是行星否、

答是个、

問月亮拉啥个星上兜轉、

答月亮拉地球星上兜轉、一月一回、

第三課　論天上星宿

問儂立之咾望天看見啥、

答日裏看見日頭、夜裏若然勿有雲末、看見月亮咾星宿、

答：为之人看起来是停垃拉天空里咾，像勿换地方，实在伊拉自家拉旋转咾，有个恒星，拉兜转别个大个恒星。

问：地球是行星呢恒星？

答：是行星，因为地球，一年兜转日头一转，受日头个亮光咾热气。

问：月亮也是行星否？

答：是个。

问：月亮拉啥个星上兜转？

答：月亮拉地球星上兜转，一月一回。

第三课　论天上星宿

问：侬立之咾望天看见啥？

答：日里看见日头，夜里若然勿有云末，看见月亮咾星宿。

答：星之本体。虽或自为转旋，然以世人望之，宛若不行，所以古人设想，曰恒星。实则恒星中，亦有星似太阳，有他星绕之而转者。

问：地球是行星，抑是恒星？

答：是行星。每一年在日球上环行一周，以承日光日热。

问：地球除向日环走外，其球本体，能自旋转否？

答：十二时地球本体自转一周，以分昼夜。

问：月球亦是行星否？

答：是地球上之行星。

问：月球附何处行走？

答：附地球之上一月而环行地球一周。

第三课　论天上星辰【四上】

问：立而仰望，见天上何物？

答：日间则见太阳，夜中无云，则见星月。

問　伲住拉个地球、四周圍有星否、

答　有个、

問　人住拉西半地球、夜裏可以看見星否、

答　可以个、因爲地球四周圍全有星个、

問　第个可以担啥來比方、

答　像一只福橘放拉一碗水當中、福橘四周圍全有水、實蓋末地球个四周圍、全有星、

問　拉日裏天上有星否、

答　有个、

問　那能曉得、

答　爲之拉日蝕个時候、世界上稍微暗點、所以有个星現出光來、

启悟问答

问：侬住拉个地球，四周围有星否？

答：有个。

问：人住拉西半地球，夜里可以看见星否？

答：可以个，因为地球四周围全有星个。

问：第个可以担啥来比方？

答：像一只福橘，放拉一碗水当中，福橘四周围全有水，实盖末，地球个四周围，全有星。

问：拉日里天上有星否？

答：有个。

问：那能晓得？

答：为之拉日蚀个时候，世界上稍微暗点，所以有个星，现出光来。

启悟初津

问：地球四周，有何所见？

答：皆系星辰。

问：人在西半球，夜中能见星辰否？

答：地球四周既皆星辰，何不可见。

问：尔说有何比喻？

答：如以福橘一枚，置桶水中，橘之四周，无非是水，则地球四围，亦皆星辰也。

问：日间天上亦(石)[有]星否？

答：有。【四下】

问：何以知之？

答：因遇日蚀之时，天光微暗，则星亦隐约可见，蚀过则星光隐匿，是以知之。

問拉日蝕个時候、看見啥个星、

答金星、

問勿拉日蝕个時候、啥辰光可以看見金星、

答拉日頭落山个時候、

問伊歇辰光看見个叫啥、

答叫長庚星、俗名叫黃昏曉、

問別个時候可以看見否、

答拉天亮个時候、

問天亮个時候、看見个叫啥、

答叫啟明星、俗名叫天亮曉、

問長庚星、搭之啓明星、是一个星呢兩个星、

启悟问答

问：拉日蚀个时候，看见啥个星？

答：金星。

问：勿拉日蚀个时候，啥辰光可以看见金星？

答：拉日头落山个时候。

问：伊歇辰光看见个叫啥？

答：叫长庚星，俗名叫黄昏晓。

问：别个时候可以看见否？

答：拉天亮个时候。

问：天亮个时候，看见个叫啥？

答：叫启明星，俗名叫天亮晓。

问：长庚星搭之启明星，是一个星呢两个星？

启悟初津

问：日蚀时所见何星？

答：金星。

问：若非日蚀，金星何时可见？

答：在日堕西边之后。

问：此时所见果是金星否？

答：是金星，又名长庚星。

问：易一时可见否？

答：在天明之际。【五上】

问：此时所见之星何名？

答：即是金星，又名启明星。

问：长庚与启明，是一星？是两星？

答是一个星就是叫金星、
問那能分別得出是金星、
答爲之伲看起來第个星比別个星亮光來得大咾、
問金星是行星呢恒星、
答是行星、
問拉日裏天上个星發光否、
答是發光个、
問爲啥日裏勿看見星个光、
答爲之日頭个亮光極大、猶如拉日頭裏點燈一樣、燈光小咾日光大、所以燈光撥拉日光照沒咾看勿清爽哉、

第四課　論月

答：是一个星，就是叫金星。

问：那能分别得出是金星？

答：为之伲看起来第个星比别个星亮光来得大咾。

问：金星是行星呢恒星？

答：是行星。

问：拉日里天上个星发光否？

答：是发光个。

问：为啥日里勿看见星个光？

答：为之日头个亮光极大，犹如拉日头里点灯一样，灯光小咾日光大，所以灯光拨拉日光照没咾看勿清爽哉。

第四课 论月

答：是一星，故宗名金星。

问：何以知即是金星？

答：在地上仰望，此星之光，较他星更为明大。

问：金星是行星？是恒星？

答：行星。

问：日间天上之星，发光耀否？

答：发光耀。

问：地(土)[上]之人如何不见？【五下】

答：因日光极大，犹在日下点灯，灯光为日所照，则灯光小而微暗，即此故也。

第四课 论月

問啥緣故咾有月蝕、

答爲之地球、貼正拉日頭咾月亮个當中、

問伊个時候月亮可以看見否、

答可以看見个、但是月亮撥拉地球个黑影遮沒之咾勿有亮光顯出來、

問爲啥拉月蝕个時候、月亮勿發光出來、

答爲之月亮个體質勿會發光、是黑个、像地球、

問勿拉月蝕个時候、月亮爲啥咾有光、

答因爲日頭个亮光照拉月亮上、所以月亮能彀反照出亮光來、

問用啥比方講究、月亮受日頭个亮光咾、反照出光來、

答比方黑暗个房子裏、有一面鏡子、若然無沒燈光、第面鏡子就

启悟问答

问：啥缘故咾有月蚀？

答：为之地球，贴正拉日头咾月亮个当中。

问：伊个时候月亮可以看见否？

答：可以看见个，但是月亮，拨拉地球个黑影，遮没之咾勿有亮光显出来。

问：为啥拉月蚀个时候，月亮勿发光出来？

答：为之月亮个体质勿会发光，是黑个，像地球。

问：勿拉月蚀个时候，月亮为啥咾有光？

答：因为日头个亮光照拉月亮上，所以月亮能够[①]反照出亮光来。

问：用啥比方讲究，月亮受日头个亮光咾，反照出光来？

答：比方黑暗个房子里，有一面镜子，若然无没灯光，第面镜子就

① 原文作“彀”。“彀”，同“够”。本书录文时，统一作“够”。

启悟初津

问：天上何故月蚀？

答：地球上月球运行，其时地球适界日球、月球之间，遂蚀。

问：此时能见月否？

答：能见，惟月被地球之黑影所遮，故月球有影而无光。

问：何故无光？

答：月球本质是暗，并非明体，故不能自发其光。

问：月不蚀时，何以有光？

答：月本无光，须借日光以为光，今日光照于月球，所以月球有光。【六上】

问：月受日光以为光，有何方喻？

答：如暗室置镜，若无灯火，则镜

照勿出、像別个物事一樣是黑个、

問若然黑暗个房子、點之一盞燈、第面鏡子那能、

答第面鏡子、就反照出光來、比別个物事更加亮、

問那能鏡子會發光、

答爲之鏡子受之燈个光咾、返照出光來、

問燈光咾鏡子、那能比方日頭咾月亮、

答爲之月亮是像鏡子、月亮受日頭个光、好像鏡子受燈个光、鏡子末能彀返照出燈光、月亮末能彀返照出日頭个光、

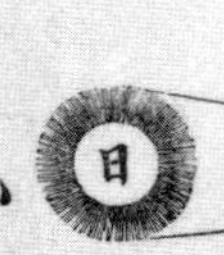

問拉夜裏勿看見日頭、那能日頭个光照着月亮、

启悟问答

照勿出,像别个物事一样是黑个。

问:若然黑暗个房子,点之一盏灯,第面镜子那能?

答:第面镜子,就反照出光来,比别个物事更加亮。

问:那能镜子会发光?

答:为之镜子受之灯个光咾,返照出光来。

问:灯光咾镜子,那能比方日头咾月亮?

答:为之月亮是像镜子,月亮受日头个光,好像镜子受灯个光。镜子(未)[末],能够返照出灯光;月亮末,能够返照出日头个光。

问:拉夜里勿看见日头,那能日头个光照着月亮?

启悟初津

亦无光。

问:如暗室燃灯,则此镜如何?

答:镜便发光,比他物更明。

问:何以镜能发光?

答:因受灯光,复返射出光来。

问:灯镜何以与日月相比?

答:月似一镜,月受日光,不啻镜受灯光,镜中可射出灯光,则月中可映出日光也。

问:夜中无日,何来日光?

答 比方有二間房子、拉一間裏有一面鏡子、一間裏點一盞燈、倘然兩間个當中、有一扇門開拉、拉有鏡子个一間裏雖然勿看見燈、但是可以看見第面鏡子返照出光來、

問 第个、那能比方夜裏个月亮發光、

答 爲之東半球朝之日頭、西半球末是夜裏、西半球朝之日頭、是東半球是夜裏、因爲地球一日一夜、自家拉旋一轉、夜裏雖然勿看見日頭、但是日頭仍舊拉拉、所以月亮仍舊受日頭个光咾、返照出光來、

問 日頭个光、照拉月亮上、還是照着一半呢、一齊照着个、

答 照着一半、像一只橘子對之燈光、半只末有光、還有半只撥拉照着光个半只、擋沒之咾照勿着哉、

答：比方有二间房子，拉一间里有一面镜子，一间里点一盏灯。倘然两间个当中，有一扇门开拉，拉有镜子个一间里，虽然勿看见灯，但是可以看见，第面镜子返照出光来。

问：第个，那能比方夜里个月亮发光？

答：为之东半球朝之日头，西半球末是夜里；西半球朝之日头，是东半球是夜里。因为地球一日一夜，自家拉旋一转，夜里虽然勿看见日头，但是日头仍旧垃拉，所以月亮，仍旧受日头个光咾，返照出光来。

问：日头个光，照拉月亮上，还是照着一半呢，一齐照着个？

答：照着一半。像一只橘子对之灯光，半只末有光，还有半只，拨拉照着光个半只，挡没之咾照勿着哉。

答：假如有房屋二间，于此一间燃灯，于彼一间置镜，中有遮隔，而【六下】□[①]一门。门启后，则燃灯之屋，有光射入置镜之屋，置镜之屋，虽然无灯，而人从镜中望之，则大放光明，灯可显见，即此故也。

问：此事如何喻月之发光？

答：若东半球正向太阳，则西半球为夜；西半球正向太阳，则东半球为夜。因一昼夜十二时，地球本体自旋一周，至夜则日在地球对面，虽居此之人，不能见日，然日终常在，月球当仍受日光，可以返照。

问：月球之受日光，是半球偏受？抑全球皆受？

答：月球只向日球受一半之光，如以福橘一枚，正对灯火，则橘仅一半得灯光，其余一半，为得光之半遮掩，不能照及。

① 根据《要津》，当为“闢”字。

問拉啥時候、看見月面上、有完全个光、
答拉望日、就是月半夜裏、看見月面上、有完全个光、
問拉地球上、可以看見月个第面咾、伊面一齊看見否、
答勿能兩面完全看見、必過可以看見一面、
問月亮對地球个一面、常時爲啥勿有亮光、
答爲之勿是月亮受日光个一面朝之地球、是月亮黑面朝之地球咾、
問月个光面、有个時候邊上、發一顏光、第个叫啥、
答叫月鉤咾月牙、
問月亮月月拉換新造个否、
答勿是个、從創世到難、勿曾換歇个、

啓悟問答　七

启悟问答

问：拉啥时候，看见月面上，有完全个光？

答：拉望日，就是月半夜里，看见月面上，有完全个光。

问：拉地球上，可以看见月个第面咾，伊面一齐看见否？

答：勿能两面完全看见，必过[①]可以看见一面。

问：月亮对地球个一面，常时为啥勿有亮光？

答：为之勿是月亮受日光个一面朝之地球，是月亮黑面朝之地球咾。

问：月个光面，有个时候边上，发一颜[②]光，第个叫啥？

答：叫月钩咾月牙。

问：月亮月月拉换新造个否？

答：勿是个，从创世到难[③]，勿曾换歇个。

---

① 必过：不过。

② 一颜：一点儿。即“一眼”。

③ 难：现在。

启悟初津

问：何时见月之半球，现出全光？【七上】

答：望日，即是中历每月十五之夜。

问：月球两面，地球之人，皆能全见否？

答：地球之人望月，自来只见一面，不能两面皆见。

问：常时月对地球之处，何以或致无光？

答：因月球受光之处，并非常向地球。

问：有时月光只见一湾，此是何故？

答：因有光之一面，不全向地球，故不能全见，所见者，仅一湾而已。

问：每月月球，或明或晦，不知有更换否？

答：从创世至今，仍是此月，未尝更换。

問月亮幾時造个、
答天主造地球个時候造拉个、
問啥个書上也是實蓋講法、
答聖經第一卷、叫創世紀上、

第五課　論日

問爲啥緣故咾有日蝕、
答月亮行拉日頭咾地球个當中、月亮个黑影遮沒日頭个光、所以拉地球上、勿看見日光、
問爲啥月亮勿能一齊遮沒日頭个光、
答爲之日頭大咾月亮小、
問日蝕个時候、日頭像啥、

问：月亮几时造个？

答：天主造地球个时候造拉个。

问：啥个书上也是实盖讲法？

答：《圣经》第一卷，叫《创世纪》上。

第五课 论日

问：为啥缘故咾有日蚀？

答：月亮行拉日头咾地球个当中，月亮个黑影，遮没日头个光，所以拉地球上，勿看见日光。

问：为啥月亮勿能一齐遮没日头个光？

答：为之日头大咾月亮小。

问：日蚀个时候，日头像啥？

问：月球造于何时？

答：盘古造天地之时，即造月球。【七下】

问：圣公会中何书何卷论此？

答：《圣经》第一卷名《创世纪》。

第五课 论日

问：日蚀何故？

答：月球运行，适界地球、日球之间，则月球之黑影，掩蔽日光，自地球正面之人望之，日球不能全见，故曰日蚀。

问：月球何以不能全蔽日光？

答：日甚大而月甚小，小球何能全蔽大球？

问：日蚀时，日球何似？

答當中有圓个黑影、邊上發光、像銅錢个邊、
問地球那能有日夜、
答地球受着日光个戶蕩就是日、勿受着日光个戶蕩就是夜、
問日頭常庄發光否、
答無沒啥時候勿發光个、
問若然日頭常庄發光、那能地球上勿是常庄有光、
答爲之地球自家日夜拉旋轉、有个時候東半球、朝之日頭咾有光、西半球背之日頭咾暗、有个時候、西半球朝之日頭咾有光、東半球背之日頭咾暗、所以地球勿能完

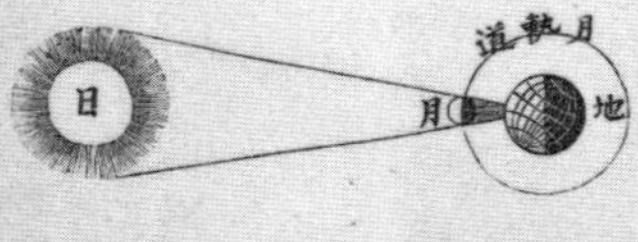

答：当中有圆个黑影，边上发光，像铜钱个边。

问：地球那能有日夜？

答：地球受着日光个户荡[1]就是日，勿受着日光个户荡就是夜。

问：日头常庄发光否[2]？

答：无没啥时候勿发光个。

问：若然日头常庄发光，那能地球上勿是常庄有光？

答：为之地球自家日夜拉旋转。有个时候，东半球朝之日头咾有光，西半球背之日头咾暗；有个时候，西半球朝之日头咾有光，东半球背之日头咾暗，所以地球勿能完

① 户荡：地方。

② 否：句末表疑问的语气词，现多写“哦”。

答：中有圆黑影，四围明光一规，如青钱轮廓。

问：地球何以分昼夜？【八上】

答：受日光之处则明，故曰昼；其不受日光之处则暗，故曰夜。

问：日球常有光否？

答：无时无光。

问：日球既常有光，何以地球上不能常昼？

答：地球本体自旋。有时东半球向日，则西半球不能向日，背日之处必暗，向日之处必明。不能常

全日夜有光、

問 日頭是出起來咾落山否、

答 是像个、實在勿是、因爲人拉地球上、勿能看見日頭行動、

問 爲啥勿是出來咾落山、

答 因爲地球拉兜轉日頭、勿是日頭拉兜轉地球、

問 爲啥人看起來是相反个、

答 比方坐拉快个馬車上、只看見房子咾樹拉跑過來、馬車像个勿拉朝前走、實蓋末地球快來死、自家拉旋轉、人不曉得、所以人末只看見日頭拉行過來、地球倒像个勿動、

問 人看起來日頭、從那裏出咾那裏落、

答 從東方出咾西方落、

全日夜有光。

问：日头是出起来咾落山否？

答：是像个，实在勿是。因为人拉地球上，勿能看见日头行动。

问：为啥勿是出来咾落山？

答：因为地球拉兜转日头，勿是日头拉兜转地球。

问：为啥人看起来是相反个？

答：比方坐拉快个马车上，只看见房子咾树拉跑过来，马车像个勿拉朝前走。实盖末地球快来死，自家拉旋转，人不[①]晓得，所以人末只看见日头拉行过来，地球倒像个勿动。

问：人看起来日头，从那里出咾那里落？

答：从东方出咾西方落。

---

① 本书有几处否定词词形写作“不”，而非“勿”。

见日光者，适在背日之处也。

问：日升于东，没于西，然否？

答：所见似是，其实则非。人在地球之上，实不能见日球之运行也。

问：何故非东升西没？【八下】

答：地球在日球边转运，非日球之环走地球也。

问：何以如此相反？

答：譬如骑快马、坐快车、乘快船者，飞行速疾，人只见房屋、地土、树木自前而来、向后而去，人在其上，若未行动者然。今地球之转行甚迅，人亦不知，反目日球之自行，为此故也。

问：以吾所见，日升日没，是在何处？

答：似升于东、没于西。

問爲啥實蓋、

答爲之地球是從西朝東咾旋轉、

問爲啥叫日頭出、

答爲之東半球、是從半夜起到日中、朝之日頭咾行、拉早晨纔看見日頭好像拉升起來、所以稱伊是日頭出、

問爲啥叫日頭落山、

答拉日中起到半夜、東半球朝下咾行、拉起初勿看見日頭个時候、稱伊是落山、

問日頭貼正拉人个上頭叫啥、

答日正午時、

問若是地球自家勿轉看見日頭那能、

啓悟問答　九

启悟问答

问：为啥实盖？

答：为之地球是从西朝东咾旋转。

问：为啥叫日头出？

答：为之东半球，是从半夜起到日中，朝之日头咾行，拉早晨才看见日头好像拉升起来，所以称伊是日头出。

问：为啥叫日头落山？

答：拉日中起到半夜，东半球朝下咾行，拉起初勿看见日头个时候，称伊是落山。

问：日头贴正拉人个上头叫啥？

答：日正午时。

问：若是地球自家勿转看见日头那能？

启悟初津

问：何谓日升？

答：地球自西向东而转，东半球从半夜以至日中，向日而旋，于早上望之，日球宛在地中升起，(哉)[故]曰升。

问：何谓日没？【九上】

答：从日中以至夜半，东半球向下而转，在始初不能见日之时，宛似没下，故曰没。

问：日之方中何时？

答：午时。

问：倘使地球本体不旋，则日球何若？

答像立定咾勿行、

問若是地球自家勿旋轉有夜裏否、

答若是實蓋地球向日頭个一面常庄是日裡咾無沒夜、地球背日頭个一面、常庄是夜咾無沒日裡哉、

問古時間人話地球搭之日頭是那能、

答伊个時候个人話、地球也是勿動咾、日頭月亮星宿兜之地球咾行个、

第六課　論時候與日球之用

問地球自家旋轉一回、要幾化時候、

答要廿四點鐘旋一轉、

問那能曉得、

答：像立定咾勿行。

问：若是地球自家勿旋转，有夜里否？

答：若是实盖，地球向日头个一面，常庄是日里咾无没夜，地球背日头个一面，常庄是夜咾无没日里哉。

问：古时间人，话地球搭之日头是那能？

答：伊个时候个人话，地球也是勿动咾，日头月亮星宿，兜之地球咾行个。

第六课　论时候与日球之用

问：地球自家旋转一回，要几化时候？

答：要廿四点钟旋一转。

问：那能晓得？

答：似立定不移。

问：地球不转，有夙夜否？

答：势必向日处常昼，背日处常夜，昼夜不分矣。

问：古人未经考究，其谈天何如？

答：皆谓地球不动，日月星辰绕地平行，此特未尝精究耳。

第六课　论时候与日球之用【九下】

问：地球本体自旋一周须几时？

答：十二时，即二十四下钟。

问：何以知之？

答因爲從昨日日頭落山个時候、到今日落山个時候、有廿四點鐘、

問地球兜日頭要幾化時候、

答三百六十五日半、兜一轉、

問地球有幾樣行法、

答兩樣、

問那能兩樣、

答就是一日一夜、自家拉旋一轉、一年一回兜之日頭咾行一轉、

問日頭撥人有啥用頭、

答大有用頭、

問有啥个用頭、

启悟问答

答：因为从昨日日头落山个时候，到今日落山个时候，有廿四点钟。

问：地球兜日头要几化时候？

答：三百六十五日半，兜一转。

问：地球有几样行法？

答：两样。

问：那能两样？

答：就是一日一夜，自家拉旋一转，一年一回兜之日头咾行一转。

问：日头拨人有啥用头？

答：大有用头。

问：有啥个用头？

启悟初津

答：昨日日没至今日日没之时，正十二时也。

问：地球绕日几时，可遍一周？

答：三百六十五日，五下钟零四十九分。

问：地球有几种行法？

答：两种。一昼夜地球自转一周，一年又绕日一周，此外别无行法。

问：日之于人何用？

答：有大用。

问：有何大用？【十上】

答 一末撥人有光、二末使人有熱氣、三末使地生長百物、

問 百樣花那能有趣个顏色、

答 爲之日頭个光、照伊咾有个、

問 五穀咾果子、那能咾會熟、

答 是日頭个熱氣、慢慢能曬熟拉个、

問 拉黑暗个當中、可以分別顏色否、

答 勿能分別、爲之物事秃是黑个、

問 那能曉得、

答 到黑暗个房子裏去、看勿出啥有顏色个物事、攏總全是黑个、

問 若使有之一顏亮光進去末、那能、

答 稍微可以分得出、各樣顏色、

答：一末拨人有光，二末使人有热气，三末使地生长百物。

问：百样花那能有趣[1]个颜色？

答：为之日头个光，照伊咾有个。

问：五谷咾果子，那能咾会熟？

答：是日头个热气，慢慢能晒熟拉个。

问：拉黑暗个当中，可以分别颜色否？

答：勿能分别，为之物事秃[2]是黑个。

问：那能晓得？

答：到黑暗个房子里去，看勿出啥有颜色个物事，拢总全是黑个。

问：若使有之一颜亮光进去末，那能？

答：稍微可以分得出各样颜色。

① 趣：好看。
② 秃：都。

答：有光可见、有热可温，更有光线，能生长百物，以供世用。

问：百花何以有色？

答：诸色皆在日光之中，百花因受日光，遂成各色，然花亦自有本性，故能吸受日光之色，而随其性以发一色也。

问：日头发热有何用？

答：假如日不发热，则地球全冷好像北极地方，其水常庄结冰，人物皆有不可活之理。

问：地中何以能生五谷？

答：因日中之光线中，有箇能生长百物。

问：黑暗中可分颜色否？

答：不能。【十下】

问：何以知之？

答：如在暗室中各物之色，皆不能辨。

问：若有一线之光，透入室中，则各物如何？

答：稍分各色。

問若使有大亮光進去末、那能、

答就能彀分清爽各樣顏色、

問第个使人曉得啥、

答有光末有顏色、無沒光末無沒顏色、

問日頭使人有啥个益處、

答伊个益處話勿完拉現在話伊个益處末爲之可以分清爽各樣顏色、

問日頭个亮光、可以成功幾樣顏色、

答七樣顏色、

問七樣顏色以外、還有別樣顏色否、

答有个、是幾樣正顏色、併成功个、

三角玻璨

启悟问答

问：若使有大亮光进去末，那能？

答：就能够分清爽各样颜色。

问：第个使人晓得啥？

答：有光末有颜色，无没光末无没颜色。

问：日头使人有啥个益处？

答：伊个益处话勿完拉，现在话伊个益处末，为之可以分清爽各样颜色。

问：日头个亮光，可以成功几样颜色？

答：七样颜色。

问：七样颜色以外，还有别样颜色否？

答：有个是几样正颜色并成功个。

启悟初津

问：倘大光尽入一室通明，则各物又若何？

答：诸色分明，不能淆混。

問黃咾藍合起來是啥个顏色、

答合成功湖綠色、

問藍咾紅合起來是啥个顏色、

答合成功靑蓮顏色、

問日光裏向所有个七樣顏色是正色否、

答是正顏色、

問七樣正顏色是啥、

答紅色就是粉紅、黃、虎黃、月白色、淡藍色、綠色、淡紫色、

問用啥來分明白七色、

答用光明个玻璃來分清爽、

問第个玻璃要那能樣式、

启悟问答

问：黄咾蓝合起来，是啥个颜色？

答：合成功湖绿色。

问：蓝咾红合起来，是啥个颜色？

答：合成功青莲颜色。

问：日光里向所有个七样颜色，是正色否？

答：是正颜色。

问：七样正颜色是啥？

答：红色就是粉红，黄，虎黄，月白色，淡蓝色，绿色，淡紫色。

问：用啥来分明白七色？

答：用光明个玻璃来分清爽。

问：第个玻璃，要那能样式？

启悟初津

问：诸色何名？

答：红色、虎黄色、黄色、绿色、蓝色、青莲色、紫色。

问：用何物以分七色？

答必須要三角个、

問鱟有幾樣顏色、

答有七樣顏色、

問鱟那能哰成功个、

答拉落雨後首、日光透過雨个一滴一滴、爲之一滴雨、是像三角个玻璃、所以分開有七樣顏色、成功之叫鱟、

問雨勿落、可以看見鱟否、

答勿可以、

問有雨哰無沒日頭、可以看見鱟否、

答也勿可以、

答：必须要三角个。

问：鲎[①]有几样颜色？

答：有七样颜色。

问：鲎那能咾成功个？

答：拉落雨后首，日光透过雨个一滴一滴，为之一滴雨，是像三角个玻璃，所以分开有七样颜色，成功之叫鲎。

问：雨勿落，可以看见鲎否？

答：勿可以。

问：有雨咾无没日头，可以看见鲎否？

答：也勿可以。

① 鲎：彩虹。

答：三角玻璃镜。

问：天上之虹有几色？【十一上】

答：即以上所言之七色。

问：虹何以成？

答：雨点忽透日光，其雨点，有似三角玻璃者，日光照之，因能透此七色成之。

问：虹是生物否？

答：并非生物，不过日光照于雨点，有此物耳。

问：无雨能见虹否？

答：不见。

問那能末可以看見、

答必定要雨落咾有日頭、難末可以看見、

第七課　雨雪冰霧

問日頭還有啥个大用頭、

答若然無沒日頭、天上勿會落雨、

問爲啥咾、

答日頭曬到江河洋海个水面上、水末成功之氣咾、升上起、

問用啥來比方、

答像拉銅壺裏燉水、燉滾之咾、再燉末銅壺裏个水、全要成功之氣咾升上起个、

問濕氣升上去成功啥、

问：那能末可以看见？

答：必定要雨落咾有日头，难末可以看见。

第七课　雨雪冰雾

问：日头还有啥个大用头？

答：若然无没日头，天上勿会落雨。

问：为啥咾？

答：日头晒到江河洋海个水面上，水末成功之气咾，升上起[①]。

问：用啥来比方？

答：像拉铜壶里炖水，炖滚之咾，再炖末铜壶里个水，全要成功之气咾升上起个。

问：湿气升上去成功啥？

① 起：当为“去”，后同。

问：如何可见？

答：须早暮雨后。

第七课　论雨雪冰雾【十一下】

问：日球还有何用？

答：有之。无日则无雨。

问：何故？

答：洋海江河之水，为日所晒，蒸湿气以上升，经空中之冷气则变雨。

问：有何譬喻？

答：如在锅中煮水，煮而复煮，沸而复沸，则水必全成为气，次第上升，遇着冷气则成水以降下也。

问：湿气上升，变化何物？

答成功雲咾霧露、
問雲那能成功雨、
答雲實在是氣、氣經着之空中个冷、就變水咾一滴一滴落下來、
問變之水落下來末是啥、
答就是雨、
問雪末是啥、
答就是冷氣結成功个、
問氷片是啥、
答就是結氷剩下來个水、
問氷片比水爲啥咾重呢、
答爲之結氷个水、比凝結个氣、實在是重、

答：成功云咾雾露[1]。

问：云那能成功雨？

答：云实在是气，气经着之空中个冷，就变水咾一滴一滴落下来。

问：变之水落下来末是啥？

答：就是雨。

问：雪末是啥？

答：就是冷气结成功个。

问：冰片是啥？

答：就是结冰剩下来个水。

问：冰片比水为啥咾重呢？

答：为之结冰个水，比凝结个气，实在是重。

① 雾露：雾。

启悟初津

答：为云、为雾、为露。

问：何能成雨？【十二上】

答：空中之云，积厚而重，遇冷气则化水堕下而成雨。

问：云化水而堕何名？

答：即所谓之雨。

问：雪是何物？

答：云气变水时，在空中忽遇寒气，便即凝结，降而为雪。

问：冰块是何物？

答：雨落时，在空中忽遇冷气，其雨既成点滴，后成冰块。

问：冰块何较重于水？

答：因成冰之水，较凝结之气，更重故也。

問江河那能有水、

答落雨个時候、落拉地上个水、一齊窨拉地裏、後首併攏來流拉江河裏、

問水窨拉地裏末那能、

答多化水、拉地裏、併攏拉地底下、一淘流出去、

問多化水流到啥戶蕩去、

答流拉地裏向、極小个河裡、

問極小个河像啥、

答像个竹管能、

問水拉啮裏向極小个河裏、再流到啥戶蕩、

答一直拉流、直到摜着之堅土咾停、

启悟问答

问：江河那能有水？

答：落雨个时候，落拉地上个水，一齐窨拉地里，后首并拢来流拉江河里。

问：水窨拉地里末那能？

答：多化水拉地里，并拢拉地底下，一淘流出去。

问：多化水流到啥户荡去？

答：流拉地里向，极小个河里。

问：极小个河像啥？

答：像个竹管能。

问：水拉地里向极小个河里，再流到啥户荡？

答：一直拉流，直到碰着之坚土咾停。

启悟初津

问：江河洋海，何以有水？

答：下雨时，其水能入地中。【十二下】

问：水入地中，作何归结？

答：分流会派，一并出流。

问：流至何处？

答：地中亦有空隙，水即流于其处。

问：何谓空隙？

答：地土不尽结实，缺陷松裂，有如小河者有如竹管者，水即流入其中。

问：流入其中，再流出否？

答：隙处既满，溢而再流，遇坚土而止。

問為啥咾要停、

答為之水、勿能響過堅土咾停、

問拉停个𠩄蕩、多化水、後首那能、

答漸漸能上升咾、忽然湧起來、

問湧起來个水、叫啥、

答就是井水、

問若然水、就流成功啥、

答成功小河裏个水、

問小河裏个水、再放到啥𠩄蕩、

答流到大江裏、

問大江裏个水、再放到啥𠩄蕩、

啓悟問答　十四

启悟问答

问：为啥咾要停？

答：为之水勿能窨过坚土咾停。

问：拉停个户荡，多化水，后首那能？

答：渐渐能上升咾，忽然涌起来。

问：涌起来个水，叫啥？

答：就是井水。

问：若然水，就流成功啥？

答：成功小河里个水。

问：小河里个水，再放到啥户荡？

答：流到大江里。

问：大江里个水，再放到啥户荡？

启悟初津

问：何故要止？

答：土坚无渗漏处，则水为所阻矣。【十三上】

问：坚土阻后，水复若何？

答：渐溢渐升，自然涌起。

问：涌起之水何名？

答：名井泉。

问：水倘并无阻止，滔滔者将何所之？

答：其性就下，成为小河。

问：小河之水，更他流否？

答：流至大江大湖之中。

问：大江大河之水，再他流否？

答流到海咾洋裏、

第八課　論氣與露

問人所呼吸个是啥、

答是氣、

問第个氣拉啥戶蕩、

答充滿拉天空裏咾、地个四周圍、

問第个還有啥个名頭、

答叫空氣、

問第个空氣是濕个呢乾个、

答是濕个、

問那能曉得、勿是乾个、

答：流到海咾洋里。

第八课　论气与露

问：人所呼吸个是啥？

答：是气。

问：第个气拉啥户荡？

答：充满拉天空里咾地个四周围。

问：第个还有啥个名头？

答：叫空气。

问：第个空气，是湿个呢干个？

答：是湿个。

问：那能晓得勿是干个？

答：流至大海大洋之中。

第八课　论气与露【十三下】

问：人所呼吸者何物？

答：是气。

问：气藏何处？

答：近地球四周，靡不有气。

问：气有何名目？

答：空气。

问：空气是燥是湿？

答：是湿。

问：何以知其不燥？

答爲之是江河洋海个水氣、升到空中咾成功拉个、

問天好第个濕氣爲啥勿看見、

答爲之細微得極咾勿看見、

問第个氣、天好濕呢、還是陰天濕、

答天好濕點、

問那能曉得、

答若然旺日頭、曬拉水面上、水氣上升必定多、

問日頭落山以後、第个空氣裏向个濕氣、那能、

答有个仍舊上升、到天空裏、有个落下來、成功之露水、拉草上可
以看見、

問第个露水、有啥个用頭、

启悟问答

答：为之是江河洋海个水气，升到空中咾成功拉个。

问：天好第个湿气，为啥勿看见？

答：为之细微得极咾勿看见。

问：第个气，天好湿呢，还是阴天湿？

答：天好湿点。

问：那能晓得？

答：若然旺日头，晒拉水面上，水气上升必定多。

问：日头落山以后，第个空气里向个湿气，那能？

答：有个仍旧上升，到天空里；有个落下来，成功之露水，拉草上可以看见。

问：第个露水，有啥个用头？

启悟初津

答：系江湖洋海之水气，升空而成，故不燥。

问：天晴日朗，湿气何以不见？【十四上】

答：其细已甚，故无所睹。

问：空气阴天湿，还是晴天湿？

答：晴天湿。

问：何以知之？

答：因酷日晒水，化气上升者甚多。

问：日堕后，空中之湿气若何？

答：有上升至空中为云者，于夜间下堕至地上即为露，在草上可见。

问：露有何用？

答 洒拉花草樹木上、使葉咾花、滋潤咾勿枯乾、

問 第个露水拉啥个國度裏、是最勿可以少个、

答 拉猶太國、搭之別塊、沙漠地方、雨水本來最少、若使再無沒之露水末、花草樹木全要枯乾哉、

問 拉冬天个時候、早晨地上白个吽啥、

答 吽霜、就是露水凝結拉个、

問 拉啥時候凝結个、

答 拉早晨露水落下來个時候、凝結个、

第九課　論水

問 世界上若然無沒水、人可以活否、

答 不可以活个、

答：洒拉花草树木上，使叶咾花滋润咾勿枯干。

问：第个露水拉啥个国度里，是最勿可以少个？

答：拉犹太国搭之别块，沙漠地方雨水本来最少，若使再无没之露水末，花草树木全要枯干哉。

问：拉冬天个时候，早晨地上白个叫啥？

答：叫霜。就是露水凝结拉个。

问：拉啥时候凝结个？

答：拉早晨露水落下来个时候凝结个。

第九课 论水

问：世界上若然无没水，人可以活否？

答：不可以活个。

答：可润花草树木果谷，不至干枯。

问：何处不可无露？【十四下】

答：少雨地方，若然无露，则植物不生。

问：冬间清早，天气寒肃，见草木、瓦屋、板桥之土，作作有芒者何物？

答：即是露水凝结，其名曰霜。

问：在何时凝结？

答：在早寒露降之时。

第九课 论水

问：世上无水，人能生否？

答：一定不能。

問若然無沒水、爲啥勿呷別樣物事呢、
答因爲無沒水、各樣物事、全勿能成功、
問爲啥勿呷酒咾牛奶呢、
答因爲無沒水、不能生出做酒个果子米麥高粱、而且牛勿呷水、搭之草汁、無沒奶、幷且草無末水、勿能生長、
問拉吃个物事當中、可以少啥水否、
答決勿可以少个、因爲地上出个花草樹木、菜蔬菓子、若然無沒水、勿能生長、飛禽走獸、無沒水、勿可以活个、
問水再有啥用頭、
答潔淨物事、淨人身體、使身體爽快、
問中牲亦要用水來淨否、

问：若然无没水，为啥勿呷[①]别样物事呢？

答：因为无没水，各样物事，全勿能成功。

问：为啥勿呷酒咾牛奶呢？

答：因为无没水，不能生出做酒个果子、米麦、高粱。而且牛勿呷水搭之草汁，无没奶。并且草无末[②]水，勿能生长。

问：拉吃个物事当中，可以少啥水否？

答：决勿可以少个。因为地上出个，花草树木、菜蔬果子，若然无没水，勿能生长；飞禽走兽，无没水，勿可以活个。

问：水再有啥用头？

答：洁净物事，净[③]人身体，使身体爽快。

问：中牲[④]亦要用水来净否？

---

① 呷：喝。

② 无末：本书中存在领有否定词有“无末”“无没”两种写法。

③ 净：洗。

④ 中牲：牲畜。

问：果然无水，何故不饮他物？

答：世间无水，各物皆不可生成。

问：何故不饮酒与牛羊乳？【十五上】

答：无水安能生酿酒之物？牛羊不饮水及草汁，安能有乳？且草无水亦难生长。

问：食物中可无水否？

答：不可。花草树木、五谷蔬果、禽兽鳞介，一切动物、植物，非水皆不能长养生成。

问：水更有何用？

答：洗物使洁，浴人使爽。

问：禽兽亦须浴水否？

答是个、常時看見小鳥、或者水牛禿拉水裡淨浴、

問水有實蓋大用頭、人應該心裏感謝否、

答應該感謝天主造水拉地上、可以使地上个人咾飛禽走獸吃用、

問人走拉沙漠地方末、那能、

答必定要駱駝背之水、但是有个時候、也無沒水咾渴極、并且走拉沙漠地方个人若然無沒水咾、勿能淨浴末難過得極、

問常久勿落雨、第个時候叫啥、

答叫旱天、

問常久旱天、那能、

答就要荒年、

答：是个。常时看见小鸾[①]或者水牛秃拉水里净浴。

问：水有实盖大用头，人应该心里感谢否？

答：应该感谢天主造水拉地上，可以使地上个人咾飞禽走兽吃用。

问：人走拉沙漠地方末，那能？

答：必定要骆驼背之水。但是有个时候，也无没咾渴极，并且走拉沙漠地方个人若然无没水咾，勿能净浴末难过得极。

问：常久勿落雨，第个时候叫啥？

答：叫旱天。

问：常久旱天，那能？

答：就要荒年。

① 鸾：当为“鸟”白读的记录。

答：如凫之刷羽、鸳之剔翎、牛之浮鼻，其性无不爱水。

问：水有如此大用，人心应当感激否？

答：禹王造水在地，吾人皆可受益，谁人不当感激？【十五下】

问：人行沙漠如何？

答：用骆驼负水，至所负之水，业已用罄，而行道者又适在无水之处，势必口渴而无如之何。

问：久不下雨，如何？

答：曰旱。

问：久旱则如何？

答：年荒。

問爲啥咾旱來常遠之、就要荒年、

答因爲地皮旱極、五穀菜蔬就要乾枯、飛禽走獸無沒水吃末也要乾殺、

問常遠荒年、人要那能、

答人也要餓殺、

問水再有啥用頭、

答可以行船、

問可以行啥个船、

答是小船大船火輪船、

問火輪船那能行動、

答用火燒水成功氣、氣个力大極、擊動輪盤、輪盤轉動、船就能彀

启悟问答

问：为啥咾旱来常远之，就要荒年？

答：因为地皮旱极，五谷菜蔬就要干枯，飞禽走兽无没水吃末也要干杀。

问：常远荒年，人要那能？

答：人也要饿杀。

问：水再有啥用头？

答：可以行船。

问：可以行啥个船？

答：是小船、大船、火轮船。

问：火轮船那能行动？

答：用火烧水成功气，气个力大极，击动轮盘，轮盘转动，船就能够

启悟初津

问：何以久旱则年荒？

答：土槁无润，菜蔬果谷，百物皆枯，无复生理，欲不荒而不得。

问：人遇荒年何如？

答：饿毙。【十六上】

问：水更有何用？

答：行船。

问：行何船？

答：小船、大船、轮船，皆可以行。

问：轮船如何行法？

答：煮水成汽，其气即涨，乃以气之大力，激动其轮，轮自旋转，船即

行哉、

問旱地上、也靠水氣个力行个、是啥、

答就是火輪車、

問火輪車那能會行動、

答像火輪船一樣、也靠火燒水成功氣、氣末擊動機器咾輪盤、車子就能轂行哉、

問那能使水代替人牽磨、

答使水從高个戶蕩衝下來个水力、擊動磨子个機器咾輪盤、磨子就會牽物事、

問水那能可以鋸木、

答使水也是從高个戶蕩、衝下來、衝拉鋸子个機器咾輪盤上、輪

行哉。

问：旱地上，也靠水气个力行个，是啥？

答：就是火轮车。

问：火轮车那能会行动？

答：像火轮船一样，也靠火烧水成功气，气末击动机器咾轮盘，车子就能够行哉。

问：那能使水代替人牵磨？

答：使水从高个户荡冲下来个水力，击动磨子个机器咾轮盘，磨子就会牵物事。

问：水那能可以锯木？

答：使水也是从高个户荡冲下来，冲拉锯子个机器咾轮盘上，轮

随之行动。

问：陆地上有何物可用水气行动？

答：火车。

问：火车如何行动？

答：如行轮船之法，气涨动机器，自能在铁路上行。【十六下】

问：何谓水磨？

答：使水从上流高处冲下刷动磨下之轮，则自然行转。

问：何谓水锯？

答：亦如水磨之法。不过水磨用磨轮，此用锯齿耳。然水磨水锯，在山水多处有之，平地罕有见者。

盤轉動末、鋸子就會鋸木、

問 水成功个啥、

答 氣、雲、雪、冰、霜、露、水、霧露、

第十課 論風

問 日頭除之前頭所講過个益處、再有啥用場、

答 風末靠之日頭咾、會吹來吹去、若使無末日頭末、風勿會吹、

問 爲啥咾、

答 日頭曬之空氣、空氣就要發熱咾騰上去、直到天空裡咾、再冷、

問 曬熱拉个空氣爲啥咾要騰上起、

答 爲之空氣發熱就輕哉、所以要騰上去、氽拉冷个空氣上頭、

問 熱个空氣、既然騰上起之末、有啥个氣、補拉下頭个空氣裡、

盘转动末,锯子就会锯木。

问:水成功个啥?

答:气、云、雪、冰、霜、露水、雾露。

第十课　论风

问:日头除之前头所讲过个益处,再有啥用场?

答:风末靠之日头咾,会吹来吹去,若是无末日头末,风勿会吹。

问:为啥咾?

答:日头晒之空气,空气就要发热咾腾上去,直到天空里咾,再冷。

问:晒热拉个空气为啥咾要腾上起?

答:为之空气发热就轻哉,所以要腾上去,氽拉冷个空气上头。

问:热个空气,既然腾上起之末,有啥个气,补拉下头个空气里?

问:水成何物?

答:气、云、霜、雪、雾、露、冰。

第十课　论风

问:太阳一物前会历言其益,不知此外尚有何用?可试言其故欤?

答:风之嘘拂,非日不能。

问:何故?【十七上】

答:日晒空气使热,升至天半复凉。

问:曝热之空气何故上升?

答:空气发热则轻,升而上之,浮于寒空气之上。

问:热空气既自上升则下边热空气所腾空隙之处,有何补入,而占其地?

答有四周圍、冷个空氣、衝過來補拉化个、

問熱个空氣騰上起、冷个空氣補進去、成功啥、

答成功風、

問究竟風是啥、

答是動个空氣、

問日頭發大个熱氣、近地皮个空氣那能、

答快來死个騰上起、

問伊个時候、四周圍冷氣那能、

答也快來死个補進來、

問若然熱个空氣、快來死个騰上起、冷个空氣、快來死个補進去、第个時候風那能、

答：有四周围冷个空气，冲过来补拉化个。

问：热个空气腾上起，冷个空气补进去，成功啥？

答：成功风。

问：究竟风是啥？

答：是动个空气。

问：日头发大个热气，近地皮个空气那能？

答：快来死[1]个腾上起。

问：伊个时候，四周围冷气，那能？

答：也快来死个补进来。

问：若然热个空气，快来死个腾上起；冷个空气，快来死个补进去，第个时候风那能？

---

① 快来死：快得很。

答：热空气既去，则四周寒气即来，补其空隙。

问：热空气上升，寒空气补入，便成何物？

答：即成为风。

问：风究是何物？

答：乃空气移动。

问：太阳晒气，既至甚热，则附近地球之空气如何？【十七下】

答：疾升而上。

问：此时四围之寒空气如何？

答：疾补而入。

问：热气疾升，寒气疾补，此时之光景如何？

答風就大得極、
問爲啥咾拉夏天、常時無沒風、
答因爲天空裡、有一層熱个空氣、一層冷个空氣、就有風、拉夏天有个時候、空風全是熱个、無沒冷个空氣衝過來、所以無沒風、
問爲啥咾冬天个風、比夏天大、
答爲之冬天、赤道上个空氣、常庄熱咾升上起、南咾北个、冷空氣、常庄衝過來、所以冬天个風是大、
問西北風、爲啥咾比別个風冷、
答爲之是從冷个地方、吹過來、并且西北地方、比中國个天氣、是冷點、
問東北風、爲啥咾要雨落、

答：风就大得极。

问：为啥咾拉夏天，常时无没风？

答：因为天空里，有一层热个空气，一层冷个空气，就有风。拉夏天有个时候，空（风）[气]全是热个，无没冷个空气冲过来，所以无没风。

问：为啥咾冬天个风，比夏天大？

答：为之冬天，赤道上个空气，常庄热咾升上起；南咾北个冷空气，常庄冲过来，所以冬天个风是大。

问：西北风，为啥咾比别个风冷？

答：为之是从冷个地方吹过来，并且西北地方，比中国个天气，是冷点。

问：东北风，为啥咾要雨落？

答：便成大风。

问：何以夏天少大风？

答：天空中一处有热空气，一处有寒空气，此时即有风起。若在炎夏，空气全热，并少寒空气冲动更移，气既不冲不移，大风何从而至？

问：冬风大于夏风，何故？

答：冬天赤道上空气常热。当其升上之时，赤道之南、赤道之北，两【十八上】处寒空气，时时移动冲过，以补热空气升上之缺，是以冬风较大。

问：西北风何故最寒？

答：西北方地土较中国气候稍为寒冷，此气从西北寒处吹来，故冷。

问：东北风何故易雨？

答爲之從東北太平洋个冷氣搭之濕氣咾雲一齊吹過來、所以要雨落、

問南風爲啥咾、比別个風熱點、

答爲之南風是從赤道上、吹過來个熱氣、

問若然住拉南亞美利加个巴西國度裡、啥个風是冷、

答南風、

問爲啥咾、

答爲之從南氷洋、吹過來个冷氣、

問啥个風是熱、

答北風、

問爲啥咾、

答：为之从东北，太平洋个冷气搭之湿气咾云，一齐吹过来，所以要雨落。

问：南风为啥咾比别个风热点？

答：为之南风是从赤道上吹过来个热气。

问：若然住拉南亚美利加个巴西国度里，啥个风是冷？

答：南风。

问：为啥咾？

答：为之从南冰洋吹过来个冷气。

问：啥个风是热？

答：北风。

问：为啥咾？

答：太平洋在东北一隅，其风将太平洋所蓄寒湿之气及云，齐卷而来，故雨。

问：南风何故较热？

答：赤道最热，南风即从赤道来，故热。

问：南亚美利加巴西国中，何风为寒？【十八下】

答：南风。

问：何故？

答：系南冰洋吹来寒气。

问：巴西国何风最热？

答：北风。

问：何故？

答爲之從赤道上吹過來个熱氣、

問地球上熱咾冷搭之極冷个地方、那能分開、名頭呌啥、

答分開五道、地球當中呌赤道、赤道个南北呌南溫道、北溫道、溫道个極南極北呌南寒道、北寒道、

問那裡一道最熱、

答赤道、

問爲啥咾、

答爲之赤道上、日頭个熱氣、逼直个晒拉上、所以比別道、是最熱、

第十一課　論大風與星

問海灘上个風呌啥、

答呌海風、

答：为之从赤道上，吹过来个热气。

问：地球上热咾冷搭之极冷个地方，那能分开？名头叫啥？

答：分开五道。地球当中叫赤道，赤道个南、北叫南温道、北温道，温道个极南、极北叫南寒道、北寒道。

问：那里一道最热？

答：赤道。

问：为啥咾？

答：为之赤道上，日头个热气，逼直个晒拉上，所以比别道，是最热。

第十一课　论大风与星

问：海滩上个风叫啥？

答：叫海风。

答：该国在赤道之南，赤道上吹去热气，故热。

问：地球上或暖或寒或极寒之处，有何名目？

答：分五道。曰赤道，曰南温道，曰北温道，曰南寒道，曰北寒道。赤道居于中，南曰南温道，再南曰南寒道；北曰北温道，再北曰北寒道。【十九上】

问：何道最热？

答：赤道。

问：何故？

答：太阳正向此道照临，故热。

问：滨海之风何名？

答：名海风。

問海風那能成功咾吹到岸上、

答爲之日裏地上个氣、先受着熱咾、騰上起、海裡个冷氣補上來、夜裡末、海裡个氣比地上个氣、先騰上起、所以地上个氣要回到海裡、

問從沙漠地方來个風冷呢熱个、

答是熱个、

問從沙漠地方來个風、呌啥个名頭、

答落沙風、

問風潮時候个風、是那能个、

答伊个力大得極、能彀拔脫樹咾、吹坍房子、

問風使人有啥益處、

启悟问答

问：海风那能成功咾吹到岸上？

答：为之日里，地上个气，先受着热咾，腾上起，海里个冷气补上来。夜里末，海里个气比地上个气，先腾上起，所以地上个气要回到海里。

问：从沙漠地方来个风冷呢热个？

答：是热个。

问：从沙漠地方来个风，叫啥个名头？

答：落沙风。

问：风潮时候个风，是那能个？

答：伊个力大得极，能够拔脱树咾吹坍房子。

问：风使人有啥益处？

启悟初津

问：海风如何能成，而吹向岸上？

答：日间地土热气，先行升至空中，即有海中之寒气补入；至夜间地上先寒，寒气渐入海中，海中之热气，仍升至空中，故地土之气，即行补入。海风之来，职是故耳。

问：沙漠之风，是寒是热？【十九下】

答：是热。

问：风潮之风何如？

答：风力极大，能拔树坍房。

问：风使人有何益处？

答大有益處、第一、使人爽快、第二、吹脫齷齪个氣、使人少生毛病、第三、可以行船、牽磨鋸木頭、

問風力可以吹壞船否、

答可以个、因爲海裏个水、撥拉風吹成功大浪頭、浪頭末衝到船上、常時使船撞着礁石、船就壞脫咾沉下去、

問人造之住宅、勿曾進宅个前頭、先要那能、

答先要預備房子裏一切傢生、

問人住拉地球上、天父對我伲先預備啥、

答天父拉地球上先對我伲預備水、風、亮光、熱氣、全是撥我伲有益、

問天父所造个多化物事、禿可以看見否、

答：大有益处。第一，使人爽快；第二，吹脱龌龊[①]个气，使人少生毛病；第三，可以行船、牵磨、锯木头。

问：风力可以吹坏船否？

答：可以个。因为海里个水，拨拉风吹成功大浪头，浪头末冲到船上，常时使船碰着礁石，船就坏脱咾沉下去。

问：人造之住宅，勿曾进宅个前头，先要那能？

答：先要预备房子里一切家生。

问：人住拉地球上，天父对[②]我伲先预备啥？

答：天父拉地球上先对我伲预备水、风、亮光、热气，全是拨我伲有益。

问：天父所造个多化物事，秃可以看见否？

① 龌龊：脏。
② 对：替，为。

答：有益。一使人凉爽；二吹去秽气，令人少病；三行船、牵磨、锯木。

问：风力能毁船否？

答：能。因海水被风，即成大浪，浪冲船走，误触礁石，不毁即沈。

问：安宅新建成功，未入之先，人将何如？

答：先将屋中器具备齐，然后居之。

问：人居地球，天主代人预备何物？

答：光、水、风、热，皆是与我有益。【二十上】

第十一课　论行星

问：前王所造诸物皆，□□□□[①]？

① 根据《要津》，当为“皆可见否”。

答有多化勿可以看見、
問有啥个勿可以看見、
答有个星、離開地球遠極、所以勿能看見、
問勿能看見末、那能曉得有第个星、
答有个星、人眼睛勿能看見、若然用千里鏡可以看見、所以曉得有第个星、
問啥个星、可以多看見、
答金星、火星、木星、
問啥个星、有个時候、可以看見、有个時候勿看見、
答土星、水星、天王星、海王星、
問上頭話个七个星、是行星呢恒星、

启悟问答

答：有多化勿可以看见。

问：有啥个勿可以看见？

答：有个星，离开地球远极，所以勿能看见。

问：勿能看见末，那能晓得有第个星？

答：有个星，人眼睛勿能看见，若然用千里镜可以看见，所以晓得有第个星。

问：啥个星，可以多看见？

答：金星、火星、木星。

问：啥个星，有个时候可以看见，有个时候勿看见？

答：土星、水星、天王星、海王星。

问：上头话个七个星，是行星呢恒星？

启悟初津

答：不可见者亦多。

问：何物不可以见？

答：即论天空之星，有可见者，有远去地球者，是以有所弗见。

问：既云不见，何知有星？

答：用远镜窥测，亦有可见。

问：何星可以多见？

答：金星、火星、木星，可见之日甚多。

问：何星有时见，有日不见？

答：土星、水星、天王星、海王星。【二十下】

问：以上所云七星是恒星是行星？

答是行星像个地球、所以有人想有个行星裏向、也有人住拉化、

第十二課　論行星

問兜轉日頭个行星共總有幾个、

答有八个大个行星、另外還有約酌二百多小个行星、

問爲啥咾話約酌、

答爲之天文家、用天文鏡看星、有時候又查着別个星、所以不能有一定个數目、

問爲啥咾前頭勿查着、現在新查着呢、

答爲之現在个天文鏡、比前頭更加有力、所以看來遠哉、

問人个眼睛看起來、最清爽个星、有幾个、名頭叫啥、

答有七个、就是金星、木星、水星、土星、火星、天王星、海王星、

答：是行星，像个地球。所以有人想有个行星里向，也有人住拉化。

第十二课　论行星

问：兜转日头个行星，共总有几个？

答：有八个大个行星，另外还有约酌二百多小个行星。

问：为啥咾话"约酌"？

答：为之天文家，用天文镜看星，有时候又查着别个星，所以不能有一定个数目。

问：为啥咾前头勿查着，现在新查着呢？

答：为之现在个天文镜，比前头更加有力，所以看来远哉。

问：人个眼睛看起来，最清爽个星，有几个？名头叫啥？

答：有七个，就是金星、木星、水星、土星、火星、天王星、海王星。

答：是行星。亦似地球，环绕太阳。

问：向日环行之星有若干？

答：大星八颗，小星约二百颗。

问：何以言其大略？

答：天文家以镜窥星，欲见此星，而他星又至，或迟或速，行道参差，不能详数，故无定目。

问：前未查见之星，何以至今查见？

答：近制测天之镜，精益求精，故目光更远。

问：人见至明至大之星，共有若干？其名若何？

答：即是金星、木星、水星、土星、火星、天王星、海王星，七数也。【二十一上】

問那裡一个星是近來查着个、

答海王星是拉西歷一千八百四十六年纔纔查着、以前第个星、雖然常遠已經拉拉天空裏人倒勿曉得、

問那裏一个星个軌道、最近日頭、

答水星、

問水星朝之日頭兜轉一回、要幾化日脚、

答照地球个日脚算起來是八十七日、所以水星个一年、只得八十七日、

問第二近日頭个星叫啥、

答叫金星、

問金星兜轉日頭一回、要幾化日脚、

启悟问答

问：那里一个星，是近来查着个？

答：海王星，是拉西历一千八百四十六年才才[1]查着。以前第个星，虽然常远已经垃拉天空里，人倒勿晓得。

问：那里一个星个轨道，最近日头？

答：水星。

问：水星朝之日头兜转一回，要几化日脚？

答：照地球个日脚算起来，是八十七日，所以水星个一年，只得[2]八十七日。

问：第二近日头个星叫啥？

答：叫金星。

问：金星兜转日头一回，要几化日脚？

---

① 才才：表示“刚刚”，为训读字。
② 只得：只有。

启悟初津

问：何星是新近查知？

答：海王星。于西历一千八百四十六年，始行认出，以前虽亦行天，人犹未之知也。

问：何星轨道，最近日球？

答：水星。

问：水星几时绕日一周？

答：从水星所循之日期悉心计算，共行一周，得地球(土)[上]八十七日，是以水星以八十七日为一年。

问：第二星近日何名？

答：金星。

问：金星几时，绕日一周？【二十一下】

答 照地球个日脚、是二百廿四日、零十七點鐘、所以金星个一年、是二百廿四日零十七點鐘、

問 第三个近日頭个星叫啥、

答 就是地球、

問 地球兜轉日頭一回、要幾化日脚、

答 三百六十五日、零五點鐘、四十九分、第个數目、照西

启悟问答

答：照地球个日脚，是二百廿四日零十七点钟，所以金星个一年，是二百廿四日零十七点钟。

问：第三个近日头个星叫啥？

答：就是地球。

问：地球兜转日头一回，要几化日脚？

答：三百六十五日零五点钟四十九分，第个数目，照西

启悟初津

答：以地球计之，凡二百二十四日零十七下钟，故金星以二百二十四日零十七下钟，为一年。

问：第三星近日何名？

答：即是地球。

问：地球几时绕日一周？

答：三百六十五日零五下钟四十九分，此数以西法

國算就是一年、

問中國、搭之西國、算年分有啥分別、

答中國是照月亮兜轉地球十二回、算一年、西國是照地球兜轉日頭一回、算一年、

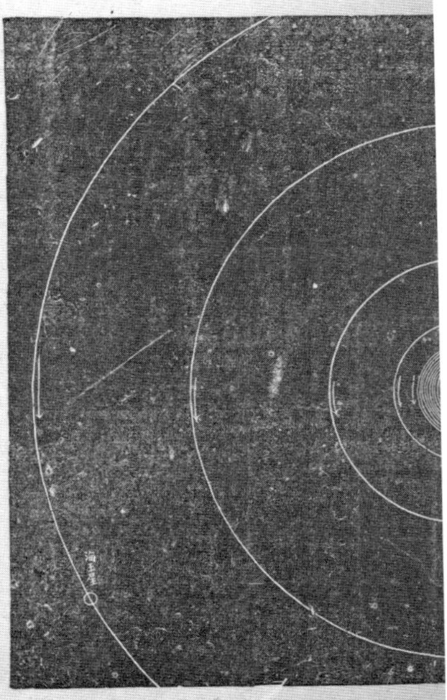

問月亮兜轉地球十二回、搭之地球兜轉日頭一回、時候有啥多少否、

答有个中國照月亮兜轉地球、十二回算一年、但是地球兜轉日

国算就是一年。

问：中国搭之西国，算年分有啥分别？

答：中国是照月亮兜转地球十二回，算一年；西国是照地球兜转日头一回，算一年。

问：月亮兜转地球十二回，搭之地球兜转日头一回，时候有啥多少否？

答：有个。中国照月亮兜转地球，十二回算一年，但是地球兜转日

计之，谓之一年。【二十二上】

问：中西历算，有分别否？

答：中国以月球环地十二周为岁，西国以地球绕日一周为岁。

问：月环地球十二周，地球环日一周，时候有参差否？

答：中历以月绕地球十二周计算，

頭還勿滿一回、所以三年裏必要有一个閏月、西國是照地球兜轉日頭一回、有三百六十五日零五點鐘四十九分、但是西國个一年、是三百六十五日、實蓋末、每年要少五點鐘四十九分、四年約酌要少二十四點鐘、所以西國四年當中要有一日閏日、補四年裏向所缺拉个時候、

問古時間那能算年分、

答也是担月亮兜轉地球、十二回算一年、

問那裏一个國度、起頭算地球兜轉日頭一回、是一年、

答是羅馬國、古時間有一个聰明皇帝、叫有略該撒起頭个、

問第四个、近日頭个星叫啥、

答就是火星、

头还勿满一回，所以三年里必要有一个闰月。西国是照地球兜转日头一回，有三百六十五日零五点钟四十九分。但是西国个一年，是三百六十五日，实盖末，每年要少五点钟四十九分，四年约酌要少二十四点钟，所以西国四年当中要有一日闰日，补四年里向所缺拉个时候。

问：古时间那能算年分？

答：也是担月亮兜转地球，十二回算一年。

问：那里一个国度，起头算地球兜转日头一回，是一年？

答：是罗马国。古时间有一个聪明皇帝，叫有略该撒[①]起头个。

问：第四个近日头个星叫啥？

答：就是火星。

---

① 有略该撒：即尤利乌斯·恺撒。

故每三年置闰一月；西历以地球绕日一周计算，每年计三百六十五日零五点钟四十九分。【二十二下】而西历只算三百六十五日为一年，每一年少五点钟四十九分，积至四年，约共少二十四点钟，故西历每四年置闰一日，以补其缺。

问：古人计年若何？

答：亦以月绕地球计算，行十二周为岁。

问：何国首以地球绕日一周为岁？

答：罗马国。有一聪明君主，名有略克撒者所创。

问：近日球之第四星何名？

答：火星。

問爲啥咾叫火星、

答爲之看起來紅咾像火、用千里鏡看伊像大个自來火燈、所以叫伊火星、

問火星幾化時候、兜轉日頭一回、

答六百八十七日、所以伊个一年是地球个六百八十七日、

問火星外頭還有啥个行星、

答有多化小行星、

問有幾个、

答約酌二百多个、恐怕還有个、是人看勿見个、

問第个小星聚拉一處呢、還是散開拉个、

答秃是聚拉一處、

启悟问答

问：为啥咾叫火星？

答：为之看起来红咾像火，用千里镜看伊像大个自来火灯，所以叫伊火星。

问：火星几化时候，兜转日头一回？

答：六百八十七日，所以伊个一年是地球个六百八十七日。

问：火星外头，还有啥个行星？

答：有多化小行星。

问：有几个？

答：约酌二百多个，恐怕还有个，是人看勿见个。

问：第个小星，聚拉一处呢，还是散开拉个？

答：忝是聚拉一处。

启悟初津

问：何谓火星？

答：其星光红似火，且以远镜窥之，如大自来火灯，闪耀不定。【二十三上】

问：火星几时绕日一周？

答：六百八十七日。故以六百八十七日为一年。

问：火星之外，有何行星？

答：有小行星甚多。

问：几许？

答：约二百多颗，其余或尚有窥不见者。

问：各种小行星轨道，是罗聚一处，抑是分散各处？

答：聚于一处。

問爲啥咾聚拉一處、

答前頭有人想火星邊頭、本來也有一个大个星、恐怕第个小星、是大个星、分開來咾成功个、但是現在个博士倒勿實蓋講、

問第个小星外頭、有啥行星、

答木星、

第十三課　論行星第一等第二等及恒星慧星

問木星外頭有幾个月亮、

答四个、

問木星兜轉日頭一回、要幾時、

答十二年、所以地球个十二年是木星个一年、

問木星自家旋一轉、有幾化時候、

问：为啥咾聚拉一处？

答：前头有人想火星边头，本来也有一个大个星，恐怕第个小星，是大个星，分开来咾成功个，但是现在个博士倒勿实盖讲。

问：第个小星外头，有啥行星？

答：木星。

第十三课　论行星第一等、第二等及恒星、慧星①

问：木星外头有几个月亮？

答：四个。

问：木星兜转日头一回，要几时？

答：十二年，所以地球个十二年是木星个一年。

问：木星自家旋一转，有几化时候？

---

① 原文即“慧星”，现在一般写作“彗星”。

问：何故相聚？

答：或谓火星之旁边，恐有大星，想此小星，即系大星分开而成，现在天文家不讲求此说矣。【二十三下】

问：此小星之外，有何行星？

答：有木星。

第十二课　论第一等、第二等行星及恒星、彗星

问：木星几时绕日一周？

答：地球上十二年，故地球十二年，木星以为一年。

问：木星之边，有小星随行否？

答：有四颗，如地球之有月球，相随环走。

问：木星自转一周须几时？

答爲之旋來快極、只得十點鐘、

問木星外頭有啥个星、

答有土星、

問土星外圈有啥个希奇个物事、

答有光環像月亮能會發光、

問那能常庄會發光、

答爲之也受着日頭个光咾、反照出來、

問日光照拉光環上、三十年裏有啥分別否、

答日光十五年照拉光環个第面、十五年照拉伊面、

問天文鏡、看光環像啥、

答一層一層、朝裏像圓圈、

土星

答：为之旋来快极，只得十点钟。

问：木星外头有啥个星？

答：有土星。

问：土星外圈有啥个希奇个物事？

答：有光环，像月亮能，会发光。

问：那能常庄会发光？

答：为之也受着日头个光咾，反照出来。

问：日光照拉光环上，三十年里有啥分别否？

答：日光十五年照拉光环个第面，十五年照拉伊面。

问：天文镜，看光环像啥？

答：一层一层，朝里像圆圈。

答：极速。只须十下钟耳。

问：木星外何星？

答：土星。【二十四上】

问：木星外边有何所见？

答：有大圈一，能自发光，围于土星之腰。

问：何以能自发光？

答：亦日光所照之故。

问：日光照于土星之圈，(三)[二]十年中，有何更动？

答：十五年照圈之彼半面，十五年照圈之此半面。

问：测天镜，窥星圈何似？

答：层层逐次向内，宛类圆环。

問朝裏看進去、可以看見有幾層圓圈、

答有三層圓圈、

問土星有啥月亮否、

答有八个月亮、

問土星要幾化時候、兜轉日頭一回、

答照地球个年份三十年、

問土星个外頭、有啥个星、

答有天王星、

問天王星兜轉日頭一回、要幾時、

答八十年、

問爲啥咾、

启悟问答

问：朝里看进去，可以看见有几层圆圈？

答：有三层圆圈。

问：土星有啥月亮否？

答：有八个月亮。

问：土星要几化时候，兜转日头一回？

答：照地球个年份三十年。

问：土星个外头，有啥个星？

答：有天王星。

问：天王星兜转日头一回，要几时？

答：八十年。

问：为啥咾？

启悟初津

问：从内窥去，有几圈？

答：可辨者约有六层圆圈。【二十四下】

问：土星四周，随行之小星有几？

答：有八颗。似地星之月球一般。

问：土星几时绕日一周？

答：三十年。地上三十年，土星只绕日一周耳。

问：土星之外何星？

答：天王星。

问：天王星几时绕日一周？

答：八十年。地球上八十年，天王星只行一周耳。

答爲之天王星兜轉日頭一回、要地球八十年个常遠拉、

問啥个星个軌道離開日頭最遠、

答海王星、

問海王星个兜轉日頭一回、要幾化時候、

答照地球个年份一百六十四年兜轉日頭一回、

問海王星有啥月亮否、

答只看見有一个、恐怕還有末、天文鏡看不出、

問八行星裏那裏一个星最小、

答水星、

問那裏一个星最大、

答木星、

答：为之天王星，兜转日头一回，要地球八十年个常远拉。

问：啥个星个轨道，离开日头最远？

答：海王星。

问：海王星个兜转日头一回，要几化时候？

答：照地球个年份，一百六十四年兜转日头一回。

问：海王星，有啥月亮否？

答：只看见有一个，恐怕还有末，天文镜看不出。

问：八行星里，那里一个星最小？

答：水星。

问：那里一个星，最大？

答：木星。

启悟初津

问：何星轨道离日最远？

答：海王星。

问：海王星几时绕日一周？【二十五上】

答：一百六十四年。地球上一百六十四年，海王星只行一周耳。

问：海王星之旁，有何小星随行？

答：但有一颗，或者更有相随之星，即天文镜亦难窥测。

问：八行星中，何星最小？

答：水星。

问：何星最大？

答：木星。

問　那裏二个星、比地球小點、
答　水星咾、火星、
問　那裏四个星、比地球大、
答　木星、土星、海王星、天王星、
問　那裏一个星、搭地球大小相彷、
答　金星、
問　各行星个月亮、是行星否、
答　是行星、
問　大行星、搭之月亮有啥分別否、
答　大行星是行星當中第一等、月亮是行星當中第二等、

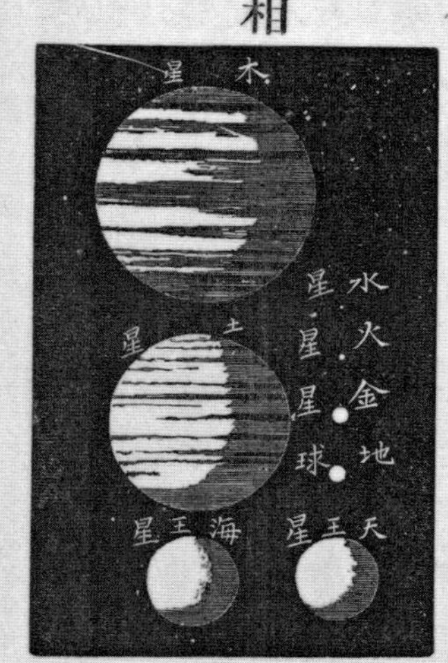

啓悟問答　二十七

启悟问答

问：那里二个星，比地球小点？

答：水星咾火星。

问：那里四个星，比地球大？

答：木星、土星、海王星、天王星。

问：那里一个星，搭地球大小相仿？

答：金星。

问：各行星个月亮，是行星否？

答：是行星。

问：大行星搭之月亮有啥分别否？

答：大行星是行星当中第一等，月亮是行星当中第二等。

启悟初津

问：何星较地球稍小？

答：水星、火星。

问：何星较地球为大？

答：木星、土星、海王星、天王星。【二十五下】

问：何星与地球大小相同？

答：金星。

问：附各行星之月球，是行星否？

答：是行星。

问：大行星与月球何别？

答：大行星乃行星中第一等，月球乃行星中第二等。

問大行星、爲啥咾稱行星當中第一等、

答爲之大行星个軌道是兜轉日頭咾、

問月亮爲啥稱行星當中第二等、

答爲之月亮个軌道是兜轉大行星、

問地球拉行星當中、第一等呢第二等、

答是第一等、爲之也是兜轉日頭、

問地球个月亮、行星當中第一等呢第二等、

答是第二等、爲之月亮个軌道是兜轉地球、

問行星兜轉日頭、月亮也兜轉日頭否、

答月亮勿是自家兜轉日頭、是跟之大行星咾兜轉日頭个、

問恒星是啥、

启悟问答

问：大行星，为啥咾称行星当中第一等？

答：为之大行星个轨道是兜转日头咾。

问：月亮为啥称行星当中第二等？

答：为之月亮个轨道是兜转大行星。

问：地球拉行星当中，第一等呢第二等？

答：是第一等，为之也是兜转日头。

问：地球个月亮，行星当中第一等呢第二等？

答：是第二等，为之月亮个轨道是兜转地球。

问：行星兜转日头，月亮也兜转日头否？

答：月亮勿是自家兜转日头，是跟之大行星咾兜转日头个。

问：恒星是啥？

启悟初津

问：大行星何故谓行星之首？

答：因大行星绕走日球故也。

问：月球何故谓行星之次？

答：因月球只绕大行星故也。【二十六上】

问：地球是行星中第一等？第二等？

答：第一等，因向日球环走也。

问：地球上之月球是行星中第一等？第二等？

答：第二等，因只能绕地球行也。

问：行星绕日，月亦绕日否？

答：月随行星而绕日球，不能离行星而自能绕日。

问：恒星何解？

答像常庄停拉咾、勿行个、但是恒星也自家拉旋轉咾有个末行个、

問拉夜裏看星、那能曉得是行星呢、恒星、

答爲之恒星个發光、像臘燭火、撻着之風咾、光拉動咾動个、

問有人算有个恒星是像啥、

答有人想有个恒星也像个日頭、

問人看恒星、爲啥咾實蓋能小極、

答爲之離開地球極遠、其中有一个恒星、比地球離日頭五十萬倍个遠、

問多化星用天文鏡秃可以看見否、

答勿能个、恐怕有幾千幾萬遠極个星、勿能看見、

答：像常庄停拉咾，勿行个，但是恒星也自家拉旋转咾有个末行个。

问：拉夜里看星，那能晓得是行星呢恒星？

答：为之恒星个发光，像蜡烛火，碰着之风咾，光拉动咾动个。

问：有人算有个恒星是像啥？

答：有人想有个恒星也像日头。

问：人看恒星，为啥咾实盖能小极？

答：为之离开地球极远。其中有一个恒星，比地球离日头，五十万倍个远。

问：多化星用天文镜秃可以看见否？

答：勿能个。恐怕有几千几万远极个星，勿能看见。

答：宛似常止一处，然毕竟仍然旋转不已，也亦有恒星在空中运行。

问：夜观天象，何别于行星恒星？

答：恒星之光，似燃烛风中，熠耀不定。【二十六下】

问：有人算恒星中有似何物？

答：天文家以为恒星中亦有似日球。

问：然则仰观之何以甚小？

答：离地太远之故。中有一恒星，去地球之远，较地球离日可多五十万倍。

问：众星尽可用天文镜窥测否？

答：恐不能。因有数千亿万，离地极远之星，不可以见。

問　慧星是啥、

答　也是行星、

問　像別个行星否、

答　勿是个、爲之伊个尾巴、長咾像掃箒、所以俗名叫掃箒星、

問　第个慧星、有一定个軌道否、

答　慧星雖然有一定个軌道、然而伊个軌道、勿是像行星个軌道、各行星兜轉日頭个軌道、是圓个、但是慧星兜轉日頭个軌道、是腰子式个、爲之常時慧星个軌道近日頭、常時遠開日頭、所以伊个軌道、搭別个行星勿同个、

問　落下來个星、叫啥个名頭、

答　流星、

日

彗星軌道

启悟问答

问：慧星是啥？

答：也是行星。

问：像别个行星否？

答：勿是个。为之伊个尾巴长咾像扫帚，所以俗名叫扫帚星。

问：第个慧星，有一定个轨道否？

答：慧星，虽然有一定个轨道，然而伊个轨道，勿是像行星个轨道。各行星，兜转日头个轨道，是圆个；但是慧星兜转日头个轨道，是腰子式个。为之常时慧星个轨道近日头，常时远开日头，所以伊个轨道，搭别个行星勿同个。

问：落下来个星，叫啥个名头？

答：流星。

启悟初津

问：彗星何物？

答：也是行星。

问：与各行星同类否？

答：星尾甚长，不与各行星同类，俗名扫帚星。【二十七上】

问：此星有一定轨道否？

答：此星轨道，虽有一定，然各行星轨道，皆围环日球而作圆式。彗星轨道，在日球一偏，作圆长式，有时近日，有时离日，有时经过各星轨道，故此星自成轨道，与众行星轨道不同也。

问：堕下之星何名？

答：流星。

問有時流星落下來像个落拉地球上、爲啥咾勿看見、

答爲之快來死个落下來、撥拉伊自家个火燒脫咾、成功之氣、有个落拉天空裏、所以勿看見、

問天上白个像一條路、叫啥、

答天河、

問天河那能成功个、

答是多化星聚拉一處、

問眞眞是拼攏拉一處否、

答勿是个、也是一个一个遠開拉个、像樹林遠看是像拼攏拉、實在是一棵一棵分開拉个、

問造第个多化星个主、可以稱伊啥名頭、

启悟问答

问：有时流星落下来像个落拉地球上，为啥呒勿看见？

答：为之快来死个落下来，拨拉伊自家个火烧脱咾，成功之气；有个落拉天空里，所以看不见。

问：天上白个像一条路，叫啥？

答：天河。

问：天河那能成功个？

答：是多化星聚拉一处。

问：真真是拼拢拉一处否？

答：勿是个，也是一个一个远开拉个，像树林远看是像拼拢拉，实在是一棵一棵分开拉个。

问：造第个多化星个主可以称伊啥名头？

启悟初津

问：有时星堕，其光数十丈，细观之，似堕地球之上，何以不能寻见？

答：因星堕极速，在空中被星球自生之火烧去成气，或有堕于天空之中，是以不见。【二十七下】

问：夜间见天上，似道路横界，空中作白色者，何物？

答：天河，亦名银汉。

问：天河何以成功？

答：千万亿兆极小之星，聚于一处。

问：众星拼合，如无缝衣否？

答：非也，亦是一星一所，各有定位。远望则并在一处，如平地远望树木，若无枝本之分也。

问：谁造众星？

答可稱伊無所不能个大主宰、

第十四課　論日球有吸力行星有離力

問多化行星、各照之自家个軌道、兜轉日頭咾行、那能多化行星、勿會碰着咾、勿會走差、

答爲之有日頭个吸力、吸住多化行星咾、

問格末爲啥勿吸之到日頭裡去、

答爲之行星、也有離開日頭个力、

問日頭有吸力、行星有離開个力、用啥來可以講明伊个理、

答用一个球、縛之線、兜轉甩、就成功一个圈个樣式、拉甩个時候、第个球勿會跌到手裏、也勿會甩到外頭去、就可以講明伊个理、

答：可称伊无所不能个大主宰。

第十四课　论日球有吸力、行星有离力

问：多化行星，各照之自家个轨道，兜转日头咾行，那能多化行星，勿会碰着咾，误会走差？

答：为之有日头个吸力，吸住多化行星咾。

问：格末为啥勿吸之到日头里去？

答：为之行星，也有离开日头个力。

问：日头有吸力，行星有离开个力，用啥来可以讲明伊个理？

答：用一个球，缚之线，兜转甩，就成功一个圈个样式。拉甩个时候，第个球勿会跌到手里，也勿会甩到外头去，就可以讲明伊个理。

答：是全能大主宰。

第十三课　论日球有吸力、行星有离力

问：众行星各遵自占轨道，绕日而行，何以行星与行星，不相撞击【二十八上】合会一处，且不行至他星轨道？

答：有日球力，吸住多少行星，使不差忒。

问：既如此，岂不将众星吸入日中？

答：行星亦各有离日之力。

问：日球有吸力，行星有离力，何以解释其理？

答：假加以圆球缚线，人执线之一端，而周围摇转之，则球便成一圆圈形不坠于近手之处，亦不突出圈外，即此理也。

問球末比方啥、
答行星、
問甩球成功个圈、比方啥、
答行星个軌道、
問揑線个拳頭、比方啥、
答日頭、
問線末比方啥、
答日頭吸牢行星、
問倘然手放脫之線、球要那能、
答就要甩出去、
問第个比方啥、

启悟问答

问：球末比方啥？

答：行星。

问：甩球成功个圈，比方啥？

答：行星个轨道。

问：捏线个拳头，比方啥？

答：日头。

问：线末，比方啥？

答：日头吸牢行星。

问：倘然手放脱之线，球要那能？

答：就要甩出去。

问：第个比方啥？

启悟初津

问：球似何物？

答：似行星。

问：圆圈形何似？

答：似行星之轨道。【二十八下】

问：执线之手何比？

答：比日球。

问：线何比？

答：比日之吸住行星。

问：线一脱手，球将如何？

答：掷出去。

问：掷出去何故？

答比方行星自家、也有離開日頭个力、

問甩球个線、既然脫之手、那能勿會落拉手裡向、

答爲之甩个勢、使球有離開个力、

第十五課　論地球有吸力

問若然手放脫之線、球就要那能、

答或是近、或是遠、一定要落拉地上、

問爲啥咾、

答爲之地球像日頭能、也有吸力、

問若然担球、甩上起、爲啥咾就要落下來、

答爲之地球裏、有吸力拉伊下來、

問爲啥下山容易、上山煩難、

答：比方行星自家，也有离开日头个力。

问：甩球个线，既然脱之手，那能勿会落拉手里向？

答：为之甩个势，使球有离开个力。

第十五课　论地球有吸力

问：若然手放脱之线，球就要那能？

答：或是近，或是远，一定要落拉地上。

问：为啥呢？

答：为之地球像日头能，也有吸力。

问：若然担球甩上起，为啥呢就要落下来？

答：为之地球里，有吸力拉伊下来。

问：为啥下山容易，上山烦难？

答：即是行星亦有离日之力也。

问：线既脱手，球何以不堕手中，而必掷出？

答：因摇转之势，使球有相离之力也。【二十九上】

第十四课　论地球吸力

问：手若释线，其球如何？

答：或近或远，一定落地。

问：何故？

答：地球亦如日球之有吸力。

问：掷球而上何故便坠？

答：为地球中吸力吸下。

问：何故上山甚难，下山甚易？

答也爲之地球个吸力、有如船搉着順風末快、逆風末慢、實蓋末、上山是逆之地球个吸力、所以慢、下山末是順之地球个吸力、所以容易、

問隨便啥樹上熟个菓子、爲啥勿甩上起要落下來、

答也是地球个吸力、

問地上秤物事爲啥分得出輕重、

答爲之物事有體質緊咾鬆、地球吸力有大咾小、所以物事个輕重勿講形體个大小、是講體質个緊咾鬆、若然體質緊、地球吸伊个力大、所以重、若然體質鬆、地球吸伊个力小、所以輕、

問若然一樣物事拉平地上秤、搭之拉高山上秤、伊个分量有啥輕重否、

答:也为之地球个吸力,有如船碰着顺风末快,逆风末慢。实盖末,上山是逆之地球个吸力,所以慢;下山末,是顺之地球个吸力,所以容易。

问:随便啥树上熟个果子,为啥勿甩上起要落下来?

答:也是地球个吸力。

问:地上秤物事为啥分得出轻重?

答:为之物事有体质紧咾松,地球吸力有大咾小,所以物事个轻重勿讲形体个大小,是讲体质个紧咾松。若然体质紧,地球吸伊个力大,所以重;若然体质松,地球吸伊个力小,所以轻。

问:若然一样物事拉平地上秤搭之拉高山上秤,伊个分量有啥轻重否?

答:亦为地球吸力,如船遇顺风则速,逆风则迟。今自下而上,逆地球吸力,故难;自上而下,顺地球吸力,故易。

问:树上所生各果,既熟之后,但有见其脱蒂而坠,未见其向上而【二十九下】飞者。

答:亦是地球吸力。

问:以权衡物,何故能分轻重?

答:地球吸物之力,视体质之稠松,不关体质之大小。质稠而体虽小,地球之吸力仍多,吸力多而物必重;体质松而体积虽大,地球之吸力仍少,吸力少而物必轻。

答拉平地上秤爲之近地吸个力大咾、所以重、拉高山上秤、爲之遠開地咾、地个吸力小、所以秤起來輕點、

問地若然無末吸力、地上个物事那能、

答禿要撥拉日頭吸起來咾飛脫、無沒物事留拉地上、

問啥人先查出、地球也有吸力、

答英國个博士、叫以撒語敦、

問那能查出地球、也有吸力、

答伊拉花園裏、坐拉草地上、看見蘋菓、拉樹上落下來、拉第个時候、想着地球、也有吸力、所以蘋菓只會落下來咾、不會吸上去、

問以後查出啥、

答查出地球兜轉日頭、不會離開、是爲之日頭个吸力、月亮兜轉

答：拉平地上秤，为之近地吸个力大咾，所以重；拉高山上秤，为之远开地咾，地个吸力小，所以秤起来轻点。

问：地若然无末吸力，地上个物事那能？

答：忒要拨拉日头吸起来咾飞脱，无没物事留拉地上。

问：啥人先查出地球也有吸力？

答：英国个博士，叫以撒·语敦[①]。

问：那能查出地球也有吸力？

答：伊拉花园里，坐拉草地上，看见苹果拉树上落下来。拉第个时候，想着地球也有吸力，所以苹果只会落下来咾，不会吸上去。

问：以后查出啥？

答：查出地球兜转日头，不会离开是为之日头个吸力。月亮兜转

① 以撒·语敦：牛顿（Isaac Newton）。

问：两物彼此有相吸之力否？

答：有。因重物常能吸轻物故也。

问：使地无吸力，则地上之物何如？

答：势必尽为日力吸去，一无所存。

问：何人创言地球吸力？【三十上】

答：英国博学士名以撒·语敦。

问：何以知地球吸力？

答：以撒·语敦正坐花园之中，见苹果从树上坠下，此时以撒·语敦自悟地球亦有吸力，故但见苹果坠下，不见向上。

问：以后再查出何理？

答：查知地球绕日不离，因日球之吸力；月球绕

地球咾勿會離開、是爲之地球个吸力、

第十六課　論萬物有結力

問上頭一課講啥、

答是講地球會吸牢多化物事、

問蓋末房子咾樹木、爲啥勿撥地球、吸下來咾跌拉地上、

答爲之大咾小个物事、自家禿有結攏來个力、蓋咾勿撥地球吸下來、

問第个力、格致裏向稱啥个力、

答結力、

問地球个吸力、搭之物事个結力、有啥分別否、

答吸力是地球拉伊下來个力、結力是物事併攏來个力、

地球咾,勿会离开,是为之地球个吸力。

第十六课　论万物有结力

问:上头一课讲啥?

答:是讲地球会吸牢多化物事。

问:盖末房子咾树木,为啥勿拨地球吸下来咾跌拉地上?

答:为之大咾小个物事,自家秃有结拢来个力,盖咾勿拨地球吸下来。

问:第个力,格致[①]里向称啥个力?

答:结力。

问:地球个吸力搭之物事个结力,有啥分别否?

答:吸力是地球拉伊下来个力,结力是物事并拢来个力。

① 格致:近代对科学的一种称呼。

地不离,因地球之吸力。

第十五课　论万物结力

问:前言地球能吸各物,然否?

答:能吸。

问:房屋树木,何故不为地球吸倒?【三十下】

答:大小各物,均有自结之力,故地球不能吸倒。

问:此力于格致学中何名?

答:结力。

问:地球吸力,与各物结力何别?

答:吸力是地球拽引之力,结力是各物并合之力。

問木頭个體質也有結力否、
答有个、勿論啥項小个物事禿有結力个、
問石頭个體質有結力否、
答也有个、
問多化物事个結力有啥相同否、
答物事个體質、有緊咾鬆、結力也有大咾小、所以勿能相同、
問啥物事有大个結力、
答是鐵、爲之鐵煩難分開、煩難斷脫、
問啥个物事結力少點、
答木頭个結力少點、水銀搭之流動个物事、更加少點、
問爲啥咾少、

启悟问答

问：木头个体质也有结力否？

答：有个，勿论啥顶小个物事秃有结力个。

问：石头个体质有结力否？

答：也有个。

问：多化物事个结力有啥相同否？

答：物事个体质有紧咾松，结力也有大咾小，所以勿能相同。

问：啥物事有大个结力？

答：是铁。为之铁烦难分开，烦难断脱。

问：啥个物事结力少点？

答：木头个结力少点，水银搭之流动个物事，更加少点。

问：为啥咾少？

启悟初津

问：木之体质有结力否？

答：有之。天下无论大小各物，结力皆备。

问：石之体质有结力否？

答：亦有之。

问：各物结力有相同否？

答：各物体质有坚松，则结力便有大小，不能相同。【三十一上】

问：何物有大结力？

答：铁。故不易分，又不易断。

问：何物结力小？

答：草木。其余流质，如水银等物，结力更小。

问：何以知其少？

答為之容易分開、

問棉花搭之海絨䟽裏一樣結力是大、

答是海絨、為之扯開海絨、比之扯開棉花煩難、

問石粉、搭之大理石个結力䟽裏一樣大點、

答是大理石、為之敲碎石粉、比之敲碎大理石容易、

問木頭搭紙頭、䟽裏一樣結力大、

答是木頭、為之鋸木頭、是煩難、扯碎紙頭、是容易、

問第个有啥講究、

答為之物事个體質、有緊咾有鬆、

問担水可以做檯子咾椅子否、

答勿可以、因為水个體質、結力極小、

答：为之容易分开。

问：棉花搭之海绒，那里一样结力是大？

答：是海绒。为之扯开海绒，比之扯开棉花烦难。

问：石粉搭之大理石个结力，那里一样大点？

答：是大理石。为之敲碎石粉，比之敲碎大理石容易。

问：木头搭纸头，那里一样结力大？

答：是木头。为之锯木头是烦难，扯碎纸头是容易。

问：第个有啥讲究？

答：为之物事个体质，有紧咾有松。

问：担水可以做台子咾椅子否？

答：勿可以，因为水个体质，结力极小。

答：为易分之故。

问：木棉花与海绒，结力谁大？

答：海绒。因裂海绒，较难于裂棉花也。

问：石粉与大理石结力孰大？

答：大理石。碎石粉，易于碎大理石也。

问：木与纸结力孰大？【三十一下】

答：木大。锯纸则易，锯木较难。

问：此有（前）[何]说？

答：因物之体质有坚有松，不能一例。

问：水可为桌椅否？

答：水之结力极小，何可成器？

問那能曉得水有結力、

答担水灑拉地上有一滴一滴圓个、第个就是結力、成功拉个、

問那能之末、水有大个結力、

答結之冰末、水个結力大哉、

問曾經有人、担冰來造房子否、

答拉一百三十年前頭、有俄羅斯國个皇后、吩咐人、担冰來造之一座皇宮、搭之冰个檯子、椅子、盆子、茶杯、拉裡向點之燈、預備之筵席咾、請多化客人、拉冰皇宮裡向、吃酒咾快活、

問後首第个冰皇宮那能、

答到夏天一齊烊脫哉、

第十七課　重論結力

问:那能晓得水有结力?

答:担水洒拉地上,有一滴一滴圆个,第个就是结力,成功拉个。

问:那能之末,水有大个结力?

答:结之冰末,水个结力大哉。

问:曾经有人,担冰来造房子否?

答:拉一百三十年前头,有俄罗斯国个皇后,吩咐人,担冰来造之一座皇宫,搭之冰个台子、椅子、盆子、茶杯,拉里向点之灯,预备之筵席咾,请多化客人,拉冰皇宫里向,吃酒咾快活。

问:后首①第个冰皇宫那能?

答:到夏天一齐烊脱哉。

第十七课　重论结力

① 后首:后来。

问:何以知水有结力?

答:洒水于地,成为圆滴,此即水之结力。

问:水如何有大结力?

答:结冰后则结力始大。

问:会有建冰房者乎?

答:在一百三十年以前俄王后会造一座,其中桌椅、器用,以及杯【三十二上】盆之类,皆以冰为之。于是张灯其中,开筵款客为一时乐事。

问:以后若何?

答:一到夏日,冰屋消融。

第十六课　重论结力

問　水搭之冰、那裏一樣結力大、
答　冰个結力大、
問　水搭之糖漿、那裏一樣結力大、
答　糖漿个結力大、
問　那能曉得糖漿个結力大、
答　担指頭攪開糖漿、比之攪開水煩難、
問　生牛奶搭之熟牛奶、那裏一樣結力大、
答　生牛奶結力大、
問　爲啥咾、
答　爲之牛奶、燒熟之、奶汁發鬆、所以比生牛奶个結力少、
問　水搭之氣、那裏樣結力大、

启悟问答

问：水搭之冰，那里一样结力大？

答：冰个结力大。

问：水搭之糖浆，那里一样结力大？

答：糖浆个结力大。

问：那能晓得糖浆个结力大？

答：担指头搅开糖浆，比之搅开水烦难。

问：生牛奶搭之熟牛奶，那里一样结力大？

答：生牛奶结力大。

问：为啥呢？

答：为之牛奶烧熟之，奶汁发松，所以比生牛奶个结力少。

问：水搭之气，那里样结力大？

启悟初津

问：水与冰结力孰大？

答：冰大。

问：水与饧结力孰大？

答：饧大。

问：何以知之？

答：以指调饧，较调水费力。

问：生牛乳、熟牛乳，结力孰大？【三十二下】

答：生牛乳大。

问：何故？

答：牛乳既煮，汁便发松，故结力稍小。

问：水与气结力孰大？

答水个結力大、爲之氣、是水受着之熱咾化成功个、所以氣个結力小、

問像鉛能个物事、能彀使伊結力、可以小點否、

答燒熱咾使伊烊之、伊个結力自然小、

問那能曉得伊个結力、是小點、

答爲之燒烊个鉛、像水能會得流動、所以小、

問燒烊个鉛、伊个結力、再可以加大否、

答可以个、等到鉛冷之、伊个結力自然照舊、

問石頭若使經着之熱、伊个結力減小否、

答是減个、

問烊開拉个石頭、人可以看見否、

启悟问答

答：水个结力大。为之气是水受着之热咾化成功个，所以气个结力小。

问：像铅能个物事，能够使伊结力，可以小点否？

答：烧热咾使伊烊之，伊个结力自然小。

问：那能晓得伊个结力是小点？

答：为之烧烊个铅，像水能会得流动，所以小。

问：烧烊个铅，伊个结力，再可以加大否？

答：可以个。等到铅冷之，伊个结力自然照旧。

问：石头若使经着之热，伊个结力减小否？

答：是减个。

问：烊开拉个石头，人可以看见否？

启悟初津

答：水受热而成气，气即水所化成，故水之结力更大。

问：铅之结力，可使稍减否？

答：融化之时，结力便小。

问：何以知之？

答：铅本定质，融化便成流质，故知其小。

问：被融之铅，结力能再加否？

答：俟其冷透则结力复原。【三十三上】

问：石块经热，可减结力否？

答：可减。

问：融过之石，人可见否？

答住拉相近火山地方个人、已經看見過、
問火山拉燒滾个時候、那能樣式、
答火拉山當中出來个時候、連之山當中燒烊拉个石頭、一淘湧出來、烊拉个石頭、流下來、像河能、
問第个河、後來那能、
答等到冷之、再有結力、仍舊是石頭、

第十八課　論萬物定有五種要理

問萬物有啥五樣一定个理、
答一萬物有勿能相入个理、二萬物秃有形體、三萬物秃有可以分開、四萬物秃有停立个理、五萬物秃有吸力、
問理是啥个意思、

答：住拉相近火山地方个人，已经看见过。

问：火山拉烧滚个时候，那能样式？

答：火拉山当中出来个时候，连之山当中烧烊拉个石头，一淘涌出来。烊拉个石头，流下来，像河能。

问：第个河，后来那能？

答：等到冷之，再有结力，仍旧是石头。

第十八课 论万物定有五种要理

问：万物有啥五样一定个理？

答：一、万物有勿能相入个理；二、万物秃有形体；三、万物秃有可以分开；四、万物秃有停立个理；五、万物秃有吸力。

问：理是啥个意思？

答：与火山附近居民，会经见过。

问：火山当发焰之时如何光景？

答：火在山中透出，同烧毁之石，一齐涌向山外，有流成若河者。

问：此河以后何如？

答：俟其冷后结力复原，依然是石。

第十七课 论万物定有要理

问：万物有何最要定理？

答：有要理八端。【三十三下】

问：八端要理可屈指否？

答：一断无相入之理，二必有位置之理，三必有析分之理，四必有空隙之理，五必有收缩之理，六必有归本之理，七必有可换地步之理，八必有静定之理，此八端也。

问：何谓是要理？

答是一定咾缺勿得个意思、若然缺之第个理、勿能成功物事、

問物事第一个理是啥、

答物事有勿能相入个理、

問比方担針搠拉紙頭裏、紙頭會到針裏去否、

答勿去个、必過紙頭讓開第个針、

問針咾紙頭、可以登拉一處否、

答勿可以个、爲之兩樣物事勿能有相入个理、所以紙頭勿到針裏去、針勿到紙頭裏去、

問若然担釘釘拉木頭裏、釘眼裏木頭仍舊垃拉否、

答勿垃拉、爲之木頭讓開之釘个場化、因爲木頭搭之釘是勿能登拉一處、所以木頭勿到釘裏、釘勿到木頭裏去、爲之木頭咾

答：是一定咾缺勿得个意思，若然缺之第个理，勿能成功物事。

问：物事第一个理是啥？

答：物事有勿能相入个理。

问：比方担针搠[①]拉纸里头，纸头会到针里去否？

答：勿去个，必过纸头让开第个针。

问：针咾纸头，可以登[②]拉一处否？

答：勿可以个。为之两样物事勿能有相入个理，所以纸头勿到针里去，针勿到纸头里去。

问：若然担钉钉拉木头里，钉眼里，木头仍旧垃拉否？

答：勿垃拉，为之木头让开之钉个场化[③]。因为木头搭之钉是勿能登拉一处，所以木头勿到钉里，钉勿到木头里去。为之木头咾

① 搠：戳。
② 登：处于，待着。
③ 场化：地方。

答：是一定有不可偶缺之意，若无此理，则万物不成其为万物矣。

问：第一理如何？

答：不能相入之理。

问：以针刺纸，不知针入纸中，抑纸入针中？

答：纸不能入针，不过纸让此针耳。

问：针与纸可在一处否？【三十四上】

答：不可。因两物相遇，彼此不能相入，是以纸不入针、针不入纸，不过纸让开一隙，以为容针之地耳。

问：以钉击入木中，则木有钉孔。未钉之前则孔中弥满，亦是木也，既有其孔则木果何往？

答：孔中之木，因有钉入，已分并孔之四周，让开一隙，以容钉入之处。钉与

釘、禿有勿能相入个理、

問 担沙放拉一杯水當中、沙登个場化、有啥水否、

答 勿有、必過水讓開沙咾、稍微湧起來、爲之沙、佔之水个場化咾、

問 水爲啥咾讓開沙咾、勿能登拉一處、

答 爲之禿有勿能相入个理、

問 比方、一桶水、担一只空杯子、合拉水裏向、杯子裏就有水否、

答 勿有、必須要担杯子稍微側轉一眼、等空氣出去之、然後杯子裏有水、

問 水搭之空氣、同一个時候、可以登拉一處否、

答 勿能、爲之水、搭之空氣、禿有勿能相入个理、

問 勿能相入个理是啥、

钉,秃有勿能相入个理。

问:担沙放拉一杯水当中,沙登个场化,有啥水否?

答:勿有[1]。必过水让开沙咾,稍微涌起来,为之沙,占之水个场化咾。

问:水为啥咾让开沙咾,勿能登拉一处?

答:为之秃有勿能相入个理。

问:比方,一桶水,担一只空杯子合拉水里向,杯子里就有水否?

答:勿有。必须要担杯子稍微侧转一眼,等空气出去之,然后杯子里有水。

问:水搭之空气,同一个时候,可以登拉一处否?

答:勿能。为之水搭之空气,秃有勿能相入个理。

问:勿能相入个理是啥?

---

① 勿有:没有。

木断不能并为一质,而合聚一所,此亦理之不相入也。

问:将一撮沙置杯水中,沙占之处有水否?

答:无之。乃水让沙,沙占水居之处,水稍涌起耳。

问:水何故让沙,不与沙合在一处?

答:亦不相入之理也。

问:以空杯合桶水中,杯内有水否?【三十四下】

答:无之。须将杯子稍侧,空气由水泡而出,然后杯中有水。

问:水与空气,可同时居一处否?

答:水与空气,均有不相入之理,故不能同时而居。

问:何为不能相入?

答就是萬物禿有登个塲化、所以隨便啥物事、勿能同一个時候、登拉一處、就是呌勿能相入个理、

第十九課　重論物理

問五理當中第二理是啥、

答萬物禿有形體个理、

問第本書有幾化大小、

答長約酌六寸、闊約酌四寸、

問照第个理、長咾闊也拉第个理當中、還有啥也拉第个理當中、

答厚咾薄、

問格末第个書有幾化厚、

答約酌半寸、

答：就是万物秃有登个场化，所以随便啥物事，勿能同一个时候登拉一处，就是叫勿能相入个理。

第十九课　重论物理

问：五理当中第二理是啥？

答：万物秃有形体个理。

问：第本书，有几化大小？

答：长约酌六寸，阔约酌四寸。

问：照第个理，长咾阔也拉第个理当中。还有啥，也拉第个理当中？

答：厚咾薄。

问：格末第个书有几化厚？

答：约酌半寸。

答：万物各有自占之处，皆不能同时聚于一处，此即谓之不能相入。

第十八课　接论物理

问：八理中，第二理云何？

答：位置之理。

问：何为位置？

答：万物必有长短、高低、阔狭、厚薄、所占之处。【三十五上】

問要曉得第个書个形體、必要先曉得啥、

答必要先曉得書个長咾闊、厚咾薄、

問若然要曉得房子个形體、必要先曉得啥、

答必要先曉得房子个、長咾闊高咾低、

問五理當中、第三理是啥、

答萬物𥘑可以分開、

問一隻蘋菓、可以分開唔、

答用刀、可以分開个、

問已經分開个一塊再可以分開唔、

答可以个、

問分之咾再分、可以唔、

　

问：要晓得第个书个形体，必要先晓得啥？

答：必要先晓得书个长咾阔、厚咾薄。

问：若然要晓得房子个形体，必要先晓得啥？

答：必要先晓得房子个长咾阔、高咾低。

问：五理当中，第三理是啥？

答：万物秃可以分开。

问：一只苹果，可以分开唔[①]？

答：用刀，可以分开个。

问：已经分开个一块，再可以分开唔？

答：可以个。

问：分之咾再分，可以唔？

---

① 唔：句尾疑问语气词，也作"否"。

问：要知万物之位置，须先知何理？

答：先知长短、阔狭、厚薄。

问：要知房屋位置，须先知何理？

答：先知长阔、高低之理。

问：八理中第三理云何？

答：分析之理。

问：一果可以分开否？

答：用刀则可以分。

问：既经剖分之半，再可分否？

答：再用刀剖，仍可以分。

问：分而又分可否？【三十五下】

答 可以个、直要分開到眼睛所看勿見、

問 石頭可以敲碎唔、

答 可以敲到成功砂、再敲碎直要到眼睛所看勿見、

問 萬物禿可以分開唔、

答 禿可以个、

問 五理當中、第四理是啥、

答 萬物禿有停立个理、

問 蘋菓放拉檯上、自家會得動唔、

答 須要用人手推動伊、然後會得動、

問 有啥物事、自家會得動、

答 必過活个物事、

答：可以个，直要分开到眼睛所看勿见。

问：石头可以敲碎唔？

答：可以敲到成功砂，再敲碎直要到眼睛所看勿见。

问：万物秃可以分开唔？

答：秃可以个。

问：五理当中，第四理是啥？

答：万物秃有停立个理。

问：苹果放拉台上，自家会得动唔？

答：须要用人手推动伊，然后会得动。

问：有啥物事，自家会得动？

答：必过活个物事。

答：无不可分。须至极小，目力难见，分无可分始已。

问：石可碎否？

答：可碎。且可碎至无可碎，化为轻尘，而不能见。

问：万物皆可分析否？

答：皆可。

问：八理中，第四理云何？

答：空隙之理。

问：何谓空隙？

答：随便取至紧之质，其中必有空隙。

问：空隙之处，何物最易见得？

答：木、海绒、浮石，皆能见得。【三十六上】

问：铅粉、糖类，其中空隙，有何凭据？

答：假如将铅粉、糖，置之水中，即有泡起。

（后转下页）

（接上页）

问：泡何以能起？

答：有气从空隙处出，故水亦能入，即有泡起。

问：从水中取起铅粉、糖来，何如？

答：铅粉、糖，本系轻质，从水中取起，更重。因水满空隙处，故其质重也。

第十九课　接论物理

问：八理中第五理云何？

答：收(宿)[缩]之理。

问：收缩之理，何以能知？【三十六下】

答：譬如物之大者，用人力可以压小。

问：何以可以压小？

答：第四理所云空隙，即是。

问：何物最易收小？

答：气质。

问：气质可以收小几倍？

答：用大力可以收小一百倍。

问：定质收小，何如？

答：比气质收小烦难。

问：定质中，何物最易收小？

答：布、纸、软木、(本)[木]。【三十七上】

问：凡质中，何物最难收小？

答：流质。

问：流质收小人能见得出否？

答：我用最大之力看他，见其收小，只毫末耳。

问：八理中第六理云何？

答：归本之理。

问：归本之理，有何意思？

答：约取一物而纵之，仍能复原。

问：何物最易归本？

答：流质与气质。

问：何故？【三十七下】

答：其质固有本形，令勉强离之，故最易归本。

问：定质何如？

答：定质，比流质与气质烦难。

问：定质中，何物最易归本？

答：象皮、象牙、玻璃、大理石。

问：倘然故意用力折断定质，后来仍能归本否？

答：不能。或终是断物，或到底是折开样式。

问：八理中第七理云何？

答：可换地步之理。

问：换地步之理，是何意思？

答：譬如一物，暂在桌上，忽然置诸地上，是也。【三十八上】

问：第八理云何？

答：静定之理。

问：置苹果于几，自能动否？

答：须用人手推拨然后可动。

問錶自家會得走咾、

答勿會走要開之伊个法條、難末會走、法條走完之末、原要停、必定要再開之末、再會走、

問五理个末脚一理是啥、

答萬物秃有吸力、

問啥叫吸力、

答兩樣物事、有相吸个理、

問物事那能咾有輕重、

答爲之地球拉吸下去咾、所以我拿物事起來、覺着重末、是爲之逆之地球个吸力咾、

問有个物事、爲啥比別个物事重、

启悟问答

问：表自家会得走唔？

答：勿会走，要开之伊个法条[1]，难末会走。法条走完之末，原要停，必定要再开之末，再会走。

问：五理个末脚一理是啥？

答：万物秃有吸力。

问：啥叫吸力？

答：两样物事，有相吸个理。

问：物事那能咾有轻重？

答：为之地球拉吸下去咾，所以我拿物事起来，觉着重末，是为之逆之地球个吸力咾。

问：有个物事，为啥比别个物事重？

① 法条：发条。

启悟初津

问：钟表能自动否？

答：不能自动。须将其中机括开放，方能行转。然机条行完仍旧要止，须再开而后再行。

问：物从空中坠下，岂非自然动乎？

答：否。是地球吸力拉向下去。

答爲之物事重末、是體積多咾、

問物事个輕重、是爲之形體个大小否、

答勿是體質緊末是重、爲之地球吸伊个力也大、像鉛咾金子銀子咾啥、體質鬆末是輕、爲之地球吸伊个力也小、像麥芒棉花咾啥、所以物事个輕重、勿講形體个大小、是爲之體質个多少、

問一百斤鉛、搭之一百斤棉花、形狀有大小、體質有多少咶、

答無末、多少因爲體質相同、地球吸伊个力、一樣多少、所以輕重末相同、

第二十課　論造物主能力無限

問第本書是講究啥、

答稍微講究、天文地理、搭之物事个性理、

答：为之物事重末，是体积多咾。

问：物事个轻重，是为之形体个大小否？

答：勿是。体质紧末是重，为之地球吸伊个力也大，像铅咾金子、银子咾啥；体质松末是轻，为之地球吸伊个力也小，像麦芒、棉花咾啥。所以物事个轻重，勿讲形体个大小，是为之体质个多少。

问：一百斤铅搭之一百斤棉花，形状有大小，体质有多少唔？

答：无末多少。因为体质相同，地球吸伊个力，一样多少，所以轻重末相同。

第二十课　论造物主能力无限

问：第本书是讲究啥？

答：稍微讲究天文地理，搭之物事个性理。

第二十课　论造物主能力无限

问：此书所论何理？【三十八下】

答：略言天文、地理，及各物性理之学。

問讀第个書有啥个益處、

答使人曉得天咾地物事个用頭、

問天咾地物事个性理、那能成功个、

答起初个時候、天主造成功个、

問若使人垃拉世界上一千年、萬物个奥妙可以完全懂否、

答勿可以完全懂个、到底末、人只不過曉得咾、勿能完全懂个、

問讀之第个書人應該曉得啥、

答曉得天主个能幹咾、搭之聰明、是無限無量个、

启悟问答

问：读第个书有啥个益处？

答：使人晓得天咾地、物事个用头。

问：天咾地、物事个性理，那能成功个？

答：起初个时候，天主造成功个。

问：若使人垃拉世界上一千年，万物个奥妙可以完全懂否？

答：勿可以完全懂个，到底末，人只不过晓得咾，勿能完全懂个。

问：读之第个书，人应该晓得啥？

答：晓得天主个能干咾搭之聪明，是无限无量个。

启悟初津

问：读此书，有何益处？

答：使人略识天地万物之用。

问：倘使人生千岁，学问敏求，则天地万物之理可以通达否？

答：仍旧不能全通，只能推测精微，一知半解耳。【三十九上】

啓悟問答終

启悟问答

启悟问答终。

启悟初津

附　录

一、《启悟初津》序

《大学》一章首言："格物而先之以致知。"吾人从事于学问之中，将求心得而为世用，谁不当精智识、扩见闻，以期启发聪明？俾此心入乎物理之中，出乎物理之外，超超玄箸游刃有余。所谓好学深思，心知其意者而后运用变化，无所不能，此岂漫无凭借、躁率轻尝之流所能深造其境哉！况西人学术渊奥精详，近世陋儒往往徒求之言语之间，而于格物致知之学扞格不通。此养才之人，虽见其多，而怀才之人，仍见其少也。卜君舫济，以美国之通儒，秉中邦之教铎，其于格致之学，从事已久，不仅一斑之窥遗。近因敷教于吴淞江之滨，总管梵王渡圣约翰书院事务，深虑读书子弟识见难开，因译《启悟初津》一书。凡天地万物自然之理，无不略举其要，体会入微，而又恐学人未易贯通，乃设为问答之辞，发明其义。后之读者，苟由此而推广之，将"物无不格，知无不致"，以之训人而人受其益，以之用世而世赖其才。是则，此书之嘉惠后生，不啻入德之初恍，发蒙之实铎也。客窗无事，披览一通，亟书数语而归之。

光绪十有五年己丑荷花诞前三日
梁溪瘦鹤词人　邹弢翰飞氏　识

二、常用虚词注释简表

虚词	释义	例句
比之	比较介词，书中也用“比”	担指头搅开糖浆，~搅开水烦难。
必过	不过	~可以看见一面。
别个	别的	拉兜转~大个恒星。
别块	别处	拉犹太国搭之~
拨	被动标记，相当于“被”	为啥勿~地球吸下来咾跌拉地上？
拨拉	被动标记，相当于“被”	所以灯光~日光照没咾看勿清爽哉。
常庄	时间副词，相当于“经常”	行星是兜转日头，~行咾勿停个。
搭[1]	伴随介词，相当于“跟”	~地球大小相仿？
搭[2]	并列连词，相当于“和”	木头~纸头，那里一样结力大？
搭之	并列连词，相当于“和”	大洲~海岛
担	处置介词，“把”	若然~球甩上起
第	近指代词，相当于“这”	~个星比别个星亮光来得大咾。
第面	指示词，相当于“这边”	可以看见月个~咾，伊面一齐看见否？
对	介词，“替”	天父~我伲先预备啥？
多化	很多	有~凭据。
否/唔	句末语气词，相当于“吗”。本书多写作“否”，偶写作“唔”	月亮也是行星~？
盖末	承接连词，相当于“那么”	~晓得地球是那能个？
盖咾	所以	自家秃有结拢来个力，~勿拨地球吸下来。
个[1]	结构助词，相当于“的”	水~总名叫啥？
个[2]	句末语气词	可以~，因为地球四周围全有星~。
格末	那么	~为啥勿吸之到日头里去？
共总	总共	地球上~有几个大洲？
极	程度副词，“非常”，用于形容词的前后	流拉地里向，~小个河里。 气个力大~。
几化	多少	要~时候？
几时	疑问代词，“什么时候”	月亮~造个？
渐渐能	渐渐地	~上升咾，忽然涌起来。

（续表）

虚词	释义	例句
拉$_1$	处所介词，相当于“在、从”	像一只福橘，放~一碗水当中。 看见苹果~树上落下来
拉$_2$	进行体标记，相当于“在”	~当中劈开来，像啥个样式？
拉$_3$	持续体标记，相当于“着”	有一扇门开~。
拉上	在上面	为之赤道上，日头个热气，逼直个晒~。
拉化	在那儿	所以有人想有个行星里向，也有人住~。
垃拉	进行体标记，相当于“在”	为之人看起来是停~天空里咾，像勿换地方。
来	状态补语标记，相当于“得”	所以看~远哉。
来得	程度副词，“特别”	比别个星亮光~大咾。
来死	用于形容词之后表示程度高	实盖末地球快~。
咾	后置并列连词	叫东半球~西半球。
咾啥	助词，相当于“什么的”	像麦芒棉花~。
里向	里面	日光~所有个七样颜色。
拢总	总共	~全是黑个。
慢慢能	慢慢地	是日头个热气，~晒熟拉个。
末	话题标记	四面~是水，当中~显出旱地。
那里	哪里，为“何里”的训读形式	侬住拉~一个大洲里？
那能$_1$	怎么	~晓得是圆个？
那能$_2$	怎么样	方个物事个影，是~个？
那能样式	怎么样	海岛是~个？
难么	承接连词，“于是”	必定要雨落咾有日头，~可以看见。
呢$_1$	语气词，表示选择	是方个~圆个？
呢$_2$	句末语气词	为啥咾前头勿查着，现在新查着~？
能	“……那样”，用于等比结构	是像福橘~，圆个。
伲	我们	~住拉个地球，四周围有星否？
侬	你	~住拉那里一个大洲里？
全	总括副词，相当于“都”	地球四周围~有星个。
若然	连词，“如果、倘若”	~看见之圆个黑影。
若使	连词，“如果、倘若”	~人垃拉世界上一千年。
啥$_1$	什么	水个总名叫~？
啥$_2$	用于数量词之前，相当于“哪”	万物有~五样一定个理？

（续表）

虚词	释义	例句
啥个	什么，作定语	~物事，成功地球？
啥辰光	什么时候	~可以看见金星？
啥人	谁	~先查出，地球也有吸力。
实盖	指示词，"这样"	啥个书上也是~讲法？
实盖能	指示词，"这样"	为啥咾~小极？
实在	副词，相当于"其实"	~伊拉自家拉旋转咾。
随便	连词，"无论"	~啥树上熟个果子。
倘然	倘若	~两间个当中，有一扇门开拉。
秃	总括副词，"都"	为之物事~是黑个。
歇	经历体标记，书中也用"过"	从创世到难，勿曾换~个。
为之	连词，相当于"因为"	~人看起来是停垃拉天空里咾，像勿换地方。
为啥	疑问代词，"为什么"	~咾前头勿查着，现在新查着呢？
我伲	我们	天父对~先预备啥？
无没/无末	否定词，"没有"	~日里勿看见星个光？
勿	否定词，相当于"不"。书中有几处写作"不"	有啥个~可以看见？
勿曾	否定词，表达已然否定	从创世到难，~换歇个。
勿有	没有	夜里若然~云末，看见月亮咾星宿。
一淘	一起	并拢拉地底下，~流出去。
伊$_1$	人称代词，相当于"他"	比方人拉日头里走，~个黑影是像啥？
伊$_2$	远指代词，相当于"那"	若然看见之圆个黑影，~个物事，是方个呢圆个？
伊拉	人称代词，相当于"他们"	实在~自家拉旋转咾。
伊面	指示词，相当于"那边"	可以看见月个第面咾，~一齐看见否？
伊歇	指示词，相当于"那时候"	~辰光看见个叫啥？
有个	有的	所以~星，现出光来。
约酌	大约	另外还有~二百多小个行星。
之	体标记，相当于"了$_1$"	若然看见~圆个黑影。
哉	句末语气词，相当于"了$_2$"	灯光拨拉日光照没咾看勿清爽~。
再	副词，相当于"还"	水~有啥用头？
自家	自己	~拉旋一转。
只得	只有	水星个一年，~八十七日。

三、虚词索引简表

T

W

Y

Z

盛益民 主编

科教读物

全体功用问答

清末上海话生理读物

盛益民 翁琳佳 编著

中西書局

图书在版编目(CIP)数据

清末民初上海话文献丛刊. 第一辑. 2, 全体功用问答：清末上海话生理读物 / 盛益民主编；盛益民，翁琳佳编著. —上海：中西书局，2024
ISBN 978-7-5475-2063-5

Ⅰ.①清… Ⅱ.①盛… ②翁… Ⅲ.①吴语－文献－上海－近代－丛刊 Ⅳ.①H173-55

中国国家版本馆 CIP 数据核字（2024）第056794号

目　　录

导　言

一

伴随着近代的西学东渐，西方传教士也逐渐将生理学引进中国，对中国的科学发展产生了一定的积极作用。这些著作多为文言或浅文言的，不过也有不少有识之士用方言来传播生理学知识。游汝杰教授《西儒汉语方言学著作书目考述与研究》(上海教育出版社，2021)中就列有福州方言《省身初学》(惠亨通著，1891)、厦门方言罗马字《身体理个总论》(1896)等数种。此外，还有用广州方言写的《幼学保身要言》等。而本书著录的《全体功用问答(上海土白)》(以下简称"《功用》")是现今发现的唯一一本传教士上海方言的生理学著作。

"全体学"是清末时期对"生理学(physiology)"的称呼，当时流行的几种生理学著作多以"全体"命名，如合信翻译的《全体新论》(1851)，福州传教医生柯为良译的《全体阐微》(1881)，德贞译、北京同文馆出版的《全体通考》(1886)，傅兰雅译、江南制造局出版的《全体须知》(1889)，等等。[①]

① 关于全体学到生理学名称的变迁以及传教士的生理学著作，可参见吴义雄《从全体学到生理学：基督教传教士与晚清时期西方人体生理知识在中国的传播》，载刘天路主编《身体·灵魂·自然：中国基督教与医疗、社会事业研究》，上海人民出版社，2010年。

《功用》现今可见两个版本：一个版本是清光绪十四年（1888）的铅印本，由上海墨海书局出版，现藏于苏州大学（索书号：500684）；另一版本是光绪二十三年（1897）的铅印本，未写明出版社，当为1888年版的重印本，现藏于上海图书馆。两个版本中均未提及作者或译者。所幸雷振华《基督圣教出版各书书目汇纂》（1917）记录了“王亨统译”，为我们保存下了作者信息。

王亨统（1868—1928），字莲溪，浙江余姚人，七岁开始接受传统蒙学教育。1878年入杭州育英义塾（前身为宁波崇信义塾，1897年改为育英书院，1911年改为之江大学）学习，师从美国传教士裘德生博士。在《地理问答》一书的序中他写到了这段经历：“余幼肄业于杭州之育英书院，即蒙美国教师裘德生老夫子，教以天文、地理、格物、算学等书，其中微言兴旨，无不新奇。”[①] 1888年开始到美华书馆工作，同时任教于美华书馆附设的教会学校，编辑出版了各种新式教科书，“毕业以来，振铎十余载，徙游数百人，春风化雨，咸仰造成，洵不愧为师道之模范。更于课文讲学之余，将平日教授之足为法者，随时随录，汇集成书”[②]。一般的资料都显示，他从1893年开始编撰的新式教科书（即《地理问答》），不仅在教会学校盛行，且经清政府学务处审定后在民间广为流传，对近代的启蒙事业产生了深远的影响。详情请参白莉民[③]、吴小鸥[④]等的介绍。

因为王亨统的经历，其翻译《功用》也就顺理成章。不过，现有

---

① 王亨统编《地理问答》，美华书馆，1902年。

② 见于王亨统编辑《绘图蒙学课本（首集）》（美华书馆，1904）英华书院陈先生的序。

③ Bai Limin, Wang Hengtong: “A Native Chinese Christian Teacher’s Approach and Practice, 1902-1915.” In *Shaping Christianity in Greater China: Indigenous Christians in Focus*, Paul Woods, ed., 167-184. Oxford: Regnum Books International, 2017.

④ 吴小鸥《文化赋形与意义阐释——以王亨统编撰新式教科书为中心》，《福建师范大学学报（哲学社会科学版）》2019年第2期。

的其他相关资料中，均无王亨统编译《功用》一书的记载，可能是因为《功用》完全依据官话版本的《全体功用问答》而无太多个人创造，故未为王亨统所重视吧。①

二

《功用》分为十章，每一章都以问答体的方式介绍全身器官，同时以“式文”的方式在章末总结该章。

上海方言版《功用》应该是从美国传教士贺路绥（Lucy H. Hoag，1844—1909）的官话版《全体功用问答》翻译而来的。官话版本的《全体功用问答》暂未见国内图书馆收藏，可能已经亡佚，我们从贺路绥《全体入门问答》(以下简称“《入门》”）的序中可以了解本书的背景：“丁亥春京江女学堂馆主偌君嘱余翻译一书，以课本馆之幼徒。余爰取美国启蒙馆中之《体学》，撮其要者翻译为汉文，名曰‘全体功用问答’，以浅白官话道全体要旨，业经刊行已十年矣。今是书售尽无余，有友人嘱余再印，余又加删改，仍仿旧本，分为十课，悉用问答，课后系以式文，改其名曰‘全体入门问答’。”②

How-loo-sai

耶穌降世一千九百零二年

全體入門問答

大清光緒二十八年歲次壬寅　上海美華書館重印

图1　《全体入门问答》扉页

① 当然，也不能排除雷振华《基督圣教出版各书书目汇纂》一书的误记。

② 本书所用《全体入门问答》为美国哈佛大学藏1903年版（http://nrs.harvard.edu/urn-3:FHCL:32089095）。

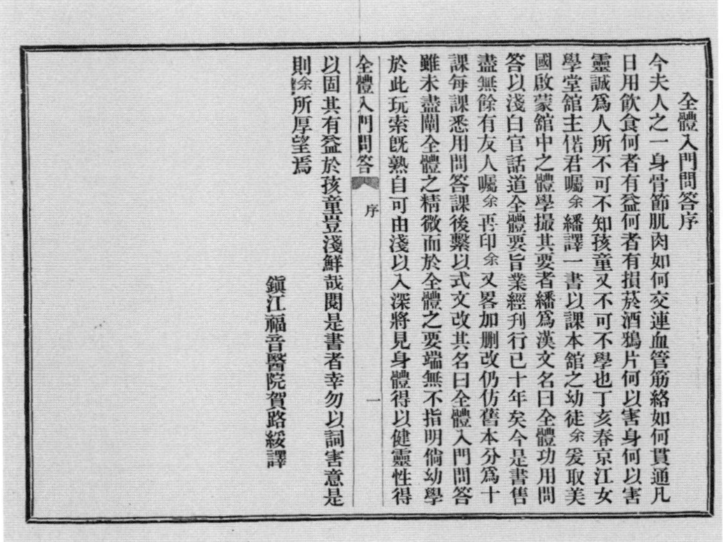

全體入門問答序

今夫人之一身骨節肌肉如何交連血管筋絡如何貫通凡日用飲食何者有益何者有損菸酒鴉片何以害身何以害靈誠爲人所不可不知孩童又不可不學也丁亥春京江女學堂館主偌君囑余繙譯一書以課本館之幼徒余爰取美國啟蒙館中之體學撮其要者繙爲漢文名曰全體功用問答以淺白官話道全體要旨業經刋行已十年矣今是書售盡無餘有友人囑余再印余又畧加删改仍仿舊本分爲十課每課悉用問答課後繫以式文改其名曰全體入門問答雖未盡闡全體之精微而於全體之要端無不指明倘幼學於此玩索既熟自可由淺以入深將見身體得以健靈性得

全體入門問答　序　一

以固其有益於孩童豈淺鮮哉閱是書者幸勿以詞害意是則余所厚望焉

鎮江福音醫院賀路綏譯

图2　《全体入门问答》序一

贺路绥医师是美国美以美会女布道会的医药传教士。1872年，女布道会派她与昊格矩（Gertrude Howe，1846—1928）来华传道，当年11月13日抵达九江；1873年1月1日开设女子学校。1884年（清光绪十年）3月26日复活节，诺冰心（Mary C. Robinson）、贺路绥被派往江苏镇江银山门基督教堂创立女子中学，校名为镇江私立女子学堂（又称镇江教会学堂，后改为崇实女中），诺冰心任校长。《入门》序中的“偌君”即诺冰心[①]。之后，美国基督教美以美会亦投资，拆除原教会医院所月平房，盖了一幢3层40多间的大楼（竣工于1914年），创办基督教妇幼医院，贺路绥医师任院长。1909年，贺医师在南京去世，她将一生奉献于中国的医疗、教育事业。

① 也有文献（如《私立崇实女子中学始末》）写作“偌冰心”。

《入门》一书于光绪二十四年(1898)由上海美华书馆出版。贺医师在《入门》的序中已经指明"以课本馆之幼徒",可见该书是一本课堂中的启蒙教材。《各地五大洲女俗通考》1904年第十集载有《耶稣教美以美会镇江女塾功课章程》,其中第二年的课程安排为:"《圣经》、《蒙学捷径初编》下、算法(一至百)、《全体入门问答》、分字略解、真理便读、《三字经》、百家姓、游艺、诗歌、体操、读故事书(地球风俗、训儿真言、识字初阶)。"

官话版《全体功用问答》[①]是《入门》的修订本,自然也是一本教科书,这与王亨统编写新式教科书的目标一致。官话版《全体功用问答》出版于丁亥年(1887),比上海话版早出版一年,也可以作为其乃《功用》蓝本的一个理由。

另一方面,对照《功用》与《入门》的内容,也可见两者关系之密切。以下仅列出两书的章目作为比较:

《功用》	《入门》
	全体小引
第一章　全体总论	第一课　论四肢骨节
第二章　论全体之骨	第二课　论全体骨数
第三章　全骨略论	第三课　论全骨功用
第四章　论肌肉	第四课　论肌肉
第五章　论皮	第五课　论皮
第六章　论心	第六课　论心
第七章　论肺	第七课　论肺
第八章　论食物消化	第八课　论胃

① 根据https://koreanchristianity.tistory.com/652介绍,韩国也出版过一本《全体功用问答》(*Lessons on the Human Body*),1899年由传教士Josephine O. Paine和Lulu E. Frey编定(1903年出版过第二版)。该书分为10章,共68页。其与中国出版的《全体功用问答》间的关系,还有待考证。

（续表）

《功用》	《入门》
第九章　论脑子个用头	第九课　论脑
第十章　论五官个用头	第十课　论五官

从目录中可以看出,《功用》称“章”,《入门》称“课”;《功用》第一章“全体总论”,《入门》分为“全体小引”与“论四肢骨节”两部分。具体内容上,两者也有参差,比如《入门》每个问题之前会有数字编号,而《功用》无;《功用》第十章分小节,《入门》不分;《功用》最后有一段“论鸦片烟”的式文,[①]《入门》无;《入门》最后附有一张人体骨骼的示意图,而《功用》无。不一致之处烦请读者自行对照。

由于《入门》序中提到了其由官话版本《全体功用问答》的内容调整而来,我们怀疑《功用》与《入门》的部分内容差异正反映了《入门》在官话版基础上所作的调整。因此,官话版《全体功用问答》虽然可能已经亡佚了,借助上海话版《功用》,我们大致可以一窥官话版面貌。

此外,全书各部分多次提及烟、酒、鸦片对人体的危害。文末另有“烟酒论”“论鸦片烟”两部分专门论述其危害。

当然,由于《功用》是从官话版翻译而来,王亨统又并非上海话的母语者,该书的上海话偶有不甚地道之处,需要读者诸君留意。下面仅举一例。上海方言等吴语在直陈语气中,强制要求加语气词“个”(刘丹青编著《语法调查研究手册》,上海教育出版社,2008),《功用》也多是如此,从以下的对照中也可以看出来:

[《功用》]问:侬自家个灵魂有房子住唔?答:有个。

[《入门》]问:学生自己的灵魂,有房屋可住吗?答:有。

① 《功用》全书多处提及烟、酒、鸦片的害处,“论鸦片烟”式文可能是作者根据上海的情况特意增加的。

但是并非处处皆然，比如下面这个句子更地道的上海话是说“勿可以个”：

[《功用》]问：耳毛可以去脱否？答：勿可以。

[《入门》]问：耳毛可剜去否？答：不可。

三

最后交代一下本书的体例与成书过程。

本书使用的底本是上海图书馆藏1897年刊本（以下简称“上图本”）。整理过程中，与苏州大学藏的1888年版《功用》（以下简称“苏大本”）互作校对，发现两者基本一致，不一致的地方仅有三处：第一，苏大本有数字序号，而上图本无；第二，苏大本第一章的“学生子”，上图本中改为“倻”；第三，苏大本第四章式文的最后一句“渐渐里要伤命”，上图本无。

本书正文部分左页（双数页码）为《功用》上图本书影。右页（单数页码）上半部分是《功用》的文字整理部分，字体改成了标准简体，标点也按照现行标准进行了调整；下半部分为与之对应的《入门》中的文本。为了便于两者之间的比较，我们在上图本上加上了苏大本的序号，用“（一）”“（二）”“（三）”……表示。

为了阅读的便利，我们把《功用》中用到的主要方言虚词做成表格与索引置于附录。

本书的文字录入、初校工作由翁琳佳完成，最后由盛益民统稿、再校。感谢上海图书馆徐锦华先生、刁青云先生在文献复制上的帮助。若有舛误之处，还祈望方家不吝赐正。

盛益民

2020年7月26日于尚景园

2021年3月21日改定

底本书影　辑封一

耶穌降世一千八百九十七年

全體功用問答

上海土白

大清光緒二十三年歲次丁酉

全體功用問答

第一章全體總論

問。全體有啥。

答。有頭、有體、有四肢。

問。儂看見造房子用啥物事。

答。用石頭、磚、瓦、木頭。

問。造房子有啥用頭。

答。人住拉裏向。

問。儂自家个靈魂有房子住咶。

答。有个。

問。儂靈魂个房子是用啥物事做个。

第一章　全体总论

（一）　问：全体有啥？

答：有头，有体，有四肢。

（二）　问：倗[①]看见造房子用啥物事？

答：用石头、砖、瓦、木头。

（三）　问：造房子有啥用头？

答：人住拉里向。

（四）　问：倗自家个灵魂有房子住唔？

答：有个。

（五）　问：倗灵魂个房子是用啥物事做个？

① 倗：上图本中的“倗”在苏大本中作“学生子”。

全体小引

一　问：全体有甚么？

答：有头，有体，有四肢。

二　问：学生看见造房屋，用什么？

答：用石头、砖瓦、木头。

三　问：造房屋，有什么用？

答：人住在里头。

四　问：学生自己的灵魂，有房屋可住吗？

答：有。

五　问：学生灵魂的房屋，是用什么做的？【一上】

全體功用問答

答。用肉咾骨頭咾皮做个。

問。身體个骨頭拉那裏。

答。骨頭拉裏向、外頭有皮肉包拉。

論四肢骨節

問。四肢是啥。

答。兩只手咾兩只脚。

問。四肢那能分別。

答。是大小臂膊咾手搭之大小腿咾脚。

問。臂膊有幾節。

答。三節。肩髀節。臂肘節。手腕節。

問。腿有幾節。

答：用肉咾骨头咾皮做个。

（六） 问：身体个骨头拉那里[1]？

答：骨头拉里向，外头有皮肉包拉。

论四肢骨节

（一） 问：四肢是啥？

答：两只手咾两只脚。

（二） 问：四肢那能分别？

答：是大小臂膊咾手搭之大小腿咾脚。

（三） 问：臂膊有几节？

答：三节。肩胛节、臂肘节、手腕节。

（四） 问：腿有几节？

① 那里：训读字，本字为“何里”，“哪里”之义。

答：用肉和骨和皮做的。

第一课　论四肢骨节

一 问：身体的骨，是在那里？

答：骨在里面，外有皮肉包着。

二 问：四肢是什么？

答：两手两脚。

三 问：四肢怎样分开？

答：是上、下膀，上、下腿。

四 问：膀有多少节？

答：三节。肩胛节、臂肘节、手腕节。

五 问：腿有多少节？

答。三節。大腿節。膝蓋節。脚腕節。
問。骨節拉那裏。
答。拉彎曲个戶蕩。
問。骨節有幾樣。
答。有兩樣。杵臼節。樞鉸節。
問。肩髀節是那能个節。
答。是杵臼節。
問。那能叫杵臼節。
答。好像杵臼个樣子、臂膊个頭可以做杵、肩髀骨可以做臼、
所以臂膊个頭旋得轉。
問。臂膊有啥个樞鉸節。

答：三节。大腿节、膝盖节、脚腕节。

（五） 问：骨节拉那里？

答：拉弯曲个户荡[①]。

（六） 问：骨节有几样？

答：有两样。杵臼节、枢铰节。

（七） 问：肩胛节是那能个节？

答：是杵臼节。

（八） 问：那能叫杵臼节？

答：好像杵臼个样子：臂膊个头可以做杵，肩胛骨可以做臼，所以臂膊个头旋得转。

（九） 问：臂膊有啥个枢铰节？

① 户荡：地方。

答：三节。大腿节、膝肘节、脚腕节。【一下】

六 问：骨节在那里？

答：在弯曲的地方。

七 问：骨节有几样？

答：有两样。杵臼节[①]。

八 问：肩胛节，是怎样的节？

答：是杵臼节。

九 问：怎样叫杵臼节？

答：仿佛杵臼的样子：膀子头，可作杵子；肩胛骨，可作臼子，所以膀子头能旋转。

十 问：膀子有什么枢铰节？

① 此处疑有脱文。

答。有臂肘節、手腕節、手指節。

問。腿有啥个樞鈕節。

答。有膝蓋節、脚腕節、脚指節。

問。腿有啥个杵臼節。

答。大腿節。

問。脚跟拉那裏。

問。脚板拉那裏。

問。脚踝骨拉那裏。

第二章論全體之骨

全體个骨頭接連起來、就是頭殼。　脊骨。　左右脅骨。　胸骨。

肩胛骨。　鎖柱骨。　大臂膊骨。　小臂膊骨。　手腕骨。　手答：有臂肘节、手腕节、手指节。

（十）　问：腿有啥个枢铰节？

答：有膝盖节、脚腕节、脚指节。

（十一）　问：腿有啥个杵臼节？

答：大腿节。

（十二）　问：脚跟拉那里？

（十三）　问：脚板拉那里？

（十四）　问：脚踝骨拉那里？

第二章　论全体之骨

全体个骨头接连起来，就是头壳、脊骨、左右胁骨、胸骨、肩胛骨、（销）[锁]柱骨、大臂髆骨、小臂髆骨、手腕骨、手

答：有臂肘节、手腕节、手指节。[二]

十一　问：腿有什么枢铰节？

答：有膝凹节、脚腕节、脚趾节。

十二　问：腿有什么杵臼节？

答：有一个大腿节。

十三　问：脚跟在那里？

十四　问：脚板在那里？

十五　问：踝子骨在那里？

式文

交连全体之骨，就是头壳、脊骨、左右胁骨、胸骨、肩胛骨、锁柱骨、上膀骨、下膀骨、腕骨、掌骨、

掌骨。手指骨。骨盆。大腿骨。膝蓋骨。小腿骨。脚腕骨。脚掌骨。脚趾骨。

問。身體有幾化骨頭。

答。有二百零六根骨頭。

問。身體个骨頭有啥用頭。

答。有保護个用頭咾帮助个用頭。身體若然無沒骨頭就軟弱咾無用。

問。面孔上有幾化骨頭。

答。十四个骨頭。

問。耳朶有幾化骨頭。

答。三个小骨頭。

掌骨、手指骨、骨盆、大腿骨、膝盖骨、小腿骨、脚腕骨、脚掌骨、脚趾骨。

（一）　问：身体有几化骨头？

答：有二百零六根骨头。

（二）　问：身体个骨头有啥用头？

答：有保护个用头咾帮助个用头。身体若然无没骨头，就软弱咾无用。

（三）　问：面孔上有几化骨头？

答：十四个骨头。

（四）　问：耳朵有几化骨头？

答：三个小骨头。

指骨、尻盘骨、大腿骨、小腿骨、辅腿骨、脚跟骨、脚趾骨、膝盖骨。【三上】

第二课　论全体骨数

一　问：身体有多少骨？

答：大约有二百骨。

二　问：身体的骨，有什么用？

答：有保护功用、扶持功用。身体若无骨头，就软弱无用。

三　问：面上有多少骨头？

答：十四骨。

四　问：耳朵多少骨？

答：小骨三个。【三下】

問。舌根有幾化骨頭。
答。一个。
問。大臂膊有幾化骨頭。
答。一个。
問。小臂膊有幾化骨頭。
答。兩个。
問。手腕骨有幾化。
答。八个。
問。手掌骨有幾化。
答。五个。
問。大拇指頭有幾化骨頭。

（五） 问：舌根有几化骨头？

答：一个。

（六） 问：大臂膊有几化骨头？

答：一个。

（七） 问：小臂膊有几化骨头？

答：两个。

（八） 问：手腕骨有几化？

答：八个。

（九） 问：手掌骨有几化？

答：五个。

（十） 问：大拇指头有几化骨头？

五 问：舌根有多少骨？

答：一个。

六 问：上膀有多少骨？

答：一个。

七 问：下膀有多少骨？

答：两个。

八 问：手腕骨有多少？

答：八个。

九 问：掌骨有多少？

答：五个。

十 问：大拇指有多少骨？【四上】

答。兩个。
問。指頭骨有幾化。
答。每只指頭有三个。
問。全掌有幾化骨頭。
答。共有念七个。
問。手啑臂膊共有幾化骨頭。
答。共有三十个。
問。大腿骨有幾化。
答。一个。
問。小腿骨有幾化。
答。兩个。

全體功用問答　四

答：两个。

（十一） 问：指头骨有几化？

答：每只指头有三个。

（十二） 问：全掌有几化骨头？

答：共有念[①]七个。

（十三） 问：手咾臂膊共有几化骨头？

答：共有三十个。

（十四） 问：大腿骨有几化？

答：一个。

（十五） 问：小腿骨有几化？

答：两个。

① 念：即二十。全书其他处均写作“廿”。

答：两个。

十一 问：指骨有多少？

答：每指有三个。

十二 问：全掌有多少骨？

答：共二十七个。

十三 问：手膀共有多少骨？

答：共三十个。

十四 问：大腿骨有多少？

答：一个。

十五 问：小腿骨有多少？

答：两个。【四下】

問。膝蓋骨有幾化。

答。一个。

問。脚腕骨有幾化。

答。七个。

問。脚掌骨有幾化。

答。五个。

問。脚大拇指頭有幾化骨頭。

答。兩个。

問。脚趾骨有幾化。

答。每个脚趾三个。

問。全脚有幾化骨頭。

（十六） 问：膝盖骨有几化？

答：一个。

（十七） 问：脚腕骨有几化？

答：七个。

（十八） 问：脚掌骨有几化？

答：五个。

（十九） 问：脚大拇指头有几化骨头？

答：两个。

（二十） 问：脚趾骨有几化？

答：每个脚趾三个。

（廿一） 问：全脚有几化骨头？

十六 问：膝盖骨有多少？

答：一个。

十七 问：脚跟骨有多少？

答：七个。

十八 问：脚掌骨有多少？

答：五个。

十九 问：脚大拇指有多少？

答：两个。

二十 问：脚趾骨有多少？

答：每趾三个。

二十一 问：全脚有多少骨？【五上】

答。共有廿六个。

問。腿哓脚共有幾化骨頭。

答。共有三十个。

問。兩只手哓臂膊共有幾化骨頭。

答。共有六十个。

問。兩只腿哓脚共有幾化骨頭。

答。共有六十个。

問。四肢共有幾化骨頭。

答。共有一百廿个。

問。膝蓋骨拉那裏。

答。拉膝凹𩪋个前面。

五

答：共有廿六[1]个。

（廿二） 问：腿咾脚共有几化骨头？

答：共有三十个。

（廿三） 问：两只手咾臂膊共有几化骨头？

答：共有六十个。

（廿四） 问：两只腿咾脚共有几化骨头？

答：共有六十个。

（廿五） 问：四肢共有几化骨头？

答：共有一百廿个。

（廿六） 问：膝盖骨拉那里？

答：拉膝凹骱个前面。

---

① 廿六：官话版作“二十七”，不对应。

答：共二十七个。

二十二 问：腿脚共有多少骨？

答：共有三十个。

二十三 问：两手膀共有多少骨？

答：共有六十个。

二十四 问：两腿脚共有多少骨？

答：共六十个。

二十五 问：四肢共有多少骨？

答：共一百二十个。

二十六 问：膝盖骨在什么地方？

答：在膝凹交节处。【五下】

問。項長个是啥个骨頭。

答。是大腿骨。

問。項小个是啥个骨頭。

答。耳朵裏个骨頭。

問。鎖柱骨有幾化。

答。兩个。

問。肩胛骨有幾化。

答。兩个。

問。骨盆有幾化骨頭。

答。共有四个。就是左右無名骨哶尾閭骨搭之鈎骨。

全體之骨攏總幾化。

全体功用问答

（廿七） 问：顶长个是啥个骨头？

答：是大腿骨。

（廿八） 问：顶小个是啥个骨头？

答：耳朵里个骨头。

（廿九） 问：锁柱骨有几化？

答：两个。

（三十） 问：肩胛骨有几化？

答：两个。

（三十一） 问：骨盆有几化骨头？

答：共有四个。就是左右无名骨咾尾闾骨搭之钩骨。

全体之骨拢总几化

全体入门问答

二十七 问：顶长的是什么骨？

答：是大腿骨。

二十八 问：顶小的是什么骨？

答：是耳朵里的骨。

二十九 问：尻盘骨共有多少？

答：共有四个。【六上】

頭个骨頭有八个、面孔十四个、舌根一个、耳朶六个、共廿九个。身體之骨。　脊骨廿四个、左右脇骨廿四个、胸骨一个、肩胛骨兩个、鎖柱骨兩个、骨盆四个、共五十七个。　上肢骨。　大臂膊骨兩个、小臂膊骨四个、手腕骨十六个、手掌骨十个、手指骨廿八个、共六十个。　下肢骨。　大腿骨兩个、膝蓋骨兩个、小腿骨四个、脚腕骨十四个、脚掌骨十个、脚趾骨廿八个、共六十个、全體个骨頭、共二百零六个。另外有牙齒三十二个。

第三章全骨略論

問。腦殼是啥物事做个。

答。是八塊薄骨頭做个。

問。腦殼是那能合攏个。

全體功用問答　六

头个骨头有八个，面孔十四个，舌根一个，耳朵六个，共廿九个。身体之骨：脊骨廿四个，左、右肋骨廿四个，胸骨一个，肩胛骨两个，锁柱骨两个，骨盆四个，共五十七个。上肢骨：大臂膊骨两个，小臂膊骨四个，手腕骨十六个，手掌骨十个，手指骨廿八个，共六十个。下肢骨：大腿骨两个，膝盖骨两个，小腿骨四个，脚腕骨十四个，脚掌骨十个，脚趾骨廿八个，共六十个。全体个骨头，共二百零六个。另外有牙齿三十二个。

第三章　全骨略论

（一）　问：脑壳是啥物事做个？

答：是八块薄骨头做个。

（二）　问：脑壳是那能合拢个？

式文

头的骨头有八个，前面十四个，舌根一个，耳朵六个，共二十九个。身体之骨：脊骨二十四个，肋骨左、右二十四个，胸骨一个，肩胛骨两个，锁柱骨两个，尻盘骨四个，共五十七个。上肢骨：上髈骨两个，下髈骨两个，手腕骨十六个，手指骨三十八个，共六十个。下肢骨：上腿骨两个，下腿骨四个，膝盖骨两个，脚趾骨五十二个，共六十个。全体之骨，共二百零六个。牙齿不算整骨，如象牙。

第三课　论全骨功用

一　问：脑袋是什么做的？

答：是八块薄骨做的。

二　问：脑袋是怎样合成的？

答。幾塊骨頭、邊像鋸子口能合攏个。

問。腦殼有啥物事包拉。

答。有皮咾頭髮包拉。

問。腦子有啥用頭。

答。腦子是靈性个機關、會想念頭。外面有頭殼包拉、勿能損傷。

問。脊骨拉那裏。

答。從腦殼底下到尾閭骨。

問。脊骨是幾化骨頭排拉个。

答。是廿四根短骨頭、每節當中有脆骨墊拉。

問。脆骨是啥。

答：几块骨头，边像锯子口能合拢个。

（三）　问：脑壳有啥物事包拉？

答：有皮咾头发包拉。

（四）　问：脑子有啥用头？

答：脑子是灵性个机关，会想念头。外面有头壳包拉，勿能损伤。

（五）　问：脊骨拉那里？

答：从脑壳底下到尾闾骨。

（六）　问：脊骨是几化骨头排拉个？

答：是廿四根短骨头，每节当中有脆骨垫拉。

（七）　问：脆骨是啥？

答：几块骨头边像锯齿合成。

三　问：脑壳有什么包着？

答：有皮有头发包着。

四　问：脑子有什么用？【六下】

答：脑子是灵性之机，会思想，外面头壳包着，不能损伤。

五　问：脊梁骨在那里？

答：从脑壳底到尾骶骨。

六　问：脊梁骨是多少骨排的？

答：是二十四短骨，每节中间有脆骨垫着。

七　问：脆骨是什么？【七上】

答。脆骨是軟个物事。

問。脆骨有啥用頭。

答。帮助脊骨、使伊能彎曲、能伸直、最活動个。若然無沒脆骨、脊骨有啥磁撞、腦髓就要震動咾受傷。

問。脇骨是那能个。

答。是彎曲个、堅固个、咾輕个。

問。脅骨有幾个。

答。廿四个。

問。脅骨連牢那裡。

答。背後連脊骨、前頭連胸骨。

問。脅骨好像啥。

答：脆骨是软个物事。

（八） 问：脆骨有啥用头？

答：帮助脊骨，使伊能弯曲，能伸直，最活动个。若然无没脆骨，脊骨有啥碰撞，脑髓就要震动咾受伤。

（九） 问：胁骨是那能个？

答：是弯曲个、坚固个咾轻个。

（十） 问：胁骨有几个？

答：廿四个。

（十一） 问：胁骨连牢那里？

答：背后连脊骨，前头连胸骨。

（十二） 问：胁骨好像啥？

答：脆骨是柔软之物。

八 问：脆骨有什么用？

答：助脊梁骨能弯曲、能伸直，最活动的，若无脆骨，脊梁骨一有碰撞，脑髓就震动受伤。

九 问：胁骨怎么样？

答：弯曲的，坚固的，轻轻的。

十 问：胁骨有几个。

答：二十四个。

十一 问：胁骨连着那里？

答：背后连脊梁骨，前头连胸骨。

十二 问：胁骨仿佛什么？【七下】

全體功用問答

答。好像一个籠裡向裝之心、肺、胃、肝。

問。肩髀骨是啥樣式、拉那裡。

答。肩髀骨平咾薄、有三角拉背上。

問。肩胛骨有啥个骨相連。

答。有臂膊骨相連。

問。鎖柱骨接連啥。

答。一頭接連肩髀骨、一頭接連胸骨。

問。鎖柱骨有啥用頭。

答。是撑起肩髀骨咾胸骨。

問。骨頭是啥物事做个。

答。飲食消化成功血、血變做骨頭。

答：好像一个笼，里向装之心、肺、胃、肝。

（十三） 问：肩胛骨是啥样式？拉那里？

答：肩胛骨平咾薄，有三角拉背上。

（十四） 问：肩胛骨有啥个骨相连？

答：有臂膊骨相连。

（十五） 问：锁柱骨接连啥？

答：一头接连肩胛骨，一头接连胸骨。

（十六） 问：锁柱骨有啥用头？

答：是撑起肩胛骨咾胸骨。

（十七） 问：骨头是啥物事做个？

答：饮食消化成功血，血变做骨头。

答：仿佛是个笼儿里面装的心、肺、胃、肝。

十三 问：肩胛骨是什么样子？在那里？

答：肩胛骨均平而薄，有三片在背上。

十四 问：肩胛骨有什么骨相连？

答：髈子骨相连。

十五 问：锁柱骨接连甚么？

答：一头接连肩胛骨，一头接连胸骨。

十六 问：锁柱骨有甚么用？

答：是撑着肩胛骨和胸骨。

十七 问：骨头是甚么做的？

答：饮食消化作血，血变成骨。【八上】

問。爲啥要吃好飲食。
答。好飲食變好血、供養骨頭。
問。透勿乾淨个氣、那能害骨頭。
答。勿乾淨个氣、是做勿乾淨个血、使骨頭軟弱。
問。人坐勿正、立勿正、要那能个。
答。骨頭漸漸能彎曲、勿能正直。
問。薄脆兩个字、有啥个意思。
答。是容易破壞个。
問。啥人是薄脆个骨頭。
答。老人骨頭、是薄脆咾容易斷。小囝骨頭、最嫩、容易彎曲、勿
問。應該常久坐咾常久立。

（十八） 问：为啥要吃好饮食？

答：好饮食变好血，供养骨头。

（十九） 问：透勿干净个气，那能害骨头？

答：勿干净个气，是做勿干净个血，使骨头软弱。

（二十） 问：人坐勿正，立勿正，要那能个？

答：骨头渐渐能弯曲，勿能正直。

（廿一） 问：薄脆两个字，有啥个意思？

答：是容易破坏个。

（廿二） 问：啥人是薄脆个骨头？

答：老人骨头，是薄脆咾容易断。小囝[①]骨头，最嫩，容易弯曲，勿应该常久坐咾常久立。

① 小囝：小孩。现多写作“小囡”。

十八 问：为甚么要吃好饮食？

答：好饮食变好血，供养骨头。

十九 问：吸不洁净的气，怎样害骨头？

答：不洁净的气，是做不洁净的血，使骨头软弱。

二十 问：人坐不正，站不正，是怎样？

答：骨头渐渐弯曲，不能整直。

二十一 问：薄脆二字，什么意思？

答：是容易破坏的。

二十二 问：什么人是薄脆的骨头？

答：老人骨头是薄脆易断，孩子骨头，最嫩，易弯曲，不当久坐、久站。【八下】

全體功用問答

問。有啥物事能彀修理骨頭、肉咾皮。

答。骨頭、肉咾皮、常有微細个破壞、血能彀修理伊做新个。

問。吃酒个人、骨頭那能。

答。骨頭薄脆、容易破壞。

問。還有啥害骨頭个。

答。煙。

問。酒咾煙、那能害骨頭。

答。做之勿好个血、咾勿能供養骨頭。

式文

腦殼是八塊骨頭、邊像鋸子口能合攏个。　脊骨是從後腦殼底到尾閭骨、有廿四根短骨、每節當中有脆骨、是相連个、做一

（廿三） 问：有啥物事能够[①]修理骨头、肉咾皮？

答：骨头、肉咾皮，常有微细个破坏，血能够修理伊做新个。

（廿四） 问：吃酒个人，骨头那能？

答：骨头薄脆，容易破坏。

（廿五） 问：还有啥害骨头个？

答：烟。

（廿六） 问：酒咾烟，那能害骨头？

答：做之勿好个血咾，[②]勿能供养骨头。

式文

脑壳是八块骨头，边像锯子口能合拢个。脊骨是从后脑壳底到尾闾骨，有廿四根短骨，每节当中有脆骨，是相连个，做一

① 原文作"彀"。"彀"，同"够"，本书录文时，统一作"够"。

② 原文逗点在"咾"之前。

二十三 问：有什么能修整骨头、肉、皮？

答：骨头、肉、皮。常有微细破坏，血能修整他做新的。

二十四 问：吃酒的人骨头怎样？

答：骨头薄脆容易破坏。

二十五 问：还有什么害骨头？

答：建烟[①]。

二十六 问：酒和建烟，怎样害骨头？

答：是做不好的血，不能供养骨头。

式文

脑袋是八块骨头边像锯齿合成的。脊梁骨是从后脑壳底到尾骶骨，止有二十四短骨，每节中间有脆骨，是相连，做可弯可直的【九上】

① 建烟：清代福建生产的"建烟"较为有名。

根柱。可以彎可以直个。　脅骨是彎曲、健壯咾輕个、左邊十二、右邊十二、共廿四根。背後接連脊骨、前頭接連胸骨、好像一个籠裝之心、肺、胃、肝。　肩髀骨是平咾薄、有三角、搭臂膊骨相連。鎖柱骨撐起肩髀骨咾胸骨。　老人个骨頭硬咾薄脆。小囝个骨頭嫩咾軟个。个人應該坐立端正、使骨頭勿能彎曲。勿好着緊衣裳咾纏脚、以致弄壞骨頭。總要吃好飲食、透乾淨个氣、供養骨頭。人个皮、肉、骨頭、常有破壞、血能彀常常修理伊做新个。

第四章論肌肉

問。肌肉是啥。

答。多化絲肉併攏个叫肌肉。

問。身體个肌肉有啥用頭。

根柱，可以弯可以直个。胁骨是弯曲、健壮咾轻个，左边十二，右边十二，共廿四根。背后接连脊骨，前头接连胸骨，好像一个笼装之心、肺、胃、肝。肩胛骨是平咾薄，有三角，搭臂膊骨相连。锁柱骨撑起肩胛骨咾胸骨。老人个骨头硬咾薄脆，小囝个骨头嫩咾软个。人应该坐立端正，使骨头勿能弯曲。勿好着紧衣裳咾缠脚，以致弄坏骨头。终要吃好饮食，透干净个气，供养骨头。人个皮、肉、骨头，常有破坏，血能够常常修理伊做新个。

第四章　论肌肉

（一）　问：肌肉是啥？

答：多化丝肉并拢个叫肌肉。

（二）　问：身体个肌肉有啥用头？

柱子，也做美丽的身体。胁骨是弯曲健壮轻的，左十二、右十二，共二十四骨，背后接连脊梁骨，前头接连胸骨，仿佛是个笼儿装得心、肺、胃、肝。肩胛骨是平而薄，有三片和髈子骨相连。锁柱骨撑着肩胛骨和胸骨。老人骨硬而薄脆，孩子骨软而柔弱，人当坐立端正，骨头不得弯曲，不可穿紧衣服，像裹脚的样子，坏了骨头，如山羊的脚。须要吃好饮食，吸洁净的气，供养骨头，人的皮、肉、骨头，常有破坏，血能常常修整做新的。

第四课　论肌肉

一　问：肌肉是什么？

答：是几根丝肉束成，名肌肉。

二　问：身体的肌肉，有什么用？

答。包拉骨頭上、可以帮助活動。
問。話幾樣肌肉个名頭。
答。眼胞、舌頭、心、肺、是肌肉做个。
問。肌肉是啥顏色。
答。紅顏色。
問。肌肉那能活動骨頭。
答。肌肉能彀伸縮、依之骨頭呢活動。
問。拉手肘節上、肌肉那能活動小臂膊。
答。小臂膊裡面个肌肉縮短、外面个肌肉伸長、手就能彀摸到肩胛上。小臂膊外面个肌肉縮短、裡面个肌肉伸長、手就能彀伸直。

答：包拉骨头上，可以帮助活动。

（三）　问：话几样肌肉个名头？

答：眼胞[①]、舌头、心、肺，是肌肉做个。

（四）　问：肌肉是啥颜色？

答：红颜色。

（五）　问：肌肉那能活动骨头？

答：肌肉能够伸缩，依之骨头咾活动。

（六）　问：拉手肘节上，肌肉那能活动小臂膊？

答：小臂膊里面个肌肉缩短，外面个肌肉伸长，手就能够摸到肩胛上。小臂膊外面个肌肉缩短，里面个肌肉伸长，手就能够伸直。

① 眼胞：眼皮。

答：包骨头，可以扶持活动。

三　问：说几个肌肉的名字？

答：眼胞、舌头、心、肺，是肌肉做的。【九】

四　问：肌肉是什么颜色？

答：红色。

五　问：肌肉怎样活动骨头？

答：肌肉能伸缩，依骨头活动。

六　问：肌肉怎样活动下髈在手肘节？

答：下髈里面肌肉缩短，外面肌肉就伸长，手能回摸肩上。下髈外面肌肉缩短，里面肌肉就伸长，手能伸直。【十上】

問。可以話肌肉是那能个。
答。可以話肌肉是能屈能伸个。
問。全身有幾个肌肉。
答。大約四百五十个。
問。肌肉是那能分別。
答。頭个肌肉、身體个肌肉、四肢个肌肉。
問。頭个肌肉有啥用頭。
答。活動五官个容貌。
問。身體个肌肉有啥用頭。
答。活動周身。
問。四肢个肌肉有啥用頭。

全體功用問答

全体功用问答

（七）　问：可以话肌肉是那能个？

答：可以话肌肉是能屈能伸个。

（八）　问：全身有几个肌肉？

答：大约四百五十个。

（九）　问：肌肉是那能分别？

答：头个肌肉、身体个肌肉、四肢个肌肉。

（十）　问：头个肌肉有啥用头？

答：活动五官个容貌。

（十一）　问：身体个肌肉有啥用头？

答：活动周身。

（十二）　问：四肢个肌肉有啥用头？

全体入门问答

七　问：可说肌肉是怎样？

答：可说肌肉能屈能伸。

八　问：全身有几个肌肉？

答：大约四百五十个。

九　问：肌肉是怎样分别？

答：头的肌肉、身体的肌肉、四肢的肌肉。

十　问：头的肌肉有什么用？

答：活动五官的容貌。

十一　问：身体的肌肉有什么用？

答：活动周身。

十二　问：四肢的肌肉有什么用？

答。活動手、臂、腿、脚。

問。那能可以使肌肉健壯。

答。活動肌肉、就能健壯。

問。肌肉勿活動末那能。

答。就軟弱。

問。那能末使肌肉常常爽快。

答。要活動、要歇息、要好血培補。

問。那能用肌肉。

答。或者做生活、或者孛相咾活動肌肉。

問。那能歇息肌肉。

答。改變工夫、或者歇息咾睏。

答：活动手、臂、腿、脚。

（十三） 问：那能可以使肌肉健壮？

答：活动肌肉，就能健壮。

（十四） 问：肌肉勿活动末那能？

答：就软弱。

（十五） 问：那能末使肌肉常常爽快？

答：要活动，要歇息，要好血培补。

（十六） 问：那能用肌肉？

答：或者做生活，或者孛相咾活动肌肉。

（十七） 问：那能歇息肌肉？

答：改变工夫，或者歇息咾困。

答：活动手、髈、腿、脚。

十三 问：怎样可以令肌肉健壮？

答：活动肌肉，方能健壮。【十下】

十四 问：不活动肌肉怎样？

答：就软弱。

十五 问：肌肉怎样长得爽？

答：要活动，要歇息，要好血培补。

十六 问：怎样用肌肉？

答：或做工，或顽耍、活动肌肉。

十七 问：怎样歇息肌肉？

答：改变工夫，或歇息困卧。【十一上】

問。那能改變工夫。
答。立常久哉要坐、坐常久哉要立、或者行動。
問。那能培補肌肉。
答。透乾淨个氣、吃好飲食、住拉光亮地方。
問。酒那能害肌肉。
答。使肌肉軟弱哰勿能彀活動身體。
問。那裡个是常庄動个肌肉、人勿能管个。
答。是心。
問。酒那能害心。
答。吃之酒。心个肌肉舒縮來快、容易困倦、漸漸能損壞。
問。鴉片煙那能害心。

（十八） 问：那能改变工夫？

答：立常久哉要坐，坐常久哉要立，或者行动。

（十九） 问：那能培补肌肉？

答：透干净个气，吃好饮食，住拉光亮地方。

（二十） 问：酒那能害肌肉？

答：使肌肉软弱咾勿能够活动身体。

（廿一） 问：那里个是常庄动个肌肉，人勿能管个？

答：是心。

（廿二） 问：酒那能害心？

答：吃之酒，心个肌肉舒缩来快，容易困倦，渐渐能损坏。

（廿三） 问：鸦片烟那能害心？

十八 问：怎样改变工夫？

答：站久要坐，坐久要站，或行走。

十九 问：怎样培补肌肉？

答：吸洁净的气，吃好饮食，住光亮地方。

二十 问：酒怎样害肌肉？

答：令肌肉软弱，不能活动身体。

二十一 问：什么常动的肌肉，人不能管？

答：是心。

二十二 问：酒怎样害心？

答：吃了酒，心的肌肉舒缩得快，容易困倦，渐次损坏。

二十三 问：鸦片烟怎样害心？

答。　吃之鴉片煙、心个肌肉舒縮來慢、漸漸能停住。

式文

肌肉是多化絲肉併攏个、包拉骨頭外頭、也做眼胞、舌頭、心肺。周身个肌肉、大約四百五十个、是帮助活動骨頭个。　頭个肌肉、活動五官容貌。　身體个肌肉、活動周身。　四肢个肌肉、活動手、臂、腿、脚。　肌肉活動來多、就健壯、少就軟弱。要歇息、要好血培補、勿要吃酒害肌肉、勿要吃煙帶累肌肉、因爲煙、酒、鴉片全有毒、能彀弄壞人个血、勿好好能養肌肉。

第五章論皮

問。　皮有啥用頭。

答。　皮是包肌肉个。

答：吃之鸦片烟，心个肌肉舒缩来慢，渐渐能停住。

式文

肌肉是多化丝肉并拢个，包拉骨头外头，也做眼胞、舌头、心、肺。周身个肌肉，大约四百五十个，是帮助活动骨头个。头个肌肉，活动五官容貌。身体个肌肉，活动周身。四肢个肌肉，活动手、臂、腿、脚。肌肉活动来多，就健壮，少就软弱。要歇息，要好血培补，勿要吃酒害肌肉，勿要吃烟带累肌肉，因为烟、酒、鸦片全有毒，能够弄坏人个血，勿好好能养肌肉。

第五章　论皮

（一）　问：皮有啥用头？

答：皮是包肌肉个。

答：吃鸦片烟，心的肌肉舒缩得慢，渐次停住。

式文

肌肉是几根丝肉束成，包骨头，也做眼胞、心、肺，周身肌肉【十一下】大约四百五十个，是扶持活动骨头。头的肌肉，活动五官容貌。身体肌肉活动周身。四肢肌肉活动手、髈、腿、脚。肌肉活动多就健壮，少就软弱，要歇息，要好血培补，不吃酒害肌肉，不吃建烟累肌肉，因为烟、酒、鸦片有毒，坏人的血，不好养肌肉，渐次伤命。

第五课　论皮

一　问：皮有什么用？

答：皮是包肌肉的。【十二上】

問。皮是那能个樣子。

答。是軟个咾可以曲折、有多化汗管、能殼浸透个。

問。爲啥話有多化汗管。

答。因爲皮有許多小眼。

問。爲啥話能殼浸透。

答。溼个物事、可以從皮膚裏出進。

問。人身上有幾樣皮。

答。兩樣、叫內層皮、外層皮。

問。內層皮叫啥。

答。叫眞皮、有血管、腦氣筋拉上。

問。那能曉得外皮無沒血管。

(二)　问：皮是那能个样子？
答：是软个咾可以曲折，有多化汗管，能够浸透个。

(三)　问：为啥话有多化汗管？
答：因为皮有许多小眼。

(四)　问：为啥话能够浸透？
答：湿个物事，可以从皮肤里出进。

(五)　问：人身上有几样皮？
答：两样，叫内层皮、外层皮。

(六)　问：内层皮叫啥？
答：叫真皮，有血管、脑气筋拉上。

(七)　问：那能晓得外皮无没血管？

二　问：可说皮怎样？
答：是柔软、可曲折、多孔、能浸透。

三　问：为什么说多孔？
答：皮有许多小眼。

四　问：为什么说能浸透？
答：水湿的东西，可由皮出进。

五　问：人身有几样皮？
答：两样，叫内层皮、外层皮。

六　问：内层皮叫什么？
答：叫真皮，有血管、气筋在内。

七　问：怎说外皮，没有血管？

全體功用問答

答。用刀刮外皮、勿會出血。

問。那能曉得外皮無沒腦氣筋。

答。用刀刮外皮勿痛。

問。皮个顏色爲啥勿同。

答。眞皮咾外皮个當中、有顏料、或者黑或者白、外皮就照樣顯出來。

問。眞皮啥顏色。

答。萬國人一樣个顏色。

問。全身个皮、是一樣厚薄咾。

答。勿是、手掌脚掌是厚皮。

問。有啥物事從汗管裡出來。

答：用刀刮外皮，勿会出血。

（八） 问：那能晓得外皮无没脑气筋？

答：用刀刮外皮勿痛。

（九） 问：皮个颜色，为啥勿同？

答：真皮咾外皮个当中，有颜料，或者黑，或者白，外皮就照样显出来。

（十） 问：真皮啥颜色？

答：万国人一样个颜色。

（十一） 问：全身个皮，是一样厚薄否？

答：勿是，手掌脚掌是厚皮。

（十二） 问：有啥物事从汗管里出来？

答：用刀刮外皮，不出血。

八 问：怎知外皮没有气筋？

答：刀刮外皮不痛。【十二下】

九 问：皮的颜色，何以有不同？

答：真皮外皮中间，有颜料，或黑或白，外皮就照样现明。

十 问：真皮什么颜色？

答：万国人一样的颜色。

十一 问：全身的皮，是一样薄吗？

答：非也，手板脚板，是厚皮。

十二 问：有什么从皮孔出来？【十三上】

答。有敗壞个質從汗管个汗裡出來。
問。皮那能末常常出汗。
答。皮爽快末常常出汗。
問。勿看見皮常常出汗、是啥緣故。
答。因爲汗從汗管裡細細能出來、勿能看見。
問。汗細細能出來之末那能。
答。有个進之衣裳、有个散拉空中。
問。汗衣裳咾汗氣那能。
答。汗衣裳勿要着、汗氣勿要吸進口鼻。
問。皮要那能末就爽快。
答。要常常出汗、身體淨乾淨、着乾淨个衣裳透乾淨个氣住答：有败坏个质从汗管个汗里出来。

（十三） 问：皮那能末常常出汗？

答：皮爽快末常常出汗。

（十四） 问：勿看见皮常常出汗，是啥缘故？

答：因为汗从汗管里细细能出来，勿能看见。

（十五） 问：汗细细能出来之末那能？

答：有个进之衣裳，有个散拉空中。

（十六） 问：汗衣裳咾汗气那能？

答：汗衣裳勿要着，汗气勿要吸进口鼻。

（十七） 问：皮要那能末就爽快？

答：要常常出汗，身体净[①]干净，着干净个衣裳，透干净个气，住

① 净：洗。

答：有败坏的质从皮孔的汗里出来。

十三 问：皮怎样常出汗？

答：皮爽快常出汗。

十四 问：不看见皮常出汗，什么意思？

答：因小汗从皮孔微细出来，不能看见。

十五 问：汗微细出来怎？

答：一份浸衣服，一份散空中。

十六 问：汗衣服，汗气怎样？

答：汗衣服不当穿，汗气不当吸进口鼻。

十七 问：皮要怎样就爽快？

答：要常出汗，身体洗洁净，穿洁净衣服，吸洁净气，住

問。拉光亮个地方。
答。爲啥要着乾淨个衣裳。
問。免得齷齪衣裳閉之汗管。
答。爲啥要透乾淨个氣。
問。乾淨个氣能彀使皮健壯。
答。酒那能害皮。
問。酒使血勿乾淨、勿能爽快皮。
答。酒還有啥壞處。
問。酒使皮多出汗、用伊來忒多。
答。吃之酒、皮爲啥發紅。
皮个血管漲滿、就發紅。

拉光亮个地方。

（十八） 问：为啥要着干净个衣裳？

答：免得龌龊衣裳闭之汗管。

（十九） 问：为啥要透干净个气？

答：干净个气能够使皮健壮。

（二十） 问：酒那能害皮？

答：酒使血勿干净，勿能爽快皮。

（廿一） 问：酒还有啥坏处？

答：酒使皮多出汗，用伊来忒多。

（廿二） 问：吃之酒，皮为啥发红？

答：皮个血管涨满，就发红。

光亮地方。

十八 问：为什么要穿洁净衣服？

答：免得龌龊衣服闭汗孔。【十三下】

十九 问：为什么要吸洁净气？

答：洁净气能健壮皮。

二十 问：酒怎样害皮？

答：酒使血不洁净，不能爽快皮。

二十一 问：酒还有什么坏处？

答：酒使皮出多汗，用功太多。

二十二 问：喝了酒，皮为什么发红？

答：皮的血管涨满，就发红。【十四上】

問。皮發紅有啥个勿好。

答。血顯露拉外頭容易受冷。

問。人吃之鴉片煙、皮是那能个。

答。吃鴉片煙个皮是黃个、勿出汗、後來枯焦哚黑个。

文式

皮包全身。是薄哚軟个、可以曲折。多小眼、能穀浸透。皮有兩樣、有裡皮、外皮。裡皮叫眞皮、好像網絡、是血管哚腦氣筋做个。眞皮外面有顏料、做外皮个顏色。外皮壞之、可以再生、顏料壞之、可以換新、眞皮壞之、勿能像原樣能好、就結成疤。一大半爛壞个貭、是從汗管裡出來。皮爽快、就常出汗。人要常常揩哚淨、着乾淨个衣裳、透乾淨个氣、住拉光亮个地方、勿吃酒、勿吃煙哚

（廿三） 问：皮发红有啥个勿好？

答：血显露拉外头容易受冷。

（廿四） 问：人吃之鸦片烟，皮是那能个？

答：吃鸦片烟个皮是黄个，勿出汗，后来枯焦咾黑个。

式文

皮包全身，是薄咾软个，可以曲折。多小眼，能够浸透。皮有两样，有里皮、外皮。里皮叫真皮，像网络，是血管咾脑气筋做个。真皮外面有颜料，做外皮个颜色。外皮坏之，可以再生；颜料坏之，可以换新；真皮坏之，勿能像原样能好，就结成疤。一大半烂坏个质，是从汗管里出来。皮爽快，就常出汗。人要常常揩咾净，着干净个衣裳，透干净个气，住拉光亮个地方，勿吃酒，勿吃烟咾

二十三 问：皮发红什么不好？

答：血暴露在外，容易受冷。

二十四 问：人吃鸦片烟，皮是怎样？

答：吃鸦片烟的皮，是黄色，不出汗，后来成焦枯黑色。

式文

皮包全身是薄的，软弱、可曲折、多小眼、能浸透。皮有两样，有里皮、外皮。里皮叫真皮，好比网罟，血管和气筋做的。真皮外面有颜料，作外皮的颜色。外皮坏了，可以再长；颜料坏了，可以换新；真皮坏了，不能像原样的好，就成疤子。大半朽坏的质，是从汗孔出来。皮爽快，就常出汗。人要常洗抹，洁净衣服，吸洁净气，住光亮地方，不喝酒，不吃建烟、

鴉片煙。
第六章論心
問。心是那能个。
答。尖个。
問。心拉那裡。
答。拉胸膛頭左邊。
問。心相近啥个骨頭。
答。相近胸骨。
問。心裡有啥物事。
答。有血。
問。心做啥事體。

鸦片烟。

第六章　论心

（一）　问：心是那能个？

答：尖个。

（二）　问：心拉那里？

答：拉胸膛头左边。

（三）　问：心相近啥个骨头？

答：相近胸骨。

（四）　问：心里有啥物事？

答：有血。

（五）　问：心做啥事体？

鸦片烟。

第六课　论心

一　问：心什么样？

答：尖的。【十四下】

二　问：心在那里？

答：在胸膛向左。

三　问：心近什么骨？

答：近胸骨。

四　问：心里有什么？

答：有血。

五　问：心做什么？【十五上】

答。發出血來行到全身。

問。心跳一回、發出幾化血來。

答。大約三兩。

問。血是啥物事做个。

答。是飲食化爲血。

問。有啥个顏色。

答。乾淨个是紅血、勿乾淨个是紫血。

問。心血那能流到全身。

答。是經過多化管子、呌血脉管。

問。血脉管好像啥。

答。好像樹丫枝。

答：发出血来行到全身。

（六） 问：心跳一回，发出几化血来？

答：大约二两。

（七） 问：血是啥物事做个？

答：是饮食化为血。

（八） 问：有啥个颜色？

答：干净个是红血，勿干净个是紫血。

（九） 问：心血那能流到全身？

答：是经过多化管子，叫血脉管。

（十） 问：血脉管好像啥？

答：好像树丫枝。

答：发出血到全身。

六 问：心跳一次，出血多少？

答：大约二两。

七 问：血是什么做的？

答：是饮食化为血。

八 问：有什么颜色？

答：洁净的是赤血，不洁净的是紫血。

九 问：心血，怎样流到全身？

答：是经过筒管，名叫血脉管。

十 问：血脉管排列，仿佛什么？

答：仿佛树木枝儿。

問。心裡出來个血本來是那能个。
答。本來是好个、能彀養身體。
問。養過之身體末那能。
答。就軟弱咾無力、也無用頭。
問。養過之身體个血、有啥个勿乾淨。
答。血裡有敗壞个質、變爲勿乾淨个血。
問。血脈管移勿乾淨个血到那裏去。
答。先過微絲管、後到廻血管。
問。廻血管移勿乾淨个血、到那裏去。
答。到心个右邊。
問。心移勿乾淨个血、到那裏去。

全体功用问答

（十一） 问：心里出来个血，本来是那能个？

答：本来是好个，能够养身体。

（十二） 问：养过之身体末那能？

答：就软弱咾无力，也无用头。

（十三） 问：养过之身体个血，有啥个勿干净？

答：血里有败坏个质，变为勿干净个血。

（十四） 问：血脉管移勿干净个血，到那里去？

答：先过微丝管，后到回血管。

（十五） 问：回血管移勿干净个血，到那里去？

答：到心个右边。

（十六） 问：心移勿干净个血，到那里去？

全体入门问答

十一 问：心出来的血，本是怎？

答：本是好的，能养身体。

十二 问：养过了就怎样？

答：就软弱无力，没有用。【十五下】

十三 问：养过了身体的血，有什么不洁净？

答：血里有败坏的质，变为不洁净的血。

十四 问：血脉管移不洁净的血，到那里？

答：先过微丝管，后到回血管。

十五 问：回血管移不洁净的血，到那里？

答：到心右边。

十六 问：心移不洁净的血，到那里？【十六上】

答。到肺裏。

問。勿乾淨个血到之肺裏末那能。

答。變爲乾淨个血。

問。那能變法。

答。肺裏透之淸氣血就變來乾淨哉。

問。肺裏乾淨个血發到那裏。

答。到心个左邊。

問。從心裏發到那裏。

答。發到周身。

問。血那能循環。

答。從心个左邊血脈管行到全身又從全身廻血管回到心答：到肺里。

（十七） 问：勿干净个血，到之肺里末那能？

答：变为干净个血。

（十八） 问：那能变法？

答：肺里透之清气，血就变来干净哉。

（十九） 问：肺里干净个血发到那里？

答：到心个左边。

（二十） 问：从心里发到那里？

答：发到周身。

（廿一） 问：血那能循环？

答：从心个左边血脉管行到全身，又从全身回血管回到心

答：到肺。

十七 问：不洁净的血，到肺怎样？

答：改作洁净血。

十八 问：怎样改作洁净血？

答：肺吸清气，改作洁净血。

十九 问：肺发出洁净血，到那里？

答：到心左边。

二十 问：心发洁净血，到那里？

答：到周身。

二十一 问：血怎样循环？

答：从心左边血脉管到全身，又从全身回血管到心

全體功用問答

个右邊、常常第能循環。

問。血循環一回、要幾化工夫。

答。或者三分鐘一回、或者八分鐘一回、照心跳个快慢咾算个。

問。身體爽快、要啥个血。

答。要乾淨个血。

問。血應該那能循環身體。

答。應該順理循環。

問。有啥要緊事體關係血个循環。

答。着乾淨个衣裳、或者做生活、或者孛相咾活動身體。

問。着緊衣裳、有啥个勿好。

个右边,常常第能循环。

（廿二） 问:血循环一回,要几化工夫?

答:或者三分钟一回,或者八分钟[①]一回,照心跳个快慢咾算个。

（廿三） 问:身体爽快,要啥个血?

答:要干净个血。

（廿四） 问:血应该那能循环身体?

答:应该顺理循环。

（廿五） 问:有啥要紧事体关系血个循环?

答:着干净个衣裳,或者做生活,或者孛相咾活动身体。

（廿六） 问:着紧衣裳,有啥个勿好?

① 八分钟:官话版作“二分钟”,不对应。

右边,总是这样循环。

二十二 问:血循环一次要多少时候?

答:或一分钟一次,或二分钟一次,照心跳的快慢算。

二十三 问:身体爽快,要甚么血?【十六下】

答:要洁净血。

二十四 问:血当怎样循环身体?

答:当顺利循环。

二十五 问:血循环有什么要紧?

答:穿干净衣服,或作工,或游玩、活动身体。

二十六 问:穿紧衣服有什么不好?【十七上】

答。緊衣裳壓住血管咾裏向个心肝。
問。活動身體末那能可以使血循環。
答。心跳得快、血流脉管也快、日日循環咾養身體。
問。身體着來暖末那能可以使血循環。
答。血熱末行得快、血冷末行得慢。
問。酒那能害心。
答。酒使血行來忒快、心就困倦。
問。心血爲啥行來忒快。
答。心要趕脫酒、所以行來忒快。
問。酒還那能害心。
答。能彀弄軟弱心个肌肉、肌肉裝滿之油、心就生病。

全體功用問答　十七

答：紧衣裳压住血管咾里向个心肝。

（廿七） 问：活动身体末那能可以使血循环？

答：心跳得快，血流脉管也快，日日循环咾养身体。

（廿八） 问：身体着来暖末那能可以使血循环？

答：血热末行得快，血冷末行得慢。

（廿九） 问：酒那能害心？

答：酒使血行来忒快，心就困倦。

（三十） 问：心血为啥行来忒快？

答：心要赶脱酒，所以行来忒快。

（卅一） 问：酒还那能害心？

答：能够弄软弱心个肌肉，肌肉装满之（油）[酒]，心就生病。

答：紧衣服压住血管和内里心肝。

二十七 问：活动身体怎样循环血？

答：心跳得快，血流脉管也快，每天循环养身体。

二十八 问：身穿得暖，怎样循环血？

答：血热走得快，血冷走得慢。

二十九 问：酒怎样害心？

答：酒使血走得太快，心就困倦。

三十 问：心血为甚么走太快？

答：心要赶去酒，所以走太快。

三十一 问：酒还怎样害心？

答：能软弱心的肌肉，肌肉装满了酒，心就生病。

問。軟弱个心、爲啥勿好。
答。勿能彀發血到全身。
問。軟弱个心、有啥个危險。
答。心勿跳就要死。
問。酒還那能害血。
答。酒能彀弄乾血裏个水、紅色變之紫色、就勿乾淨、勿能養身體。
式文
心是尖个形像、拉胸膛頭向左邊。一分鐘跳七十回、每一回發出二兩好血、是紅顏色、是飲食變拉个。血出心經過血脈管、流徧全身、好比樹丫枝一樣。養過之身體个血、變爲紫顏色、是勿

(卅二)　问：软弱个心，为啥勿好？

答：勿能够发血到全身。

(卅三)　问：软弱个心，有啥个危险？

答：心勿跳就要死。

(卅四)　问：酒还那能害血？

答：酒能够弄干血里个水，红色变之紫色，就勿干净，勿能养身体。

式文

心是尖个形像，拉胸膛头向左边。一分钟跳七十回，每一回发出二两好血，是红颜色，是饮食变拉个。血出心经过血脉管，流遍全身，好比树丫枝一样。养过之身体个血，变为紫颜色，是勿

三十二　问：软弱的心，怎样不好？

答：不能发血到全身。

三十三　问：软弱的心，有什么危险？

答：心不跳就死。

三十四　问：酒还怎样害血？【十七下】

答：酒能干血中的水，赤色变做紫色，就不洁净，不能养身体。

式文

心是尖形像，在胸膛向左边，一分钟跳七十次，每次发出血二两，好血是赤色，是饮食化的，血出心经过血脉管，流遍全身，好比树枝一样，养过了身体的血，变为紫的，【十八上】是不

乾淨个。又從廻血管回到心个右邊、趕到肺裏、透之淸氣、變爲好血、又走到心个左邊咾養活身體。

第七章論肺

問。肺是啥物事做个。

答。是軟个肉像綿花能个、有許多小氣管咾小空洞、空洞好像胡蜂窠能。

問。肺有啥用頭。

答。是身體呼吸个機關。

問。爽快个肺、看起來是那能个。

答。是洞多咾輕鬆个。

問。氣那能進肺。

干净个。又从回血管回到心个右边，赶到肺里，透之清气，变为好血，又走到心个左边咾养活身体。

第七章　论肺

（一）　问：肺是啥物事做个？

答：是软个肉像（绵）[棉]花能个，有许多小气管咾小空洞，空洞好像胡蜂窠能。

（二）　问：肺有啥用头？

答：是身体呼吸个机关。

（三）　问：爽快个肺，看起来是那能个？

答：是洞多咾轻松个。

（四）　问：气那能进肺？

洁净的，又由回血到心右边，赶到肺，吸清气，改为好血，又走到心左边，养活身体。

第七课　论肺

一　问：肺是什么做的？

答：像绵软之肉，有许多小气管、小气洞，气洞好比蜂子窠一样。

二　问：肺有甚么用？

答：是身体呼吸之机。

三　问：爽快的肺，看见是怎样？

答：是多孔的，轻松的。

四　问：气怎样进肺？

答。氣從鼻管咾嘴裏吸進大氣管、通到每个小氣管、進肺裏空个戶蕩。

問。氣拉肺裏那能。

答。漲滿肺、胸膛就大。

問。肺那能出氣。

答。肺收攏來就發出勿乾淨个氣、經過大小氣管、到口鼻咾散拉空中。

問。肺呼吸有啥用頭。

答。呼出濁氣、吸進淸氣、拿紫血變爲紅血。

問。爲啥要住拉亮光裏。

答。亮光裏有養氣、幇助弄乾淨血咾健壯身體。

答：气从鼻管咾嘴里吸进大气管，通到每个小气管，进肺里空个户荡。

（五） 问：气拉肺里那能？

答：涨满肺，胸膛就大。

（六） 问：肺那能出气？

答：肺收拢来就发出勿干净个气，经过大小气管，到口鼻咾散拉空中。

（七） 问：肺呼吸有啥用头？

答：呼出浊气，吸进清气，拿紫血变为红血。

（八） 问：为啥要住拉亮光里？

答：亮光里有养气[①]，帮助弄干净血咾健壮身体。

① 养气，即氧气。

答：气由鼻子、嘴，吸进大气管，通各小气管，到肺里空窟。

五 问：气在肺怎样？

答：涨满肺，胸膛就大。

六 问：肺怎样出气？【十八下】

答：是肺收缩，就发出不洁净的气，经过大小气管，到口鼻，散在空中。

七 问：肺呼吸有什么用？

答：呼出浊气，吸进清气，把紫血改为赤血。

八 问：为什么要住亮光里？

答：亮光里有养气，帮助洁净血，健壮身体。【十九上】

問。爲啥要身體乾淨。
答。免得汗管閉攏咾塞沒。
問。汗管閉塞之末、要那能个。
答。敗壞个質、勿從汗管裏出去、必過靠肺呼出濁氣、工夫做勿完、就留毒氣拉身體裏生病。
問。爲啥要坐得正、立得正。
答。因爲傴倒之要刦住肺。
問。爲啥身體怕受冷。
答。爲之塞住汗管。也爲之外面受冷、血就走來勿調勻。
問。爲啥勿可以從煖个房間裏、忽然搬到涼个房間裏。
答。拉煖个房裏汗管開个、忽然搬到涼个房裏汗管就要閉

（九） 问：为啥要身体干净？

答：免得汗管闭拢咾塞没。

（十） 问：汗管闭塞之末，要那能个？

答：败坏个质，勿从汗管里出去，必过靠肺呼出浊气，工夫做勿完，就留毒气拉身体里生病。

（十一） 问：为啥要坐得正、立得正？

答：因为伛倒之要劼住肺。

（十二） 问：为啥身体怕受冷？

答：为之塞住汗管。也为之外面受冷，血就走来勿调匀。

（十三） 问：为啥勿可以从暖个房间里，忽然搬到凉个房间里？

答：拉暖个房里汗管开个，忽然搬到凉个房里汗管就要闭

九 问：为什么要身体洁净？

答：免得汗孔塞闭。

十 问：汗孔闭塞怎样？

答：败坏的质，不从汗出，专靠肺出浊气，工夫做不了，就留毒在身生病。

十一 问：为什么要坐得正、站得正？

答：因为低垂，就拥挤肺。

十二 问：为什么身体怕受冷？

答：是塞住汗孔，也是外面受冷，血走不均匀。

十三 问：为什么不可从暖房里，忽然搬到凉房里？

答：在暖房，皮孔开的，忽然搬到凉房，皮孔就快闭

攏。

問。酒那能害肺。

答。裝滿之勿乾淨个血。

答。那能害氣个空洞。

答。使空洞堅硬。

問。肺个空洞堅硬、有啥壞處。

答。氣勿能經過堅硬个空洞。

問。肺就那能。

答。就生病。

式文

肺像風箱、是身體呼吸个機關、像綿花能軟个肉、有許多小氣拢。

（十四） 问：酒那能害肺？

答：装满之勿干净个血。

（十五） 问：那能害气个空洞？

答：使空洞坚硬。

（十六） 问：肺个空洞坚硬，有啥坏处？

答：气勿能经过坚硬个空洞。

（十七） 问：肺就那能？

答：就生病。

式文

肺像风箱，是身体呼吸个机关，像(绵)[棉]花能软个肉，有许多小气

塞。

十四 问：酒怎样害肺？

答：装满不洁净的血。

十五 问：怎样害气的空窟？

答：使空窟坚硬。

十六 问：肺的空窟坚硬，什么不好？【十九下】

答：气不能经过坚硬空窟。

十七 问：肺就怎样？

答：就生病。

式文

肺似风箱，身体呼吸之机，像绵软之肉，有许多小气

管咾空洞。爽快个肺、是洞多咾輕鬆个、有之病就硬咾塞住、氣勿能經過。氣是從大小氣管到肺、㴬滿之空洞、寬舒胸膛。血是從肺到心个左邊、進血脉管、循環養活身體。用過歇个氣、就勿乾淨、回到大小氣管、咾放到空中。若然氣勿進肺、紫血就勿能變爲紅血、倘然紫血滿之身要、就死哉。所以健壯个肺、要透乾淨个氣、住拉光亮个地方。淨乾淨身體、坐得正、立得正、全身要煖、免得透風、出汗个辰光勿要受涼、勿吃酒咾煙搭之鴉片煙。

第八章論食物消化

問。食物嚼爛之末、是那能个。

答。舌頭搬到食管裏。

答。食管拉那裏。

管咾空洞。爽快个肺，是洞多咾轻松个，有之病就硬咾塞住，气勿能经过。气是从大小气管到肺，涨满之空洞，宽舒胸膛。血是从肺到心个左边，进血脉管，循环养活身体。用过歇个气，就勿干净，回到大小气管，咾放到空中。若然气勿进肺，紫血就勿能变为红血，倘然紫血满之身要，就死哉。所以健壮个肺，要透干净个气，住拉光亮个地方。净干净身体，坐得正，立得正，全身要暖，免得透风。出汗个辰光，勿要受凉，勿吃酒咾烟搭之鸦片烟。

第八章 论食物消化

（一） 问：食物嚼烂之末是那能个？

答：舌头搬到食管里。

（二） 问：食管拉那里？

管和小气空窟。[二十上]爽快的肺，是多孔的，轻松的，有病就硬实，气不能经过。气是从大小气管到肺，涨满空窟，展开胸膛。血是由肺到心左边，进血脉管，运行养活身体。改过了好血的气，就不洁净，回到大小气管，放出空中。然气不进肺，紫血不能改为赤血，倘紫血满足身体，就死了。所以健壮的肺，要吸洁净气，住光亮地方，洁净身体，坐得正，站得正，全身要暖，免得透风，出汗时不要受凉，不吃酒和建烟、鸦片烟。

第八课 论胃

一 问：食物嚼烂，是怎样？

答：舌头转移到食管。

二 问：食管在那里？

全體功用問答

答。從嘴裡起，靠脊骨个左邊到胃。
問。胃有啥用頭。
答。是一个肉个袋，裝食物个。
問。胃拉那裡。
答。拉胸膛裡面，心肺底下。
問。胃是啥物事做个。
答。三層薄皮做个。
問。外層皮是那能个。
答。光咾厚，軟咾堅固。
問。中層皮是那能个。
答。是長肉絲做个咾寬緊个。

答：从嘴里起，靠脊骨个左边到胃。

（三） 问：胃有啥用头？

答：是一个肉个袋，装食物个。

（四） 问：胃拉那里？

答：拉胸膛里面，心肺底下。

（五） 问：胃是啥物事做个？

答：三层薄皮做个。

（六） 问：外层皮是那能个？

答：光咾厚，软咾坚固。

（七） 问：中层皮是那能个？

答：是长肉丝做个咾宽紧个。

答：从口里起靠脊梁骨，由左边到胃。

三 问：胃有什么功用？

答：是个肉袋子，装食物的。

四 问：胃在那里？

答：在胸膛里面，心肺底下。

五 问：胃是什么做的？【二十下】

答：三层薄皮做的。

六 问：外层皮是怎？

答：平而厚，柔而固。

七 问：中间皮是怎样？

答：长肉做的，能开能缩。【二十一上】

問。胃个肉絲、有啥用頭。

答。壓住食物、推到下口、叫幽門。

問。裡層皮是那能个。

答。軟咾厚、縐咾鬆个。

問。裡層皮有啥用頭。

答。出粘汁咾胃汁。

問。粘汁有啥用頭。

答。免脫食物傷胃。

問。胃汁有啥用頭。

答。消化食物。

問。食物拉嘴裡那能改變。

全體功用問答　廿一

(八) 问：胃个肉丝，有啥用头？

答：压住食物，推到下口，叫幽门。

(九) 问：里层皮是那能个？

答：软咾厚，绉咾松个。

(十) 问：里层皮有啥用头？

答：出粘汁咾胃汁。

(十一) 问：粘汁有啥用头？

答：免脱食物伤胃。

(十二) 问：胃汁有啥用头？

答：消化食物。

(十三) 问：食物拉嘴里那能改变？

八 问：胃的肉丝，有什么用？

答：压住食物，推到下口，名幽门。

九 问：里层皮是怎样？

答：软厚绉纹而松。

十 问：里层皮有什么用？

答：出粘浓的涎液和清水的津液。

十一 问：涎液有什么用？

答：免食物滞钝伤胃。

十二 问：津液有什么用？

答：消化食物。

十三 问：食物在口，怎样改变？

答。牙齒嚼爛咾涎吐拌勻。
問。食物拉胃裡那能改變。
答。胃運動之末生出胃汁來、消化食物變爲爛漿。
問。食物還要啥个改變。
答。有膽汁、甜肉汁、改變調和。
問。應該那能吃物事。
答。應該慢慢能吃、牙齒嚼爛之末容易消化勿要貪多。晒个辰光更加勿可以吃。
問。吃來忒多、有啥壞處。
答。胃無沒氣力消化多化。
問。爲啥要吃來慢。

答：牙齿嚼烂咾涎吐[1]拌匀。

（十四） 问：食物拉胃里那能改变？

答：胃运动之末生出胃汁来，消化食物变为烂浆。

（十五） 问：食物还要啥个改变？

答：有胆汁、甜肉汁，改变调和。

（十六） 问：应该那能吃物事？

答：应该慢慢能吃，牙齿嚼烂之末容易消化，勿要贪多。困个辰光更加勿可以吃。

（十七） 问：吃来忒多，有啥坏处？

答：胃无没气力消化多化。

（十八） 问：为啥要吃来慢？

① 涎吐：口水。

答：牙齿嚼烂，涎沫匀。

十四 问：食物在胃，怎样改变？

答：胃运动生津液，消化食物为糜。

十五 问：食物还要什么改变？

答：有胆汁、甜肉汁，改变匀和。

十六 问：当怎样吃？【二十一下】

答：当慢慢吃，牙齿嚼烂易化，不可贪多，睡时尤不可吃。

十七 问：吃太多，什么不好？

答：胃没有力消化许多。

十八 问：为什么要慢？【二十二上】

答。嚼爛之末使胃裡省力。
問。爲啥要限定時候咾吃。
答。歇歇吃物事、胃勿能歇息。
問。爲啥睏快勿可以吃。
答。人睏之末煩難消化食物、身體歇息胃㐌應該歇息。
問。透乾淨个氣那能。
答。乾淨个氣帮助變好血來養胃、就爽快咾健壯。
問。爲啥坐咾立要正。
答。免得刦住胃。
問。酒是食物呢毒物。
答。是毒藥、頂勿好个、酒傷害全身、從胃上起。

全体功用问答

答：嚼烂之末使胃里省力。

（十九） 问：为啥要限定时候咾吃？

答：歇歇吃物事，胃勿能歇息。

（二十） 问：为啥困快勿可以吃？

答：人困之末烦难消化食物，身体歇息，胃也应该歇息。

（廿一） 问：透干净个气那能？

答：干净个气帮助变好血来养胃，就爽快咾健壮。

（廿二） 问：为啥坐咾立要正？

答：免得劼住胃。

（廿三） 问：酒是食物呢毒物？

答：是毒药，顶勿好个，酒伤害全身，从胃上起。

全体入门问答

答：咬嚼稀烂，使胃工夫轻省。

十九 问：为什么吃要定时候？

答：时时吃，胃不能歇息。

二十 问：为什么睡时，不可吃？

答：人睡胃难化食，身体歇息，胃也当歇息。

二十一 问：吸洁净气怎样？

答：洁净气帮助作好血，养胃，就爽快健壮。

二十二 问：为什么坐立要正？

答：免得拥挤胃。

二十三 问：酒是食物是毒物？

答：是毒药，为害不浅，酒伤害全身，由胃起。好比火酒一点着就烧了。

問。第句說話有啥憑據。
答。吃之酒、頭昏腦暈、酒勿能像食物能變做血、吃多之酒、燒壞身體、傷之胃咾死。
問。酒那能傷胃。
答。阻擋胃个消化、胃裡个皮、擽拉食物壓住、好血勿能行、胃汁勿能生、食物就堅硬哉、是頂傷胃个。
問。酒拉胃裡那能。
答。酒拉胃裡勿得安靜、難過得極。
問。酒擽拉胃趕到那裡。
答。到肝裡。
問。肝勿受末那能。

全体功用问答

（廿四） 问：第句说话有啥凭据？

答：吃之酒，头昏脑晕，酒勿能像食物能变做血。吃多之酒，烧坏身体，伤之胃咾死。

（廿五） 问：酒那能伤胃？

答：阻挡胃个消化，胃里个皮，拨拉食物压住，好血勿能行，胃汁勿能生，食物就坚硬哉，是顶伤胃个。

（廿六） 问：酒拉胃里那能？

答：酒拉胃里勿得安静，难过得极。

（廿七） 问：酒拨拉胃赶到那里？

答：到肝里。

（廿八） 问：肝勿受末那能？

全体入门问答

二十四 问：这话有什么凭据？

答：吃了酒，头昏脑晕，酒不能像食物改变作血，吃多酒，焚烧身体，伤胃死了。

二十五 问：酒怎样伤胃？

答：拦阻胃的消化，胃里皮，被食物压住，好血不能行，津液不能生，食物坚硬，伤胃甚多。【二十二下】

二十六 问：酒在胃怎样？

答：酒在胃，不得宁静，难过得很。

二十七 问：酒被胃赶到那里？

答：到肝。

二十八 问：肝不受怎样？【二十三上】

答。趕到肺裡、有个從肺裡出來散到空中、有个留拉身體裡
成功毛病。

式文

食物嚼爛、攙拉舌頭搬到食管。食管拉氣管後頭靠脊骨个左
邊到胃。胃有三層、外面、當中、裡面、全是皮做个。外面个皮是光
个厚咾堅固。當中个皮是長肉絲做个、能寬能緊、壓住食物到
下口、叫幽門。裡向个皮軟咾厚、縐咾鬆、出粘汁搭之胃汁、有粘
汁就勿傷胃、有胃汁、就能消化食物。食物拉嘴裏、牙齒嚼爛、涎
吐拌勻之咾進胃、第个是第一回改變食物。胃裏煽動起來、拌
和胃汁、消化食物、變爲爛漿、第个是第二回改變食物。幽門開
之爛漿進小腸、有膽汁咾甜肉汁拌和、拉此地分別養汁咾渣

答：赶到肺里，有个从肺里出来散到空中，有个留拉身体里成功毛病。

式文

食物嚼烂，拨拉舌头搬到食管。食管拉气管后头靠脊骨个左边到胃。胃有三层，外面、当中、里面，全是皮做个。外面个皮是光个，厚咾坚固。当中个皮是长肉丝做个，能宽能紧，压住食物到下口，叫幽门。里向个皮软咾厚、绉咾松，出粘汁搭之胃汁，有粘汁就勿伤胃，有胃汁，就能消化食物。食物拉嘴里，牙齿嚼烂，涎吐拌匀之咾进胃，第个是第一回改变食物。胃里煽动起来，拌和胃汁，消化食物，变为烂浆，第个是第二回改变食物。幽门开之烂浆进小肠，有胆汁咾甜肉汁拌和，拉此地分别养汁咾渣

答：赶到肺，有些从肺出来到空中，有的留在身体作害。

式文

食物嚼烂，被舌转移到食管，食管在气管后，靠脊梁骨左边到胃。胃有三层，外面、中间、里面，都是皮做的。外面皮平厚坚固。中间皮是长肉丝做的，能开能缩，压住食物到下口，名幽门。里层皮绵软而厚，绉纹而松，出涎液，又有津液，有涎液就不要食物滞钝，伤坏里层皮，有津液，就消化食物。食物在口，牙齿嚼烂，口内津液拌匀下胃，此第一回改变食物。因胃煽动和津液消化食物，变为糜，此第二回改变食物。幽门开，糜入小肠，有胆汁、甜肉汁匀和，在此分别精液渣

漨、第个是第三回改變食物。養汁白來像奶、從養汁管上去、通到鎖柱骨裏面个廻血管咾養身體。要吃容易消化个食物、勿要忒飽、牙齒要慢慢能嚼爛、要定當一日幾頓、也要定當啥辰光吃、吃个前頭、要歇息一歇、也勿要吃飽之就睏、要透乾淨个氣、坐咾立要正直、勿要吃酒、勿要吃煙咾鴉片煙。

第九章論腦子个用頭

問。腦子拉那裏。

答。拉腦殼裏。

問。是啥顏色。

答。灰白个。

問。腦子像啥。

滓，第个是第三回改变食物。养汁白来像奶，从养汁管上去，通到锁柱骨里面个回血管咾养身体。要吃容易消化个食物，勿要忒饱，牙齿要慢慢能嚼烂，要定当一日几顿，也要定当啥辰光吃，吃个前头，要歇息一歇，也勿要吃饱之就困，要透干净个气，坐咾立要正直，勿要吃酒，勿要吃烟咾鸦片烟。

第九章　论脑子个用头

（一）　问：脑子拉那里？

答：拉脑壳里。

（二）　问：是啥颜色？

答：灰白个。

（三）　问：脑子像啥？

滓，此第三回改变食物。精液自如乳，由液管上通锁柱骨里面之回血管，养身体要吃易化的食物，不可过饱，牙齿要慢慢嚼烂，要定一天几餐，也定某时吃，未吃之先，要歇息片时，不可吃饱就睡，要吸洁净气，坐立要正直，不喝酒，不吃建烟、鸦片烟。

第九课　论脑

一　问：脑在那里？【二十三下】

答：在脑壳里。

二　问：是什么颜？

答：灰白色。

三　问：脑像什么？【二十四上】

答。像骨髓。

問。腦子有啥物事包拉。

答。有三層皮包拉。

問。外層皮那能个。

答。厚咾堅固保護腦子个。

問。裏層皮那能个。

答。有多化血管做个像魚網。

問。當中个皮那能个。

答。是像蛣蛛網能薄个。

問。腦氣筋是啥。

答。是白灰色軟咾像繩能个。

答：像骨髓。

（四） 问：脑子有啥物事包拉？

答：有三层皮包拉。

（五） 问：外层皮那能个？

答：厚咾坚固保护脑子个。

（六） 问：里层皮那能个？

答：有多化血管做个，像鱼网。

（七） 问：当中个皮那能个？

答：是像蛣蛛网能薄个。

（八） 问：脑气筋[①]是啥？

答：是白灰色，软咾像绳能个。

① 脑气筋：脑神经。

答：像骨髓。

四 问：脑有什么包着？

答：有三层皮包着，就是外层皮、里层皮、中间皮。

五 问：外层皮怎样？

答：厚而坚固保护脑的。

六 问：里层皮怎样？

答：许多血管做的，像鱼网。

七 问：中间皮怎样？

答：是薄的像蜘蛛网一样。

八 问：气筋是什么？

答：是白灰色，软物，如绳索样。

問。腦氣筋出之腦殼、到那裏去。

答。到全身。

問。有幾樣腦氣筋。

答。兩樣、一樣管運動、一樣管知覺。

問。全身頂大个腦氣筋是啥。

答。脊骨髓。

問。脊骨髓是那能个。

答。是一把腦氣筋、從後腦殼通遍脊骨。

問。左右腦氣筋拉那裏。

答。左右腦氣筋、全是從脊骨髓分到四肢咾全體。

問。腦子底下有幾化氣筋通出來。

(九) 问：脑气筋出之脑壳，到那里去？

答：到全身。

(十) 问：有几样脑气筋？

答：两样，一样管运动，一样管知觉。

(十一) 问：全身顶大个脑气筋是啥？

答：脊骨髓。

(十二) 问：脊骨髓是那能个？

答：是一把脑气筋，从后脑壳通遍脊骨。

(十三) 问：左右脑气筋拉那里？

答：左右脑气筋，全是从脊骨髓分到四肢咾全体。

(十四) 问：脑子底下有几化气筋通出来？

全体入门问答

九 问：脑气筋出脑袋，走那里去？

答：到全身。

十 问：有几样脑气筋？

答：两样，一样运动功用，一样知觉功用。

十一 问：全身顶大脑气筋是什么？

答：脊骨髓。

十二 问：脊骨髓是怎样？【二十四下】

答：是一捆气筋，从后脑壳通遍脊梁骨。

十三 问：左右气筋在那里？

答：左右气筋，都是出脊骨髓，到四肢和全体。

十四 问：从脑底，有多少气筋出来？【二十五上】

答。十二對。

問。第一對到那裡去。

答。到鼻頭、叫管聞个腦氣筋。

問。第二對到那裏去。

答。到眼睛、叫管看个腦氣筋。

問。那裡个腦氣筋活動眼睛个肌肉。

答。第三第四第六對腦氣筋。

問。第五對腦氣筋、到那裏去。

答。到額角、眼睛、鼻頭、耳朶、牙根、面孔。

問。第七對到那裏去。

答。到面孔上幾處戶蕩。

答：十二对。

（十五） 问：第一对到那里去？

答：到鼻头，叫管闻个脑气筋。

（十六） 问：第二对到那里去？

答：到眼睛，叫管看个脑气筋。

（十七） 问：那里个脑气筋活动眼睛个肌肉？

答：第三、第四、第六对脑气筋。

（十八） 问：第五对脑气筋，到那里去？

答：到额角、眼睛、鼻头、耳朵、牙根、面孔。

（十九） 问：第七对到那里去？

答：到面孔上几处户荡。

答：十二对。

十五 问：第一对往那里去？

答：往鼻，名司闻气筋。

十六 问：第二对往那里去？

答：入眼，名司见气筋。

十七 问：什么气筋活动眼睛肌肉？

答：第三、四、六对气筋。

十八 问：第五对气筋，往那里去？

答：到额、眼睛、鼻子、耳朵、牙根、脸上。

十九 问：第七对往那里去？

答：到脸上几处。

問。第八對到那裏去。
答。到耳朶叶管聽个腦氣筋。
問。第九對到那裏去。
答。到嘴、舌頭、喉嚨、
問。第十二對到那裏去。
答。到舌頭。
問。第十一對到那裡。
答。到頸骨。
問。第十對到那裏去。
答。到頸骨、喉嚨、肺、胃、搭之身體裏幾處戶蕩。
問。腦氣筋壞之那能。

（二十） 问：第八对到那里去？

答：到耳朵，叫管听个脑气筋。

（廿一） 问：第九对到那里去？

答：到嘴、舌头、喉咙。

（廿二） 问：第十二对到那里去？

答：到舌头。

（廿三） 问：第十一对到那里？

答：到颈骨。

（廿四） 问：第十对到那里去？

答：到颈骨、喉咙、肺、胃、搭之身体里几处户荡。

（廿五） 问：脑气筋坏之那能？

二十 问：第八对往那里去？

答：到耳朵，名司听气筋。

二十一 问：第九对往那里去？

答：到口、舌、喉咙。

二十二 问：第十二对往那里去？

答：到舌头。

二十三 问：第十一对往那里去？【二十五下】

答：到颈。

二十四 问：第十对往那里去？

答：颈、喉咙、肺、胃和身体几处。

二十五 问：气筋坏了是怎样？【二十六上】

答。勿能通信到腦子。

問。養腦子个法子那裡幾樣是要緊个。

答。要用腦子、歇息腦子、咾好血養腦子。

問。腦子那能用法。

答。或者想念頭、或者讀書咾用腦子。

問。腦子那能歇息。

答。要睏覺歇息。

問。還有啥別个法子歇息。

答。看厭之第个書、換別个來看、也是歇息腦子。

問。那裡兩樣傷腦子。

答。酒咾煙。

答：勿能通信到脑子。

（廿六） 问：养脑子个法子那里几样是要紧个？

答：要用脑子，歇息脑子咾好血养脑子。

（廿七） 问：脑子那能用法？

答：或者想念头，或者读书咾用脑子。

（廿八） 问：脑子那能歇息？

答：要困觉歇息。

（廿九） 问：还有啥别个法子歇息？

答：看厌之第个书，换别个来看，也是歇息脑子。

（三十） 问：那里两样伤脑子？

答：酒咾烟。

答：不能通信到脑。

二十六 问：养脑有那样要紧？

答：要用脑、歇息脑、好血养脑。

二十七 问：脑怎样用？

答：或思想，或诵读，要用脑。

二十八 问：脑怎样歇息？

答：要睡觉歇息。

二十九 问：有什么别法歇息？

答：看厌这书，改动看点别的，也是歇息脑。

三十 问：那两样毒害脑？

答：酒和建烟。

問。吃之酒腦子就那能。
答。腦子就癱哉、無氣力想念頭、無氣力管腦氣筋。
問。腦子受之酒个害、變來硬哉、就吽啥个病。
答。吽酒癱、有多化死脫个。
問。酒那能害腦子个血管。
答。血管裝滿之污穢个血。
問。就生啥个病。
答。或者成酒瘋、或者血管漲碎、人就要死哉。
式文
腦子是軟个物事、灰白色、像骨髓、拉腦殼裡、有三層皮包拉。從腦子裡出來有灰白色个線、吽腦氣筋、通遍全體。腦氣筋有兩

(卅一) 问：吃之酒脑子就那能？

答：脑子就瘫哉，无气力想念头，无气力管脑气筋。

(卅二) 问：脑子受之酒个害，变来硬哉，就叫啥个病？

答：叫酒瘫，有多化死脱个。

(卅三) 问：酒那能害脑子个血管？

答：血管装满之污秽个血。

(卅四) 问：就生啥个病？

答：或者成酒疯，或者血管涨碎，人就要死哉。

式文

脑子是软个物事，灰白色，像骨髓，拉脑壳里，有三层皮包拉。从脑子里出来有灰白色个线，叫脑气筋，通遍全体。脑气筋有两

三十一 问：喝酒脑就怎样？

答：脑就瘫了，无力思想，无力管气筋。

三十二 问：脑被酒害，变硬了，就叫什么病？

答：叫酒瘫，多有死的。

三十三 问：酒怎样害脑血管？

答：血管装满污秽的血。

三十四 问：就生什么病？【二十六下】

答：或成酒疯，或血管涨破，人就快死。

式文

脑是软物灰白色像骨髓，在脑壳里。有三层皮包，从脑出来有灰白色索儿名气筋，【二十七下】遍满全体。气筋有两

樣。一樣管運動、一樣管知覺。腦子底下共有十二對、見本章十五問到廿四問。脊骨髓是一把腦氣筋、從後腦殼通遍脊骨、就是身上頂大个腦氣筋。從脊骨分出有三十一對腦氣筋通到身體上个幾處、就是心、肺、胃、骨、肉、皮。若使腦氣筋壞脫、就勿能通信到腦子。若使吃之煙咾酒、腦氣筋就軟弱、無氣力做伊个生活。要吃好物事養身體、要活動肢體、要透淸氣、要想念頭、要會得歇息。

第十章論五官个用頭

問。眼睛是啥个樣式。

答。圓來像球。

問。眼睛拉那裡。

样，一样管运动，一样管知觉。脑子底下共有十二对，见本章十五问到廿四问。脊骨髓是一把脑气筋，从后脑壳通遍脊骨，就是身上顶大个脑气筋。从脊骨分出有三十一对脑气筋，通到身体上个几处，就是心、肺、胃、骨、肉、皮。若使脑气筋坏脱，就勿能通信到脑子。若使吃之烟咾酒，脑气筋就软弱，无气力做伊个生活。要吃好物事养身体，要活动肢体，要透清气，要想念头，要会得歇息。

第十章　论五官个用头

（一）　问：眼睛是啥个样式？

答：圆来像球。

（二）　问：眼睛拉那里？

样，一样司运动，一样司知觉。出脑底有十二对，见本章十五问至二十四问：脊骨髓是一捆气筋，从后脑壳通遍脊梁骨，即身上至大气筋，出脊骨有三十一对气筋，到身体几处和心、肺、胃、骨、肉、皮。若气筋坏，不能通信到脑，若吃烟酒，气筋软弱，无力做功。要好养身体的饮食，要活动肢体，要吸清气，要用思想，要会歇息。

第十课　论五官

一　问：五官是什么？

答：眼、鼻子、耳朵、口、肤。

二　问：眼睛有什么样式？

答：圆如球。

三　问：眼睛在那里？

答。拉眼眶骨深凹裡。
問。拉深凹裡有啥好處。
答。勿容易磁傷。
問。若是方个、尖个、長圓个、有啥个勿好。
答。勿能圓轉看物事。
問。伲那能看得見物事。
答。是亮光進伲个瞳仁。
問。瞳仁是啥樣子。
答。圓个管子。
問。瞳仁有啥用頭。
答。收進亮光咾從瞳仁裡看物事。

全体功用问答

答：拉眼眶骨深凹里。

（三） 问：拉深凹里有啥好处？

答：勿容易碰伤。

（四） 问：若是方个、尖个、长圆个，有啥个勿好？

答：勿能圆转看物事。

（五） 问：伲那能看得见物事？

答：是亮光进伲个瞳仁。

（六） 问：瞳仁是啥样子？

答：圆个管子。

（七） 问：瞳仁有啥用头？

答：收进亮光咾从瞳仁里看物事。

全体入门问答

答：在眼眶骨深凹里。

四 问：在深凹有什么好处？

答：免得容易碰伤。

五 问：若是方形、尖形、长圆形，何以不好？

答：不能圆转看物。

六 问：看物是从眼里什么经过？

答：从眼中黑珠，名瞳人。【二十七下】

七 问：瞳人什么样子？

答：圆管儿。

八 问：瞳人有什么用？

答：进光亮，从瞳人看物。【二十八上】

問。瞳仁个周圍有啥物事。
答。有一道箍、叫眼簾。
問。眼簾有啥用頭。
答。做瞳仁个帳簾、能彀收進亮光咾阻住亮光。
問。眼簾啥顔色。
答。有个人藍个、有个人黃咾黑个。
問。眼簾常常一樣大否。
答。拉暗裡、眼簾小、瞳仁大、拉亮裡、眼簾大、瞳仁小、
問。眼球啥顔色。
答。白个。
問。眼球有啥物事帶牢拉。

（八） 问：瞳仁个周围有啥物事？

答：有一道箍，叫眼帘。

（九） 问：眼帘有啥用头？

答：做瞳仁个帐帘，能够收进亮光咾阻住亮光。

（十） 问：眼帘啥颜色？

答：有个人蓝个，有个人黄咾黑个。

（十一） 问：眼帘常常一样大否[1]？

答：拉暗里，眼帘小，瞳仁大；拉亮里，眼帘大，瞳仁小。

（十二） 问：眼球啥颜色？

答：白个。

（十三） 问：眼球有啥物事带牢拉？

① 否：前文写作“唔”，以下作“否”。

九 问：周围瞳人有什么？

答：有箍儿名眼帘。

十 问：眼帘有什么用？

答：做瞳人的帐帘，能收放光亮。

十一 问：眼帘什么颜色？

答：有的人蓝色，有的人黄、黑色。

十二 问：眼帘常一样大否？

答：在黑处，眼帘小，瞳人大；在光处，眼帘大，瞳人小。

十三 问：眼球什么颜色？

答：白色。

十四 问：眼球有什么系着？

答。肌肉線。
問。眉毛拉那裡。
答。拉眼眶上頭。
問。有啥用頭。
答。免脫汗流進眼睛。
問。眼胞有啥用頭。
答。保護眼睛勿受傷害。
問。眼淚有啥用頭。
答。淨乾淨眼睛、咾活動眼睛。
問。啥辰光淨眼睛。
答。霎眼皮、就是淨眼睛。

答：肌肉线。

（十四） 问：眉毛拉那里？

答：拉眼眶上头。

（十五） 问：有啥用头？

答：免脱汗流进眼睛。

（十六） 问：眼胞有啥用头？

答：保护眼睛勿受伤害。

（十七） 问：眼泪有啥用头？

答：净干净眼睛咾活动眼睛。

（十八） 问：啥辰光净眼睛？

答：霎[①]眼皮，就是净眼睛。

① 霎：眨。

答：肌肉索。

十五 问：眉毛在那里？

答：在眼眶上。

十六 问：有何用？

答：免汗流入眼。

十七 问：眼胞有何用？

答：保睛不受伤害。【二十八下】

十八 问：眼泪有何用？

答：洗净眼睛，滑动眼睛。

十九 问：何时洗眼睛？

答：睫眼皮，常洗眼睛。【二十九上】

問。論耳朶

答。耳朶拉那裡。

問。拉頭个兩邊。

答。耳膜拉那裡。

問。拉耳朶裏。

答。啥物事保護耳膜。

問。有短咾硬个毛搭之蠟、就是耳芒。

答。耳毛可以去脫否。

問。勿可以。

論鼻頭

問。鼻頭拉那裏。

论耳朵

（一）　问：耳朵拉那里？

答：拉头个两边。

（二）　问：耳膜拉那里？

答：拉耳朵里。

（三）　问：啥物事保护耳膜？

答：有短咾硬个毛搭之蜡，就是耳芒。

（四）　问：耳毛可以去脱否？

答：勿可以。

论鼻头

（一）　问：鼻头拉那里？

二十　问：耳在那里？

答：在头两边。

二十一　问：耳膜在那里？

答：在耳朵里。

二十二　问：甚么保护耳？

答：有短硬毛和蜡。

二十三　问：耳毛可剜去否？

答：不可。

二十四　问：鼻在那里？

答。拉面孔當中。

問。鼻梁是啥。

答。是面孔當中直个骨頭。

問。鼻管是啥。

答。是鼻頭个兩个小孔。

問。鼻頭有啥用頭。

答。聞咾透氣。

論嘴

問。嘴有啥用頭。

答。透氣白話吃物事。

問。嘴裏有啥物事。

答：拉面孔当中。

（二） 问：鼻梁是啥？

答：是面孔当中直个骨头。

（三） 问：鼻管是啥？

答：是鼻头个两个小孔。

（四） 问：鼻头有啥用头？

答：闻咾透气。

论嘴

（一） 问：嘴有啥用头？

答：透气、白话[①]、吃物事。

（二） 问：嘴里有啥物事？

① 白话：闲谈，说话。

答：在脸中间。

二十五 问：鼻梁是什么？

答：脸中间的直骨。

二十六 问：鼻尖是什么？

答：名叫准头，鼻梁下垂高处。

二十七 问：鼻有何用？

答：要闻，要呼吸。

二十八 问：口有何用？

答：呼吸、言语、饮食。【二十九下】

二十九 问：口里有什么？【三十上】

答。有舌頭牙齒牙床。
問。有啥物事包牙床。
答。有紅个牙床肉。
問。牙床是啥物事做个。
答。骨頭做个。
問。牙齒啥用頭。
答。吃物事咾白話。
問。牙齒有幾樣。
答。三樣門牙管切斷、鐐牙管扯碎、板牙管磨細。
問。吃物事是啥物事拉動。
答。是下牙床骨。

全體功用問答　三十

答：有舌头、牙齿、牙床。

（三）　问：有啥物事包牙床？

答：有红个牙床肉。

（四）　问：牙床是啥物事做个？

答：骨头做个。

（五）　问：牙齿啥用头？

答：吃物事咾白话。

（六）　问：牙齿有几样？

答：三样，门牙管切断，镣牙管扯碎，板牙管磨细。

（七）　问：吃物事是啥物事拉动？

答：是下牙床骨。

答：有舌头、牙齿、牙床。

三十　问：有何物包牙床？

答：有红牙根肉。

三十一　问：牙床是什么做的？

答：骨头做的。

三十二　问：牙齿何用？

答：吃物、说话。

三十三　问：牙齿有几样？

答：三样，门牙如刀切，镣牙主撕拉，板牙如磨物。

三十四　问：吃物是什么摇动？

答：下牙床骨。

問。小囝幾化牙齒。

答。廿个。

問。大人幾化牙齒。

答。三十二个、上十六、下十六。

問。吃物事舌頭做啥。

答。搬物事到牙齒上、也幫助嚥下去。

問。涎吐有啥用頭。

答。拌溼食物。

問。忒冷、忒熱、忒硬个食物那能。

答。弄破牙齒个外殼。

問。破之外殼末那能。

（八） 问：小囝几化牙齿？

答：廿个。

（九） 问：大人几化牙齿？

答：三十二个，上十六，下十六。

（十） 问：吃物事舌头做啥？

答：搬物事到牙齿上，也帮助咽下去。

（十一） 问：涎吐有啥用头？

答：拌湿食物。

（十二） 问：忒冷、忒热、忒硬个食物那能？

答：弄破牙齿个外壳。

（十三） 问：破之外壳末那能？

三十五 问：小孩多少牙齿？

答：二十个。

三十六 问：大人多少牙齿？

答：三十二个，上十六，下十六。

三十七 问：吃物舌头做什么？

答：转物到牙齿，帮助吞物。

三十八 问：口津有什么用？

答：调湿食物。

三十九 问：太冷、太热、太硬食物怎样？

答：破牙外壳。【三十下】

四十 问：破外壳怎样？【三十一上】

答。牙齒就爛。

式文

眼睛像球，拉骨頭个深凹裡。眼睛當中黑顏色个瞳仁是眼睛个窓洞。眼簾做幔子。眼睛白珠是眼球。上下眼胞是保護眼睛个。眉毛是免脫汗流進眼睛，也是好看。霎眼皮是常常淨眼睛。耳膜是短毛咾蠟保護个。鼻頭有管通到喉嚨，透氣咾用个。裡向有脆骨隔開，分爲兩个管。嘴是用來白話，透氣，吃物事。嘴裡有舌頭，有上下牙床骨。牙床肉包拉，牙齒是用來吃物事，白話。牙齒是軟骨頭做个，有硬骨頭包拉。牙齒有三様，一門牙，管切斷。一錼牙，管扯碎。一板牙，管磨細。小囝有廿个，大人有三十二个。要常常淨咾刷。勿要吃忒硬忒熱咾忒冷个答：牙齿就烂。

式文

眼睛像球，拉骨头个深凹里。眼睛当中黑颜色个瞳仁是眼睛个窗洞。眼帘做帐子，眼睛白珠是眼球。上下眼胞是保护眼睛个。眉毛是免脱汗流进眼睛，也是好看。霎眼皮是常常净眼睛。耳膜是短毛咾蜡保护个。鼻头有管通到喉咙，透气咾用个，里向有脆骨隔开，分为两个管。嘴是用来白话、透气、吃物事。嘴里有舌头，有上下牙床骨。牙齿有牙床肉包拉，牙齿是用来吃物事、白话。牙齿是软骨头做个，有硬骨头包拉。牙齿有三样：一门牙，管切断；一镣牙，管扯碎；一板牙，管磨细。小囝有廿个，大人有三十二个。要常常净咾刷，勿要吃忒硬、忒热咾忒冷个

答：牙齿就烂。

四十一　问：肤管何职。

答：管摩物，分别物的软硬冷热，报信给脑。

式文

眼睛如球，在骨深凹里，眼睛中间黑色，瞳人是眼睛的窗孔，眼帘可做帐子，眼睛白珠是眼球，上下眼胞是保护眼睛，眉毛是免汗流入眼睛，也是好看，睫动眼胞是常常洗眼睛。耳膜是短毛和蜡保护。鼻子是有管通到喉，呼吸之用，内有脆骨，隔为两孔。口是用以说话、呼吸、吃物。口里有舌头，有上下牙床骨，牙齿有牙根肉包着，牙齿是用以吃物、说话，牙齿是软骨做的，有刚硬骨包着。牙齿有三样，一门牙，如刀切；一镣牙，主撕拉；一板牙，如磨砺；孩子有二十个，大人有三十二个，要常洗刷，莫吃太硬、太热、太冷之

物事以致外殼破爛。吃物事是動下牙床骨。

論煙酒

人頭一回吃煙、頭昏、手抖、面孔變色、要吐、頭痛、大約難過幾點鐘工夫。爲啥咾實蓋因爲煙毒進肺、咾煙油進胃。第二回又吃、慢慢能勿覺着啥、就算勿礙、第个是想差哉、到底終要受害。酒是頂害腦氣筋。煙是頂害肌肉、使肌肉軟弱咾跳動、也使心跳來快。吃多之煙、喉嚨乾痛。煙氣也能傷肺。吃煙好像爽快、實在害腦子咾腦氣筋、使血汚穢。吃煙个容易吃酒咾鴉片、以致屋裡个人受苦。有多化人犯法、或者成功瘋癲、是爲之煙酒咾起个。年輕个人吃煙、有多化變爲愚笨、無沒記心讀書。比方一滴酒進之眼睛、就痛、就發紅、酒進胃、胃皮也發紅、比方肉浸拉酒物事以致外壳破烂。吃物事是动下牙床骨。

论烟酒

人头一回吃烟，头昏、手抖、面孔变色、要吐、头痛，大约难过几点钟工夫。为啥咾实盖？因烟毒进肺咾烟油进胃。第二回又吃，慢慢能勿觉着啥，就算勿碍，第个是想差哉，到底终要受害。酒是顶害脑气筋；烟是顶害肌肉，使肌肉软弱咾跳动，也使心跳来快。吃多之烟，喉咙干痛。烟气也能伤肺。吃烟好像爽快，实在害脑子咾脑气筋，使血污秽。吃烟个容易吃酒咾鸦片，以致屋里个人受苦。有多化人犯法，或者成功疯癫，是为之烟酒咾起个。年轻个人吃烟，有多化变为愚笨，无没记心读书。比方一滴酒进之眼睛，就痛，就发红；酒进胃，胃皮也发红；比方肉浸拉酒

物，使外壳破烂，吃物是摇动下牙床骨。肤是用以摩物，分别物的形性，通信与脑。

论烟酒

人初吃建烟，头昏、手颤、失色、要吐、头痛、病几点钟时候，为什么这样？因为烟毒进肺和涎沫进胃。二回又吃，慢慢不觉有害，这是错想，不知终要受害。酒是第一害气筋，烟是第一害肌肉，是叫肌弱颤动，也叫心快跳。吃烟多，喉咙也干痛，呼吸烟气，也害肺，吃烟自觉爽快，不知害脑害气筋，使血污【三十一下】秽。吃烟的容易吃酒、吃鸦片，以致家中受祸，多有犯法，或成疯子。因为烟酒起的，少年人吃烟，多成愚蠢，没有记心读书。又如一滴酒进眼睛，就痛，就发红；酒进胃，胃皮也发红；【三十二上】比如肉浸酒

裡肉勿能變化、酒拉胃裡、也勿讓胃汁消化食物咾養身體。吃酒个人物事吃勿多、胃也要多毛病。酒從胃裡个廻血管趕到肝、肝能彀弄乾淨血、勿會弄乾淨酒、就趕酒到心、心又趕到肺、有點從氣裡出去、有點回到心个左邊、進血脉管、到全體、全體勿受、趕到皮孔、跟之汗出來。有點從腰子趕到小便裡。酒壞之血、就無沒好血養骨頭、骨頭若然破爛、就難修好。酒壞之血輪、就有酒變拉个勿好个奘油、進之肉絲、使肌肉軟弱、外面倒好像奘哉。肝咾心是大个肌肉、酒變个奘油進之心肝、就漲大、就軟弱生病、人慢慢能要死。肺是身體呼吸个機關、呼出勿乾淨个氣、叫炭氣。吸進乾淨个氣、乾淨氣當中有養氣、人若然勿得着養氣、就要死个。酒拉肺裡、氣洞發硬、炭氣勿能出、養氣勿能里，肉勿能变化；酒拉胃里，也勿让胃汁消化食物咾养身体。吃酒个人物事吃勿多，胃也要多毛病。酒从胃里个回血管赶到肝，肝能(壳)[够]弄干净血，勿会弄干净酒，就赶酒到心，心又赶到肺，有点从气里出去，有点回到心个左边，进血脉管，到全体，全体勿受，赶到皮孔，跟之汗出来；有点从腰子赶到小便里。酒坏之血，就无没好血养骨头，骨头若然破烂，就难修好。酒坏之血轮，就有酒变拉个勿好个奘油，进之肉丝，使肌肉软弱，外面倒好像奘哉。肝咾心是大个肌肉，酒变个奘油进之心肝，就涨大，就软弱生病，人慢慢能要死。肺是身体呼吸个机关，呼出勿干净个气，叫炭气[①]。吸进干净个气，干净气当中有养气，人若然勿得着养气，就要死个。酒拉肺里，气洞发硬，炭气勿能出，养气勿能

① 炭气：二氧化碳。

内，肉不变化；酒在胃，也不容津液消化食物、养身体。喝酒人食物不多，胃也多病，酒从胃中回血管赶到肝，肝之功用，能洁净血，不能洁净酒，就赶酒到心，心又赶到肺，有些从气出，有些回到心左边，进血脉管，到全体，全体不受，赶在皮孔，随汗出来；有些从腰子赶出小便里。酒坏了血，没有好血供养骨头，骨头如有破烂，就难整；酒坏了血轮，就有酒成的不好的肥油，进肉丝中，叫肌肉软弱，外面如肥胖。肝和心是个大肌肉，酒成的肥油进心肝，就涨大，就软弱生病，人慢慢要死。肺是身体呼吸之机，呼出不洁净的气，叫炭气吸进洁净的气，洁净气中有养气，人若不得养气，就快死的，酒在肺里，气胞发硬，炭气不能出，养气不能

进，血就勿能乾淨。第个勿乾淨个血，回到心，心趕到全體。腦氣筋是灰白色个線，出拉後腦殼也從脊骨裡分到全體，好比電線往來通信。酒使腦氣筋乾枯，使腦氣筋勿能知覺咾運動，吃多之酒，通血管个腦氣筋就癱哉，勿能使血管收縮，滿身就發紅。酒弄壞拉个血輪，聚拉腦子个血管裡，使血行勿快，爲之實蓋咾有腦子病，或者瘋癲，或者死。

論鴉片煙

除煙咾酒以外，伊个毒害更加重个末，是鴉片煙。人吃鴉片煙，是越吃越多，減少之就難過得極。有个想戒，比戒酒更加煩難。鴉片煙个毒，是害人个腦氣筋。吃過之鴉片煙，就歡喜瞌睆，後來頭腦疲倦，就發脹要吐，舌頭牙齒發黑，勿大歡喜多吃，大解进，血就勿能干净。第个勿干净个血，回到心，心赶到全体。脑气筋是灰白色个线，出拉后脑壳，也从脊骨里分到全体，好比电线往来通信。酒使脑气筋干枯，使脑气筋勿能知觉咾运动，吃多之酒，通血管个脑气筋就瘫哉。勿能使血管收缩，满身就发红。酒弄坏拉个血轮，聚拉脑子个血管里，使血行勿快，为之实盖咾有脑子病，或者疯癫或者死。

论鸦片烟

除烟咾酒以外，伊个毒害更加重个末是鸦片烟。人吃鸦片烟，是越吃越多。减少之就难过得极。有个想戒，比戒酒更加烦难。鸦片烟个毒，是害人个脑气筋。吃过之鸦片烟，就欢喜瞌晄[1]，后来头脑疲倦，就发胀要吐，舌头牙齿发黑，勿大欢喜多吃，大解

① 瞌晄：瞌睡。

入，血就不得洁净，这不洁净的血，回到心，心赶到全体。脑气筋是灰白色的索儿，后出脑壳，也从脊梁骨里出到全体，好比电线往来通信。酒使气筋枯干，叫气筋不能知觉运动，吃多了酒，通血管的气筋就瘫，不能叫血管收缩，遍体就发红；酒坏了的血轮，聚在脑中血管，使血不快行，为这样生脑病，或疯或死。

全体入门问答终【三十二下】

有時結住、幾日一回、面色黃瘦、後來乾黑、眼睛落潭咾散光。若然無銅錢吃鴉片、就手脚發抖、無氣力做生活、心焦氣悶、滿體損傷。還有一樣尋死路个人、吞土吞煙、看伊个形像、身體抖咾要睏、以致昏迷勿醒、瞳仁縮小、面色或紅或白、脉息先快後慢、無氣力、呼吸漸漸能斷絕、人就死哉、鴉片害性命、無沒啥別个、比伊更[illegible]害。從前有一个小囝、吃子一滴鴉片酒、就要死快。吃鴉片个人、比別人更加齷齪、更加懶惰、說謊、哄騙、壞盡良心、勿論啥个兇惡事體、全會做。後來窮哉、爲之鴉片咾賣產業、賣兒女、偷物事、害人、全做得出个。

有时结住，几日一回，面色黄瘦，后来干黑，眼睛落潭[1]咾散光。若然无铜钱吃鸦片，就手脚发抖，无气力做生活，心焦气闷，满体损伤。还有一样，寻死路个人吞土吞烟，看伊个形像，身体抖咾要困，以致昏迷勿醒，瞳仁缩小，面色或红或白，脉息先快后慢，无气力，呼吸渐渐能断绝，人就死哉。鸦片害性命，无没啥别个，比伊更□［厉］害。从前有一个小囝，吃子[2]一滴鸦片酒，就要死快。吃鸦片个人，比别人更加龌龊，更加懒惰，说谎、哄骗坏尽，良心勿论啥个凶恶事体全会做。后来穷哉，为之鸦片咾卖产业，卖儿女，偷物事，害人，全做得出个。

① 落潭：凹陷。
② 子：相当于“了”，本书他处皆写作“之”。

附　　录

一、简明虚词注释表

虚词	释义	例句
必过	不过	~靠肺呼出浊气
拨拉	被动标记	~食物压住,血勿能行
常久	长久	勿应该~坐咾~立
常庄	经常	那里个是~动个肌肉
此地	这里	拉~分别养汁咾滓
搭	伴随介词	肩胛骨是平咾薄,有三角,~臂膊骨相连
搭之	并列连词	是大小臂膊咾手~大小腿咾脚
第能	这样	常常~循环
多化	很多	~丝肉并拢个叫肌肉
哂/否	句末语气词,相当于“吗”	倗自家个灵魂有房子住~
个$_1$	助词,相当于“的”	身体~骨头拉那里
个$_2$	句末语气词	用肉咾骨头咾皮做~
过歇	经历体标记,相当于“过”	用~个气
几化	多少	身体有~骨头
拉$_1$	处所介词,相当于“在”	人住~里向
拉$_2$	存续体标记	骨头拉里向外头有皮肉包~
拉上	在里面	叫真皮,有血管、脑气筋~
来	状态补语标记,相当于“得”	心个肌肉舒缩~快
咾	并列连词	用肉~骨头~皮做个
里向	里面	人住拉~
拢总	总共	全体之骨~几化
倗	你们	~看见造房子用啥物事
那里	哪里,为“何里”的训读形式	身体个骨头拉~
那能	怎么、怎么样	四肢~分别
呢	语气词,表示选择	酒是食物~毒
能	……那样	边像锯子口~合拢个

（续表）

虚词	释义	例句
伲	我们	~那能看得见物事
末	语气词，表示条件	皮爽快~常常出汗
啥	什么	伽灵魂用~事物做个
实盖	这样	为啥~？
若然	倘如	身体~无没骨头
若使	假如	~脑气筋坏脱
忒	太	~冷、~热、~硬个食物那能
无没	没有	身体若然~骨头
勿	否定词，相当于“不”	外面有头壳包拉，~能损伤
伊	人称代词，相当于“他”	使~能弯曲
有个	有的	~进之衣裳，~散拉空中
哉	句末语气词，相当于“了$_2$”	立常久~要坐
之	体标记，相当于“了$_1$”	里向装~心、肺、胃、肝
子	体标记，相当于“了$_1$”	吃~一滴鸦片酒
自家	自己	伽~个灵魂有房子住哖

二、虚词索引简表

盛益民 主编

科教读物

土话算学问答

清末上海话数学读物

盛益民　方晓斌　编著

中西書局

图书在版编目(CIP)数据

清末民初上海话文献丛刊. 第一辑. 4, 土话算学问答：清末上海话数学读物 / 盛益民主编；盛益民，方晓斌编著. —上海：中西书局，2024

ISBN 978-7-5475-2063-5

Ⅰ.①清… Ⅱ.①盛… ②方… Ⅲ.①吴语－文献－上海－近代－丛刊 Ⅳ.①H173-55

中国国家版本馆 CIP 数据核字（2024）第056790号

目　　录

导　言

一

在《西算启蒙》的导言部分，我们已经介绍了近代传教士的数学类方言著作。

丛刊所收两种上海方言的数学类著作，除了1885年出版的《西算启蒙》，另一种《土话算学问答》（以下简称“《算学》”）是耶稣会传教士佘宾王（Frank Scherer，1860—1929）用上海方言编写的一本问答体数学教科书。

笔者发现《算学》颇为偶然。2019年8月13日，笔者翻阅张晓先生的书目《近代汉译西学书目提要：明末至1919》（北京大学出版社，2012年），偶然看到一本叫“《土话算法》”的著作，隐约觉得可能是上海方言的，可是遍查各类搜索引擎而不得。于是试着在读秀中搜索作者“佘宾王”之名，果然在丁福保、周云青编的《四部总录·天文编、算法编》中找到了该书准确的书名。顺藤摸瓜，在李俨教授《近代中算著述记》[①]中查到了该书的准确信息：“《土话算学问答》佘宾王撰。光绪二十七年（1901）佘宾王序，光绪二十七年土山湾印书馆印本（徐汇）。”最后的“徐汇”是上海图书馆徐家汇藏书楼的简称，馆藏信息都有了！于是赶紧联系该馆徐锦华先生，徐先生告知上图的确藏有该书，总算尘埃落定。

---

① 载李俨著《中算史论丛》第2集，中国科学院，1954年。

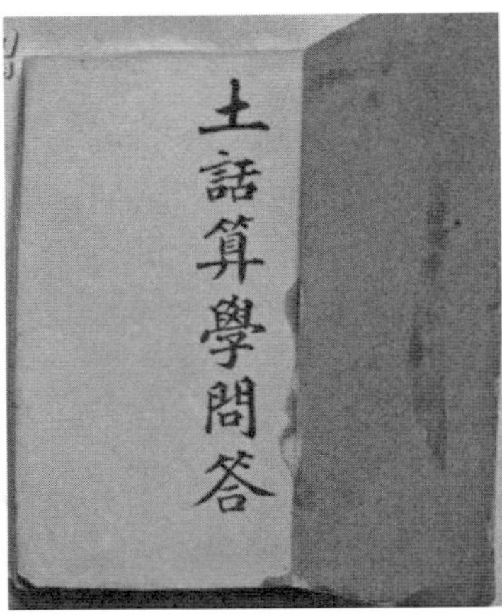

图1 《土话算学问答》书影

此外，我们在“孔夫子旧书网”中也搜寻到《算学》的情况（见图1），与上图所藏版本在装订上有较大差异，可能是经过了后人的重新修缮。

二

《算学》是一种问答体数学教科书。正文之前有作者佘宾王的手写体序言，阐明了编写该书的目的与过程；正文包括十三章，从各个方面对数学进行了教授；最后附有几张表格，包括拉丁号码（罗马数字与阿拉伯数字的对照），九九合数表，数目表（英文、法文、德文、中文的数字对照），算学名目中、法、德、英合表（四种语言的术语对照表）。

本书作者佘宾王，字懋卿，是德国耶稣会传教士。根据《耶稣会士在华名录1842—1955》（*Directory of the Jesuits in China from 1842 to 1955*）[①]第186页，佘神父1860年12月16日出生于德国巴伐利亚的阿莎芬堡（Aschaffenburg），1877年8月14日加入耶稣会，并于1879年11月5日抵达上海，1903年升任副主教；后返回欧洲，于1929年11月30日在法国巴黎去世。在华期间，佘神父积极投身教育事业，在震旦大学（复旦大学前身）、南洋公学（上海交通大学前身）等高校就职，出版了《天文问答》《数学问答》《笔算问答》《代数问答》《数理问答》《量学问答》等一系列教科书；同时，佘神父对上海方言也非常重视，编写过*Vocabulaire Francais-Chinois, Dialecte de Changhai*（《上海土白法华词汇集》，土山湾印书馆，1904年）等上海方言著作。关于佘神父在上海方言领域的贡献，容笔者专文讨论。

在出版《算学》的同年，佘神父同时出版了官话版的《数学问答》（徐汇印书馆，1901年）。两本书的内容基本上能对应，这从章节名的对照中就可以看出：

---

① Olivier Lardinois S.J., Fernando Mateos S.J., Edmund Ryden S.J., eds., Taipei: Taipei Ricci Institute, 2018. 该书将佘神父的汉名写为“余宾玉”，有误。

图2　佘宾王神父与复旦法国留学生[①]

① 图片引自《震旦大学二十五年小史》,1928年。

《算学》	《数学问答》
第一章　数目释名	第一章　数目释名
第二章　整数四法规例	第二章　整数四法规例
第三章　尾数规例	第三章　尾数规例
第四章　开数四法规例	第四章　分数四法规例
第五章　比例体用	第五章　比例体用
第六章　三率规例	第六章　求缺率法
第七章　借本取利规例	第七章　借本取利规例
第八章　扣利法	第八章　扣银法
第九章　按股递分法	第九章　按股递分法
第十章　通行递分法	第十章　通行递分法
第十一章　搀杂法	第十一章　搀杂法
第十二章　折中计算法	第十二章　折中计算法
第十三章　开乘方法	第十三章　开乘方法
	第十四章　对数

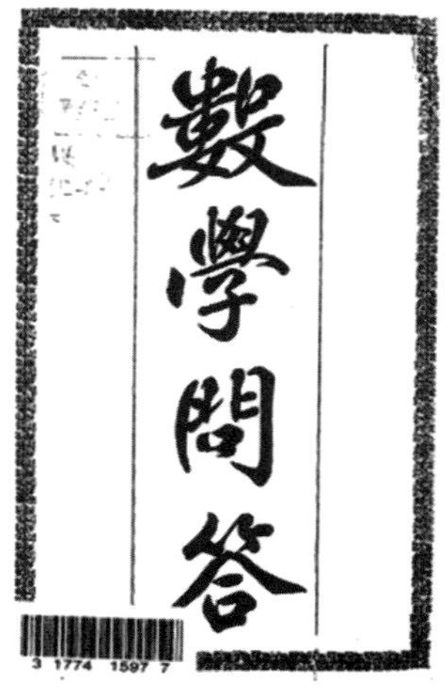

图3　《数学问答》书影

《数学问答》的序中阐明了编纂缘由，全文转录如下：

数学问答序

光绪辛丑，余教算汇塾，以数理之最简明者，用官话为问答。先授小生，后又付梓，名之曰《数学问答》。犹虑小生之不易悟也，集算题如干，另为一卷，亦即镌板，名之曰《数学习题》。初不期书以理浅词清，适足以启幼童之悟，以故遐迩争求，未二稔而早经售尽。今印馆又欲排印，汇二卷为一编，统名之曰《数学问答》，因志其缘起如此。

光绪二十七年耶稣会后学佘宾王识

《算学》并无习题部分，《数学问答》的“第十四章　对数”及后附“对数表”“加法九九数”“减法九九数”“乘法九九数”“数学记号华、法、德、英文合表”也是《算学》所无的；在具体运算过程与举例方面，《数学问答》也比《算学》更加详细。这倒也充分体现了《算学》序言所说“用方言问答体略提其纲领”的编纂目标。

《算学》中所使用的数学术语与《数学问答》并不相同，其使用依据自有所本，有待深入探究。

三

最后说明一下本文编排的体例。

本书左页是《算学》的原文影印，根据上海图书馆所藏版本；右页是《算学》的文字整理稿，同时附上《数学问答》的对应文本，《数学问答》主要根据国家图书馆提供的光绪二十七年（1901）版微缩文献进行录入。本书编排以《算学》为本，右页上半为其文本的简体标准字形，下半为对应的《数学问答》的内容，一一对应，以方便读者阅读，《数学问答》录文中加【1】、【2】等表示原书的页码。对于《算学》中相对于《数学问答》简省的内容,烦请读者自行比较阅读。

本书结尾附了两张官话、英文、德文、法文和上海方言的对照合表,一张是数学符号的对照表,一张是术语对照表。这两张表均根据《数学问答》整理而成,同时加上了《算学》中对应的上海方言术语和现今通行的术语。文末术语表与正文不一致之处,正文中的形式将括于"( )"中,如术语表中为"加法或叠法",而正文中仅见"加法",附录中用"加法或叠法(加法)"表示。

此外,为了阅读的便利,我们把《算学》中用到的主要方言虚词做成表格附于正文后。词义的注释参考了许宝华、陶寰《上海方言词典》。

本书的文字录入、初校工作主要由方晓斌完成,最后由盛益民再校、统稿。感谢钟鸣旦教授指引笔者去《耶稣会士在华名录》中查找佘宾王司铎的信息。感谢上海图书馆徐锦华、刁青云两位先生在《算学》查找与复制过程中的帮助。感谢中西书局伍珺涵编辑的辛勤付出。笔者缺乏整理相关文献的经验,若有错讹,烦请读者不吝赐正。

盛益民

2020年7月27日初稿于尚景园

2021年4月20日改于复旦大学光华楼

2024年2月26日定稿于复旦大学光华楼

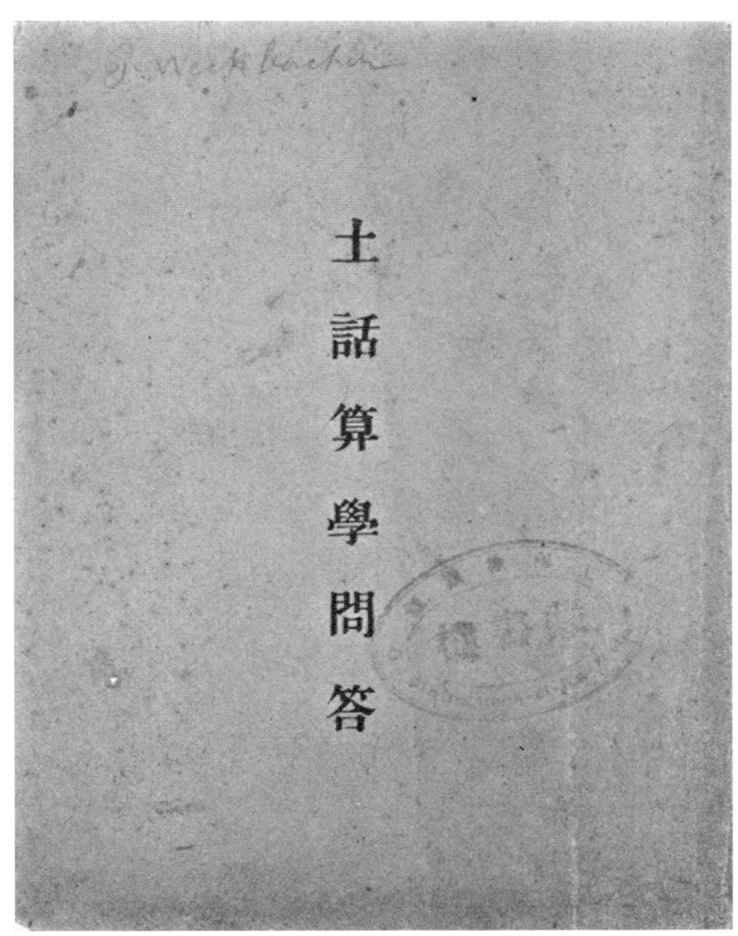
土話算學問答

底本书影　封面二

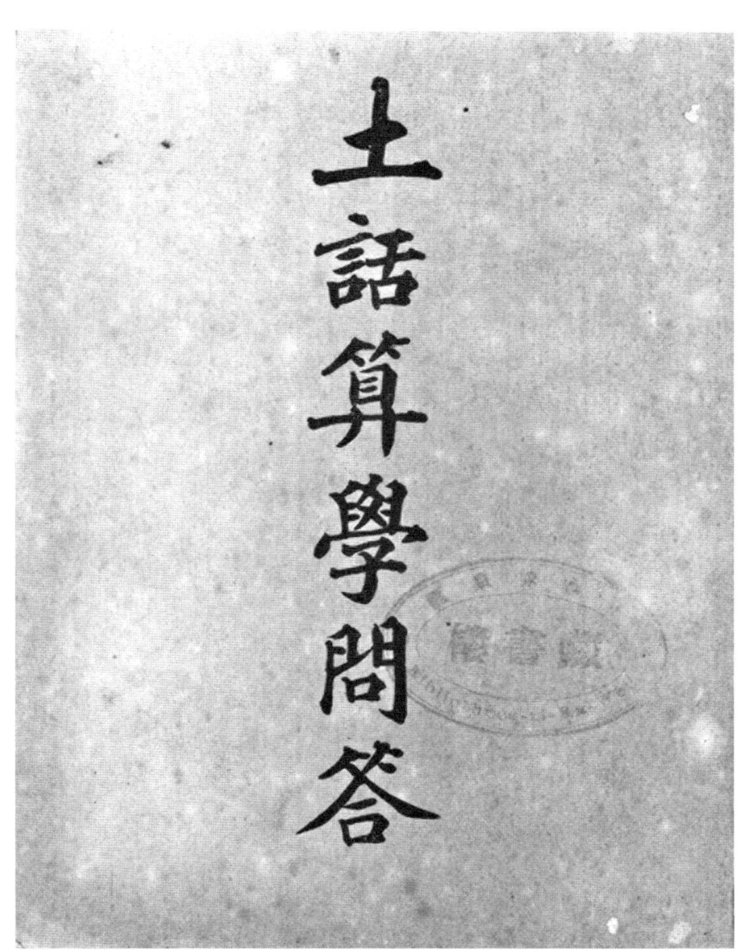

土話算學問答

序

算學為國家所重故開科取士
時藝之外算學尚焉特是精良
算學之士雖著有成書俾後之
學者易於入門然求其文辭淺
易有益於小生者徧搜不得愚不
揣讕陋秉公餘之暇用方言問荅
辭略提其綱領務使小生易於領
悟且能牢記不忘是編最為簡明
要在教者之善為講解而聽者
之舉一反三也是為序
大清光緒二十七年耶穌會後
學余賓王序於蒲西之公書館

序

算学为国家所重，故开科取士时艺之外，算学尚焉。特是精良算学之士，虽著有成书俾后之学者易于入门，然求其文辞浅易有益于小生者，遍搜不得。愚不揣谫陋，乘公余之暇，用方言问答体略提其纲领，务使小生易于领悟且能牢记不忘。是编最为简明，要在教者之善为讲解而听者之举一反三也。是为序。

大清光绪二十七年耶稣会后学

佘宾王序于蒲西之公书馆[①]

① 公书馆：法文公书馆，又称"法文书馆"。创立于光绪十二年(1886)，由法国工部局设立，校址在法租界公馆马路。

土話算學問答目錄

土话算学问答目录

数学问答目录

数学习题目录

1)

土話算學問答

第一章數目釋名

問　啥叫算法、

答　算法就是數目個學問、

問　啥叫數目、

答　數目是担一來併成功拉個、

問　數目有幾樣、

答　有兩樣、整數咾零數、比方三是整數、不滿三咾三分之一是零數

問　數目用幾個號碼來寫個

答　用九個號碼、就是 1. 2. 3. 4. 5. 6. 7. 8. 9.

土话算学问答

第一章　数目释名

问：啥叫算法？

答：算法就是数目个学问。

问：啥叫数目？

答：数目是担一来并成功拉个。

问：数目有几样？

答：有两样。整数咾零数。（比方三是整数。不满三咾三分之一，是零数。）

问：数目用几个号码来写个？

答：用九个号码，就是1、2、3、4、5、6、7、8、9。

第一章　数目释名

问：数学是什么？

答：数学是数目的学问。

问：数目是什么？

答：数目是拿一来并成功的，为说出一样东西的多少。如同六个人，就是说一个人，又一个人，说了六回，就并成功六个人。

问：数目有几样？

答：有整数和零数两样。比方“三、3”是整数，“三分之一，$\frac{1}{3}$”是零数。

问：数目用几个号码？

答：用九个号码，就是一1，二2，三3，四4，五5，六6，七7，八8，九9。

21)

問　還有一個圓圈啥解釋、

答　用來代替空位置個、比方一千三百零四寫1304、

問　啥叫位置、

答　就是排數目個行列、

問　位置有幾樣、

答　從右面到左面、十倍十倍大上去、有單數位、十數位、百數位咾啥、

問　每一個號碼有幾樣值、價錢也、

答　有兩樣、有本來有個值、有相比個值、比方寫55、單數位上個5字、叫本來有個值、解釋五個、十數位上個

土话算学问答

问：还有一个圆圈，啥解释？

答：用来代替空位置个。比方“一千三百零四”写“1304”。

问：啥叫位置？

答：就是排数目个行列。

问：位置有几样？

答：从右面到左面，十倍十倍大上去。有单数位、十数位、百数位咾啥。

问：每一个号码有几样值？（价钱也。）

答：有两样。有本来有个值，有相比个值。比方写55，单数位上个5字，叫本来有个值，解释五个；十数位上个

数学问答

问：还有一圈，有什么解说？

答：就是代空位的，念“零”。比方“1304”，念“一千三百零四”。[1]

问：位置是什么？

答：位置就是数目的行列。

问：位置有几样？

答：有单数、十数、百数等位，都是从右边到左边，十倍十倍的加上去。如同123，三是单数位，二是十数位，一是百数位。

问：每一个号码，有几样价值？

答：有两样。有本来的价值，有相比的价值。比方写55，单数位的5字，有本来的价值，解说五个；十数位的5字，解说五十个，是有相比的价值。

3.j

問　5 字解釋五十、吽相比個值、

答　數目那能寫法、

問　從左面到右面、一並排寫、比方五千三百四十二、該當寫5342、

答　數目大之末、那能念法、

問　分開之咾念、更加便當、

答　那能分法、

從右面到左面三個字一分、比方564.953.423.

5字,解释五十,叫相比个值。

问:数目那能写法?

答:从左面到右面,一并排写。比方“五千三百四十二”,该当写“5342”。

问:数目大之末,那能念法?

答:分开之咾念,更加便当。

问:那能分法?

答:从右面到左面三个字一分,比方564.953.423。[①]

① 按,该书中千分符使用“.”,现在千分符用“,”或空格。

问:数目怎么样写的?

答:是从左边到右边横写的。比方“五千三百四十二”,该当写“5342”。

问:数目大了,怎么样子念呢?

答:分开来念,是很便当的。

问:怎么样子分呢?[2]

答:从右边到左边三个字一分,如同564.953.423[①]。

问:为什么缘故三个字一分?

答:因为三个字成功一列,有单数、千数、兆数等列,都是从右边到左边,千倍千倍的大上去,如同:

列数兆			列数千			列数单		
5	6	3	9	5	3	4	2	5
百数位	十数位	单数位	百数位	十数位	单数位	百数位	十数位	单数位

问:右面的数目怎么样子念?

答:当念“五百六十三兆,九百五十三千,四百二十五个”。[3]

① 按,该书中千分符使用“.”,现在千分符用“,”或空格。

41

第二章整數四法規例

問　整數算法有幾樣、

答　有四樣、叫加法、除法、乘法咾歸法、

問　啥叫加法、

答　加法就是担多化數目併成功一個、

問　加法用啥記號、

答　用十字代替加字、用＝畫代替得字、

問　加法那能做個、

答　數目齊要橫寫、單數拉單數下面、十數拉十數下面、百數千數拉百數千數下面、末脚一個數目下頭畫

第二章　整数四法规例

问：整数算法有几样？

答：有四样，叫加法、除法、乘法咾归法[1]。

问：啥叫加法？

答：加法就是担多化数目，并成功一个。

问：加法用啥记号？

答：用＋字代替“加”字，用＝画代替“得”字。

问：加法那能做个？

答：数目齐要横写，单数拉单数下面，十数拉十数下面，百数、千数拉百数、千数下面。末脚[2]一个数目下头，画

① 注意土话分别用“除法”“归法”表示现今的“减法”“除法”。

② 末脚：最后。

第二章　整数四法规例

问：整数算法有几样？

答：有四样，就是加法、减法、乘法、归法。

问：加法是什么？

答：加法就是拿几个数目来并成功一个。

问：加法用什么记号？

答：用＋字来代加字，用＝画代“得”字，如同$4+5=9$。

问：加法怎么做的？

答：就是拿数目都要横写。单数在单数位的下头，十数在十数位的下头，百数在百数位的下头。写好了，就在数目下面画一横线。

51

一畫、加個時候、從右面到左面、從上面到下面、併疊、併好之寫散數拉本位下面、加成數拉上一位、比方

```
 25
 81
234
565
———
905、
```

問　那能還原、

答　從下面到上面加、看總數搭之刻刻得着拉個總數、對呢不對、

問　啥叫除法、

答　拉大數目裏、除脫小數目、曉得還剩幾化、或者曉得大數搭小數分別多少、

問　除法用啥記號、

一画。加个时候，从右面到左面，从上面到下面，并叠。并好之，写散数拉本位下面，加成数拉上一位，比方(图例见左页)。

问：那能还原？

答：从下面到上面加。看总数搭之刻刻[①]得着拉个总数，对呢不对。

问：啥叫除法？

答：拉大数目里，除脱小数目，晓得还剩几化；或者晓得，大数搭小数分别多少。

问：除法用啥记号？

---

① 刻刻：刚刚。

加的时候，该当从右边到左边，从上头到下头。并拢来并好了，就写散数在本位横线下面，加成数在左边一位，如同：

25 + 81 + 234 + 565 = 905

说五加一是六，六加四是十，十加五是十五，写散数五在本[4]位横线下面，加成数一在左边十数位上。再说一加二是三，三加八是十一，十一加三是十四，十四加六是二十，没有散数，所以写一圈在本位横线下面，代表十数的空位，加成数二在左边百数位上。再说二加二是四，四加五是九，就写散数九在本位横线下面就好了。

问：还原怎么样做法？

答：从下头到上头再做加法，就好了。看得着的总数目和方才得着的总数目对不对，对的就是了。

问：减法是什么？

答：减法是从大数目中减去小数目，为知道剩下来还有多少，剩下来的数目，就是大数目和小数目的分别。

问：减法用什么记号？

6

答　用一畫代替除字、用二畫代替得字、比方九除四剩五、9-4=5

問　倘使數目大、那能做法、

答　寫大數目拉上頭、寫小數目拉下頭、單數對單數、十數對十數、後來除、比方

```
 25086
 19876
 -----
  5210
```

、倘使不穀事除、能穀向上位借一個、當十個、如同

```
 12340
  5862
 -----
  6478
```

、

問　那能還原、

答　担剩數加拉小數上、看得着大數否、

問　啥叫乘法、

答　用一個數目、加大別個數目幾倍、曉得結數幾化、就

答：用 − 画代替“除”字，用 = 画代替“得”字，比方“九除四剩五”：9 − 4 = 5。

问：倘使数目大，那能做法？

答：写大数目拉上头，写小数目拉下头，单数对单数，十数对十数，后来除。比方(图例见左页)。倘使不够[①]事[②]除，能够向上位借一个，当十个，如同(图例见左页)。

问：那能还原？

答：担剩数加拉小数上，看得着大数否。

问：啥叫乘法？

答：用一个数目，加大别个数目几倍，晓得结数几化，就

① 原书作“彀”。“彀”，同“够”，本书录文时，统一作“够”。

② 够事：数量上满足需要。

答：用 − 画代“减”字，用 = 画代“得”字。

比方“九减四剩五”，该当写：9 − 4 = 5

问：数目大了怎么样做？【5】

答：先写大数目在上头，小数目在下头，单数对单数，十数对十数。写好了，就在数目下面画一横线，然后做减法，如同：25986 − 14876 = 11110。若是不够减，可以向上位借一个，当作十个，如同：12340 − 5862 = 6478。减时说，圈不能减二，向上面十数字借一个，当作十个，十减二，余八。十数位的四借去了一个，自己余下三个，三不能减六，向上面百数位借一个，当作十个，十三减六余七。百数位的三借去了一个，自己余下二个，二不能减八，向上面千数列单数位借一个，当作十个，十二减八，余四。千数列单数位的二，借去了一个，自己余下一个，一个不能减五，向千数列十数位借一个，当作十个，十一减五，余六，写六，就好了。

问：还原怎么样做法？

答：拿余剩的数目加在小数目上，看得着的总数目和大数目对不对，对的【6】就是了。

问：乘法是什么？

答：乘法是用一个数目来乘别的数目，加大几倍，为知道结数共有多少。

7

是。

問 乘法用啥記號。

答 用×代乘字。用＝代得字。比方三乘七。得二十一。該當寫 $3\times7=21$，

問 乘法裏向個數目。那能呌法。

答 受着乘個呌實數。乘別個數目個呌法數。得着個呌結數。如同上面。三是實數。七是法數。二十一是結數。

問 數目大之。寫法咾做法那能個。

答 實數拉上頭。法數拉下頭。下面加一畫。乘起來。用法數單數馬起頭乘。完全個實數。結數寫拉一畫下面。

是。

问：乘法用啥记号？

答：用 × 代“乘”字，用 = 代“得”字。比方“三乘七得二十一”，该当写 $3\times7=21$。

问：乘法里向个数目，那能叫法？

答：受着乘个，叫实数；乘别个数目个，叫法数；得着个，叫结数。如同上面，三是实数，七是法数，二十一是结数。

问：数目大之，写法咾做法那能个？

答：实数拉上头，法数拉下头，下面加一画。乘起来，用法数单数马[①]起头，乘完全个实数，结数写拉一画下面。

① 数马：就是“数码”。

问：乘法用什么记号？

答：用 × 字代“乘”字，用 = 画代“得”字，比方“七乘三得二十一”，该当写 $3\times7=21$。

问：乘法用的两个数目，叫什么名字？

答：受乘的数目叫实数，乘别的数目的叫法数，得着的数目叫结数。如同上面三是实数，七是法数，二十一是结数。

问：数目大了怎么样子写，怎么样子做呢？

答：写实数在上头，法数在下头，后画一横线。乘的时候，从法数的单数字码起头，拿实数完全乘起来，结数写在横线下面。

8

十數百數、一樣做法、結數該當對法數個每一馬、後來併幾個結數、成功一個總結數、比方

```
   724
   836
  ----
  4344
 2172
5792
------
605264
```

問　倘使數目當中有圈、乘法那能做、

答　能彀跳過圈咾做、比方

```
    6004
    2005
   -----
   30020
12008
--------
12038020
```

問　那能還原、

答　先畫乂字、用九來分實數法數總結數個號碼併拉個數目、先寫總結數個餘數拉乂右面、實數個餘數拉乂上面、法數個餘數拉乂下面、實數法數兩個餘

十数、百数，一样做法。结数该当对法数个每一马。后来并几个结数，成功一个总结数。比方(图例见左页)。

问：倘使数目当中有圈，乘法那能做？

答：能够跳过圈咾做，比方(图例见左页)。

问：那能还原？

答：先画 × 字，用九来分实数、法数、总结数个号码并拉个数目。先写总结数个余数拉×右面，实数个余数拉×上面，法数个余数拉×下面。实数、法数两个余

十数、百数都是这样做法，结数该当对法数的每一个号码。末末了，拿所得着的结数，并成功一个总结数。如同(图例1)，说四六廿四，写四在本位横线下面，加二在[7]十数位的结数上。四乘二得八，加方才的二，是十，写圈在本位横线下面，加一在百数位的结数上。四乘一得四，加一是五，写五在本位横线下面。法数第二码的二，乘实数第一码的六得十二，写二在本位下面，加一在左边一位上。二乘二得四，加一是五，写五在左边一位。二乘一得二，写二在左边一位。然后拿两个结数，照加法规矩，并成一个总结数，就是了。

问：若是数目当中有圈的，乘法该当怎么样子做？

答：能够拿圈来跳过，但做乘法，如同下面(图例2)。

问：若使实数末了的字码是圈，或是法数末了的字码是圈，或是实数和法数末了的字码都是圈，如同：30×0,25×20,30×20。[①] 该当怎么样子做？

图例1	图例2
126	6004
24	2005
504	30020
252	12008
3024	12038020

图例1　图例2

答：乘的时候不要管圈，单单乘字码，但在总结数末了儿，加实数或是法数的圈，或是实数和法数所有的圈。如同：30×5，说五乘三得十五，实数末[8]了的圈写在结数上，成功一百五十，别的比方都是这样。

问：还原怎么样做法？

答：先画 × 字，拿实数、法数、总结数的号码并成三个数目，都用九来分。先写总结数的余数在 × 右边，实数的余数写在 × 上面，法数的余数写在 × 下面，拿上面和下面的数目来相乘，

① 按，该书中小数点均用“,”表示，现在则用“.”。

9

數相乘結數担九來分好之寫餘數拉×左面末脚看×字左面右面對呢不對對不差不對差者拉比方裏先併總結數個號碼 $1+2+3+8+2=16\div9=1\frac{7}{9}$ 担九來分餘七、實數法數一樣做法 $6+4=10-9=1$，$2+5=7\div9=\frac{7}{9}$，實數餘一、法數餘七齊寫拉×字上、就是×上面下面乘得七寫拉左面、就是×、帖正對右面、發顯乘法不差

問 歸法咾用頭

答 用來曉得一個數目幾回包括拉別個數目當中或者爲曉得一個數目比別個數目大小幾倍

問 歸法有幾樣記號

数相乘，结数担九来分好之。写余数拉×左面，末脚看×字左面、右面，对呢不对。对，不差；不对，差者。

拉比方里，先并总结数个号码，$1+2+3+8+2=16:9=1\frac{7}{9}$，担九来分余七，实数、法数，一样做法，$6+4=10-9=1$，$2+5=7:9=\frac{7}{9}$，实数余一，法数余七。齐写拉×字上，就是※上面下面乘，得七，写拉左面，就是※。帖正[①]对右面，发显乘法不差。

问：归法啥用头？

答：用来晓得一个数目几回包括拉别个数目当中，或者为晓得一个数目比别个数目大小几倍。

问：归法有几样记号？

① 帖正：正好。

得着的结数，用九来分。分好了写余数在×左边，末末了看×字左、右两面对不对。对的就是，不对就差了。

在前头所说的比方里头。先并成总结数的号码，$1+2+3+8+2=16$，拿九来分，$16:9=1\frac{7}{9}$。余下来的七，写在右×边。实数、法数，也是一样做的。$6+4=10$，$10:9=1\frac{1}{9}$，$2+5=7$，$7:9=0\frac{7}{9}$。实数余下来的一写在×字上头，法数余下来的七写在×字下头。×上面、下面的数目，大家相乘，$1\times7=7$。得的结数拿九来分，$7:9=0\frac{7}{9}$。余数7，写在×字左边，看左边和右边的数目对不对，对的发显不差×。[9]

问：归法有什么用处？

答：归法用来知道一个数目，包含别的数目几次。就是为知道一个数目，比别的数目大几倍，或是小几倍。

问：归法记号有几样？

答 有三樣、拉小數目裏向、用兩點、比方 35:7=5、或者用一畫、隔開兩個數目、如同 $\frac{35}{7}=5$、拉大數目當中用卜、一竪、左面寫實數、橫畫上面寫法數、下面寫得數、比方

5768 | 824
5768 | 7
0000

問 歸法那能做個、

答 先寫實數法數拉卜記號邊頭、看法數有幾馬、拉實數上也分開幾馬、不彀末多分一個馬、那末起頭分、得數寫拉橫畫下頭左面、後來担得數乘法數、結數從分開拉個實數裏除脫、除好之、再寫實數一馬拉剩數右邊、再歸如同前頭、倘使放下一

土话算学问答

答：有三样。拉小数目里向，用两点，比方：35∶7＝5。或者用一画，隔开两个数目，如同$\frac{35}{7}=5$。拉大数目当中，用├，一竖左面写实数，横画上面写法数，下面写得数，比方(图例见左页)。

问：归法那能做个？

答：先写实数、法数拉├记号边头，看法数有几马，拉实数上也分开几马。不够末，多分一个马。那末起头分，得数写拉横画下头左面。后来担得数乘法数，结数从分开拉个实数里除脱。除好之，再写实数一马拉剩数右边，再归如同前头。倘使放下一

数学问答

答：有两样。先写实数，后写法数，当中两点，如同：35∶7＝5。或是用├字，在一竖左边写实数，横画上面写法数，下面写得数，如同(图例3)。

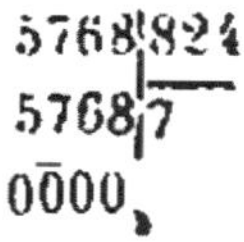

5768|824
5768|7
0000

图例3

问：归法怎么样子做？

答：先写实数、法数在├记号旁边，看法数有几码，在实数上，也分开几码。若是不够，多分一码，然后做归法。得数写在横线下左边，后来拿得数来乘法数，结数该当从分开来的实数中除，除好了再写实数一码在剩数的右边，仍旧做归法。若是放下一码不够，该当在得数右边加一圈，后来再[10]放下实数一码，再分。直到实数各码都分完了，才好。如同(图例4)。

说：六分十四，得二次，二写在横画下左边，得数二乘六得十二，写在十四下面。十四除十二，剩二，放下九得29。六分廿九，得四次，四写在2字右面，四乘六得廿四，廿九除廿四剩五，就是零数。该数写在得数右边，就是：$24\frac{5}{6}$。

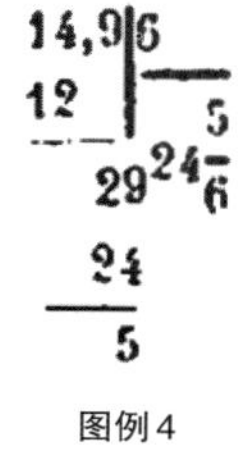

14,9|6
12 |
29 | $24\frac{5}{6}$
24
5

图例4

11

馬不穀、介末拉得數右邊圈一圈、後來再放下一馬咾再分、直到放光實數個馬咾停、比方

11943 | 178
1068 | 67
01263
1246
17

實數分不完、如同拉比方裏向餘下來個數目17、是法數178個零數、寫$67\frac{17}{178}$、

問 那能還原、

答 得數乘法數、結數該當對實數、不然差者、

马不够，介末拉得数右边圈一圈。后来再放下一马咾再分，直到放光实数个马咾停，比方(图例见左页)。

实数分不完，如同拉比方里向余下来个数目17，是法数178个零数，写：$67\frac{17}{178}$

问：那能还原?

答：得数乘法数，结数该当对实数，不然差者。

问：还原怎么样做法?

答：拿得数来乘法数，倘有零数，加在结数上，结数该当对实数，不然差了。【11】

12

第三章尾數規例

問　啥吽尾數、

答　數目不滿一、是一當中個幾分、亦是十倍十倍減小個、吽尾數、比方丈尺法、假使担一尺當整數、介末一寸一分、齊算尾數、

問　尾數那能寫法、

答　寫法如同平常、單單拉整數咾尾數當中、撇一撇、就是、比方五十三尺二寸八分、寫53,28、該當曉得、撇越是朝右面搬過一行末、數目越是大十倍、越是朝左面搬過一行末、數目越是小十倍、比方533,8念五百三十

土话算学问答

第三章　尾数规例

问：啥叫尾数？

答：数目不满一，是一当中个几分，亦是十倍十倍减小个，叫尾数。比方丈尺法，假使担一尺当整数，介末一寸一分，齐算尾数。

问：尾数那能写法？

答：写法如同平常，单单拉整数咾尾数当中，撇一撇，就是。比方“五十三尺二寸八分”，写“53,28”。该当晓得，撇越是朝右面搬过一行末，数目越是大十倍；越是朝左面搬过一行末，数目越是小十倍。比方“532,8”，念“五百三十

数学问答

第三章　尾数规例

问：尾数是什么？

答：尾数是不到一个，就是一个整数分了十分，或是百分，或是千分，或是万分，就从这里拿了几分。比方丈尺法，若是拿一尺当整数，一寸一分都叫尾数。

尺	寸	分	厘
5	2	3	8

问：尾数怎么样写的？

答：写法如同平常，单单要在整数和尾数数中撇一撇。比方“五十三尺二寸八分”，写“53,28”。该数知道，撇越发朝右边一行，数目越发大十倍，撇越发朝左边一行，数目越发小十倍。比方“53,28”，念“五十三尺二寸八分”，比5,328大十倍；若是写“5,328”，念“五尺三寸二分八厘”，比532,8小一百倍。

13

問　二尺八寸、比之刻刻大十倍。倘使5,328念五尺三寸二分八厘、比之刻刻小十倍、

答　倘使無得整數、單單有尾數、那能寫法。

問　拉整數位上圈一圈、代替整數、比方0,28、

答　尾數末脚個圈、有啥關係否。

問　無啥關係。

答　尾數左面撇、後來個圈、有啥關係否。

　　有個、每一個圈、吽數目減小十倍、比方0,01比較0,001大十倍。

問　尾數加法那能做。

二尺八寸”，比之刻刻大十倍；倘使“5,328”，念“五尺三寸二分八厘”，比之刻刻小十倍。

问：倘使无得整数，单单有尾数，那能写法？

答：拉整数位上圈一圈，代替整数，比方0,28。

问：尾数末脚个圈，有啥关系否？

答：无啥关系。

问：尾数左面，撇后来个圈，有啥关系否？

答：有个。每一个圈，叫数目减小十倍，比方0,01比较0,001大十倍。

问：尾数加法那能做？

问：若是没有整数，单单有尾数，怎么样子写？

答：该当在整数位上写一圈，代替整数，如同0,28。[12]

问：在尾数末了的一圈，有关系没有？

答：没有什么关系。

问：尾数左边，在一撇后来的圈有关系没有？

答：有的，每一个圈叫数目减小十倍，比方0,01比0,1小十倍。

问：你说0,01比0,1小十倍，我不懂，请你解说。

答：我写0,1就是说，我拿一样东西分十分，从这个里头拿出来一分；我写0,01就是说我拿一样东西分一百分，从这个里头拿出一分来，岂不是小十倍么？

问：这两个数目怎么样念？

答：0,1念“十分之一”，0,01念“百分之一”。

问：尾数加法怎么样做的？

14

答　完全如同平常、不過撇該當對撇、拉總數上、亦拉相對個地方撇一撇、比方

```
  25,7
 362,6
 594,3
------
 982,6
```

、

問　尾數除法那能做。

答　無啥出規、該當留心個、亦拉一撇上向、

問　尾數乘法、該當留心啥、

答　乘法如同平常、不過拉總結數個右面、照法數咾實數上有拉幾個尾數、該當撇開、比方

```
   28,34
     4,3
--------
    8502
  11336
--------
 121,862
```

、

問　尾數歸法那能做、

答　法數該當改作整數、就是除脫撇、除個時候、看法數加大幾倍、實數亦該當加大幾倍、那末歸、既時放實

土话算学问答

答：完全如同平常。不过撇该当对撇，拉总数上，亦拉相对个地方撇一撇。比方(图例见左页)。

问：尾数除法那能做？

答：无啥出规。该当留心个，亦拉一撇上向。

问：尾数乘法，该当留心啥？

答：乘法如同平常。不过拉总结数个右面，照法数咾实数上有拉几个尾数，该当撇开，比方(图例见左页)。

问：尾数归法那能做？

答：法数该当改作整数，就是除脱撇。除个时候，看法数加大几倍，实数亦该当加大几倍，那末归。既时放实

数学问答

答：完全如同平常做法，单单要写整数在整数下头，尾数在尾数下头，写撇[13]在撇下头。在总数上，也要用撇来分开整数和尾数，如同(图例5)。

问：尾数减法怎么样子做？

答：也是如同平常减法，该当留心的，也在撇上。

```
  25,7
 362,6
 594,3
 -----
 982,6
```

图例5

```
  28,34
    4,3
 ------
   8502
  11336
 ------
121,862
```

图例6

问：尾数乘法该当留心什么？

答：尾数乘法，单单要留心在总结数的右边，照法数和实数上共有多少尾数字码，就该当用撇来分开多少字码，如同(图例6)。

问：尾数归法怎么样做的？

答：法数该当改做整数，就是拿法数的撇来除去。归的以前，该当看法数加大几倍，就在实数上，也该当加大几倍。比方(图例7)该当写(图例8)，[14]就是拿法数、实数都加大十倍，这样法数已经改做整数了，方才可归。其余别的照平常归法的规矩，若是把实数字码放下，到了一撇，就在得数上也该当加一撇。比方(图例9)。

```
25,57 | 2,5
```

图例7

```
255,7 | 25
```

图例8

```
255,7 | 25
25    |------
----  | 10,228
  57
  50
  --
   70
   50
   --
   200
   200
   ---
   000
```

图例9

15

數馬到一撇、得數上亦擺一撇、是者、别樣照歸法平常規矩、

問　四個法子還原那能做、

答、完全如同前頭能做、

土话算学问答

数马到一撇，得数上亦摆一撇，是者。别样照归法平常规矩。

问：四个法子还原那能做？

答：完全如同前头能做。

数学问答

问：尾数四个法子的还原，该当怎么样子做？

答：完全如同整数四个法子的还原一样做。[15]

16

第四章開數四法規例

問　開數是啥、

答　一個數目均分幾分、從個裏向拿幾分、吽開數、比方

$\frac{3}{4}$

問　4吽啥、

答　吽命馬指點一樣物事均分幾分、比方雞蛋糕均分四塊、

問　3吽啥、

答　吽用馬話用脫幾化、比方雞蛋糕吃脫3塊、

問　開數有幾樣、

第四章　开数四法规例

问：开数是啥？

答：一个数目均分几分，从个里向拿几分，叫开数。比方$\frac{3}{4}$。

问：4叫啥？

答：叫命马，指点一样物事均分几分。比方鸡蛋糕均分四块。

问：3叫啥？

答：叫用马，话用脱几化。比方鸡蛋糕吃脱三块。

问：开数有几样？

第四章　分数四法归例

问：分数是什么？

答：分数是拿一个数目，均分了几分，就从这个里头拿出几分来，如同：$\frac{3}{4}$。

问：4叫什么？

答：叫分母，指点一样东西，均分几分，比方鸡蛋糕，分做四块。

问：3叫什么？

答：叫分子，就是说用去了几分，比方鸡蛋糕，吃了3块。

问：分数有几样？

17

答　有三樣、有實在是開數、就是不滿一個、比方$\frac{3}{4}$、有整數咾開數一淘有個、比方$2\frac{3}{4}$、有實在是整數、不過寫法是開數、比方$\frac{4}{4}=1$　$\frac{8}{4}=2$、

問　整數那能併拉開數裏、比方$2\frac{2}{4}$、

答　担整數乘命馬、併結數拉用馬裏、就是、比方$2\frac{2}{4}=\frac{8+2}{4}=\frac{10}{4}$、

問　整數咾開數併成功拉個開數、比方$\frac{10}{4}$、那能抽出整數呢、

答　担命馬分用馬、就得着整數、比方$10:4=2\frac{2}{4}$、

問　開數加法那能個、

答　只加用馬、不加命馬、假使命馬不是一樣末、該當齊

答：有三样。有实在是开数，就是不满一个，比方$\frac{3}{4}$；有整数咾开数一淘有个，比方$2\frac{3}{4}$；有实在是整数，不过写法是开数，比方$\frac{4}{4}=1$，$\frac{8}{4}=2$。

问：整数那能并拉开数里，比方$2\frac{2}{4}$？

答：担整数乘命马，并结数拉用马里，就是。比方$2\frac{2}{4}=\frac{8+2}{4}=\frac{10}{4}$。

问：整数咾开数并成功拉个开数，比方$\frac{10}{4}$，那能抽出整数呢？

答：担命马分用马，就得着整数。比方$10:4=2\frac{2}{4}$。

问：开数加法那能个？

答：只加用马，不加命马。假使命马不是一样末，该当齐

答：有三样。有真的分数，就是不满一个，如同$\frac{3}{4}$；有整数、分数都有的，也叫带分数，如同$2\frac{3}{4}$；还有本来是整数，不过写法是分数的，如同$\frac{4}{4}=1$。[16]

问：比方$\frac{3}{4}$怎么样念法？

答：念四分之三。

问：整数怎么样并在分数里头，如同$2\frac{2}{4}$。

答：拿整数来乘分母，拿结数来加在分子上，如同$2\frac{2}{4}=\frac{10}{4}$。

问：一个分数当中整数、分数都有的，如同$\frac{10}{4}$，怎么样抽出整数来？

答：拿分母来分分子，就得着整数，如同$10:4=2\frac{2}{4}\ 2\frac{1}{2}$。

问：分数加法怎么样做呢？

答：若使分母是同的，单单加分子，不用分母。若使分母不是一样的，该当先齐

問 公命馬、比方 $\frac{2}{4}+\frac{3}{4}=\frac{5}{4}=1\frac{1}{4}$，$\frac{3}{4}+\frac{2}{3}=\left(\frac{3\times3}{4\times3}\right)+\left(\frac{2\times4}{3\times4}\right)=\frac{9+8}{12}=\frac{17}{12}=1\frac{5}{12}$。
開數多、公命馬那能齊法。

答 第個事體單單講、不清爽、我用一個比方一淘講譬。
如 $\frac{5}{12}+\frac{4}{15}+\frac{1}{6}=x$、先抽出各命馬個乘積原數、既時或者兩個、或者三個數目個原數同個、拉伊拉當中揀一個頂大個、一個也不同、介末齊要個、那末担揀拉個原數大家乘、就得着公命馬、比方 $12=2\times2\times3=2^2\times3$，$15=3\times5=3\times5$，$6=2\times3=2\times3$；$2^2\times3\times5=60$。

$2\times2=4\times3=12\times5=60$。

六十就是公命馬、那末担各命馬來分公命馬成功（得數乘用馬）新用馬、末腳加幾個新用馬、比方 $60\div12=5$，$\frac{5\times7}{60}=\frac{35}{60}$；

公命马。比方$\frac{2}{4}+\frac{3}{4}=\frac{5}{4}=1\frac{1}{4}$, $\frac{3}{4}+\frac{2}{3}=(\frac{3\times3}{4\times3})+(\frac{2\times4}{3\times4})=\frac{9+8}{12}=\frac{17}{12}=1\frac{5}{12}$。

问：开数多，公命马那能齐法？

答：第个事体单单讲，不清爽。我用一个比方一淘讲，譬如：$\frac{5}{12}+\frac{4}{15}+\frac{1}{6}=x$，先抽出各命马个乘积原数。既时或者两个，或者三个数目个原数同个，拉伊拉当中，拣一个顶大个，一个也不同。介末齐要个，那末担拣拉个原数大家乘，就得着公命马。比方：

$$\left.\begin{aligned}12&=2\times2\times3=2^2\times3\\15&=3\times5\qquad\;\;=3\times5\\6&=2\times3\qquad\;\;=2\times3\end{aligned}\right\}2^2\times3\times5=60。2\times2=4\times3=12\times5=60。$$

六十就是公命马，那末担各命马来分公命马。[得数乘用马]成功新用马，末脚加几个新用马。比方$60:12=5$, $\frac{5\times5}{60}=\frac{25}{60}$；

公分母，同：

$\frac{2}{4}+\frac{3}{4}=\frac{5}{4}=1\frac{1}{4}$, $\frac{3}{4}+\frac{2}{3}=(\frac{3\times3}{4\times3})+(\frac{2\times4}{3\times4})=\frac{9+8}{12}=\frac{17}{12}=1\frac{5}{12}$。

问：分数多了，公分母怎么样齐法？[17]

答：这个事情，单单讲，不好懂。所以我用一个比方讲给你听，可以清楚一点儿。譬如：$\frac{5}{12}+\frac{4}{15}+\frac{1}{6}=\frac{17}{20}$，先抽出各分母的乘积原数来。若是两个数目，或是三个数目的原数相同的，要拣顶多的一个，还要一总不同的。后来拿所拣的一总原数，一齐相乘，就得着公分母。如同：

$$\left.\begin{aligned}12&=2\times2\times3=2^2\times3\\15&=3\times5\qquad\;\;=3\times5\\6&=2\times3\qquad\;\;=2\times3\end{aligned}\right\}2^2\times3\times5=60。2\times2=4\times3=12\times5=60。$$

六十是公分母，后来拿各分母分公分母，拿得数来乘分子，成功一个新分子，末末了拿一总新分子相加，成功一个总数，写在公分母上头。如同：$60:12=5$, $\frac{5\times5}{60}=\frac{25}{60}$；

$60:15=4,\ \frac{4\times4}{60}=\frac{16}{60};\ 60:6=10,\ \frac{10\times1}{60}=\frac{10}{60};\ \frac{25}{60}+\frac{16}{60}+\frac{10}{60}=\frac{25+16+10}{60}=\frac{51}{60}$.

問　啥吽相維原數。

答　兩個數目、除脫之一、無得公個法數來分伊拉個吽相維原數、比方三咾四。

問　啥吽原數。

答　一個數目、除脫之一咾自家、無得別個數目可以分伊個、就是、比方二。

問　整數開數一淘有個、那能加法。

答　整數搭整數加、開數搭開數加、比方 $2\frac{3}{4}$ 加 $4\frac{2}{5}$、得着 $6\frac{3}{4}+\frac{2}{5}$、得着 $6\frac{15+8}{20}=1\frac{3}{20}$。

$60:15=4,\frac{4\times4}{60}=\frac{16}{60}$；$60:6=10,\frac{10\times1}{60}=\frac{10}{60}$；$\frac{25}{60}+\frac{16}{60}+\frac{10}{60}=\frac{25+16+10}{60}=\frac{51}{60}$。

问：啥叫相维原数？

答：两个数目，除脱之一，无得公个法数来分伊拉个，叫相维原数。比方三咾四。

问：啥叫原数？

答：一个数目除脱之一咾自家，无得别个数目可以分伊个，就是。比方：二。

问：整数、开数一淘有个，那能加法？

答：整数搭整数加，开数搭开数加。比方$2\frac{3}{4}$加$4\frac{2}{5}$，得着$6\frac{3}{4}+\frac{2}{5}$，得着$6\frac{15+8}{20}=7\frac{3}{20}$。

$60:15=4,\frac{4\times4}{60}=\frac{16}{60}$；$60:6=10,\frac{10\times1}{60}=\frac{10}{60}$；$\frac{25}{60}+\frac{16}{60}+\frac{10}{60}=\frac{25+16+10}{60}=\frac{51}{60}=\frac{17}{20}$。[18]

问：什么叫相维原数？

答：两个数目除了一，没有别的公法数，可以分他们没有余下来的，这个就叫相维原数。比方三和五是相维原数。

问：什么叫原数？

答：原数是一个数目除了一，除了自己，没有别的数目，可以分得没有余的。比方三是原数。

问：整数、分数都有的，怎么样子加呢？

答：就是整数同整数相加，分数同分数相加。如同$2\frac{3}{4}$加$4\frac{2}{5}$得着$6\frac{3}{4}+\frac{2}{5}$得着$6\frac{15+8}{20}=7\frac{3}{20}$。

20

問　開數除法那能做、

答　用馬從用馬裏除、命馬不同末、要同之咾除、比方 $\frac{4}{5}-\frac{3}{5}=\frac{1}{5}$

問　整數咾開數一淘有個末、那能除法、

答　整數除整數、開數除開數、倘使不彀事、拉整數裏借一個當命馬個數目、加拉該當除個用馬裏、那末除、比方 $5\frac{2}{5}-3\frac{4}{5}=1\frac{2+5}{5}-\frac{4}{5}=1\frac{7-4}{5}=1\frac{3}{5}$.

問　開數乘法有幾等、

答　有三等、有整數乘開數個、比方 $\frac{1}{3}\times 2=\frac{1\times 2}{3}=\frac{2}{3}$.　有開數乘開數個、比方 $\frac{2}{3}\times\frac{3}{4}=\frac{2\times 3}{3\times 4}=\frac{6}{12}=\frac{1}{2}$.　有整數咾開數一淘有、大家相乘、比方 $1\frac{1}{3}\times 2\frac{2}{4}=\frac{4}{3}\times\frac{10}{4}=\frac{4\times 10}{3\times 4}=\frac{40}{12}=3\frac{4}{12}=3\frac{1}{3}$.

问：开数除法那能做？

答：用马从用马里除，命马不同末，要同之咾除。比方$\frac{7}{5}-\frac{3}{5}=\frac{4}{5}$。

问：整数咾开数一淘有个末，那能除法？

答：整数除整数，开数除开数。倘使不够事，拉整数里借一个，当命马个数目，加拉该当除个用马里，那末除。比方$5\frac{2}{5}-3\frac{4}{5}=1\frac{2+5}{5}-\frac{4}{5}=1\frac{7-4}{5}=1\frac{3}{5}$

问：开数乘法有几等？

答：有三等。有整数乘开数个，比方$\frac{1}{3}\times 2=\frac{1\times 2}{3}=\frac{2}{3}$；有开数乘开数个，比方$\frac{2}{3}\times\frac{3}{4}=\frac{2\times 3}{3\times 4}=\frac{6}{12}=\frac{1}{2}$；有整数咾开数一淘有，大家相乘，比方$1\frac{1}{3}\times 2\frac{2}{4}=\frac{4}{3}\times\frac{10}{4}=\frac{4\times 10}{3\times 4}=\frac{40}{12}=3\frac{4}{12}=3\frac{1}{3}$。

问：分数减法怎么样子做？

答：若使分母是同的，单单分子从分子里头减除。若是分母不同，必须先要[19]齐了分母，然后可减。如同$\frac{7}{5}-\frac{3}{5}=\frac{4}{5}$。

问：整数、分数都有的怎么样子减？

答：整数减整数，分数减分数。若是分数不能减分数，该当问整数借一个，当作分母的数目，加在该当减的分子里头，然后可减。如同$5\frac{2}{5}-3\frac{4}{5}=1\frac{2+5}{5}-\frac{4}{5}=1\frac{7-4}{5}=1\frac{3}{5}$。

问：分数乘法有几等？

答：有三等。有整数乘分数的，如同$\frac{1}{3}\times 2=\frac{1\times 2}{3}=\frac{2}{3}$；有分数乘分数的，如同$\frac{2}{3}\times\frac{3}{4}=\frac{2\times 3}{3\times 4}=\frac{6}{12}=\frac{1}{2}$；有实数、法数都有整数和分数，彼此相乘的，如同$1\frac{1}{3}\times 2\frac{2}{4}=\frac{4}{3}\times\frac{10}{4}=\frac{4\times 10}{3\times 4}=\frac{40}{12}=3\frac{4}{12}=3\frac{1}{3}$。[20]

21

問　比方第個開數 $\frac{6}{12}$、能彀減小否.

答　能彀個、就是 $\frac{1}{2}$.

問　$\frac{1}{2}$ 那能得着個.

答　担最大原數來分用馬咾命馬.拉比方裏向是 6.

問　啥叫最大原數.

答　是最大個數目.能彀分多化數目.無啥餘下來.

問　那能得着最大原數.

答　用一個比方.如同 6, 12, 18 先從各數裏抽出原數來. $6=2\times3$ $12=2\times2\times3$ $18=2\times3\times3$. 那末拿大家有個原數一回相乘.就得着、$2\times3=6$.

问：比方第个开数 $\frac{6}{12}$，能够减小否？

答：能够个，就是 $\frac{1}{2}$。

问：$\frac{1}{2}$ 那能得着个？

答：担最大原数来分用马咾命马，拉比方里向是6。

问：啥叫最大原数？

答：是最大个数目，能够分多化数目，无啥余下来。

问：那能得着最大原数？

答：用一个比方，如同6、12、18。先从各数里抽出原数来：

$6 = 2 \times 3$

$12 = 2 \times 2 \times 3$

$18 = 2 \times 3 \times 3$

那末拿大家有个原数一回相乘，就得着，$2 \times 3 = 6$。

问：这个分数 $\frac{6}{12}$ 能够减小么？

答：可以的，就是 $\frac{1}{2}$。

问：$\frac{1}{2}$ 怎么样得的？

答：拿最大的原数来，分分子和分母，在上面的比方当中，6是最大的原数。

问：什么叫最大原数？

答：就是最大的数目，能够分许多数目，没有余下的。

问：为得着最大原数，怎么样做法？

答：用一个比方，如同6、12、18。先从各数目里头抽出原数：

$6 = 2 \times 3$

$12 = 2 \times 2 \times 3$

$18 = 2 \times 3 \times 3$

后来拿各数目所有的公原数来相乘，就得着，$2 \times 3 = 6$。

問 要會得減小開數、該當曉得啥個訣竅。

答 該當曉得下頭幾個、就是一個數目、單數位是雙數、第個完全個數目、能彀用二來分、比方24、倘使單數咾十數位、能彀担四來分個、介末完全個數目、亦能彀担四來分、比方384、倘使末脚三位、能彀担八來分個完全個數目、亦能彀担八來分、比方3864、倘使一個數目、各馬個總數、能彀担三、或者九來分個、完全個數目、也能彀用三或者九來分、比方5643. 5+6+4+3 得着18. 18:3=6. 18:9=2. 介末 5643:3=1881 | 5643:9=627.

倘使一個數目、能彀担兩個相維原數來分個、也能彀担伊拉個結數來

土话算学问答

问：要会得减小开数，该当晓得啥个诀窍？

答：该当晓得下头几个。就是，一个数目，单数位是双数，第个完全个数目，能够用“二”来分，比方24。倘使单数咾十数位，能够担“四”来分个，介末完全个数目，亦能够担“四”来分，比方384。倘使末脚三位，能够担“八”来分个，完全个数目，亦能够担“八”来分，比方3864。倘使一个数目，各马个总数，能够担“三”或者“九”来分个，完全个数目，也能够用“三”或者“九”来分，比方5643。5 + 6 + 4 + 3得着18，18 : 3 = 6，18 : 9 = 2，介末5643 : 3 = 1881 | 5643 : 9 = 627。倘使一个数目能够担两个相维原数来分个，也能够担伊拉个结数来

数学问答

问：要减小一个分数，该当知道什么规矩呢？

答：该当知道下面几条规矩。若是一个数目，在单数位的字码是双数，这个[21]完全的数目能够用“二”来分，如同24。若是单数位和十数位，都能够用“四”来分的，全数也能够用“四”来分，如同384。若是右边三位的字码都能够用“八”来分的，完全的数目也能用“八”来分，如同3864。若是一个数目，各码的总数，能够用3或是9来分的，完全的数目也能够用3或是9来分，如同5643。5 + 6 + 4 + 3，得十八，18 : 3 = 6 19 : 9 = 2，如5643 : 3 = 1881 | 5613 : 9 = 627。若使一个数目能够用两个相维原数来分的，也能够用他们的结数来

分．比方 $24:2=12$ | $24:3=8$ | $24:(2\times3)=4$． 倒底能彀担二咾四來分個．不能彀就話．也可以担八來分．因為不是相維原數咾．

問 開數歸法有幾個樣子．

答 有三個樣子．整數分開數．只消整數乘之命馬就是者．比方 $\frac{1}{2}:3=\frac{1}{2\times3}=\frac{1}{6}$． 有開數分開數．只消担法數倒之轉來做乘法．比方 $\frac{1}{2}:\frac{3}{4}=\frac{1}{2}\times\frac{4}{3}=\frac{4}{6}=\frac{2}{3}$． 有開數分整數．只消担法數倒轉之咾做乘法．比方 $3:\frac{1}{2}=3\times\frac{2}{1}=\frac{3\times2}{1}=\frac{6}{1}=6$．

問 總而言之．該當記幾條規矩．

答 該當記三條．第一．要開數加增．或者乘用馬．或者分分。比方$24:2=12\mid 24:3=8\mid 24:(2\times 3)=4$。倒底能够担“二”咾“四”来分个，不能够就话，也可以担“八”来分，因为不是相维原数咾。

问：开数归法有几个样子？

答：有三个样子。整数分开数，只消整数乘之命马就是者，比方$\frac{1}{2}:3=\frac{1}{2\times 3}=\frac{1}{6}$；有开数分开数，只消担法数倒之转来，做乘法，比方$\frac{1}{2}:\frac{3}{4}=\frac{1}{2}\times\frac{4}{3}=\frac{4}{6}=\frac{2}{3}$；有开数分整数，只消担法数倒转之咾做乘法，比方$3:\frac{1}{2}=3\times\frac{2}{1}=\frac{3\times 2}{1}=\frac{6}{1}=6$。

问：总而言之，该当记几条规矩？

答：该当记三条。第一，要开数加增，或者乘用马，或者分

分，如同$24:2=12\mid 24:3=8\mid 24:(2\times 3)=4$。倒底若是能够用2或4来分的，不能就说，也可以用“八”来分，因为2和4不是相维原数。

问：分数归法有几个样子？【22】

答：有三个样子。有整数分分数的，拿整数来乘分母就是了，如同$\frac{1}{2}:3=\frac{1}{6}$；有分数分分数的，先拿法数倒转来，然后做乘法，如同$\frac{1}{2}:\frac{3}{4}=\frac{1}{2}\times\frac{4}{3}=\frac{4}{6}=\frac{2}{3}$；有分数分整数的，也先拿法数倒转来，然后做乘法，如同$3:\frac{1}{2}=3\times\frac{2}{1}=\frac{3\times 2}{1}=\frac{6}{1}=6$。

问：总而言之，该当记几条要紧规矩？

答：该当记三条。第一，若使要分数加大，必须要乘分子，或是分

24

問　命馬、比方$\frac{2}{16}$、大四倍成功$\frac{2\times4}{16}$、得着$\frac{8}{16}$、或者第二要開數減小、或者分用馬、或者乘命馬、$\frac{2}{16:4}=\frac{2}{4}$、第二、要開數減小、或者分用馬、或者乘命馬、比方$\frac{8}{16}$、小四倍、成功$\frac{8:4}{16}$、得着$\frac{2}{16}$、或者$\frac{8}{16\times4}=\frac{8}{64}$、

答　第三、開數也不加增、也不減小、倘使担一樣個數目來、或者乘、或者分用馬咾命馬、比方$\frac{2\times2}{3\times2}=\frac{4}{6}$｜$\frac{4}{6}=\frac{4:2}{6:2}=\frac{2}{3}$、

問　尾數變開數、有啥法子。

答　担尾數算用馬、那末看尾數有幾位、就拉一畫下頭、寫1字咾加幾圈算命馬、比方23,5、變開數$23\frac{5}{10}=23\frac{1}{2}$、

問　開數那能變尾數。

答　担命馬歸用馬就得着尾數、比方$\frac{2}{4}$、$2:4=0,5$、

命马。比方$\frac{2}{16}$,大四倍,成功$\frac{2\times4}{16}$,得着$\frac{8}{16}$,或者$\frac{2}{16:4}=\frac{2}{4}$。第二,要开数减小,或者分用马,或者乘命马。比方$\frac{8}{16}$,小四倍,成功$\frac{8:4}{16}$,得着$\frac{2}{16}$,或者$\frac{8}{16\times4}=\frac{8}{64}$。第三,开数也不加增,也不减小,倘使担一样个数目来,或者乘,或者分用马咾命马。比方$\frac{2\times2}{3\times2}=\frac{4}{6}\Big|\frac{4:2}{6:2}=\frac{2}{3}$。

问:尾数变开数,有啥法子?

答:担尾数算用马。那末看尾数有几位,就拉一画下头,写1字咾加几圈,算命马。比方23,5,变开数$23\frac{5}{10}=23\frac{1}{2}$。

问:开数那能变尾数?

答:担命马归用马,就得着尾数。比方$\frac{2}{4}$,$2:4=0,5$。

分母。如同$\frac{2}{16}$,大四倍成$\frac{2\times4}{16}$,得$\frac{8}{16}=\frac{1}{2}$,或$\frac{2}{16:4}=\frac{2}{4}=\frac{1}{2}$。第二,若是要分数减小,必须要分分子,或是乘分母。如同$\frac{8}{16}$,小四倍成功$\frac{8:4}{16}$,得着$\frac{2}{16}$,或是$\frac{8}{16\times4}$[23]$=\frac{8}{64}=\frac{2}{16}$。第三,若是把一样的数目来乘分子和分母,或是拿一样的数目来分分子和分母,分数仍旧一样,不加大也不减小。如同$\frac{2\times2}{3\times2}=\frac{4}{6}\Big|\frac{4:2}{6:2}=\frac{2}{3}$。

问:尾数变为分数,有什么法子?

答:拿尾数当做分子,在一画下头写1。看尾数有几码,就在1字右边加几圈,当做分母。比方尾数23.5变为分数,$23\frac{5}{10}=23\frac{1}{2}$。

问:分数变为尾数怎么样做的?

答:拿分母来归分子,就是。如同$\frac{2}{4}$,$2:4=0.5$。

问:分中抽出分来,比方要从$\frac{1}{2}$二分之一当中,抽出$\frac{2}{3}$三分之二来,怎[24]么样做呢?

答:分子乘分子,分母乘分母。如同$\frac{1}{2}$之$\frac{2}{3}=\frac{1\times2}{2\times3}=\frac{2}{6}=\frac{1}{3}\Big|\frac{3}{4}$之$\frac{1}{2}$之$3\frac{4}{5}=\frac{3\times1\times19}{4\times2\times5}=\frac{57}{40}=1\frac{17}{40}$。[25]

25

第五章比例體用

問 啥吽理、或者同數、

答 就是兩個數目個比較、

問 理有幾等、

答 有兩等、就是算數個理咾幾何個理、幾何就是幾化、

問 啥吽算數個理、

答 就是用第個理來問一個數目、比之別個數目大小、

幾個比方 7-5=2、

問 啥吽幾何個理、

答 就是用第個理來問一個數目、比之別個數目大小

第五章　比例体用

问：啥叫理，或者同数？

答：就是两个数目个比较。

问：理有几等？

答：有两等。就是算数个理咾几何个理。（几何就是几化。）

问：啥叫算数个理？

答：就是用第个理来，问一个数目，比之别个数目，大小几个。比方 $7-5=2$。

问：啥叫几何个理？

答：就是用第个理来，问一个数目，比之别个数目，大小

第五章　比例体用

问：比理有什么解说？

答：就是两个数目大家比较的理。

问：比理有几样？

答：有两样。有数学比理，有形学比理。

问：什么叫数学比理？

答：就是用这个比理来问一个大数目，超过别的小数目多少。如同40超过4三十六个，写 $40-4=36$。

问：什么叫形学比理？

答：就是用这个比理来问一个大数目，超过别的小数目几回。如同40超过4十回，写 $40:4=10$。

問　幾倍、比方12:3=4.

答　俚現在講拉裏一個理、

問　講第二個理、就是幾何個理、

答　那能寫法、

如同歸法個能寫、比方12:3=4、或者3|12=4、

問　幾個數目、那能叫法、

答　拉比方裏向、12叫起數、3叫承數、4叫理、或者叫同數、

問　什介能看起來、搭之開數無啥分別者、

答　不差、無啥分別、所以前頭講拉開數規矩、現在用得

几倍。比方12∶3＝4。

问：伲现在讲拉里[①]一个理？

答：讲第二个理，就是几何个理。

问：那能写法？

答：如同归法个能写。比方12∶3＝4，或者$\frac{12}{3}=4$。

问：几个数目，那能叫法？

答：拉比方里向，12叫起数；3叫承数；4叫理，或者叫同数。

问：什介能看起来，搭之开数无啥分别者？

答：不差[②]，无啥分别。所以前头讲拉开数规矩，现在用得

① 拉里：哪。
② 不差：不错。

问：现在讲的是什么比理？

答：现在讲的是形学比理。[26]

问：形学比理怎么样写呢？

答：如同归法一样写的。比方写12∶3＝4或是写$\frac{12}{3}=4$一样的。

问：右边几个数目，怎么样叫的？

答：12叫起数，3叫承数，4叫比理。

问：这样看来，形学比理和分数没有分别了？

答：没有分别。所以前头讲的分数规矩，现在可以用了。

27

着者.

問 啥叫比例.

答 就是兩個同數個相等.

問 啥叫比例個率.

答 就是兩個數目.拉伊拉當中有同數個.

問 比例那能寫法.

答 有兩樣寫法.就是$\frac{4}{8}=\frac{8}{16}$.或者 4:8::8:16.

問 四個數目.有啥名頭.

答 4咾8叫起率.8咾16叫承率.4咾16叫外率.兩個8叫中率.

着者。

问：啥叫比例？

答：就是两个同数个相等。

问：啥叫比例个率？

答：就是两个数目，拉伊拉当中有同数个。

问：比例那能写法？

答：有两样写法。就是$\frac{4}{8}=\frac{8}{16}$，或者4∶8∷8∶16。

问：四个数目，有啥名头？

答：4咾8叫起率，8咾16叫承率，4咾16叫外率，两个8咾叫中率。

问：什么叫比例？

答：两个比理相等的叫比例。

问：比例的率是什么？

答：就是四个数目当中有一样比理的。

问：比例怎么样写呢？

答：有两样写法。就是$\frac{3}{9}=\frac{4}{12}$，或是3∶9∷4∶12。[27]

问：这四个数目，叫什么名字？

答：3和4叫起率，9和12叫承率，3和12叫外率，4和9叫中率。

28

問　比例有幾條規矩．

答　有六條、就是．

第一、倘使担一樣個數目來乘或者分兩個同數比例不變、比方 $\frac{4}{8}=\frac{8}{16}=\frac{16}{32}$, $=\frac{1}{2}=\frac{2}{4}$.

第二、倘使担一樣個數目來乘或者分兩個起率比例不變、比方 $4:8=8:16$ | $2:8=4:16$ | $8:8=16:16$.

第三、倘使担一樣個數目來乘或者分兩個承率比例不變、比方 $\frac{4}{8}=\frac{8}{16}$ | $\frac{4}{4}=\frac{8}{8}$ | $\frac{4}{16}=\frac{8}{32}$.

第四、外率個結數搭之中率個結數一樣、比方 $12:3::16:4$.

$3\times16=48$　$12\times4=48$.

土话算学问答

问：比例有几条规矩？

答：有六条。就是：

第一，倘使担一样个数目来乘，或者分两个同数，比例不变。比方 $\frac{4}{8}=\frac{8}{16}$，$\frac{8}{16}=\frac{16}{32}$，$\frac{1}{2}=\frac{2}{4}$。

第二，倘使担一样个数目来乘，或者分两个起率，比例不变。比方 4 : 8 = 8 : 16 | 2 : 8 = 4 : 16 | 8 : 8 = 16 : 16。

第三，倘使担一样个数目来乘，或者分两个承率，比例不变。比方 $\frac{4}{8}=\frac{8}{16}$ | $\frac{4}{4}=\frac{8}{8}$ | $\frac{4}{16}=\frac{8}{32}$。

第四，外率个结数，搭之中率个结数一样。比方 12 : 16 ∷ 3 : 4

$3\times16=\underline{48}$　$12\times4=\underline{48}$

数学问答

问：比例有几条规矩？

答：有六条。第一，若是用一样的数目来乘比例的两个起率和承率，或是分比例的两个起率和承率，比例仍旧不变。如同 $\frac{4}{8}=\frac{8}{16}$ | $\frac{8}{16}=\frac{16}{32}$ | $\frac{1}{2}=\frac{2}{4}$。

第二，若是用一样的数目来乘两个起率，或是分两个起率，比例也不变。如同 4 : 8 ∷ 8 : 16 | 2 : 8 ∷ 4 : 16 | 8 : 8 ∷ 16 : 16。

第三，若是用一样的数目来乘两个承率，或是分两个承率，比例也不变。如同 $\frac{4}{8}=\frac{8}{16}$ | $\frac{4}{16}=\frac{8}{32}$ | $\frac{4}{4}=\frac{8}{8}$。

第四，外率的结数，和中率的结数一样，如同 12 : 3 ∷ 16 : 4　$3\times16=48$ | $12\times4=48$。[28]

29

問答

第五、一個外率搭之中率個結數用別個外率來分得個數目一樣、比方 12=(3×16:4) | 4=(3×16:12).

第六、一個中率搭之外率個結數用別個中率來分得個數目一樣、比方 3=(12×4:16) | 16=(12×4:3).

比例有幾樣寫法.

有八樣、就是、

1, 12:3::20:5.
2, 12:20::3:5.
3, 5:3::20:12.
4, 5:20::3:12.
5, 3:12::5:20.
6, 3:5::12:20.
7, 20:12::5:3.
8, 20:5::12:3.

第五，一个外率搭之中率个结数，用别个外率来分得个数目一样。比方12 =（3 × 16∶4）| 4 =（3 × 16∶12）。

第六，一个中率搭之外率个结数，用别个中率来分得个数目一样。比方3 =（12 × 4∶16）| 16 =（12 × 4∶3）。

问：比例有几样写法？

答：有八样。就是：

1. 12∶3 ∷ 20∶5
2. 12∶20 ∷ 3∶5
3. 5∶3 ∷ 20∶12
4. 5∶20 ∷ 3∶12
5. 3∶12 ∷ 5∶20
6. 3∶5 ∷ 12∶20
7. 20∶12 ∷ 5∶3
8. 20∶5 ∷ 12∶3

第五，若是中率的结数，用一个外率来分，得数就是别个外率。如同12 =（3 × 16）∶4。

第六，若是外率的结数，用一个中率来分，得数就是别个中率。如同3 =（12 × 4）∶16。

问：一个比例，能够有几样写法？

答：能够有八样写法。如同：

1. 12∶3 ∷ 20∶5
2. 12∶20 ∷ 3∶5
3. 5∶3 ∷ 20∶12
4. 5∶20 ∷ 3∶12
5. 3∶12 ∷ 5∶20
6. 3∶5 ∷ 12∶20
7. 20∶12 ∷ 5∶3
8. 20∶5 ∷ 12∶3

30

單單該當留心一樣．本來是外率個．寫起來．或者一
淘做外率．或者一淘做中率．終不能㲉一個做外率
咾別個做中率．

土话算学问答

单单该当留心一样：本来是外率个，写起来，或者一淘做外率，或者一淘做中率，终不能够一个做外率咾别个做中率。

数学问答

单单要留心一样事情：就是在头一个比例上，写做外率的两个数目12和5，后来都要一齐写做外率，或是一齐写做中率，万万不能拿12和5分开，一个写做外率，一个写做中率。比方写12∶5∷3∶20就差了。【29】

31

第六章三率法規例

問　三率法啥用頭.

答　一個比例.曉得之伊個三率.用第個法子來尋着第四率.比方買三個菱角.出十二錢.要買六個菱角.該當出幾錢.寫 3:12::6:x.要尋着x代替啥數目.

問　三率法有幾等.

答　有獨項咾多項兩等.

問　啥吽獨項三率法.

答　單單有兩個同數個就是.比方 3:12::6:24.

問　啥吽多項三率法.

第六章　三率法规例

问：三率法啥用头？

答：一个比例，晓得之伊个三率，用第个法子来，寻着第四率。比方买三个菱角，出十二钱；要买六个菱角，该当出几钱？写 $3:12::6:x$，要寻着 x 代替啥数目。

问：三率法有几等？

答：有独项咾多项两等。

问：啥叫独项三率法？

答：单单有两个同数个就是。比方 $3:12::6:24$。

问：啥叫多项三率法？

第六章　求缺率法

问：求缺率法有什么用处？

答：就是一个比例，知道了三率，能够用这个法子来找所缺的第四率。比方买三把刀，出二两银子；要买六把刀，该当出多少银子？写：

刀	银
3	2
6	x

就是同类的写在同类的下面，在比方里头，刀6写在刀3下面，银 x 在银2下面。找着了 x，就知道要买六把刀，该当出几两银子。

问：外国算法所用的 x 有什么意思？

答：就是代替随便什么数目，不知的数目和该当找的数目。

问：求缺率法有几样？

答：有简率和繁率两样。

问：什么叫简率？

答：简率就是一个比例，单单有两个比理的。如同：

刀	银
3	2
6	x[30]

问：什么叫繁率？

32

答　有多化同數個就是比方 $\frac{2}{3}$ 匠人 $\frac{3工}{4}$ $\frac{5日}{2}$ $\frac{90丈}{丈}$。

問　獨項咾多項逐一個有幾類。

答　有正理咾轉理兩類。

問　那能有正理類。

答　倘使一個比例個起率或者承率大起來別個比例個起率或者承率也大起來個就有正理三率法或者倘使一個比例個起率或者承率減小別個比例個起率或者承率也減小個也有正理類比方有兩個匠人一日天做三丈生活四個匠人一日天一定做六丈生活第個就叫正理類什介寫 2:3::4:6。

答：有多化同数个就是。比方：

2匠人　3下　5日　90丈

3　　　7　　2　　x

问：独项咾多项逐一个有几类？

答：有正理咾转理两类。

问：那能有正理类？

答：倘使一个比例个起率或者承率大起来，别个比例个起率或者承率也大起来个，就有正理三率法。或者，倘使一个比例个起率或者承率减小，别个比例个起率或者承率也减小个，也有正理类。比方有两个匠人，一日天做三丈生活，四个匠人一日天，一定做六丈生活。第个就叫正理类，什介写2∶3∷4∶6。

答：就是一个比例，有许多比理的。如同：

2匠人　3下钟　5日　90丈

2　　　7　　　2　　x

问：简率和繁率，每一个分几类？

答：每个分正比例和转比例两类。

问：正比例怎么样子的？

答：若是一个比例的起率或是承率加大了几倍，别个比例的起率或是承率也加大几倍的，就是正比例。还有一个比例的起率或是承率减小了几倍，别个比例的起率或是承率也减小几倍的，也是正比例。比方有两个匠人，一天做三丈生活，四个匠人，一天必定做六丈生活。这个就是叫正比例，该当写：

2人　3丈

4　　6

33

問 那能有轉理類、

答 倘使一個比例個起率、或者承率、大起來別個比例個起率、或者承率減小個就有轉理三率法、或者、倘使一個比例個起率、或者承率、減小、別個比例個起率、或者承率大起來個也有轉理類、比方、兩個匠人、做一樣做一樁生活、用八日天工夫、介末四個匠人、做一個生活、只消四日天、好者、什介寫、2:4::4:8。

問 獨項三率法個題目、那能做、

答 有三樣做法、能彀用比例法做、用歸一法做、用一定格式做、问：那能有转理类？

答：倘使一个比例个起率或者承率大起来，别个比例个起率或者承率减小个，就有转理三率法。或者，倘使一个比例个起率或者承率减小，别个比例个起率或者承率大起来个，也有转理类。比方两个匠人，做一桩生活，用八日天工夫；介末四个匠人，做一样个生活，只消四日天好者。什介写2∶4 ∷ 4∶$\underline{8}$。

问：独项三率法个题目，那能做？

答：有三样做法。能够用比例法做，用归一法做，用一定格式做。

问：转比例怎么样子的？

答：若是一个比例的起率或是承率加大了几倍，别个比例的起率或是乘[31]率减小几倍的，就是转比例。还有一个比例的起率或是承率减小了几倍，别个比例的起率或承率加大几倍的，也是转比例。比方两个人做一样生活，用八天工夫；四个人做一样的生活，必定少用一半工夫，就是四天，该当写：2人　8日

4　4

问：简率比例求缺率法的题目，怎么样做？

答：有三个法子。就是用比例法，或是用归一法，或是用定格法。

问：方才你说的归一法，怎么解说呢？

答：我用两个比方，讲给你听。第一个是简率正比例，就是两只苹果卖廿文，四只卖几文？我用归一法，就是说，我问一只苹果，卖几文。因为知道了一只卖几文，就知道四只卖几文。我做你看看，两只苹果卖廿文，一只苹果卖十文，就知道四只卖四十文。我写给你看：

果	钱
2	20
1	$\frac{20}{2}=10$
4	$10\times4=40$

第二个比方[32]是简率转比例。比方两个木匠，为做一扇窗，用八天工夫，请问：四个木匠做这一扇窗，要用几天工夫呢？答：我用归一法，就说我要知道一个木匠做这扇窗要用几天工夫。因为我知道了一个木匠，做这一扇窗，用几天工夫，就知道四个木匠要用多少工夫。我做你看看，两个木匠做一扇窗，用八天工夫；一个木匠，做这一扇窗，一定要用两回八天工夫，就是十六天工夫。再说一个木匠，用十六天，四个木匠（下转第84页）

問 我有一個題目，請儂用三個法子做我看。四個泥水匠，砌之二十丈牆頭，九個泥水匠末砌幾丈。

答 用比例法，就是 $4:9::20:x$. $x=\frac{9\times20}{4}=45$.

寫 $\frac{4}{9}—\frac{20}{x}=x=\frac{20\times9}{4}=45$.

用歸一法，就是四個匠人砌二十丈介末，一個匠人砌個牆頭該當少四倍，$\frac{20}{4}=5$ 就是五丈，現在有九個匠人砌個牆頭一定大九倍，5×9 就是45丈。

用一定格式，就是 $x=\frac{20}{—}$ 担 x 同例個數目20寫拉上面，那末看倘使開數該當大起來個介末，大數擺拉上面乘20，得着 $x=\frac{20\times9}{—}$，倘使開數該當減小個介

（上接第83页）必定少用四回工夫，就是四天已经够了。我写给你看看：

木匠	窗	日
2	1	8
1	1	8×2=16
4	1	16:4=4

别的照归一法出的题目，都是这样做。

问：我有一个题目，请依用三个法子做我看。四个泥水匠，砌之二十丈墙头；九个泥水匠末，砌几丈？

答：用比例法，就是：$4:9::20:x$，$x=\frac{9\times20}{4}=45$，写 $\frac{4}{9}/\frac{20}{x}=x=\frac{9\times20}{4}=45$。

用归一法，就是：四个匠人砌二十丈，介末一个匠人砌个墙头，该当少四倍。$\frac{20}{4}=5$就是五丈。现在有九个匠人，砌个墙头，一定大九倍。5×9就是45丈。

用一定格式，就是：$x=\frac{20}{\quad}$，担x同列个数目20写拉上面。那末看，倘使开数该当大起来个，介末大数摆拉上面，乘20，得着$x=\frac{20\times9}{\quad}$。倘使开数该当减小个，介

问：我有一个题目，请你用方才说的三个法子，做给我看看。四个泥水匠砌[33]二十丈墙头，九个泥水匠能砌几丈？

答：用比例法，就是写$4:9::20:x$，$x=\frac{9\times20}{4}=45$；或是写$\frac{4}{9}=\frac{20}{x}$　$x=\frac{9\times20}{4}=45$。用归一法，就是说四个匠人砌二十丈墙头，一个匠人所砌的墙头，必当少四倍。$\frac{20}{4}=5$丈，就是五丈。现在有九个匠人所砌的墙一定多九倍，5×9就是45丈。用定格法，就是写$x=$后来画一横线，拿x同类的数目，写在横线上面。若是分数该当加大的，大数目写在横线上面；倘使分数该当减小的，就拿大数目写在下面。

35

末大數擺拉下面．分20．就得着 $x=\frac{20\times 9}{4}=45$．

我寫兩個比方儂看看．第一個正理類比方．四個匠人做二十丈．九個匠人做幾丈．寫 $\frac{4人}{9人}\ \frac{20丈}{x丈}\ x=\frac{20\times 9}{4}=45$．為啥什介做．因為四個匠人．做二十丈．九個匠人．一定不罷做二十丈．

第二個轉理類．比方．三個匠人做一樁生活．用15點鐘工夫．一樣個生活．倘使五個匠人．做起來．一定不消15點鐘．寫 $\frac{3人}{5}\ \frac{15點}{x}\ x=\frac{15\times 3}{5}=9$．啥咾什介做．因為三個匠人．做一樁生活．用十五點鐘．倘使五個匠人．用個工夫．一定來得少．所以大數目5擺拉下面．

末大数摆拉下面，分20就得着$x=\frac{20\times9}{4}=45$。

我写两个比方侬看看。第一个正理类，比方：四个匠人做二十丈，九个匠人做几丈。写：4人　20丈

9　x

$x=\frac{20\times9}{4}=45$。

为啥什介做？因为四个匠人做二十丈，九个匠人一定不罢做二十丈。第二个转理类，比方：三个匠人做一桩生活，用15点钟工夫，一样个生活，倘使五个匠人做起来，一定不消15点钟。写：3人　15下

5　x

$x=\frac{15\times3}{5}=9$。

啥咾什介做？因为三个匠人做一桩生活，用十五点钟，倘使五个匠人，用个工夫一定来得少，所以大数目5摆拉下面。

比方四个人做二十丈墙头，九个人做几丈呢？写：4人　20丈

9　x

$x=\frac{9\times20}{4}=5$丈。

为什么这个样子做呢？因为四个人做二十丈墙头，九个人一定不止二十丈，所以大数目9写在上面，这个是正比例的[34]比方。还有一个转比例的比方，就是三个人做一样生活，用15下钟工夫，五个人要做一样的生活，一定不要用15下钟。写：3人　15下

5　x

$x=\frac{15\times3}{5}=9$钟。

为什么这样做呢？因为三个人做一样生活，用十五下钟，若是有五个人，他们用的工夫，一定少，所以大数目5，写在下面。

36

$x=15\times\frac{3}{5}=\frac{15\times3}{5}=\frac{45}{5}=9$．

問 多項三率法個題目．那能做．

雖然能殼用上頭三個法子做．倒底用第三個法子．更加容易．比方．兩個匠人日逐做三下鐘生活．五日天打之九十丈籬笆．三個匠人日逐做七下鐘生活．二日天能殼打幾丈籬笆．什介能寫．

2個人 3下 5日 90丈
3 7 2 x

$x=90\times\frac{3\times7\times2}{2\times3\times5}=\frac{630}{5}$ 126．

答 我什介能話．兩個匠人打九十丈．三個匠人一定做得多．故所以大數目拉上面．日逐三下鐘．打九十丈．日逐七下鐘．一定打得多．故所以大數目拉上面．五

$x = 15 \times \frac{3}{5} = \frac{15 \times 3}{5} = \frac{45}{5} = 9$。

问：多项三率法个题目那能做？

答：虽然能够用上头三个法子做，倒底用第三个法子，更加容易。比方两个匠人，日逐做三下钟生活，五日天打之九十丈篱笆。三个匠人日逐做七下钟生活，二日天能够打几丈篱笆？什介能写：

2匠人　3下　5日　90丈

3　　　7　　2　　x

$x = 90 \times \frac{\cancel{3} \times 7 \times \cancel{2}}{\cancel{2} \times \cancel{3} \times 5} = \frac{630}{5} = 126$。

我什介能话，两个匠人打九十丈，三个匠人一定做得多，故所以大数目拉上面。日逐三下钟打九十丈，日逐七下钟一定打得多，故所以大数目拉上面。五

问：繁率比例求的缺率法的题目怎么样做？

答：虽然上头所说的法子，都是好用的，倒底用第三个法子，就是定格法更加便当。比方两个匠人，天天做三下钟生活，五天当中可以打九十丈墙头。三个匠人天天做七下钟生活，两天当中可以打几丈呢？我答应说，两个匠人可以打九十丈，三个匠人一定打得更多，所以大数写在上面。天天三下钟，他们打了九十丈；天天七下钟，一定打得更多，所以大数写在上面。五

37

日天打九十丈。兩日天一定打得少。故所以大數目拉下面寫 $x=90\times\frac{3\times7\times2}{2\times3\times5}=\frac{630}{5}=126$.

土话算学问答

日天打九十丈，两日天一定打得少，故所以大数目拉下面，写：

$$x = 90 \times \frac{\cancel{3} \times 7 \times \cancel{2}}{\cancel{2} \times \cancel{3} \times 5} = \frac{630}{5} = 126。$$

数学问答

天打九十丈，两天一定打得少，所以大数写在下面，如同：

$$x = 90 \times \frac{3 \times 7 \times 2}{2 \times 3 \times 5} = \frac{630}{5} = 126。$$ [35]

38

第七章借本取利規例

問 啥吽利錢．

答 就是借拉別人幾化銅錢裏向、得着個報答．

問 啥吽本錢．

答 就是借拉別人個幾化銅錢．

問 啥吽息．

答 息末就是一百個洋錢．一年當中．該當有個利錢．寫5p%

問 啥吽時候．

答 就是借銅錢出去個幾化日脚．

問 利錢有幾樣．

第七章　借本取利规例

问：啥叫利钱？

答：就是借拉别人几化铜钱里向，得着个报答。

问：啥叫本钱？

答：就是借拉别人个几化铜钱。

问：啥叫息？

答：息末就是一百个洋钱，一年当中，该当有个利钱写5p%。

问：啥叫时候？

答：就是借铜钱出去个几化日脚。

问：利钱有几样？

第七章　借本取利规例

问：什么叫利钱？

答：拿钱借给别人，所得的利息就叫利钱。

问：什么叫本钱？

答：我借给别人的钱就是本钱。

问：什么叫起息？

答：一百块洋钱，一年当中该当的利钱，比方五块洋钱就是叫起息，写5%。

问：什么叫时候？

答：就是借钱出去的多少日子。

问：利钱有几样？

39

答　有兩樣。就是按年統算個利錢。搭之利上加利。

問　啥咟按年個利錢。

答　倘使担本錢借拉別人。收每一年個利錢。第個利錢不加拉本錢上個。

問　啥咟利上加利。

答　就是担頭一年個利錢。併拉本錢上。做第二年個本錢。担第二年個利錢。併拉第二年個本錢上。做第三年個本錢。什介能一年一年加下去。直到還清本錢咾停。

問　那能曉得按年利錢個多少。

答：有两样。就是按年统算个利钱搭之利上加利。

问：啥叫按年个利钱？

答：倘使担本钱借拉别人，收每一年个利钱。第个利钱，不加拉本钱上个。

问：啥叫利上加利？

答：就是担头一年个利钱，并拉本钱上，做第二年个本钱。担第二年个利钱，并拉第二年个本钱上，做第三年个本钱。什介能一年一年加下去，直到还清本钱咾停。

问：那能晓得按年利钱个多少？

答：有两样。就是按年统算的，还有利上加利的。

问：什么叫按年统算的利钱？

答：就是单单借本钱，不拿每年所得的利钱，加在本钱上，再借出去的。[36]

问：什么叫利上加利？

答：就是我拿第一年的利钱，加在本钱上，做第二年的本钱。拿第二年的利钱，加在第二年的本钱上，做第三年的本钱。这个样子，年年加上去，直到还清的时候。

问：怎么样知道，按年统算的利钱多少？

40

答　有三個法子、頭一個、就是三率法當中第三個法子、比方、張三借拉李四一千二百個洋錢、話定每年收五分利、借之三年工夫、問李四該當還幾化銅錢寫

100本　1年　5息
1200　3　x　$x=5\times\frac{1200\times3}{100}=\frac{18000}{100}=180$.

第二個就是歸一核題法、寫

100本　1年　5息
1　1　$\frac{5}{100}$
1200　1　$\frac{5\times1200}{100}=60$

1200元　1年　60元
1200　3　60×3=180元.

第三個法子就是比例法、寫　$100:5\times3::1200:x$

$x=\frac{5\times3\times1200}{100}=180$.

問　要曉得幾化本錢、或者幾化利錢、或者幾化時候、或者幾分息、阿有啥公格式否、

答：有三个法子。头一个，就是三率法当中第三个法子。比方：张三借拉李四一千二百个洋钱，话定每年收五分利。借之三年工夫，问李四该当还几化铜钱？写：100本　1年　5息

1200　3　x

$x = 5 \times \frac{1200 \times 3}{100} = \frac{18000}{100} = 180$。

第二个就是归一核题法。写：100本　1年　5息

1　1　$\frac{5}{100}$

1200　1　$\frac{5 \times 1200}{100} = 60$

1200元　1年　60元

1200　3　$60 \times 3 = 180$元

第三个法子就是比例法。写：$100:5 \times 3 :: 1200:x$　$x = \frac{5 \times 3 \times 1200}{100} = 180$。

问：要晓得几化本钱，或者几化利钱，或者几化时候，或者几分息，阿有啥公格式否？

答：有三个法子。第一用求缺率法当中第三个法子，就是定格法。比方张三借给李四一千二百块洋钱，说定了每年五厘起息，5%借了三年，问李四该当还多少利钱？写：100本　1年　5息

1200　3　x

$x = 5 \times \frac{1200 \times 3}{100} = \frac{18000}{100} = 180$。

第二个就是用归一法。该当写：100本　1年　5息

1　1　$\frac{5}{100}$

1200　3　$\frac{5 \times 3 \times 1200}{100} = 180$[37]

第三个就是用比例法。写：$100:5 \times 3 :: 1200:x$　$x = \frac{5 \times 3 \times 1200}{100} = 180$。

问：要知道多少本钱，或是多少利钱，或是多少时候，或是几分起息，可有一定的公格式么？

41

答　有個儂看下頭就是．

倘使講年數個

$利=\frac{本\times時\times息}{100}$；

$本=\frac{利\times100}{時\times息}$；

$時=\frac{利\times100}{本\times息}$；

$息=\frac{利\times100}{本\times時}$；

倘使講月數個

$利=\frac{本\times時\times息}{100\times12}$；

$本=\frac{利\times100\times12}{時\times息}$；

$時=\frac{利\times100\times12}{本\times息}$；

$息=\frac{利\times100\times12}{本\times時}$；

倘使講日脚個

$利=\frac{本\times時\times息}{100\times360}$；

$本=\frac{利\times100\times360}{時\times息}$；

$時=\frac{利\times100\times360}{本\times息}$；

$息=\frac{利\times100\times360}{本\times時}$；

土话算学问答

答：有个。依看下头就是：

倘使讲年数个

$$利=\frac{本\times时\times息}{100};\quad 本=\frac{利\times100}{时\times息};\quad 时=\frac{利\times100}{本\times息};\quad 息=\frac{利\times100}{本\times时};$$

倘使讲月数个

$$利=\frac{本\times时\times息}{100\times12};\quad 本=\frac{利\times100\times12}{时\times息};\quad 时=\frac{利\times100\times12}{本\times息};\quad 息=\frac{利\times100\times12}{本\times时};$$

倘使讲日脚个

$$利=\frac{本\times时\times息}{100\times360};\quad 本=\frac{利\times100\times360}{时\times息};\quad 时=\frac{利\times100\times360}{本\times息};\quad 息=\frac{利\times100\times360}{本\times时};$$

数学问答

答：有的。请看下面：

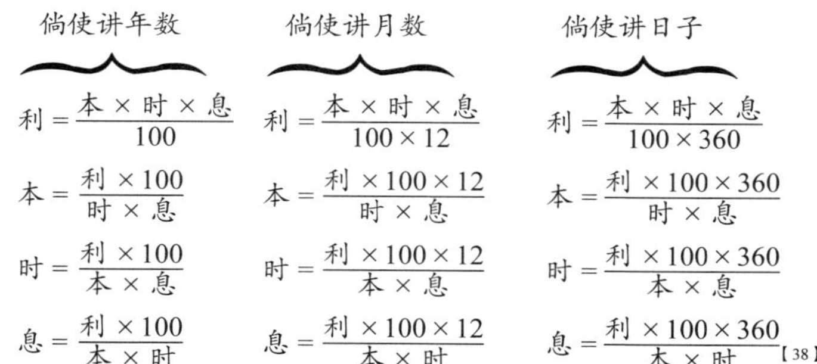

倘使讲年数

$$利=\frac{本\times时\times息}{100}\quad 本=\frac{利\times100}{时\times息}\quad 时=\frac{利\times100}{本\times息}\quad 息=\frac{利\times100}{本\times时}$$

倘使讲月数

$$利=\frac{本\times时\times息}{100\times12}\quad 本=\frac{利\times100\times12}{时\times息}\quad 时=\frac{利\times100\times12}{本\times息}\quad 息=\frac{利\times100\times12}{本\times时}$$

倘使讲日子

$$利=\frac{本\times时\times息}{100\times360}\quad 本=\frac{利\times100\times360}{时\times息}\quad 时=\frac{利\times100\times360}{本\times息}\quad 息=\frac{利\times100\times360}{本\times时}$$

【38】

42

問　利上加利個規矩那能個、

答　算頭一年利錢、如同刻刻講拉個法子、不過到之第二年末、拉頭一年個利錢、併拉本錢裏向、做第二年個本錢、到之第三年末、併第二年個本錢利錢拉一淘、做第三年個本錢、什介能、逐年逐年算、逐年逐年加增本錢、直到還清個時候停、

問　什介看起來、是借幾年、要算幾躺個者、

答　是拉個比方、張三借拉李四一千二百洋錢、借之二年咾四個月、話定一百洋錢、每年五分利、照利上加利規矩算起來、李四該當還幾化銅錢、話頭一年該

问：利上加利个规矩那能个？

答：算头一年利钱，如同刻刻讲拉个法子。不过到之第二年末，担头一年个利钱，并拉本钱里向，做第二年个本钱。到之第三年末，并第二年个本钱、利钱拉一淘，做第三年个本钱。什介能，逐年逐年算，逐年逐年加增本钱，直到还清个时候停。

问：什介看起来，是借几年，要算几躺[①]个者？

答：是拉个。比方，张三借拉李四一千二百洋钱，借之二年咾四个月，话定一百洋钱，每年五分利。照利上加利规矩算起来，李四该当还几化铜钱？话头一年该

① 躺：即“趟”。

问：利上加利的规矩，怎么样做法？

答：该当算第一年的利钱，照方才讲的法子。到了第二年，拿头一年的利钱并在本钱上，当做第二年的本钱。到了第三年，还要并第二年的本钱、利钱，当做第三年的本钱。这个样子每年每年的算下去，直到还清的时候。

问：这样看来，借几年要算几回了？

答：是的。比方张三借给李四一千二百块洋钱，借了二年零四个月，说定一百块洋钱，每年五厘起息。照利上加利的规矩算，李四该当还几块洋钱呢？说第一年该当照按年统算法，

43

當照按年利錢算就是 $\frac{1200\times5\times1}{100}=60$. 六十個洋錢就併六十個洋錢拉本錢裏向共總1260. 當第二年個本錢那末算第二年個利錢就是 $\frac{1260\times5\times1}{100}=63$. 六十三塊就併六十三拉一千二百六十裏向共總1323. 當第三年裏四個月個本錢那末算四個月裏向有個利錢就是 $\frac{1323\times5\times4}{100\times12}=22.05$. 二十二塊五分. 末腳併兩年咾四個月個利錢就是

60
63
22,05
145,05.

一百四十五塊零五分. 第個就是李四該當還個利錢.

当照按年利钱算，就是$\frac{1200\times5\times1}{100}=60$，六十个洋钱。就并六十个洋钱拉本钱里向，共总1260，当第二年个本钱。那末算第二年个利钱，就是$\frac{1260\times5\times1}{100}=63$，六十三块，就并六十三拉一千二百六十里向，共总1323，当第三年里四个月个本钱。那末算四个月里向有个利钱，就是$\frac{1323\times5\times4}{100\times12}=22,05$，二十二块五分。末脚并两年咾四个月个利钱，就是(图例见左页)，一百四十五块零五分，第个就是李四该当还个利钱。

就是$\frac{1200\times5\times1}{100}=60$，六十块，就加六十块洋钱在本钱上，共有1260当做第二年的本钱。再计第二年的利钱，就是$\frac{1260\times5\times1}{100}=63$，六十三块，就加六十三块在一千二百六十块上，共有1323当做第三年四个月的本钱。再算四个月的利钱，就是$\frac{1323\times5\times4}{100\times12}=22,05$，[39]二十二块五分。末末了拿两年零四个月的利钱并在一齐，就是$60+63+22,05=145,05$，一百四十五块零五分，这个就是李四该当还的利钱。

44

第八章扣利法

問　啥叫扣利錢、

答　就是借拉個本錢、不到定當拉個時候討還、那末不還完全個本錢、還要除脫幾錢、比方、現在張三借拉李四一千塊洋錢、話定當開年第腳辰光咾還個、倒過之半年、張三就去討還洋錢、介末李四、第一、只還半年個利錢因為借得半年咾、第二、拉本錢裏向、還要除脫幾錢。

問　介末除脫幾化呢。

答　除脫本錢半年工夫出個利息、就是

第八章　扣利法

问：啥叫扣利钱？

答：就是借拉个本钱，不到定当拉个时候讨还，那末不还完全个本钱，还要除脱几钱。比方：现在张三借拉李四一千块洋钱，话定当开年第脚辰光咾还个。倒过之半年，张三就去讨还洋钱。介末李四第一，只还半年个利钱，因为借得半年咾；第二，拉本钱里向，还要除脱几钱。

问：介末除脱几化呢？

答：除脱本钱半年工夫出个利息，就是：100本　12月　5息

1000　6　x

第八章　扣银法

问：什么叫扣银法？

答：扣银法，就是借的本钱不到说定的时候就讨还，既然这样，放主不但没有名分得着完全的利钱，并且借主还要扣去他借来的本钱。比方放主张三借给李四一千块洋钱，每年五厘起息，说定过了一年要还的，过了三个月，张三就去讨还洋钱，借主李四单单还他三个月的利钱，就是十二块五角。因为单单借三个月的缘故，况且借主李四还要在本钱上扣去三十七块五角。

问：为什么缘故要扣去三十七块五角呢？

答：因为李四九个月工夫，不能够用张三借给他的一千块洋钱，就不能够[40]得九个月的利钱，就是方才说的三十七块五角。

问：过了三个月，李四该当还给张三共总多少钱呢？

45

$x = \frac{1000 \times 5 \times 6}{100 \times 12} = \frac{300}{12} = 25.$

二十五塊。還利錢二十五塊。拉本錢裏向扣脫二十五塊。共總還一千塊。

$1000 - 25 = 975 + 25 = 1000.$

$x=\frac{1000\times5\times6}{100\times12}=\frac{300}{12}=25$。

二十五块，还利钱二十五块，拉本钱里向扣脱二十五块，共总还一千块，$1000-25=975+25=1000$。

答：从本钱上扣去了三十七块五角，余下还有九百六十二块五角。拿以上所算的三个月的利钱，就是十二块五角，加在九百六十二块五角上，得九百七十五块。这就是过了三个月，李四该当还给张三的钱。

100本　12月　5息

1000　9　x

$$x=\frac{5\times1000\times9}{100\times12}=\frac{5\times10\times3}{4}=\frac{5\times5\times3}{2}=\frac{75}{2}=37{,}5$$

这就是李四九个月应得的利钱，因为得不着，故在张三本钱上扣去。

100本　12月　5息

1000　3　x

$$x=\frac{1000\times3\times5}{100\times12}=\frac{10\times3\times5}{12}=\frac{5\times5}{2}=\frac{25}{2}=12{,}5$$

这就是李四该当给张三，三个月的利钱。

$1000-37{,}5=962{,}5$　　$962{,}5+12{,}5=975$

这就是过了三个月李四该当还张三的钱。[41]

问：总而言之，照扣银法该当扣多少钱呢？

答：要看你本钱少借给我多少时候，我不单单少给你多少时候的利钱，并且还要扣去在这多少时候，我能够得着的利钱。比方你本钱少借给我七个月，我少给你七个月利钱，还要扣去在这七个月可以得的利钱。

46

第九章按股遞分法

問 啥叫按股遞分、

答 就是幾個人大家合本做生意、賺個利錢、或者虧個本錢、照各人個本錢多少咾分利錢、或者出本錢、

問 第個法子那能做、

答 先看各人放本錢個時候同否、倘使不同個、介末担各人放本錢個時候乘各人個本錢、那末併各人個本錢拉一起做、公法數、就担各人個本錢乘得着個利錢或者虧脫個本錢、結數担公法數分之就得着、比方、張李王三家頭一淘做生意、張出235個洋錢、李

第九章　按股递分法

问：啥叫按股递分？

答：就是几个人大家合本做生意，赚个利钱或者亏个本钱，照各人个本钱多少咾分利钱，或者出本钱。

问：第个法子那能做？

答：先看各人放本钱个时候同否。倘使不同个，介末担各人放本钱个时候，乘各人个本钱，那末并各人个本钱拉一起，做公法数，就担各人个本钱，乘得着个利钱，或者亏脱个本钱，结数担公法数分之，就得着。比方：张、李、王三家头一淘做生意，张出275个洋钱，李

第九章　按股递分法

问：什么叫按股递分法？

答：就是几个人，拿本钱合在一齐做生意，赚的利钱，或者赔的本钱，都该当分派，照各人所出本钱的多少。

问：这个法子怎么样用呢？

答：先该当看各人出本钱的时候，一样长久么？若不是一样长久，要拿各人出本钱的时候来乘各人的本钱，后并在一齐，拿一总人的本钱，当做公法数，就拿各人的本钱，乘所得着的利钱，或者乘所赔着的本钱，结数拿公法数来分，就好了。比方张、李、王三人一齐做生意，张出275块洋钱，李

出475個洋錢．王出500個洋錢．生意好賺之一百五十個洋錢．問那能分法．照上頭個法子．寫

$$\begin{array}{r}275\\475\\500\\ \hline 1250\end{array}$$

$$張=\frac{275\times150}{1250}=33塊$$

$$李=\frac{475\times150}{1250}=57塊$$

$$王=\frac{500\times150}{1250}=60塊$$

張得着三十三塊

李得着五十七塊

王得着六十塊

出475个洋钱，王出500个洋钱，生意好，赚之一百五十个洋钱，问：那能分法？照上头个法子，写(图例见左页)。

张$=\frac{275\times 150}{1250}=33$块

李$=\frac{475\times 150}{1250}=57$块

王$=\frac{500\times 150}{1250}=60$块

张得着三十三块，

李得着五十七块，

王得着六十块。

出[42]475块洋钱，王出500块洋钱，他们赚了一百五十块洋钱，问怎么样分呢，答照上头的法子，就是(图例10)。

张$=\frac{275\times 150}{1250}=33$块

李$=\frac{475\times 150}{1250}=57$块

王$=\frac{500\times 150}{1250}=60$块

张得三十三块，

李得五十七块，

王得六十块。

$$\begin{array}{r}275\\475\\500\\\hline 1250\end{array}$$

图例10

第十章通行遞折法

問　啥吽通行遞折、

答　幾個人分一票銅錢、比方做生意賺着個利錢、大家話定照啥個分法、比方照三、七、九、十二、折個四個人就照各人個數目咾分、

問　那能做法、

答　先担股數併起來、做公法數、那末担股數乘賺拉個利錢、末腳担公法數來分、就得着、比方甲、乙、丙、丁、四個人照五、七、八、十二、股分咾、大家分一千二百洋錢、問各人担着幾塊洋錢、法子、担股分併疊、

5
7
8
12
———
32、

第十章　通行递拆法

问：啥叫通行递拆？

答：几个人分一票铜钱。比方照生意赚着个利钱，大家话定照啥个分法，比方照三、七、九、十二拆个，四个人就照各人个数目咾分。

问：那能做法？

答：先担股数并起来，做公法数，那末担股数乘赚拉个利钱，末脚担公法数来分，就得着。比方：甲、乙、丙、丁四个人，照五、七、八、十二股分咾，大家分一千二百洋钱，问：各人担着几块洋钱？法子[①]，担股分并叠：(图例见左页)

① 法子：此处疑有脱文，或为"照上头个法子"。

第十章　通行递折法

问：什么叫通行递折法？

答：就是几个人分一票洋钱。比方做生意，赚的利钱，一齐说定了什么分法，比方说定了要照三、七、九、十二分派的，四个人就照各人的数目分派。【43】

答：怎么样做？

问：先拿股数并起来做公法数，后拿股数乘赚的利钱，末了儿拿公法数来分，就得着了。比方甲、乙、丙、丁四个人，照五、七、八、十二股分，一齐分一千二百块洋钱，各人得多少呢？答照通行递折法，拿股分并成(图例11)。

$$\begin{array}{r}5\\7\\8\\12\\\hline 32\end{array}$$

图例11

49

得着三十二。做公法數。那末担各人個股數。乘銀數。結數担公法數分之。就得着寫

$甲 = \frac{1200\times5}{32} = 187.5$.

$乙 = \frac{1200\times7}{32} = 262.5$.

$丙 = \frac{1200\times8}{32} = 300$.

$丁 = \frac{1200\times12}{32} = 450$.

甲得着一百八十七塊五角。乙得着二百六十二塊五角。丙得着三百塊。丁得着四百五十塊。

得着三十二,做公法数。那末担各人个股数乘银数,结数担公法数分之,就得着。写:

$$甲 = \frac{1200 \times 5}{32} = 187{,}5$$

$$乙 = \frac{1200 \times 7}{32} = 262{,}5$$

$$丙 = \frac{1200 \times 8}{32} = 300$$

$$丁 = \frac{1200 \times 12}{32} = 450$$

甲得着一百八十七块五角,乙得着二百六十二块五角,丙得着三百块,丁得着四百五十块。

得着三十二,做公法数,就拿各人的股数乘银子的数目,结数用公法数来分就是了。如同:

$甲 = \frac{1200 \times 5}{32} = 187{,}5$,甲得着一百八十七块五角;

$乙 = \frac{1200 \times 7}{32} = 262{,}5$,乙得着二百六十二块五角;

$丙 = \frac{1200 \times 8}{32} = 300$,丙得着三百块;

$丁 = \frac{1200 \times 12}{32} = 450$,丁得着四百五十块。[44]

50

第十一章攙雜法

問 啥咩攙雜法、

答 就是有多化同類個物事、好咾啉不是一樣、價錢也不是一樣、那末現在要好咾啉併拉一淘賣、該當照啥價錢、用第個法子、可以曉得、

問 那能做法、

答 先併幾化攙和個物事個價錢拉一起、總數末担幾化物事個總數目來分之、就得着折中價錢、

問 比方、有上、中、下、三等白米、上等二十四石、每石價錢兩元六角、中等三十石、每石兩元三角五分、下等四

土话算学问答

第十一章 搀杂法

问：啥叫搀杂法？

答：就是有多化同类个物事，好咾怺[1]不是一样，价钱也不是一样。那末现在要好咾怺并拉一淘卖，该当照啥价钱？用第个法子，可以晓得。

问：那能做法？

答：先并几化搀和个物事个价钱拉一起，总数末担几化物事个总数目来分之，就得着折中价钱。

问：比方有上、中、下三等白米，上等二十四石，每石价钱两元六角，中等三十石，每石两元三角五分，下等四

---

① 怺：差。

数学问答

第十一章 搀杂法

问：什么叫搀杂法？

答：就是有许多同类的货物，好的也有，歹的也有，价钱也不是一样。现在要拿好的、歹的东西并在一齐卖出去，用搀杂法可以知道，要卖什么价数。

问：怎么可以知道？

答：先拿许多搀和货物的价钱并在一齐，得着的总数，拿许多货物的总钱来分，就得着折中价钱。

问：比方有上、中、下三等百米，上等二十四石，每石价钱两元六角，中等三十石，每石两元三角五分，下等四

51

十二石每石兩元二角。倘使攙和之糶起來每石該當幾元幾角。

答。先担每等米價相乘。併疊得着

24 × 2,6 = 62,4
30 × 2,35 = 70,5
42 × 2,2 = 92,4
225,3.

二百二十五元三角。那末担三等米石數併起來得着

24
30
42
96.

九十六石。末脚担九十六歸二百二十五元三角得着

$\frac{225,3}{96} = 2,34\ldots\ldots$

兩元三角四分有零。第個就是折中個價錢。

十二石,每石两元二角。倘使搀和之粜起来,每石该当几元几角?

答:先担每等米价相乘,并叠得着:

$$
\begin{aligned}
24 \times 2,6 &= 62,4 \\
30 \times 2,35 &= 70,5 \\
42 \times 2,2 &= \underline{92,4} \\
& \quad 225,3
\end{aligned}
$$

二百二十五元三角,那末担三等米石数并起来,得着(图例见左页),九十六石。末脚担九十六归二百二十五元三角,得着:$\frac{225,3}{96} = 2,34\cdots\cdots$ 两元三角四分有零,第个就是折中个价钱。

十二石,每石两元二角,若是和搀了粜出去,每石该当有几元几角?

答:先拿三等米,每等石数,和每等每石的价钱乘起来,得着[45]

每等石数	24	30	42
	×	×	×
每石价钱	2,6	2,35	2,2
	‖	‖	‖
价钱总数	62,4	70,5	92,4
			225,3

共得二百二十五元三角,后拿三等米的石数并起来,得着 $24 + 30 + 42 = 96$,九十六石,末了儿拿九十六归二百二十五元三角,得着 $= \frac{225,3}{96} = 2,34$,两元三角四分有零,这个就是折中的价钱。

52

問 我有荳油一簍．每斤八十五錢．花子油一簍．每斤六十錢．我要攙和之賣．定當折中價七十二錢．問儂荳油攙幾斤．花子油攙幾斤．那末公道．

答 用梅花圖法子．就是

85荳 13

72

60花 12

(85-72=13
72-60=12).

担十二十三倒轉來．成功

85 12

72

60 13

85=12
60=13.

就是荳油該當攙十二斤．花子油攙十三斤．

问：我有豆油一篓，每斤八十五钱，花子油一篓，每斤六十钱，我要搀和之卖，定当折中价七十二钱。问：依豆油搀几斤，花子油搀几斤，那末公道？

答：用梅花图法子，就是：

85豆　13

72

60花　12

（85 − 72 = 13，72 − 60 = 12）

担十二、十三倒转来，成功：

85　12

72

60　13

85 = 12，60 = 13

就是豆油该当搀十二斤，花子油搀十三斤。

问：我有豆油一篓，每斤八十五文，花油一篓，每斤六十文，搀和了卖。定折中的价钱七十二文，问：豆油搀多少斤，花油搀多少斤？

答：用梅花图法子，就是了，如同：

85豆油　13

72

60花油　12

拿十二、十三倒转来，[46]成功

85　12

72

60　13

就是豆油该当搀十二斤，花油搀十三斤。

53

第十二章折中計算法

問 啥叫折中計算法．

答 拉幾個不同個數目裏向尋折中個數目．

問 比方第一日米價兩元九角．第二日米價兩元六角五分．第三日米價兩元八角五分．問第個三日當中．折中個米價幾化．

答 先担三數併疊就是 2,9 2,65 2,85 8,40．那末担3來分之就得着．8,40:3=2,80．兩元八角．

第十二章　折中计算法

问：啥叫折中计算法?

答：拉几个不同个数目里向，寻折中个数目。

问：比方第一日米价，两元九角；第二日米价，两元六角五分；第三日米价，两元八角五分。问：第个三日当中，折中个米价几化?

答：先担三数并叠，就是(图例见左页)，那末担3来分之，就得着8,40 : 3 = 2,80，两元八角。

第十二章　折中计算法

问：什么叫折中计算?

答：就是在几个不同的数目里头，找折中的数目。

问：比方米价，第一日，两元九角；第二日，两元六角五分；第三日，两元八角五分。问：这三天中，折中的米价多少?

答：先拿三数并成，就是(图例12)。

后拿3来分，得着：

8,40 : 3 = 2,8

两元八角。

```
 2,9
 2,65
 2,85
-----
 8,40
```

图例12

第十三章開乘方法

問 啥呌數目個乘方數、

答 就是一個數目。自家乘一回。或者乘幾回個結數、比方、25 呌 5 個一回乘方、因為 5 自家乘自家一回、5X5=25 得着 25。125 呌 5 個立方、或者呌兩回乘方。因為 5 自家乘兩回 5X5X5= 得着一百二十五。三回四回亦什介能。

問 那能寫法。

答 什介寫法。$5^2=25$；$5^3=125$；$5^4=625$. 別個也什介能。

問 拉比方裏向 5 呌啥。

答 呌方根就是其自家該當乘自家一回或者幾回。

第十三章　开乘方法

问：啥叫数目个乘方数？

答：就是一个数目，自家乘一回，或者乘几回个结数。比方25叫5个一回乘方，因为5自家乘自家一回，5×5＝25得着25；125叫5个立方，或者叫两回乘方，因为5自家乘两回5×5×5得着一百二十五。三回、四回，亦什介能。

问：那能写法？

答：什介写法：$5^2=25$；$5^3=125$；$5^4=625$。别个也什介能。

问：拉比方里向，5叫啥？

答：叫方根，就是其自家该当乘自家，一回或者几回。

第十三章　开乘方法

问：什么叫数目的乘方数？

答：一个数目自己乘自己，或是乘一次，或是乘几次的结数，就是叫数目的[47]乘方数。比方25叫5的一次乘方，因为5自己乘自己一次，5×5＝25得着25；125叫5的立方，或是叫两次乘方，因为5自己乘自己两次，5×5×5＝125得着一百二十五。三次、四次也是这样讲的。

问：怎么样写呢？

答：写$5^2=25$，$5^3=125$，$5^4=625$。别个也是这样写的。

问：5叫什么？

答：叫方根，就是自己该当乘自己一次，或是乘几次。

55

問　5^2字上2字吽啥。

答　吽指數是伊指點5字該當自乘幾回。拉比方裏向。是一回。

問　自乘一回。啥咾寫2字。

答　2字解釋該當寫兩個5字大家乘。25吽5字個一回乘方。125吽5字個兩回乘方。

問　啥吽尋一個數目個方根。比方尋25個方根。或者尋125個方根。

答　比方有一個大數目。如同25。或者125。現在要尋一個小數目。其自家乘自家乘之一回或者乘之幾回。重问：5^2字上2字叫啥?

答：叫指数，是伊指点5字该当自乘几回。拉比方里向，是一回。

问：自乘一回，啥咾写2字?

答：2字解释，该当写两个5字大家乘。25叫5字个一回乘方，125叫5字个两回乘方。

问：啥叫寻一个数目个方根，比方寻25个方根，或者寻125个方根?

答：比方有一个大数目，如同25，或者125，现在要寻一个小数目，其自家乘自家，乘之一回，或者乘之几回，重

数学问答

问：5^2字上2字叫什么?

答：叫指数，就是指点5字，该当自己乘自己几次，这里不过是一次。

问：自己乘自己一次为什么写2字呢?

答：2字解说该当写两回5字，一齐相乘。25叫5字的一次乘方，125叫5字的两次乘方。[48]

问：什么说找一个数目的方根，比方找25的方根，或是找125的方根?

答：比方有一个大数目，25或是125，现在要找一个小数目，他自己乘自己一次，或是几次，重

56

問　新得着前頭個大數目、拉比方裏向、小數目5是方根、因為5自乘一回、得着25、5自乘兩回、得着125、那能寫法、

答　寫 $\sqrt{25}=5$、就是25一回自乘個方根是5、一回自乘個記號上不必寫2字、寫 $\sqrt[3]{125}=5$、就是125個立方根、或者兩回自乘個方根是5、

問　25咾125是啥、

答　是數目、現在伲拉尋伊拉個方根、

問　$\sqrt[3]{}$ 第個記號上個3字啥解釋、

答　就是吽指方根數、此地是指立方根數、

新得着前头个大数目。拉比方里向，小数目5是方根，因为5自乘一回，得着25；5自乘两回，得着125。

问：那能写法？

答：写$\sqrt{25=5}$，就是25一回自乘个方根，是5，一回自乘个记号上，不必写2字；写$\sqrt[3]{125=5}$，就是125个立方根，或者两回自乘个方根，是5。

问：25咾125是啥？

答：是数目，现在伲拉寻伊拉个方根。

问：$\sqrt[3]{\quad}$ 第个记号上个3字啥解释？

答：就是叫指方根数，此地是指立方根数。

新得着前头的大数目。在比方上的小数目5，就是方根，因为5自己乘自己一次，得着25；5自己乘自己两次，得着125。

问：怎么样写呢？

答：该当写$\sqrt{25}=5$，这25自乘一回的方根就是5，凡自乘一回的记号上不必写2字；$\sqrt[3]{125}=5$这125的立方根，或叫自乘两回的方根，就是5。

问：25和125是什么？

答：是数目现在要找他的方根。

问：$\sqrt[3]{\quad}$ 这个记号上的3字，什么解说呢？

答：叫指方根数，这里是指立方根数。

57

問　一回乘方個規矩、那能做法、

答　我用一個比方來講、比方、要尋七萬四千五百二十九個一回乘方數什介能寫、

```
         |273
         |---------
7,45,29  |47  |543
4        | 7  |  3
----     |--- |-----
345      |329 |1629
329
----
 1629
 1629
 ----
 0000
```

什介解釋、從右面起頭分數目、兩個兩個一行抽出第一行七字個方根、就是2、寫拉橫畫上頭⌐2担2來乘第個2字、得着4、4寫拉2字下面|2/4、從7裏向除、剩3、那末放下第二行45、就有345、担5字搊開、345、担4來分34、得着七回、7字寫三個地方、第一

土话算学问答

问：一回乘方个规矩，那能做法？

答：我用一个比方来讲。比方：要寻七万四千五百二十九个一回乘方数，什介能写：(图例见左页)。

什介解释，从右面起头分数目，两个两个一行，抽出第一行七字个方根，就是2，写拉横画上头，(图例见左页)，担2来乘第个2字，得着4。4写拉2字下面，(图例见左页)，从7里向除，剩3。那末放下第二行45，就有345。担5字(拘)[钩]开，(图例见左页)，担4来分34，得着七回。7字写三个地方，第一

数学问答

问：一次乘方的规矩，怎么样做呢？【49】

答：我用一个比方来讲。比方要找七万四千五百二十九的一次乘方数，怎么样写呢？(图例13)。这样解说，从右面起头，分开数目，每两个做一行抽出第一行七字的方根，就是2，写在横画上头，(图例14)。拿2来乘这个2得着4，写4在2字下头，(图例15)。从7里除，剩3，后来放下第二行45，就有345。拿5字钩开，(图例16)，拿4来分，(图例17)，得着七回。7字分写三处，第一

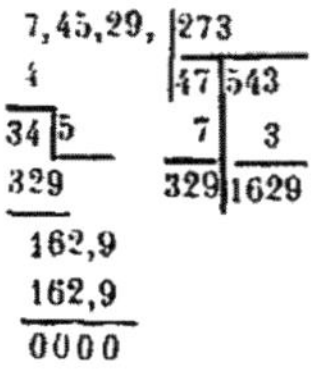

7,45,29,　273
4　　　47　543
34 5　　7　3
329　329　1629
162,9
162,9
0000

图例13

2

图例14

2
4

图例15

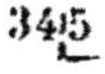

345

图例16

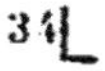

34

图例17

58

問　答

拉2字右邊|22、第二、拉4個右邊|47第三、拉47個下
頭、|47 那末乘得着三百二十九、|47 7/329、329從345裏除
脫、345/329/16 剩十六、放下末脚一行29就有1629、也拘開
9字、1629、担2來乘27、得着54、127|54、担54分162、得着三
回、3字也寫三個地方、如同刻刻一樣、273|543 3、那末
乘得着1629、就從1629裏除、無啥餘下來、故所以74529個一
回方根就是273、因為273自家乘一回、重新得着74529、
兩回乘方、三回乘方、四回乘方哾啥個規矩有否、
兩回乘方個規矩有是有個、倒底是嚕嗦哾難做個。
為四回五回哾啥個乘方、無得另外個規矩總而言

拉2字右边，(图例见左页)，第二拉4个右边，(图例见左页)，第三拉47个下头，(图例见左页)。那末乘，得着三百二十九，(图例见左页)，329从345里除脱，(图例见左页)，剩十六。放下末脚一行29，就有1629，也拘开9字，(图例见左页)，担2来乘27，得着54，(图例见左页)。担54分162，得着三回，3字也写三个地方，如同刻刻一样，(图例见左页)。那末乘，得着1629，就从1629里除，无啥余下来。故所以74529个一回方根，就是273，因为273自家乘一回，重新得着74529。

问：两回乘方、三回乘方、四回乘方咾啥个规矩有否？

答：两回乘方个规矩，有是有个，倒底是噜苏①咾难做个。为四回、五回咾啥个乘方，无得另外个规矩。总而言

① 噜苏：啰嗦。

在2字右边，(图例18)，第二在4字右边，(图例19)，第三在47的下面，然后乘，得着三百二十九，(图例20)。从345里除，345－329＝16剩十六。放下末了一行29，就有1629。也钩开9字，(图例21)，拿2来乘27，得着54，(图例22)。拿54来分162，得三次。3字也分写三处，如同上头一样，(图例23)。后来乘，得1629，[50]就从1629里除，没有余数。所以74529的一次方根，就是273，因为273自己乘自己一次，重新得着74529。

问：两次、三次、四次乘方的规矩有么？

答：两次乘方的规矩，虽然有的，然而不便易做。四次、五次乘方，没有格外的规矩。总而言

图例18 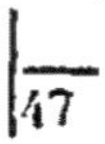 图例19 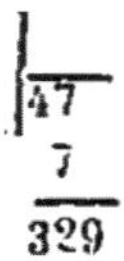 图例20 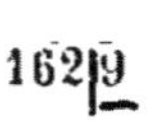 图例21 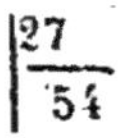 图例22 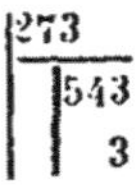 图例23

59

之尋。隨便那裏一個方根。從一回乘方起頭。用對數來做。又是便當咾又是快。

之，寻随便那里一个方根，从一回乘方起头，用对数来做，又是便当咾又是快。

之，若是要找着随便那一个方根，从一次乘方起头，用对数来做，更便易了。[51]

第十四章　对数

问：什么叫寻一个数目的对数？

答：就是寻方根该当放什么指数，仍旧能够得一个数目。如同寻一千的对数，就是寻方根十，该当放什么指数，仍旧得着一千。指数是三，因为$10^3 = 10 \times 10 \times 10 = 1000$。如同寻一百的对数，就是寻方根十，该当放什么指数，仍旧能够得着一百。指数是二，因为：$10^2 = 10 \times 10 = 100$。

问：对数分别的是什么？

答：分别加拉克对利斯的格①就是整数，忙帝斯②就是尾数。

问：什么样知道一个数目的对数？

答：请看对数表上。不过对数表上只写尾数，不写整数。

问：为什么不写整数？

答：因为一看要寻对数的一个数目，就能够知道整数了。

问：什么样能够就知道整数？【52】

答：比方寻125的对数，便知道整数是二；比方寻10058的对数，便知道整数是四。因为整数常常比要寻对数的数目号码少一个，其余可以照这样的推想。

问：对数有什么一定的规矩？

答：有一定的规矩四条：

一、两个数目结数的对数，就是实数、法数、对数的总数。

如：$\text{Log}(5 \times 6) = \text{Log}5 + \text{Log}6$，寻5和6的对数在表上，知道$\text{Log}5 = 0,69897$，$\text{Log}6 = 0,77815$。照法加并，$0,69897 + 0,77815 = 1,47712$，拿总数寻在对数表上，该当知道总数有整数一。寻在十

① 加拉克对利斯的格：即characteristic，指常用对数的整数部分。
② 忙帝斯：即mantissa，指常用对数的小数部分。

到一百的当中，得着1,47712就是5的对数。

二、次数的对数，就是实数、法数、对数的较数。

如同$\text{Log}\frac{25}{5}=\text{Log}25-\text{Log}5$，寻在对数表上，得着$\text{Log}25=1,39794$，$\text{Log}5=0,69897$。照法除了，[53]$1,39794-0,69897=0,69897$，拿较数寻在表上。因为没有整数，所以寻在一到十的当中，得着0,69897就是5的对数。

三、一个数目乘方的对数，就是方根的对数乘指数。

如同$\text{Log}4^3=\text{Log}4\times 3$，寻4的对数在表上，得着$\text{Log}4=0,60260$，拿3乘了，得1,80618。以结数寻在表上，十到百的当中，得着1,80618是64的对数。

四、一个数目开乘方的对数，就是方根的对数，拿指方根数归。

如同$\text{Log}\sqrt[3]{729}=\text{Log}729:3$，寻729的对数在表上，得着$\text{Log}729=2,86273$，拿3归了，得着0,95424，不能够归尽，就拿次数寻在表上一到十的当中，得着0,95424就是9的对数。

也如同$\text{Log}\sqrt[3]{625}=\text{Log}625:4$，寻在表上，得着$\text{Log}625=2,79588$，拿4归了，得着0,69897。拿这个次数寻在表上，一到十的当中，得着0,69897是5的对数。

（后略）

九九合數表

1×1=1	2×1=2	3×1=3	4×1=4
1×2=2	2×2=4	3×2=6	4×2=8
1×3=3	2×3=6	3×3=9	4×3=12
1×4=4	2×4=8	3×4=12	4×4=16
1×5=5	2×5=10	3×5=15	4×5=20
1×6=6	2×6=12	3×6=18	4×6=24
1×7=7	2×7=14	3×7=21	4×7=28
1×8=8	2×8=16	3×8=24	4×8=32
1×9=9	2×9=18	3×9=27	4×9=36
1×10=10	2×10=20	3×10=30	4×10=40

5×1=5	6×1=6	7×1=7	8×1=8
5×2=10	6×2=12	7×2=14	8×2=16
5×3=15	6×3=18	7×3=21	8×3=24
5×4=20	6×4=24	7×4=28	8×4=32
5×5=25	6×5=30	7×5=35	8×5=40
5×6=30	6×6=36	7×6=42	8×6=48
5×7=35	6×7=42	7×7=49	8×7=56
5×8=40	6×8=48	7×8=56	8×8=64
5×9=45	6×9=54	7×9=63	8×9=72
5×10=50	6×10=60	7×10=70	8×10=80

9×1=9	10×1=10
9×2=18	10×2=20
9×3=27	10×3=30
9×4=36	10×4=40
9×5=45	10×5=50
9×6=54	10×6=60
9×7=63	10×7=70
9×8=72	10×8=80
9×9=81	10×9=90
9×10=90	10×10=100

辣丁號碼

I 或 i 或 j　V 或 v　X 或 x

L 或 l　C 或 c　D 或 d　M 或 m

I	1	XXXI	31
II	2	XXXIV	34
III	3	XXXIX	39
IV	4	XL	40
V	5	XLV	45
VI	6	L	50
VII	7	LI	51
VIII	8	LIX	59
IX	9	LX	60
X	10	LXIV	64
XI	11	LXX	70
XII	12	LXXX	80
XIII	13	XC	90
XIV	14	XCIX	99
XV	15	C	100
XVI	16	CI	101
XIX	19	CCC	300
XX	20	CD 或 IV^c	400
XXI	21	DC 或 IƆC	600
XXIV	24	CM	900
XXIX	29	MM 或 II^m	2000
XXX	30	MMM	3000

數目表

德文	華文
eins	一
zwei	二
drei	三
vier	四
fünf	五
sechs	六
sieben	七
acht	八
neun	九
zehn	十
elf	十一
zwoelf	十二
dreizehn	十三
vier "	十四
fünf "	十五
sechs "	十六
sieben "	十七
acht "	十八
neun "	十九
zwanzig	廿
einund "	廿一
zwei " "	廿二
dreissig	卅
vierzig	四十
fünfzig	五十
sechzig	六十
siebenzig	七十
achtzig	八十
neunzig.	九十

数目表

	英文	法文
1	one	un
2	two	deux
3	three	trois
4	four	quatre
5	five	cinq
6	six	six
7	seven	sept
8	eight	huit
9	nine	neuf
10	ten	dix
11	eleven	onze
12	twelve	douze
13	thirteen	treize
14	four "	quatorze
15	fifteen	quinze
16	six "	seize
17	seven "	dix-sept
18	eight "	dix-huit
19	nine "	dix-neuf
20	twenty	vingt
21	" one	" et un
22	" two	vingt deux
30	thirty	trente
40	forty	quarante
50	fifty	cinquante
60	sixty	soixante
70	seventy	soixante-dix
80	eighty	quatre-vingts
90	ninety.	quatre-vingt-dix

数目表

德文	華文
ein hundert	一百
" " undeins	一百零一
" " " zwei	一百零二
zwei hundert	二百
drei "	三百
vier "	四百
fünf "	五百
sechs "	六百
sieben "	七百
acht "	八百
neun "	九百
" " undneunundneunzig	九百九十九
ein tausend	一千
" " undeins	一千零一
" " " zwei	一千零二
" " " zwanzig	一千零二十
zwei tausend	二千
drei "	三千
vier "	四千
neun "	九千
zehn "	十千或一萬
elf "	一萬一千
zwoelf "	一萬二千
zwanzig "	二萬
hundert "	十萬或一億
zwei " "	廿萬或二億
neun " "	九十萬或九億
eine Million	一兆

数目表

	英文	法文
100	one hundred	cent
101	" " andone	cent un
102	" " " two	" deux
200	two hundred	deux cents
300	three "	trois "
400	four "	quatre "
500	five "	eing "
600	six "	six "
700	seven "	sept "
800	eight "	huit "
900	nine "	neuf "
999	nine hundred & ninety nine	" " quatre-vingt-dix-neuf
1000	one thousand	mille
1,001	" " andone	" un
1,002	" " " two	" deux
1,020	" " " twenty	" vingt
2,000	two thousand	deux mille
3,000	three "	trois "
4,000	four "	quatre "
9000	nine "	neuf "
10,000	ten "	dix "
11,000	eleven "	onze "
12,000	twelve "	douze "
20,000	twenty "	vingt "
100,000	one hundred "	cent "
200,000	two " "	deux " "
900,000	nine " "	neuf " "
1,000,000	one million	un million

底本书影

附表一：算学名目　中、法、德、英合表

中法德英合表

	德文		英文
1	Arithmetik	1	Arithmetic
2	Eine Zahl	2	a number
3	Eine Integralzahl	3	an integer
4	Ein Bruch	4	a fraction
5	Ein Decimalbruch	5	a decimal fraction
6	Eine Ziffer	6	a figure
7	Der Werth einer Ziffer	7	The value of a figure
8	Der absolute Werth einer Ziffer	8	The absolute value of a figure
9	" relative " "	9	The relative value of a figure
10	Die Addition	10	Addition.
11	Die Subtraction	11	Subtraction.
12	Die Multiplication	12	Multiplication
13	Die Division	13	Division
14	Die Summe	14	The Sum
15	Der Minuend	15	The minuend
16	Der Subtrahend	16	The subtrahend
17	Die Differenz.	17	The remainder or the difference.
18	Der Multiplicand } die Factoren	18	The multiplicand } The factors
19	Der · Multiplicator	19	The multiplier

	德文		英文
1	Das Product	1	The product
2	Der Dividend	2	The Dividend
3	Der Divisor	3	The divisor
4	Der Quotient	4	The Quotient
5	Die Probe machen	5	To make the proof.
6	Ein gemischter Bruch	6	A mixed quantity
7	Ein unaechter Bruch	7	An improper fraction
8	Ein aechter Bruch	8	a proper fraction
9	Der Zaehler	9	The numerator
10	Der Nenner	10	The denominator
11	Der gemeine Nenner	11	The common denominator
12	Den Bruch vereinfachen	12	To simplify a fraction
13	Den Bruch zum kleinsten Ausdruck bringen	13	To reduce a fraction to its lowest term
14	Der groesste gemeine Divisor	14	The greatest common measure
15	Der kleinste gemeine Dividend	15	The least common multiple - L.C.M
16	Die Primzahlen	16	A prime number.
17	Die Primzahlen unter sich.	17	Numbers prime to each other.
18	Die Differenz.	18	The difference
19	Das Verhaeltniss	19	The ratio
20	Die geometrischen Proportionen	20	· Proportions
21	Die Glieder einer Proportion	21	The terms of a proportion
22	Das Vorderglied	22	Antecedents
23	Das Hinterglied	23	Consequents.

算學名目

	法文	華文	
1	Arithmétique	算法	1
2	Un nombre	數目	2
3	Un nombre entier	整數	3
4	Une fraction	開數	4
5	Une fraction décimale	尾數	5
6	Un chiffre	號碼	6
7	La valeur d'un chiffre	號碼之值	7
8	La valeur absolue d'un chiffre	自有之值	8
9	La valeur relative d'un chiffre	比較之值	9
10	L'addition	加法或叠法	10
11	La soustraction	除法或減法	11
12	La multiplication	乘法或因法	12
13	La division	歸法或約法或分法	13
14	La somme ou total	總數	14
15	Le nombre dont on soustrait	大數	15
16	Le nombre à soustraire	小數	16
17	Le reste ou la différence	剩數	17
18	Le multiplicande } Les facteurs	實數 } 乘法馬	18
19	Le multiplicateur } Les facteurs	法數 } 乘法馬	19

1	Le produit	結數	1
2	Le dividende	實數	2
3	Le diviseur	法數	3
4	Le quotient	得數或次數	4
5	Faire la preuve	還原	5
6	Un nombre fractionnaire	開數兼整數	6
7	Une expression fractionnaire	假開數	7
8	Une fraction proprement dite	真開數	8
9	Le numérateur	用馬	9
10	Le dénominateur	命馬	10
11	Le dénominateur commun	公命馬	11
12	Simplifier une fraction	約開數	12
13	Réduire une fraction à sa plus simple expression	約至最微	13
14	Le plus grand commun diviseur	最大原數	14
15	Le plus petit commun multiple	乘積最微通數	15
16	Un nombre premier	原數	16
17	Nombres premiers entre eux	相維原數	17
18	La différence	較	18
19	Le rapport	幾何之理	19
20	Les proportions	比例	20
21	Les termes d'une proportion	比例率	21
22	Les antécédents	起率	22
23	Les conséquents	求率	23

底本书影

1	Die aeusserten Glieder	1	extremes
2	Die Mittelglieder.	2	Means
3	Im geraden Verhaeltnisse stehen	3	Directly proportional
4	Im Verkehrtem Verhaeltnisse stehen	4	Inversely proportional
5	Regel des Dreisatzes	5	The Rule of three.
6	Die einfache Regel des Dreisatzes	6	The simple Rule of three
7	Die zusammengesetzte Regel des Dreisatzes	7	The compound Rule of three
8	Die Formel	8	Formula
9	zur Einheit bringen	9	To reduce to unit..
10	Der Zins	10	Interest
11	Der einfache Zins	11	Simple interest.
12	Der verdoppelte Zins	12	Compound interest
13	Der Zins = 3.	13	The interest i
14	Das capital = c.	14	The principal p
15	Die Zeit = z.	15	The time t
16	Procent = i	16	The rate r
17	Der Disconto	17	Discount
18	Die Verhaeltnissmaessige Theilung	18	Proportional Shares
19	Die Gesellschafts Rechnung.	19	Fellowships
20	Das Medium zu finden	20	To find the medium.
21	Die Alligations Rechnung..	21	Alligation
22	Quadratwurzel	22	Square Root
23	Kubikwurzel	23	Cube Root.

附表二：算学记号　中、法、德、英合表

1	Die Quadratzahl.	1	The square of a number
2	Die Kubikzahl	2	The cube of a number
3	Der Exponent	3	The exponent
4	Der Index der Wurzel	4	The index of the root.
5	Ein Logarithmus-	5	A logarithm

表　合　　英　德　法

6	Plus +	6	Plus +
7	Minus −	7	minus −
8	Multiplicirt mit ×	8	multiplied by ×
9	Theilen durch :	9	divided by ÷
10	ist. Gleicht =	10	is, equals =
11	x, eine unbekannte Zahl.	11	x an unknown number.
12	2:4::3:6 2 ist zu 4 Wie 3 ist zu 6.	12	2:4::3:6 or $\frac{2}{4}=\frac{3}{6}$ 2 is to 4 as 3 is to 6.
13	5% Die Zinse zu 5 Procent	13	5% 5 per cent
14	$5^2=25$ Die Quadratzahl von 5 ist 25	14	$5^2=25$ The square of 5 is 25
15	$5^3=125$ Die Kubikzahl von 5 ist 125	15	$5^3=125$ The cube of 5 is 125
16	$\sqrt{25}=5$ Die Quadratwurzel von 25 ist 5.	16	$\sqrt{25}=5$ The square root of 25 is 5
17	$\sqrt[3]{125}=5$ Die Kubikwurzel von 125 ist 5.	17	$\sqrt[3]{125}=5$ The cube root of 125 is 5
18	Die Wurzeln	18	Evolution
19	Die Wurzel ausziehen	19	To extract the root of.
20	Potenz	20	The Involution
21	Zur Potenz erheben	21	To involve to an assigned power.

1	Les extrêmes	外率
2	Les moyens	中率
3	En raison directe	正理
4	En raison inverse	轉理
5	Règle de trois	三率法
6	Règle de trois simple,	獨項三率法
7	Règle de trois composée	多項三率法
8	Formule	格式
9	Réduction à l'unité.	歸一核題法
10	Règle d'Intérêt.	借本取利規例
11	Règle d'Intérêt simple,	按年統算法
12	Règle d'Intérêt composé	利上加利法
13	L'Intérêt I.	利
14	Le Capital C	本
15	Le Temps T	時
16	Le Taux t.	息
17	Règle d'Escompte	扣利法
18	Règle de partage proportionnel.	通行遞折法
19	Règle de Société.	按股遞分法
20	Règle des moyennes	折中計算法
21	Règle de mélange.	攙雜法
22	Racine carrée.	一次方根
23	Racine cubique	兩次方根或立方根

1	Le carré d'un nombre.	一次乘方
2	Le cube d'un nombre	兩次乘方
3	L'Exposant	指乘方數
4	L'indice d'une Racine.	指方根數
5	Un Logarithme	對數

算學記號中

6	Plus +	加號
7	moins −	除號
8	Multiplié par ×	乘號
9	Divisé par :	歸號
10	Egale =	即是
11	x nombre inconnu	未知之數
12	2:4::3:6 ou $\frac{2}{4}=\frac{3}{6}$ Deux est à 4 comme 3 est à 6.	二之於四猶四之於八
13	5% 5 pour cent	銀洋百元一年五分息
14	5^2 = 5 au carré = 25	五兩次自乘即是一百二十五
15	5^3 = 5 au cube = 125	五一次自乘即是二十五
16	$\sqrt{25}=5$ La Racine carrée de 25 = 5	二十五之一次方根即是五
17	$\sqrt[3]{125}=5$ La Racine cubique de 125 = 5	一百二十五之兩次方根即是五
18	Les Racines	開方法
19	Extraire la Racine.	開方根
20	Les puissances d'un nombre	乘方法
21	Elever un nombre à la n^e puissance.	乘方

附　　录

一、各语言数学术语对照数

《土话算学问答》		
中　文	中　文	英　文
1. 算法	1. 数学	1. Arithmetic
2. 数目	2. 数目	2. A number
3. 整数	3. 整数	3. An integer
4. 开数	4. 分数	4. A fraction
5. 尾数	5. 尾数 小数（尾数）	5. A decimal number
6. 号码	6. 号码	6. A figure
7. 号码之值	7. 号码价值	7. The value of a figure
8. 自有之值	8. 自有价值	8. The absolute value of a figure
9. 比较之值	9. 相比价值	9. The relative value of a figure
10. 加法或叠法（加法）	10. 加法 迭法（加法）	10. Addition
11. 除法或减法（除法）	11. 减法 退法（减法）	11. Subtraction
12. 乘法或因法（乘法）	12. 乘法	12. Multiplication
13. 归法或约法或分法（归法）	13. 归法 除法 分法（归法）	13. Division
14. 总数	14. 总数	14. The Sum
15. 大数	15. 大数	15. The minuend
16. 小数	16. 小数	16. The subtrahend

《数学问答》	
德　文	法　文
1. Arithmetik	1. Arithmétique
2. Eine Zahl	2. Un nombre
3. Eine Integralzahl	3. Un nombre entier
4. Eine Bruch	4. Une fraction
5. Eine Dezimalzahl	5. Un nombre décimal
6. Eine Ziffer	6. Un chiffre
7. Der Werth einer Ziffer	7. La valeur d’un chiffre
8. Der absolute Werth einer Ziffer	8. La valeur absolue d'un chiffre
9. Der relative Werth einer Ziffer	9. La valeur relative d'un chiffre
10. Die Addition	10. L'additon
11. Die Subtraction	11. La soustraction
12. Die Multiplication	12. La multiplication
13. Die Division	13. La division
14. Die Summe	14. La somme ou le total
15. Die Minuend	15. Le nombre dont on soustrait
16. Der Subtrahend	16. Le nombre à soustrait

《土话算学问答》		
中　文	中　文	英　文
17. 剩数	17. 余数 剩数 较数	17. The remainder of the difference
18. 乘法马　实数（实数）	18. 实数	18. The multiplicand
19. 乘法马　法数（法数）	19. 法数	19. The multiplier
20. 结数	20. 结数	20. The product
21. 实数	21. 实数	21. The dividend
22. 法数	22. 法数	22. The divisor
23. 得数或次数①	23. 得数	23. The quotient
24. 还原	24. 还原	24. To make the proof
25. 开数兼整数	25. 分数兼整数	25. A mixed number
26. 假开数	26. 假分数	26. An improper fraction
27. 真开数	27. 真分数	27. A proper fraction
28. 用马	28. 用马分子	28. The numerator
29. 命马	29. 命马分母	29. The denominator
30. 公命马	30. 公分母	30. The common denominator
31. 约开数	31. 约分数	31. To simplify a fraction
32. 约至最微	32. 约至最微	32. To reduce a fraction to its lowest terms
33. 最大原数	33. 最大通法数	33. The greatest common measure G.C.M.

① 次数：见于第十四章。

（续表）

《数学问答》	
德　文	法　文
17. Die Differenz	17. Le reste on la différence
18. Der Multiplicand	18. Le multiplicande
19. Der Multiplicator	19. Le multiplicateur
20. Das Product	20. Le produit
21. Der Dividend	21. La dividend
22. Der Divisor	22. Le diviseur
23. Der Quotient	23. Le quotient
24. Die Probe machen	24. Faire la preuve
25. Ein gemischter Bruch	25. Un nombre fractionnaire
26. Ein unaechter Bruch	26. Une expression fractionnaire
27. Ein aechter Bruch	27. Une fraction proprement dite
28. Der Zaehler	28. Le numérateur
29. Der Nenner	29. Le dénominateur
30. Der gemeine Nenner	30. Le dénominateur commun
31. Den Bruch vereinfachen	31. Simplifier une fraction
32. Den Bruch zum kleinsten Ausdruck bringen	32. Réduire une fraction à sa plus simple expression
33. Des groeste gemeine Divisor	33. Le plus grand commun diviseur

《土话算学问答》		
中　文	中　文	英　文
34. 乘积最微通数	34. 乘积最微通数	34. The least common multiple L.C.M.
35. 原数	35. 原数	35. A prime number
36. 相维原数	36. 相维原数	36. Numbers prime to each other
37. 较	37. 比理	37. The ratio
38. 几何之理	38. 形学比理	38. Geometrical ratio
39. 比例	39. 比例	39. Proportions
40. 比例率	40. 比例之率	40. The terms of a proportion
41. 起率	41. 起率	41. Antecedents
42. 承率	42. 承率	42. Consequents
43. 外率	43. 外率	43. Extremes
44. 中率	44. 中率	44. Means
45. 正理	45. 正比例	45. Directly proportional
46. 转理	46. 转比例	46. Inversely proportional
47. 三率法	47. 求缺率法	47. The rule of three
48. 独项三率法	48. 简率比例求缺率法	48. The simple rule of three
49. 多项三率法	49. 繁率比例求缺率法	49. The compound rule of three
50. 格式	50. 定格	50. Formula
51. 归一核题法	51. 归一法	51. To reduce to unit

《数学问答》	
德　文	法　文
34. Der kleinste gemeine Dividend	34. Le plus petit commun multiple
35. Die Primzahlen	35. Un nombre premier
36. Die primzahlen unter sich	36. Nombres premiers entre eux
37. Das Verhaeltniss	37. Rapport
38. Das geometrische Verhaeltniss	38. Rapport Géométrique
39. Die Proportionen	39. Les proportions
40. Die Glieder einer Proportion	40. Les termes d'une proportion
41. Das Vorderglied	41. Les antécédents
42. Das Hinterglied	42. Les conséquents
43. Die aeussersten Glieder	43. Les extrêmes
44. Die Mittelglieder	44. Les moyens
45. Im geraden Verhaeltnisse stehen	45. En raison directe
46. Im verkerhten Verhaeltnisse stehen	46. En raison inverse
47. Regel des Dreisatzes	47. Règle de trois
48. Die einfache Regel des Dreisatzes	48. Règle de trois simple
49. Die zusammengesetzte Regel des Dreisatzes	49. Règle de trois composée
50. Formula	50. Formule
51. Zur Einheit bringen	51. Réduction à l'unité

《土话算学问答》		
中　文	中　文	英　文
52. 借本取利规例	52. 借本取利规例	52. Interest
53. 按年统算法	53. 按年统算法	53. Simple interest
54. 利上加利法	54. 上利加利法	54. Compound interest
55. 利	55. 利钱	55. The interest i.
56. 本	56. 本钱	56. The principle p.
57. 时	57. 时候	57. The time t.
58. 息	58. 起息	58. The rate r.
59. 扣利法	59. 扣银法	59. Discount
60. 通行递拆法	60. 通行递拆法	60. Proportional shares
61. 按股递分法	61. 按股递分法	61. Fellowship
62. 折中计算法	62. 折中计算法	62. To find the medium
63. 搀杂法	63. 搀杂法	63. Alligation
64. 一次方根	64. 一次方根	64. Square Root
65. 两次方根或立方根(立方根)	65. 两次方根 立方根(立方根)	65. Cube Root
66. 一次乘方	66. 一次乘方	66. The square of a number
67. 两次乘方	67. 二次乘方	67. The cube of a number
68. 指乘方数	68. 指乘方数	68. The exponent
69. 指方根数	69. 指方根数	69. The index of the root
70. 对数	70. 对数	70. A logarithm

《数学问答》	
德　文	法　文
52. Der Zins	52. Règle d'Intérét
53. Der einfache Zins	53. Règle d'Intérét simple
54. Der verdoppelte Zins	54. Règle d'Intérét composé
55. Der Zins = Z.	55. L'Intérét I.
56. Das Capital = C.	56. Le capital C.
57. Die Zeit = z.	57. Le temps T.
58. Procent = p.	58. Le Taux t.
59. Der Disconto	59. Règle d'Escompte
60. Die verhaeltnissmaessiche Theilung	60. Règle de partage proportionnel
61. Die Gesellschaftsrechnung	61. Règle de société
62. Das Medium zu finden	62. Règle des moyennes
63. Die Alligationsrechnung	63. Règle de mélange
64. Quadratwurzel	64. Racine carrée
65. Kubikwurzel	65. Racine cubique
66. Die Quadratzahl	66. Le carré d'un nombre
67. Die Kubikzahl	67. Le cube d'un nombre
68. Der Exponent	68. L'Exposant
69. Der Index der Wurzel	69. L'indice d'une racine
70. Ein Logarithmus	70. Un Logarithme

二、各语言数学符号对照表

《土话算学问答》		
中　文	中　文	英　文
1. 加号	1. 加号	1. Plus +
2. 除号	2. 减号	2. Minus −
3. 乘号	3. 乘号	3. Multiplied by ×
4. 归号	4. 归号	4. Divided by ∶
5. 即是	5. 等号	5. Is, equals =
6. 未知之数(要寻着x代替啥数目)	6. 未知之数(代替随便什么数字)	6. X = An unknown number
7. 二之于四犹四之于八	7. 二之于四犹三之于六	7. 2 ∶ 4 ∷ 3 ∶ 6 or $\frac{2}{4}=\frac{3}{6}$ 2 is to 4 as 3 is to 6
8. 银洋百元一年五分息	8. 洋银百元每年五厘起息	8. 5% 5 per cent
9. 五一次自乘即是二十五①	9. 五自乘一次即是二十五	9. $5^2=25$ The square of 5 is 25
10. 五两次自乘即是一百二十五	10. 五自乘两次即是一百二十五	10. $5^3=125$ The cube of 5 is 125
11. 二十五之一次方根即是五	11. 二十五之一次方根即是五	11. $\sqrt{25}=5$ The square root of 25 is 5
12. 一百二十五之两次方根即是五	12. 一百二十五之两次方根即是五	12. $\sqrt[3]{125}=5$ The cube root of 125 is 5
13. 开方法(开乘方法)	13. 开方法(开乘方法)	13. Evolution
14. 开方根(寻一个数目个方根)	14. 开方数(找一个数目的方根)	14. To extract the root of
15. 乘方法	15. 乘方法	15. The involution
16. 乘方(数目个乘方数)	16. 乘方(数目和乘方数)	16. To involve to an assigned power

① 此条与下条在《土话算学问答》中顺序互倒，今据其他语言内容更正。

《数学问答》	
德　文	法　文
1. Plus +	1. Plus +
2. Minus −	2. Moins −
3. Multiplicirt mit ×	3. Multiplié par ×
4. Theilen durch ∶	4. Divisé par ∶
5. Ist, Gleicht =	5. Egale =
6. X = Eine unbekannte Zahl	6. X = Nombre inconnu
7. 2 ∶ 4 ∷ 3 ∶ 6 2 st zu 4 wie 3 ist zu 6	7. 2 ∶ 4 ∷ 3 ∶ 6 on $\frac{2}{4}=\frac{3}{6}$ Deux est à 4 comme 3 est à 6
8. 5% Die Zinse zu 5 Procent	8. 5% 5 pour cent
9. $5^2 = 25$ Die Quadratzahl von 5 ist 25	9. 5^2 = 5 au carré = 25
10. $5^3 = 125$ Die Kubikzahl von 5 ist 125	10. 5^3 = 5 au cube = 125
11. $\sqrt{25} = 5$ Die Quadratwurzel von 25 ist 5	11. $\sqrt{25} = 5$ La Racine carrée de 25 = 5
12. $\sqrt[3]{125} = 5$ Die Kubikwurzel von 125 ist 5	12. $\sqrt[3]{125} = 5$ La Racine cubique de 125 = 5
13. Die Wurzeln	13. Les Racines
14. Die Wurzel ausziehen	14. Extraire la Racine
15. Potenz	15. Les puissances d'un nombre
16. Zur Potenz erheben	16. Elever un nombre à la X puissance

三、常用虚词注释简表

虚词	释义	例句
阿有	有没有	~啥公格式否?
不罢	即“勿要”,不止	九个匠人一定~做二十丈
成功	成为,主要作补语	数目是担一来并~拉个
搭	并列连词,相当于“和”	大数~小数分别多少
搭之	并列连词、伴随介词,相当于“和”	~开数无啥分别者
担	处置标记,相当于“把”	假使~一尺当整数,介末一寸一分,齐算尾数
得	体标记,相当于“只V了……”	只还半年个利钱,因为借~半年咾
第	指示词,相当于“这”	两元三角四分有零,~个就是折中个价钱
第脚辰光	这个时候	话定当开年~咾还个
多化	表示不定的数量	加法就是担~数目,并成功一个
否	句末疑问语气词,相当于“吗”	四回乘方咾啥个规矩有~?
介么	承接连词,相当于“那么”	~一寸一分,齐算尾数
个$_1$	助词,相当于“的”	算法就是数目~学问
个$_2$	句末语气词,可以表示强调语气	用来代替空位置~
几化	多少	问李四该当还~铜钱
几钱	多少钱	拉本钱里向,还要除脱~
会得	会	要~减小开数
刻刻	刚才,指上文讲到的部分	算头一年利钱,如同~讲拉个法子
拉$_1$	处所介词,相当于“在”	担剩数加~小数上
拉$_2$	接受者介词,相当于“给”	张三借~李四一千二百个洋钱
拉$_3$	存现体标记	如同刻刻讲~个法子
拉里	哪里	侬现在讲~一个理?

（续表）

虚词	释义	例句
里向	里面	乘法~个数目
咾	并列连词	有两样，整数~零数
咾啥	助词，相当于“什么的”	有单数位、十数位、百数位~
末$_1$	话题标记	九个泥水匠~，砌几丈
末$_2$	句中语气词，表示条件	数目大之~，那能念法
末脚	最后	~一个数目下头
那里	即“何里”，本书用训读字	寻随便~一个方根
那能	疑问代词，相当于“怎么”	尾数加法~做
能	这样、那样	完全如同前头~做
伲	我们	~现在讲拉里一个理？
齐	总括副词，相当于“都”	介末~要个
啥咾	为什么	~什介做？
上向	上面	该当留心个，亦拉一撇~
什介能	这么、那么	~看起来
脱	动相补语，相当于“掉”	拉大数目里，除~小数目
无得	没有	倘使~整数
伊$_1$	人称代词，相当于“他”	一个数目除脱之一咾自家，无得别个数目可以分~个
伊$_2$	指示词，相当于“那”	一个比例，晓得之~个三率，用第个法子来，寻着第四率
伊拉	人称代词，相当于“他们”	拉~当中有同数个
一淘	一同，一起	有整数咾开数~有个
亦	副词，相当于“又”	不过撇该当对撇，拉总数上，~拉相对个地方撇一撇
之	体标记，相当于“了$_1$”	分开~咾念，更加便当
者	句末语气词，相当于“了$_2$”	得数乘法数，结数该当对实数，不然差~
自家	自己	就是其~该当乘~

四、虚词索引简表

盛益民 主编

科教读物

西算启蒙

清末上海话数学读物

盛益民 鲁静晗 编著

中西書局

图书在版编目(CIP)数据

清末民初上海话文献丛刊. 第一辑. 1, 西算启蒙：清末上海话数学读物 / 盛益民主编；盛益民，鲁静晗编著. —上海：中西书局，2024
ISBN 978-7-5475-2063-5

Ⅰ. ①清… Ⅱ. ①盛… ②鲁… Ⅲ. ①吴语－文献－上海－近代－丛刊 Ⅳ. ①H173-55

中国国家版本馆CIP数据核字（2024）第056795号

清末民初上海话文献丛刊（第一辑）

盛益民　主编

责任编辑　伍珺涵
装帧设计　梁业礼
责任印制　朱人杰

出版发行　上海世纪出版集团
中西書局（www.zxpress.com.cn）
地　　址　上海市闵行区号景路159弄B座（邮政编码：201101）
印　　刷　上海万卷印刷股份有限公司
开　　本　890毫米×1240毫米　1/32
印　　张　29.625
字　　数　640 000
版　　次　2024年8月第1版　2024年8月第1次印刷
书　　号　ISBN 978-7-5475-2063-5/H·148
定　　价　298.00元（全5册）

国家社科基金重点项目“基于文献考证与历史比较的吴语语法史研究”
（项目批准号：23AYY009）阶段性成果

上海市促进文化创意产业发展财政扶持资金成果资助类项目
（项目编号：2021360005）成果

序

西洋传教士的汉语方言著作，以方言《圣经》、方言课本、方言词典及其他方言学著作为大宗，此外还有内容庞杂的方言“通俗读物”，本丛刊所收的五本书可以归类于通俗读物。通俗读物的内容除了各类科学知识外，还包括教理解说、儿童教理启蒙书、故事书、古典文献方言翻译等。近年来，语言学界越来越关注传教士的语言和语言学著作，研究成果也越来越多，不过对方言通俗读物还是重视不够。其中一个重要的原因是此类著作在各大图书馆本来就收藏不多，又散见于不同的类别中，不易寻觅。近些年，因为电子图书大行其道，此类书籍才渐渐浮现出来。

自20世纪80年代以来，我致力于在国内外各大图书馆和各类文献中，寻找西洋传教士的汉语方言学著作，其中通俗读物类中，印象最深的是得到了《油拉八国和爱息阿》。2008年10月，我去日本关西大学参加“语言接触：pidgin语知现象的国际研讨会”。该校亚洲文化交流研究中心的内田庆市教授长期热衷搜集、收藏近代汉语及其方言文献。承他慷慨惠允，可以无限制复印书架上的任何资料。我当即复印了前所未见的《油拉八国和爱息阿》。此书是用毛笔手写的上海土白汉字手稿复印本，没有封面，看内容是世界地理，但只包括欧洲和亚洲，心中不免纳闷。2013年9月内田教授前来参加“闽南语与西班牙语接触研究及其他”会议（“复旦大学中华文明国际研究中心深度研究”workshop 1）。晤面时请教此书来历及详情，他说此书复印自法国国家图书馆，内容只有欧、亚两大洲，并非残缺不全。关于此书的写作年代，第1页有用英文写的“July 10, 1849”钢笔字样，似乎不是作者笔迹，很可能是后来的收藏者所加。不过从内文来看，此书写于1849年，应是靠谱的。书中写道：“中国政令末，妒忌外国人个，格末许伊通商，只得五个海口，广东、福建厦门、宁波、福建、上海。”故写作年代应在19世纪40年代五口通商之后。

本丛刊第一辑所收五本书皆西洋传教士科普著作，内容涉及天文、生理、数学、乐理。《西算启蒙》（1885）、《全体功用问答》（1888）、《启悟问答》（1898）、《土话算学问答》（1901）和《方言西乐问答》（1903），都是我前所未知的罕见文献，感谢编者让我先睹为快了。就语料而言，这些“通俗读物”的共同特点是口语化程度较高，特别是与方言《圣经》比较，因此对于研究某一历史时期的方言，有更高的学术价值。就内容而言，对于普及科学知识的贡献，也是不言而喻的。

益民入职复旦大学中文系那一年，我已退休，但是我们之间的交往却一直陆续不断，我们可以说是忘年交，近年来的共同兴趣是搜寻和研究西洋传教士的方言学著作。他在学术上，善于发现问题，勤奋好学，钻研不懈，行事敏捷，效率高。他已发现好些我前所未见的文献，又在短期内与他的团队编了这套丛刊，这是我始料未及的。丛刊中五本书的导言、注释都写得很认真，且有深度，令人刮目相看。后生可畏，前途无量。是为序。

游汝杰

2020年中秋

于上海景明花园静思斋

目　录

导　　言

一

伴随着近代的西学东渐，数学教育成为近代学校科学教育的重要组成部分。在这个过程当中，传教士也用方言编写了多种数学教科书，游汝杰教授《西儒汉语方言学著作书目考述与研究》(上海教育出版社，2020年)的书目中总共收录了7种。

宁波方言1种[①]：*Sön-fah K'æ-t'ong*(《算法开通》)[②]，丁韪良编，1854年，宁波华花圣经书房。

福州方言1种：《西算启蒙》，吴思明(Simeon Foster Woodin，1833—1896)译著，60叶，福州美华书局活版，1874年。

厦门方言4种：罗马字版《笔算个初学》(一、二)，萃经堂，1897—1900年；罗马字版《代数个初学》，1899年；罗马字版《笔算、数学》，出版日期不详，台南聚珍堂；罗马字版《笔算》，1900年。

客家方言1种：*Pit*^{6} *son*^{4} *fap*^{6}(《笔算法》)，309页，舒大辟著，1875年前，为算术和几何教科书稿本。

---

① 游老师书中另将罗马字版《阿爹替儿子算账》也归入数学类著作，其实这是一本福音故事书，并非数学教科书。

② 该书由于收录于伟烈亚力《1867年以前来华基督教传教士列传及著作目录》而广为人知，不过汉字名被写作“《数学快通》”“《数学快懂》”等，均不确。

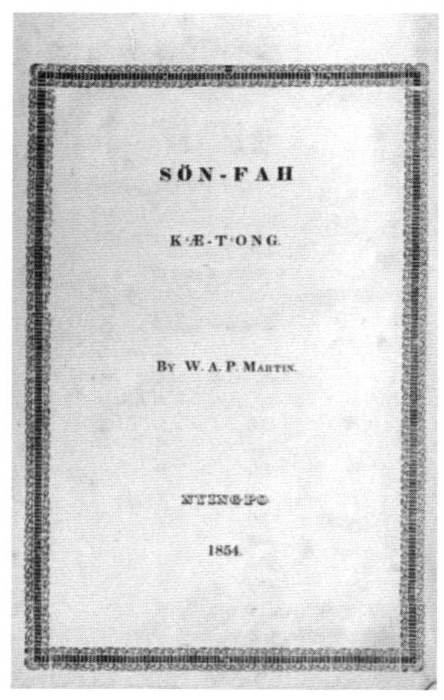
SÖN-FAH

K'Æ-T'ONG.

BY W. A. P. MARTIN.

NYINGPO

1854.

图1 《算法开通》书影

福州平話

救主降世一千八百七十四年

西算啓蒙

同治十三年

南臺保福山印

图2 《西算启蒙》书影①

游老师的书目中并无上海方言的数学类著作。近期我们发现两种上海方言数学类著作：一种是1885年出版的《西算启蒙》（以下简称“《西算》”），另一种是《土话算学问答》。本丛刊将两本书一并收录，整理出版，以供学界研究之用。

由于严敦杰《阿拉伯数码字传到中国来的历史》（《数学通报》第10期，1957年）一文提及《西算启蒙》，并指出该书是较早使用阿拉伯数字的著作，因此学界很早就知道本书的存在。不过由于实体书较少能见到，学界对该书的了解并不多，甚至不少著作将本书与吴思明的福州方言版《西算启蒙》弄混。

① 本书根据美国哈佛大学图书馆的馆藏，出版地与游老师书目中所载并不相同。

二

《西算》是一种问答体数学教科书。李俨《近代中算著述记》(《图书馆学季刊》,1928—1929年)指出:"《西算启蒙》三十四节,光绪十一年(1885),活字本。该书每节序号用罗马数码。用'土白'(似是上海方言)编译。未署作者及出版者。"吴引孙《扬州吴氏测海楼藏书目录》(富晋书社,1931)卷4也提到:"《西算启蒙》一卷,光绪年刊,毛边纸。一本洋一角。"

全书共五十八叶,每半叶八行,行十四字,小字双行,行十四字;花口,左右双边,单鱼尾,鱼尾上刻"西算启蒙",版心中下刻叶次。封面印有"西算启蒙",版权页载:"耶稣降生一千八百八十五年译　西算启蒙　大清光绪拾壹年仲夏之月刊。"没有序言。首页"西算启蒙"下端有"一本一角"的标价,之后另行印有"土白"。由于没有序言,版权页也没有署名,因此该书的作者至今尚不得而知。

光绪己丑年(1889)春季,格致书院出了"泰西格致之学与近刻翻译诸书详略得失何者为最要论"的命题以考课学生,鉴定人是时任上海道台龚照瑗(1835—1897)。①其中优胜者包括孙维新、车善呈等37名学生。孙维新其文(见《格致书院课艺》光绪己丑年春季)凡14页,近1万字,洋洋洒洒,气势恢宏。他在评述译书界的情况时,共述及、评论了140本西学书籍,举凡算学、重学、天学、地学、地理、矿学、化学、电学、光学、热学、水学、气学、医学、画学、植物学、动物学等16类,罗列无遗。对每门学科的译书,他都举其要者,品评优劣。孙维新在评论算学方面的译书时,就提到一本《西算启蒙》:

---

① 熊月之先生《格致书院与西学传播》(载《史林》1993年第2期)提到:"1879年春,浙江按察史、后任上海道台的龚照瑗,出了一道评价中国翻译西书的问卷,有37名学生获奖。"龚照瑗是先任上海道台(1886年任),后任浙江按察使(1891年迁),1879年当为1889年之误。

> 算学类，有利玛窦、伟烈亚力译之《几何原本》，伟烈亚力译之《数学启蒙》《代数学》《代微积拾级》，狄考文撰之《笔算数学》《形学备旨》，傅兰雅译之《数学理》《算式集要》《代数术》《代数难题》《三角数理》《微积溯源》，艾约瑟译之《圆锥曲线说》，此数种，皆属精要之书，深奥可学。他若蓝医生著之《西算启蒙》，那夏礼译之《心算启蒙》，哈邦氏辑之《心算初学》，皆浅简小书，只为便蒙之用，无甚深意焉。

而王尔敏《上海格致书院志略》（香港中文大学出版社，1980年）根据《格致书院课艺》各卷整理了一份“上海格致书院课艺征引书目表”，其中《西算启蒙》一栏记作者为蓝柏夫人（Mrs. Lambuth）。“蓝医生”与“蓝柏夫人”，应该是有密切关系的。由于至今尚未发现其他文言或官话写就的《西算启蒙》，因此我们很怀疑所述《西算启蒙》就是本丛刊所收《西算》，而其作者正是蓝医生或蓝柏夫人。当然，这方面的问题还需要结合史料作更进一步的研究。

《西算》首先对算法、数字等相关的基本内容作了介绍，然后依次教授加法、减法（书中称“除法”）、乘法、除法（书中称“分法”），每部分都包括“法则”与“习问”（即练习）。是一本基础的数学教科书。由于书中的各类运算都使用了阿拉伯数字（书中称为“亚喇伯”），是较早采用阿拉伯数字的教材，因此在中国数学史中具有重要的学术价值。书中所用上海方言也较为地道，可供语言研究所用。

三

最后说明一下本文编排的体例。

据笔者所知，该书仅有中国科学院自然科学史研究所（子530.97/207）和南京图书馆（GJ/3014331）有馆藏。两种馆藏的版式一致，本丛刊依据中科院自然科学史研究所的馆藏底本影印、整理，该书为中国科学院学部委员、中国古代数学史研究专家李俨教授（1892—1963）的藏书。

为了阅读的便利，本书左页是《西算》的原文影印，右页是《西算》的文字整理稿。原书文字为竖版，整理稿统一改为横排。由于该书并无对照的官话版本，对于一些不容易理解的字词，整理稿作了相应的注释。

本书结尾附有全书的虚词注释表和虚词索引表。

本书的文本由鲁静晗录入，最后由盛益民进行统稿。感谢中科院自然科学史研究所授权出版本书，也感谢中西书局李碧妍副总编费心获取版权；丛刊责编伍珺涵女史辛勤付出，精深编校，纠正了书中不少错讹。笔者缺乏整理相关文献的经验，若有错讹，烦请读者不吝赐正。

盛益民

2024年2月27日

于复旦大学光华楼

底本书影　扉頁一

底本书影　扉頁二

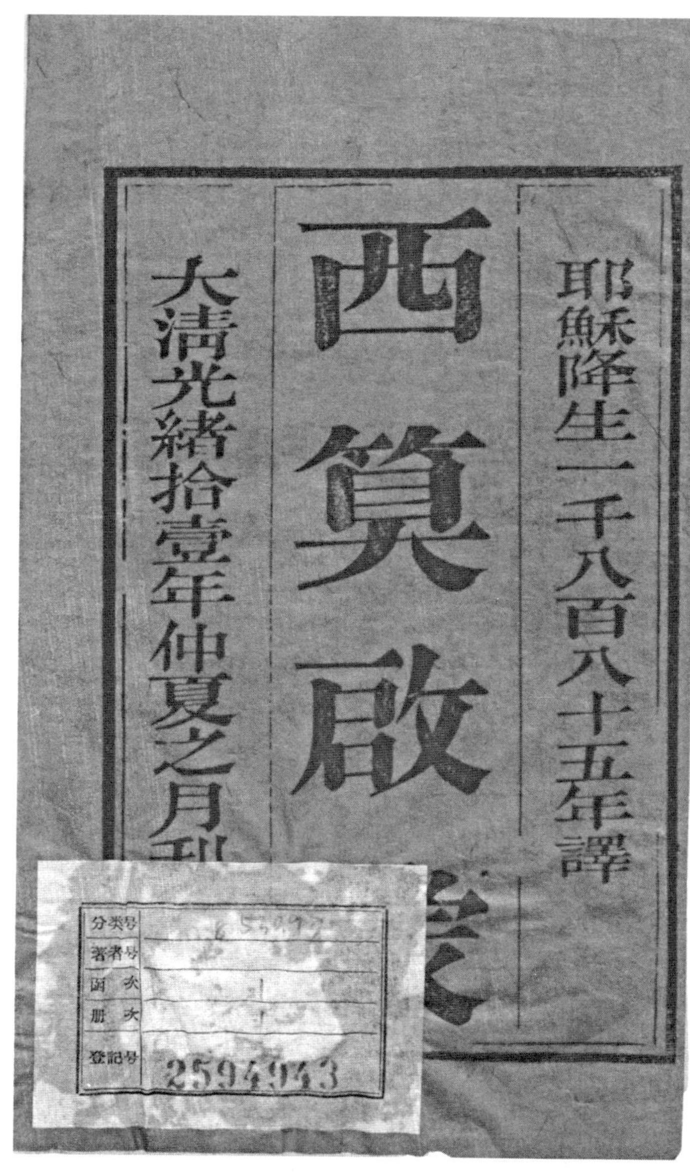
耶穌降生一千八百八十五年譯

西算啟蒙

大清光緒拾壹年仲夏之月刊

耶稣降生一千八百八十五年译

西算启蒙

大清光绪拾壹年仲夏之月刊

底本书影 第一叶 上

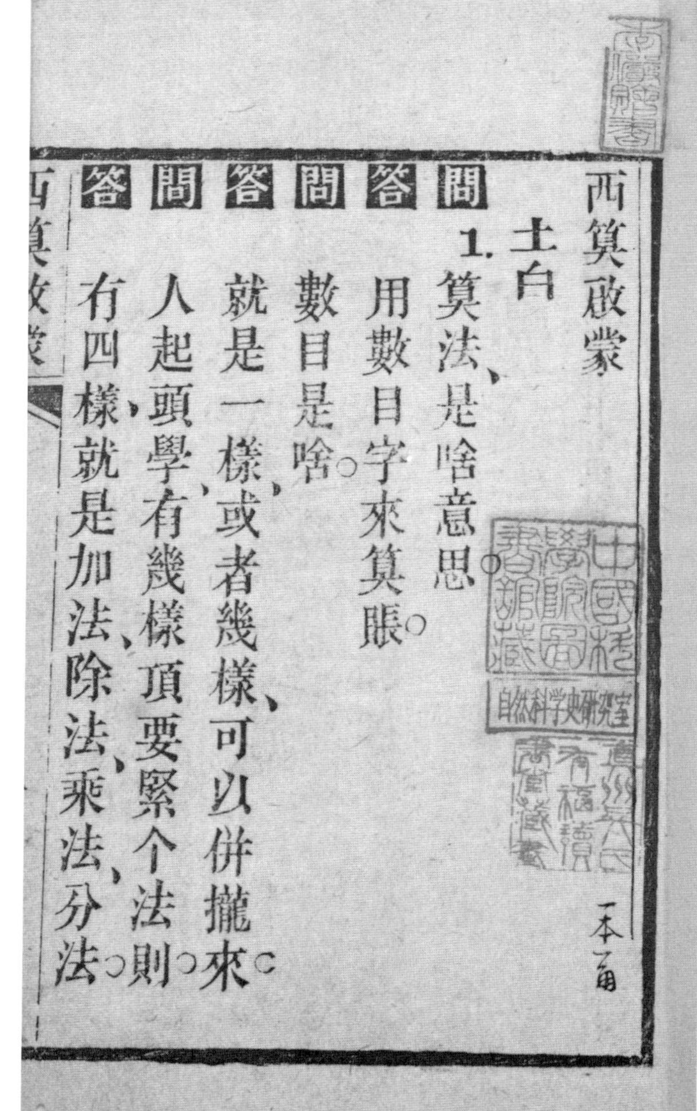

西算啟蒙

土白

問 1. 算法、是啥意思。

答 用數目字來算賬。

問 數目是啥。

答 就是一樣、或者幾樣、可以併攏來。

問 人起頭學、有幾樣項要緊个法則。

答 有四樣、就是加法、除法、乘法、分法。

西算启蒙

土白

问[①] Ⅰ 算法，是啥意思？

答 用数目字来算账。

问 数目是啥？

答 就是一样，或者几样，可以并拢来。

问 人起头学，有几样顶要紧个法则？

答 有四样，就是加法、除法、乘法、分法。[②]

① 【问】【答】皆为正方形，黑底白字。

② 除法，即现“减法”；分法，即现“除法”。

問　寫數目个字有幾種。

答　有兩種、就是用羅馬咾亞喇伯个法則。

問　II. 羅馬个寫法、是那能个。

答　古時間羅馬人用七个字算賬、就是I、V、X、L、C、D、M、攏總數目全是七个字併攏來算个、加一个字、就是加一倍、恰得X、就是十、XX、就是念、C就

问　写数目个字有几种?

答　有两种,就是用罗马咾亚喇伯个法则。

问　Ⅱ 罗马个写法,是那能个?

答　古时间罗马[1]人用七个字算账,就是Ⅰ、V、X、L、C、D、M,拢总数目,全[2]是七个字并拢来算个。加一个字,就是加一倍。恰得[3]X,就是十,XX,就是念[4];C就

① 原文无地名专名线,现据文意补。后文有相同情况,不再出注。

② 全:副词"都"义,其他著作也写作"侪"。

③ 恰得:"好比,比如"的意思。

④ 念:二十,书中也写作"廿"。

是一百、CCC、就是三百、還有拉字上頭加一畫、就算加一千倍、恰得$\overline{\mathrm{X}}$、就是一萬、$\overline{\mathrm{V}}$、就是五千、$\overline{\mathrm{M}}$、就是一百萬、小數寫拉大數个右邊、就算加个寫拉左邊、就算除脫、恰得IV、就是四、VI、就是六。

羅馬數目个樣式寫拉下底

是一百，CCC就是三百。还有拉字上头加一画，就算加一千倍，恰得 $\bar{X}$，就是一万；$\bar{V}$，就是五千；$\bar{M}$，就是一百万。小数写拉大数个右边，就算加个；写拉左边，就算除脱。恰得Ⅳ，就是四；Ⅵ，就是六。

罗马数目个样式写拉下底：

土白

一	I
二	II
三	III
四	IV
五	V
六	VI
七	VII
八	VIII
九	IX
十	X
二十	XX
三十	XXX
四十	XL
五十	L
六十	LX
七十	LXX
八十	LXXX
九十	XC
一百	C
二百	CC
三百	CCC
四百	CCCC
五百	D
六百	DC
七百	DCC
八百	DCCC
九百	DCCCC
一千	M.
一千五百	MD
二千	MM
一萬	$\overline{X}$
百萬	$\overline{M}$

I	一
II	二
III	三
IV	四
V	五
VI	六
VII	七
VIII	八
IX	九
X	十
XX	二十
XXX	三十
XL	四十
L	五十
LX	六十
LXX	七十
LXXX	八十
XC	九十
C	一百[①]
CC	二百
CCC	三百
CCCC	四百
D	五百
DC	六百
DCC	七百
DCCC	八百
DCCCC	九百
M	一千
MD	一千五百
MM	二千
$\bar{X}$	一万
$\bar{M}$	一百万

① 编者按：书中表格按当前阅读习惯从左向右排。后同，不再出注。

問　第个羅馬法則、有啥用頭。

答　書上分卷數章數咾用个除之以外、無啥用頭。

問　III. 亞喇伯寫數目个法則、是那能个。

答　拉羅馬个前頭、亞喇伯人造出來个。伊个用頭、比羅馬个法則便當。

問　亞喇伯个法則、用幾個字寫个。

答　比之羅馬大兩樣、个用十个字寫數

问　　第个罗马法则,有啥用头?

答　　书上分卷数、章数呢用个,除之以外,无啥用头。

问　　Ⅲ 亚喇伯写数目个法则,是那能个?

答　　拉罗马个前头,亚喇伯人造出来个。伊个用头,比罗马个法则便当。

问　　亚喇伯个法则,用几个字写个?

答　　比之罗马大两样个,用十个字写数

目、九个是碼子、一个是圈、就是1一、2二、3三、4四、5五、6六、7七、8八、9九、0十、第个九个碼子咾一个圈、可以寫攏總數目。

問　圈是啥意思。

答　是空戶蕩个意思。

問　圈是啥个用頭。

答　同九个碼子拼攏來、可以當幾十、幾百、幾千、幾萬、加一个圈、就算數目。

目，九个是码子，一个是圈，就是一 1[①]，二 2，三 3，四 4，五 5，六 6，七 7，八 8，九 9，十 0。第个九个码子咾一个圈，可以写拢总数目。

问　圈是啥意思？

答　是空户荡[②]个意思。

问　圈是啥个用头？

答　同九个码子并拢来，可以当几十、几百、几千、几万，加一个圈，就算数目。

① "一""1"同行，以下列举汉字数字与阿拉伯数字亦同行排列。

② 户荡："地方"之义。

問 IV 第个九个數目字拼寫是那能个。

答 是實蓋个。

10	=	十	100	=	一百
20	=	二十	200	=	二百
30	=	三十	300	=	三百
40	=	四十	400	=	四百
50	=	五十	500	=	五百
60	=	六十	600	=	六百
70	=	七十	700	=	七百
80	=	八十	800	=	八百
90	=	九十	900	=	九百

1	=	一
10	=	十
100	=	一百
1000	=	一千
1.0000	=	一萬
10.0000	=	十萬
100.0000	=	一百萬
1000.0000	=	一千萬
10000.0000	=	一萬萬

问　Ⅳ 第个九个数目字拼写，是那能个？

答　是实盖[①]个：

10	=	十	100	=	一百
20	=	二十	200	=	二百
30	=	三十	300	=	三百
40	=	四十	400	=	四百
50	=	五十	500	=	五百
60	=	六十	600	=	六百
70	=	七十	700	=	七百
80	=	八十	800	=	八百
90	=	九十	900	=	九百

1	=	一
10	=	十
100	=	一百
1000	=	一千
10000	=	一万
100000	=	十万
1000000	=	一百万
10000000	=	一千万
100000000	=	一万万

① 实盖："这样，那样"之义。

問　實蓋一个碼子算幾化。

答　照伊个位子算个比方、第一行算一位、第二行算十位、第三行算百位。

問　伊个寫法是那能。

答　左邊是大數、右邊是小數、從右到左、隔一行多十倍、從左到右、就是十分裡个一分。

问　实盖一个码子算几化?

答　照伊个位子算个，比方第一行算一位，第二行算十位，第三行算百位。

问　伊个写法是那能?

答　左边是大数，右边是小数，从右到左，隔一行多十倍；从左到右，就是十分里个一分。

1. 152
2. 256
3. 998
4. 1057
5. 2254
6. 4884
7. 7982
8. 42198
9. 84693
10. 98612
11. 592614
12. 400619
13. 910711
14. 3031671
15. 4869021
16. 637313789
17 39461928
18. 427143271
19. 630170616
20. 377620042
21. 436159821
22. 415625783
23. 246312596
24. 154763809

1. 152
2. 256
3. 998
4. 1057
5. 2254
6. 4884
7. 7982
8. 42198
9. 84693
10. 98612
11. 592614
12. 400619
13. 910711
14. 3031671
15. 4869021
16. 637313789
17. 39461928
18. 427143271
19. 630170616
20. 377620042
21. 436159821
22. 415625783
23. 246312596
24. 154763809

西算启蒙
三

土
白

（空）

問 答 問

V 大數目應該那能寫法。

派、要從右手派起寫、要從左手寫起。

還有下面个數目要寫咾讀。

1. 四十七 2. 三百五十九 3. 六千五百七十五 4. 九百零八 5. 一萬九千 6. 一千五百零四 7. 二千七十萬零五百 8. 九萬九千零九十九 9. 四千二百萬二千零五 10. 四百零八千零

问　　Ⅴ 大数目应该那能写法？

答　　派，要从右手派起；写，要从左手写起。

问　　还有下面个数目要写咾读：

1. 四十七　2. 三百五十九　3. 六千五百七十五　4. 九百零八　5. 一万九千　6. 一千五百零四　7. 二千七十万零五百　8. 九万九千零九十九　9. 四千二百万二千零五　10. 四百零八千零

九十六 11. 五千四百零二 12. 九千七
百八十萬 13. 三百四十七千九百十
五 14. 五十一千零八十一 15. 八十九
千零十七 16. 七千三百九十五 17. 三
百廿五千四百十二 18. 一萬六千五
百零七萬 19. 四十萬五千四百零六
萬 20. 五百四十一萬一千零一萬

加法

九十六　11. 五千四百零二　12. 九千七百八十万
13. 三百四十七千九百十五　14. 五十一千零八十一
15. 八十九千零十七　16. 七千三百九十五　17. 三百
廿五千四百十二　18. 一万六千五百零七万　19. 四
十万五千四百零六万　20. 五百四十一万一千零一万

加法

問　VI 加法是啥。

答　就是担多化數目拼攏來、可以看攏總有幾化。

問　阿姊有六只橘子、阿妹有四只、姊妹兩个攏總有幾只。

問　阿哥有七只兄弟有五只、弟兄兩个攏總有幾化。

問　四个人拼攏來、攏總有幾只。

问　Ⅵ 加法是啥？

答　就是担多化数目并拢来，可以看拢总有几化。

问　阿姊有六只橘子，阿妹有四只，姊妹两个，拢总有几只？

问　阿哥有七只，兄弟有五只，弟兄两个拢总有几化？

问　四个人并拢来，拢总有几只？

問　儂个手指頭有幾化。

問　甲有四只蘋果、乙又撥伊五只、丙又撥伊六只、攏總有幾化。

問　我担七塊洋錢、買一桶乾麵、八塊洋錢、買一桶桐油、攏總有幾化。

問　我担五塊洋錢、買一雙靴、十二塊洋錢、買一件外套、六塊洋錢、買一件長衫、攏總有幾塊。

问　侬个手指头有几化?

问　甲有四只苹果,乙又拨伊五只,丙又拨伊六只,拢总有几化?

问　我担七块洋钱买一桶干面,八块洋钱买一桶桐油,拢总有几化?

问　我担五块洋钱买一双靴,十二块洋钱买一件外套,六块洋钱买一件长衫,拢总有几块?

問

我担七十三塊洋錢、買一只自鳴鐘、十五塊洋錢、買一根金鍊條、一百十九塊洋錢、買一疋馬、三百七十六塊、買一乘馬車、七千六百八十九塊、買一所房子、攏總有幾塊。

問

花園裡有十五棵李子樹、七十三棵蘋果樹、念九棵生梨樹、十四棵櫻桃樹、攏總有幾棵。

西算啓蒙

问　我担七十三块洋钱买一只自鸣钟，十五块洋钱买一根金链条，一百十九块洋钱买一匹马，三百七十六块买一乘马车，七千六百八十九块买一所房子，拢总有几块？

问　花园里有十五棵李子树，七十三棵苹果树，念九棵生梨[①]树，十四棵樱桃树，拢总有几棵？

① 生梨：梨子。

以後算法裡有十字、就是加个意思、二字就是攏總个意思、比方 2+3=5 就是五。

以后算法里有“十”字，就是加个意思，“二”字就是拢总个意思，比方 $2+3=5$ 就是五。

VII

2 + 0 = 2
2 + 1 = 3
2 + 2 = 4
2 + 3 = 5
2 + 4 = 6
2 + 5 = 7
2 + 6 = 8
2 + 7 = 9
2 + 8 = 10
2 + 9 = 11
2 + 10 = 12
2 + 11 = 13
2 + 12 = 14

3 + 0 = 3
3 + 1 = 4
3 + 2 = 5
3 + 3 = 6
3 + 4 = 7
3 + 5 = 8
3 + 6 = 9
3 + 7 = 10
3 + 8 = 11
3 + 9 = 12
3 + 10 = 13
3 + 11 = 14
3 + 12 = 15

4 + 0 = 4
4 + 1 = 5
4 + 2 = 6
4 + 3 = 7
4 + 4 = 8
4 + 5 = 9
4 + 6 = 10
4 + 7 = 11
4 + 8 = 12
4 + 9 = 13
4 + 10 = 14
4 + 11 = 15
4 + 12 = 16

5 + 0 = 5
5 + 1 = 6
5 + 2 = 7

Ⅶ

2 + 0 = 2
2 + 1 = 3
2 + 2 = 4
2 + 3 = 5
2 + 4 = 6
2 + 5 = 7
2 + 6 = 8
2 + 7 = 9
2 + 8 = 10
2 + 9 = 11
2 + 10 = 12
2 + 11 = 13
2 + 12 = 14

---

3 + 0 = 3
3 + 1 = 4
3 + 2 = 5
3 + 3 = 6
3 + 4 = 7
3 + 5 = 8
3 + 6 = 9
3 + 7 = 10
3 + 8 = 11
3 + 9 = 12
3 + 10 = 13
3 + 11 = 14
3 + 12 = 15

---

4 + 0 = 4
4 + 1 = 5
4 + 2 = 6
4 + 3 = 7
4 + 4 = 8
4 + 5 = 9
4 + 6 = 10
4 + 7 = 11
4 + 8 = 12
4 + 9 = 13
4 + 10 = 14
4 + 11 = 15
4 + 12 = 16

---

5 + 0 = 5
5 + 1 = 6
5 + 2 = 7

底本书影　第九叶　下

5 + 3 = 8
5 + 4 = 9
5 + 5 = 10
5 + 6 = 11
5 + 7 = 12
5 + 8 = 13
5 + 9 = 14
5 + 10 = 15
5 + 11 = 16
5 + 12 = 17
6 + 1 = 7
6 + 2 = 8
6 + 3 = 9
6 + 4 = 10
6 + 5 = 11
6 + 6 = 12
6 + 7 = 13
6 + 8 = 14
6 + 9 = 15
6 + 10 = 16
6 + 11 = 17

6 + 12 = 18
6 + 13 = 19
7 + 0 = 7
7 + 1 = 8
7 + 2 = 9
7 + 3 = 10
7 + 4 = 11
7 + 5 = 12
7 + 6 = 13
7 + 7 = 14
7 + 8 = 15
7 + 9 = 16
7 + 10 = 17
7 + 11 = 18
7 + 12 = 19
8 + 0 = 8
8 + 1 = 9
8 + 2 = 10
8 + 3 = 11
8 + 4 = 12
8 + 5 = 13

$5+3=8$

$5+4=9$

$5+5=10$

$5+6=11$

$5+7=12$

$5+8=13$

$5+9=14$

$5+10=15$

$5+11=16$

$5+12=17$

$6+1=7$

$6+2=8$

$6+3=9$

$6+4=10$

$6+5=11$

$6+6=12$

$6+7=13$

$6+8=14$

$6+9=15$

$6+10=16$

$6+11=17$

$6+12=18$

$6+13=19$

$7+0=7$

$7+1=8$

$7+2=9$

$7+3=10$

$7+4=11$

$7+5=12$

$7+6=13$

$7+7=14$

$7+8=15$

$7+9=16$

$7+10=17$

$7+11=18$

$7+12=19$

$8+0=8$

$8+1=9$

$8+2=10$

$8+3=11$

$8+4=12$

$8+5=13$

10 + 1 = 11
10 + 2 = 12
10 + 3 = 13
10 + 4 = 14
10 + 5 = 15
10 + 6 = 16
10 + 7 = 17
10 + 8 = 18
10 + 9 = 19
10 + 10 = 20
10 + 11 = 21
10 + 12 = 22

11 + 0 = 11
11 + 1 = 12
11 + 2 = 13
11 + 3 = 14
11 + 4 = 15
11 + 5 = 16
11 + 6 = 17
11 + 7 = 18
11 + 8 = 19

8 + 6 = 14
8 + 7 = 15
8 + 8 = 16
8 + 9 = 17
8 + 10 = 18
8 + 11 = 19
8 + 12 = 20

9 + 0 = 9
9 + 1 = 10
9 + 2 = 11
9 + 3 = 12
9 + 4 = 13
9 + 5 = 14
9 + 6 = 15
9 + 7 = 16
9 + 8 = 17
9 + 9 = 18
9 + 10 = 19
9 + 11 = 20
9 + 12 = 21

10 + 0 = 10

8 + 6 = 14
8 + 7 = 15
8 + 8 = 16
8 + 9 = 17
8 + 10 = 18
8 + 11 = 19
8 + 12 = 20

9 + 0 = 9
9 + 1 = 10
9 + 2 = 11
9 + 3 = 12
9 + 4 = 13
9 + 5 = 14
9 + 6 = 15
9 + 7 = 16
9 + 8 = 17
9 + 9 = 18
9 + 10 = 19
9 + 11 = 20
9 + 12 = 21

10 + 0 = 10
10 + 1 = 11
10 + 2 = 12
10 + 3 = 13
10 + 4 = 14
10 + 5 = 15
10 + 6 = 16
10 + 7 = 17
10 + 8 = 18
10 + 9 = 19
10 + 10 = 20
10 + 11 = 21
10 + 12 = 22

11 + 0 = 11
11 + 1 = 12
11 + 2 = 13
11 + 3 = 14
11 + 4 = 15
11 + 5 = 16
11 + 6 = 17
11 + 7 = 18
11 + 8 = 19

11 + 9 = 20
11 + 10 = 21
11 + 11 = 22
11 + 12 = 23
12 + 0 = 12
12 + 1 = 13
12 + 2 = 14
12 + 3 = 15
12 + 4 = 16
12 + 5 = 17
12 + 6 = 18
12 + 7 = 19
12 + 8 = 20
12 + 9 = 21
12 + 10 = 22
12 + 11 = 23
12 + 12 = 24
13 + 0 = 13
13 + 1 = 14
13 + 2 = 15
13 + 3 = 16

13 + 4 = 17
13 + 5 = 18
13 + 6 = 19
13 + 7 = 20
13 + 8 = 21
13 + 9 = 22
13 + 10 = 23
13 + 11 = 24
13 + 12 = 25

VIII

下面所寫个是要先生問學生子、要學生子回頭个比方

2.十3.有幾化

11 + 9 = 20
11 + 10 = 21
11 + 11 = 22
11 + 12 = 23

12 + 0 = 12
12 + 1 = 13
12 + 2 = 14
12 + 3 = 15
12 + 4 = 16
12 + 5 = 17
12 + 6 = 18
12 + 7 = 19
12 + 8 = 20
12 + 9 = 21
12 + 10 = 22
12 + 11 = 23
12 + 12 = 24

13 + 0 = 13
13 + 1 = 14
13 + 2 = 15
13 + 3 = 16
13 + 4 = 17
13 + 5 = 18
13 + 6 = 19
13 + 7 = 20
13 + 8 = 21
13 + 9 = 22
13 + 10 = 23
13 + 11 = 24
13 + 12 = 25

Ⅷ 下面所写个是要先生问学生子，要学生子回头[1]个。比方2. + 3.有几化？

① 回头：回答。

底本书影　第十一叶　上

西算啓蒙　十一

2+9?	2+4?	2+2?
3+3?	3+5?	3+7?
3+6?	3+8?	3+3?
4+3?	4+5?	4+7?
4+2?	4+4?	4+8?
5+3?	5+5?	5+7?
5+6?	[illegible]+4?	5+1?
6+3?	6+6?	6+9?
6+2?	6+[illegible]?	6+1?
7+3?	7+7	7+9?
7+2?	7+6?	7+1?
8+2?	8+6?	8+9?
8+3?	8+7?	8+1?
9+3?	9+6?	9+9?
9+2?	9+7?	9+1?

2+5?	2+7?	6+4?	+6+8?
		6+5?	
2+8?	2+6?		
3+9?	3+4?	7+4?	+7+8?
		7+5?	
+4+9?	4+2?	8+4?	8+8?
		8+5?	
5+9?	5+2?	9+4?	9+8?
		9+5?	

2 + 2 ?	2 + 4 ?	2 + 9 ?
3 + 7 ?	3 + 5 ?	3 + 3 ?
3 + 3 ?	3 + 8 ?	3 + 6 ?
4 + 7 ?	4 + 5 ?	4 + 3 ?
4 + 8 ?	4 + 4 ?	4 + 2 ?
5 + 7 ?	5 + 5 ?	5 + 3 ?
5 + 1 ?	5 + 4 ?	5 + 6 ?
6 + 9 ?	6 + 6 ?	6 + 3 ?
6 + 1 ?	6 + 7 ?	6 + 2 ?
7 + 9 ?	7 + 7 ?	7 + 3 ?
7 + 1 ?	7 + 6 ?	7 + 2 ?
8 + 9 ?	8 + 6 ?	8 + 2 ?
8 + 1 ?	8 + 7 ?	8 + 3 ?
9 + 9 ?	9 + 6 ?	9 + 3 ?
9 + 1 ?	9 + 7 ?	9 + 2 ?

2 + 5 ?
2 + 8 ?
3 + 9 ?
+ 4 + 9 ?
5 + 9 ?

2 + 7 ?
2 + 6 ?
3 + 4 ?
4 + 2 ?
5 + 2 ?

6 + 4 ?
6 + 5 ?
7 + 4 ?
7 + 5 ?
8 + 4 ?
8 + 5 ?
9 + 4 ?
9 + 5 ?

+ 6 + 8 ?
+ 7 + 8 ?
8 + 8 ?
9 + 8 ?

西算啟蒙

（空）

(1)	(2)	(3)	(4)	(5)
526	243	11	47	127
317	532	23	87	396
529	207	97	58	787
132	913	86	83	459

(6)	(7)	(8)	(9)	(10)
678	789	1769	876	789
971	478	1895	376	567
147	719	7563	715	743
716	937	8765	678	435

(11)	(12)	(13)	(14)
123	471	1234	78956
478	617	3456	37667
716	871	6544	12345
478	317	7891	67890
127	899	8766	78990
678	910	3251	13579

(1)	(2)	(3)	(4)	(5)
526	243	11	47	127
317	532	23	87	396
529	207	97	58	787
132	913	86	83	459

(6)	(7)	(8)	(9)	(10)
678	789	1769	876	789
971	478	1895	376	567
147	719	7563	715	743
716	937	8765	678	435

(11)	(12)	(13)	(14)
123	471	1234	78956
478	617	3456	37667
716	871	6544	12345
478	317	7891	67890
127	899	8766	78990
678	910	3251	13579

(17)	(16)	(15
17875897	71123	71678
7167512	45678	12345
876567	34680	67890
98765	56777	34567
7896	67812	89012
789	71444	78519
75	67810	12345
7	53212	32541

(20)	(19)	(18)
30176	37	789567
31	1378956	7613
8601	700714	123123
11	367	70071
9911	76117	475
89120	4611779	1069
710	9171	374176
4320	131765	761

(15)	(16)	(17)
71678	71123	17875897
12345	45678	7167512
67890	34680	876567
34567	56777	98765
89012	67812	7896
78519	71444	789
12345	67810	75
32541	53212	7

(18)	(19)	(20)
789567	37	30176
7613	1378956	31
123123	700714	8601
70071	367	11
475	76117	9911
1069	4611779	89120
374176	9171	710
761	131765	4320

問　IX.三个學堂、一个是十三个學生子、一个是廿四个學生子、一个是三十五个學生子、攏總幾化。

答　三个數目、就是
35
24
13
——
12
6
——
72
是一二三共有六、三三四五共有十二、合成七十二。

問　容易个法則有否。

答　有个。

问　　Ⅸ 三个学堂，一个是十三个学生子，一个是廿四个学生子，一个是三十五个学生子，拢总几化？

答　　三个数目，就是

$$\begin{array}{r}35\\24\\\underline{13}\\12\\\underline{6}\\72\end{array}$$

是一二三共有六，三四五共有十二，合成七十二。

问　　容易个法则有否？

答　　有个。

法則

248
754
563
1565

右面第一行是3+4+8=15、拿5寫拉一畫下底、伊个丄、加拉第二行上、第二行是6+5+4=15个十、連第一行个十、有十六个十、是一百六十、拿六个十、寫好之、第三行是5+7+2=14个百、連上頭个一百、就有十五个百、

X. 拚攏數目个法則是那能。

十數對十數、百數對百數、千數對千數、萬數對萬數。第一行、加好之、若有幾十、可以加拉第二行、若有幾百、可以加拉第三行、以後每逢十、必要加拉左邊到末一行對伊好哉。

法则
$$\begin{array}{r} 248 \\ 754 \\ 563 \\ \hline 1565 \end{array}$$
右面第一行，是3+4+8=15，拿5写拉一画下底，伊个1，加拉第二行上；第二行是6+5+4=15个十，连第一行个十，有十六个十，是一百六十，拿六个十，写好之①；第三行是5+7+2=14个百，连上头个一百，就有十五个百。

问　X拼拢数目个法则是那能？

答　十数对十数，百数对百数，千数对千数，万数对万数。

第一行，加好之，若有几十可以加拉第二行，若有几百可以加拉第三行，以后每逢十，必要加拉左边到末一行对伊好哉。

① 之：体标记，对应普通话的“了”。

西算啟蒙

1. M. 302 + 409 + 735 = 幾化

2. M. 1302 + 4400 + 6800 = ?

3. M. 86 + 72 + 172 + 1168 = ?

4. M. 011 + 0 + 001 + 100 + 0001 + 1000 + 1110 = ?

5. M. 78 + 86 + 27 + 299 = ?

6. M. 690 + 10 + 110 + 1000 + 1001 = ?

7. M. 1001 + 76 + 10028 + 15 + 8791 + 7 = ?

8. M. 49 + 761 + 3756 + 8 + 150 + 761761 = ?

9. M. 3717 + 8 + 7 + 10001 + 58 + 18 + 5 = ?

10. M. 16 + 181 + 5 + 867156 + 81 + 800 + 71512 = ?

11. M. 999 + 8081 + 9 + 1567 + 88 + 91 + 7 + 878 = ?

12. M. 71 + 18795 + 9111 + 71

1. M. 302 + 409 + 735 = 几化?
2. M. 1302 + 4400 + 6800 = ?
3. M. 86 + 72 + 172 + 1168 = ?
4. M. 011 + 0 + 001 + 100 + 0001 + 1000 + 1110 = ?
5. M. 78 + 86 + 27 + 299 = ?
6. M. 690 + 10 + 110 + 1000 + 1001 = ?
7. M. 1001 + 76 + 10028 + 15 + 8791 + 7 = ?
8. M. 49 + 761 + 3756 + 8 + 150 + 761761 = ?
9. M. 3717 + 8 + 7 + 10001 + 58 + 18 + 5 = ?
10. M. 16 + 181 + 5 + 867156 + 81 + 800 + 71512 = ?
11. M. 999 + 8081 + 9 + 1567 + 88 + 91 + 7 + 878 = ?
12. M. 71 + 18795 + 9111 + 71

+ 1471 + 678 + 1446 + 9 = ?

13. M. 51 + 7671 + 86 + 871787 + 61 + 70001 = ?

$+ 1471 + 678 + 1446 + 9 = ?$

13. M. $51 + 7671 + 86 + 871787 + 61 + 70001 = ?$

一問 四百七十六、一百零五、三百八十七、攏總幾化。

二問 五萬六千七百八十五、七百零五三十六、十七萬零零一、四百零七、攏總有幾化。

问一[①] 四百七十六，一百零五，三百八十七，拢总几化？

问二 五万六千七百八十五，七百零五三十六，十七万零零一，四百零七，拢总有几化？

① 【问一】【问二】【问三】……皆为正方形，黑底白字，两字时两字在同一行，两字以上时则"问"字在左，序号数字竖排在右。

三问　五十萬六千七百零一、四百七十三千一百七十六、六十一、三千零零一攏總有幾化。

四問　七十萬零七百零一、一萬七千零零九、一百六十萬零七百零六、四萬七千六百七十一、七千零四十、四百零九、攏總有幾化。

五問　三隻航船、趁搭客人一隻是四十八

问三　五十万六千七百零一，四百七十三千一百七十六，六十一，三千零零一，拢总有几化？

问四　七十万零七百零一，一万七千零零九，一百六十万零七百零六，四万七千六百七十一，七千零四十，四百零九，拢总有几化？

问五　三只航船，趁搭客人。一只是四十八

个、一隻是三十九个、一隻是六十三个、攏總有幾化。

六問

四个生意人到之年底分賺頭、第一个到手七百九十塊洋錢、第二个有六百六十七塊、第三个五百五十七塊、第四个一百十塊、攏總有幾化。

七問

一家人家、有四个用人、第一个工錢每月六千二百、第二个每月五千六个，一只是三十九个，一只是六十三个，拢总有几化？

问六　四个生意人到之年底分赚头，第一个到手七百九十块洋钱，第二个有六百六十七块，第三个五百五十七块，第四个一百十块，拢总有几化？

问七　一家人家，有四个用人，第一个工钱每月六千二百，第二个每月五千六百、第三个每月四千二百、第四个每月二千五百、攏總每月要幾化。實蓋兩个月要幾化。

八問 三个月要幾化。

九問 伏羲登位、拉耶穌前頭二千五百八十二年、到現在有幾化年數。

十問 堯傳位撥舜、拉耶穌前頭二千二百五十二年到現在有幾化年數。

十一問

百，第三个每月四千二百，第四个每月二千五百，拢总每月要几化？

问八　实盖两个月要几化？

问九　三个月要几化？

问十　伏羲登位，拉耶稣[1]前头二千五百八十二年，到现在有几化年数？

问十一　尧传位拨舜，拉耶稣前头二千二百五十二年，到现在有几化年数？

① 本书出现“耶稣”时，均作为纪年标准，故原书均未加专名线。

十二問 夏朝開國、拉耶穌前頭二千二百零五年、到現在有幾化年數。

十三問 商朝開國、拉耶穌前頭一千七百二十六年、到現在有幾化年數。

十四問 周武王登位、拉耶穌前頭一千一百念二年、到現在有幾化年數。

十五問 秦始皇燒脫書籍咾、造萬里長城拉耶穌前頭二百四十年、到現在有幾

问十二 夏朝开国，拉耶稣前头二千二百零五年，到现在有几化年数？

问十三 商朝开国，拉耶稣前头一千七百二十六年，到现在有几化年数？

问十四 周武王登位，拉耶稣前头一千一百念二年，到现在有几化年数？

问十五 秦始皇烧脱书籍咾，造万里长城，拉耶稣前头二百四十年，到现在有几

化年數

第十六問

從北京到杭州、有三千零三十里、杭州到廣東、又有二千六百六十六里、寔蓋從北京到廣東、攏總有幾里。

第十七問

一个生意人有五疋布、頭一疋是三百七十六塊洋錢、第二疋是一百九十八塊洋錢、第三疋是八百九十六塊洋錢、第四疋是六百九十一塊洋化年数?

问十六 从北京到杭州,有三千零三十里,杭州到广东,又有二千六百六十六里,实盖从北京到广东,拢总有几里?

问十七 一个生意人有五匹布,头一匹是三百七十六块洋钱,第二匹是一百九十八块洋钱,第三匹是八百九十六块洋钱,第四匹是六百九十一块洋錢、第五疋是九十六塊洋錢、攏總有幾化。

十六 問

有一个財主人、有一千畝田、值七千八百三十九塊洋錢、拉錢柜裡還有三百六十九塊、油行裡還有一千八百三十六塊、攏總有幾化。

XL 除法

問

除法搭之加法有啥分別。

钱,第五匹是九十六块洋钱,拢总有几化?

问十八　有一个财主人,有一千亩田,值七千八百三十九块洋钱,拉钱柜里还有三百六十九块,油行里还有一千八百三十六块,拢总有几化?

除法

问　XI 除法搭之[①]加法有啥分别?

① 搭之:和,并列连词。

答 貼準相反个加法是加上去除法是除下來加法是担多化數目併攏來除法是拉大數上除脫。

問 阿靑廿歲伊个兄弟十二歲阿靑大幾歲

問 阿靑十三歲阿有七歲阿有少幾歲

問 有一塊石頭二百斤重還有一塊一百五十斤重第个兩塊石頭輕重相

答　贴准相反个。加法是加上去，除法是除下来；加法是担多化数目并拢来，除法是拉大数上除脱。

问　阿青廿岁，伊个兄弟十二岁，阿青[①]大几岁？

问　阿青十三岁，阿有七岁，阿有少几岁？

问　有一块石头，二百斤重，还有一块一百五十斤重，第个两块石头，轻重相

① 原文无人名专名线，现据文意补。后文有相同情况，不再出注。

XII

差幾化

1 − 1 = 0
2 − 1 = 1
3 − 1 = 2
4 − 1 = 3
5 − 1 = 4
6 − 1 = 5
7 − 1 = 6
8 − 1 = 7
9 − 1 = 8
10 − 1 = 9
11 − 1 = 0
12 − 1 = 11
13 − 1 = 12

2 − 2 = 0
3 − 2 = 1
4 − 2 = 2
5 − 2 = 3
6 − 2 = 4
7 − 2 = 5
8 − 2 = 6
9 − 2 = 7
10 − 2 = 8
11 − 2 = 9
12 − 2 = 10
13 − 2 = 11
14 − 2 = 12

3 − 3 = 0
4 − 3 = 1
5 − 3 = 2
6 − 3 = 3
7 − 3 = 4
8 − 3 = 5
9 − 3 = 6
10 − 3 = 7
11 − 3 = 8
12 − 3 = 9
13 − 3 = 10
14 − 3 = 11
15 − 3 = 12

差几化？[①]

XII

$1-1=0$
$2-1=1$
$3-1=2$
$4-1=3$
$5-1=4$
$6-1=5$
$7-1=6$
$8-1=7$
$9-1=8$
$10-1=9$
$11-1=0$[②]
$12-1=11$
$13-1=12$

$2-2=0$
$3-2=1$
$4-2=2$
$5-2=3$
$6-2=4$
$7-2=5$
$8-2=6$
$9-2=7$
$10-2=8$
$11-2=9$
$12-2=10$
$13-2=11$
$14-2=12$

$3-3=0$
$4-3=1$
$5-3=2$
$6-3=3$
$7-3=4$
$8-3=5$
$9-3=6$
$10-3=7$
$11-3=8$
$12-3=9$
$13-3=10$
$14-3=11$
$15-3=12$

① "差几化"之字体与之前的有别，似后补。
② 原文错误，非录入错误。

4 - 4 = 0
5 - 4 = 1
6 - 4 = 2
7 - 4 = 3
8 - 4 = 4
9 - 4 = 5
10 - 4 = 6
11 - 4 = 7
12 - 4 = 8
13 - 4 = 9
14 - 4 = 10
15 - 4 = 11
16 - 4 = 12

5 - 5 = 0
6 - 5 = 1
7 - 5 = 2
8 - 5 = 3
9 - 5 = 4
10 - 5 = 5
11 - 5 = 6
12 - 5 = 7
13 - 5 = 8
14 - 5 = 9
15 - 5 = 10
16 - 5 = 11
17 - 5 = 12

6 - 6 = 0
7 - 6 = 1
8 - 6 = 2
9 6 = 3
0 6 = 4
11 - 6 = 5
12 - 6 = 6
13 - 6 = 7
14 - 6 = 8
15 - 6 = 9
16 - 6 = 10
17 - 6 = 11
18 - 6 = 12

4 − 4 = 0	12 − 5 = 7
5 − 4 = 1	13 − 5 = 8
6 − 4 = 2	14 − 5 = 9
7 − 4 = 3	15 − 5 = 10
8 − 4 = 4	16 − 5 = 11
9 − 4 = 5	17 − 5 = 12
10 − 4 = 6	6 − 6 = 0
11 − 4 = 7	7 − 6 = 1
12 − 4 = 8	8 − 6 = 2
13 − 4 = 9	9 − 6 = 3
14 − 4 = 10	10 − 6 = 4
15 − 4 = 11	11 − 6 = 5
16 − 4 = 12	12 − 6 = 6
5 − 5 = 0	13 − 6 = 7
6 − 5 = 1	14 − 6 = 8
7 − 5 = 2	15 − 6 = 9
8 − 5 = 3	16 − 6 = 10
9 − 5 = 4	17 − 6 = 11
10 − 5 = 5	18 − 6 = 12
11 − 5 = 6	

7 − 7 = 0
8 − 7 = 1
9 − 7 = 2
10 − 7 = 3
11 − 7 = 4
12 − 7 = 5
13 − 7 = 6
14 − 7 = 7
15 − 7 = 8
16 − 7 = 9
17 − 7 = 10
18 − 7 = 11
19 − 7 = 12

8 − 8 = 0
9 − 8 = 1
10 − 8 = 2
11 − 8 = 3
12 − 8 = 4
13 − 8 = 5
14 − 8 = 6
15 − 8 = 7
16 − 8 = 8
17 − 8 = 9
18 − 8 = 10
19 − 8 = 11
20 − 8 = 12

9 − 9 = 0
10 − 9 = 1
11 − 9 = 2
12 − 9 = 3
13 − 9 = 4
14 − 9 = 5
15 − 9 = 6
16 − 9 = 7
17 − 9 = 8
18 − 9 = 9
19 − 9 = 10
20 − 9 = 11
21 − 9 = 12

7 − 7 = 0
8 − 7 = 1
9 − 7 = 2
10 − 7 = 3
11 − 7 = 4
12 − 7 = 5
13 − 7 = 6
14 − 7 = 7
15 − 7 = 8
16 − 7 = 9
17 − 7 = 10
18 − 7 = 11
19 − 7 = 12

8 − 8 = 0
9 − 8 = 1
10 − 8 = 2
11 − 8 = 3
12 − 8 = 4
13 − 8 = 5
14 − 8 = 6
15 − 8 = 7
16 − 8 = 8
17 − 8 = 9
18 − 8 = 10
19 − 8 = 11
20 − 8 = 12

9 − 9 = 0
10 − 9 = 1
11 − 9 = 2
12 − 9 = 3
13 − 9 = 4
14 − 9 = 5
15 − 9 = 6
16 − 9 = 7
17 − 9 = 8
18 − 9 = 9
19 − 9 = 10
20 − 9 = 11
21 − 9 = 12

18－11＝7
19－11＝8
20－11＝9
21－11＝10
22－11＝11
23－11＝12

12－12＝0
13－12＝1
14－12＝2
15－12＝3
16－12＝4
17－12＝5
18－12＝6
19－12＝7
20－12＝8
21－12＝9
22－12＝10
23－12＝11
24－12＝12

10－10＝0
11－10＝1
12－10＝2
13－10＝3
14－10＝4
15－10＝5
16－10＝6
17－10＝7
18－10＝8
19－10＝9
20－10＝10
21－10＝11
22－10＝12

11－11＝0
12－11＝1
13－11＝2
14－11＝3
15－11＝4
16－11＝5
17－11＝6

西算啓蒙　二十

10 − 10 = 0
11 − 10 = 1
12 − 10 = 2
13 − 10 = 3
14 − 10 = 4
15 − 10 = 5
16 − 10 = 6
17 − 10 = 7
18 − 10 = 8
19 − 10 = 9
20 − 10 = 10
21 − 10 = 11
22 − 10 = 12

11 − 11 = 0
12 − 11 = 1
13 − 11 = 2
14 − 11 = 3
15 − 11 = 4
16 − 11 = 5
17 − 11 = 6
18 − 11 = 7
19 − 11 = 8
20 − 11 = 9
21 − 11 = 10
22 − 11 = 11
23 − 11 = 12

12 − 12 = 0
13 − 12 = 1
14 − 12 = 2
15 − 12 = 3
16 − 12 = 4
17 − 12 = 5
18 − 12 = 6
19 − 12 = 7
20 − 12 = 8
21 − 12 = 9
22 − 12 = 10
23 − 12 = 11
24 − 12 = 12

問 數目大概那能除法。

答 VIII

大个數目、寫拉上頭、小个數目、寫拉下底、十數對十數、百數對百數、像加法能、拿上頭个碼子、逐个逐个除脫、拿下頭剩拉个數目、寫拉一畫下底。

問 654−323=?

654
323
———
331

4−3=1,
5−2=3,
6−3=3,
共得
331

問 978−615=?

問 754−531=?

問 8997−6686=?

问　Ⅷ 数目大概那能除法?

答　大个数目,写拉上头,小个数目,写拉下底。十数对十数,百数对百数。像加法能,拿上头个码子,逐个逐个除脱,拿下头剩拉个数目,写拉一画下底。

问　654 − 323 = ?　$\begin{array}{r}654\\ \underline{323}\\ 331\end{array}$　4 − 3 = 1,5 − 2 = 3,6 − 3 = 3,共得331。

问　978 − 615 = ?

问　754 − 531 = ?

问　8997 − 6686 = ?

問　舊年米廿八錢一升、今年三十七錢一升、比舊年多幾化。

問　都馬有五个橘子、兩个撥拉約翰、還剩幾化。

問　彼得有六个石子、兩个送拉撒母耳、還剩幾化。

問　呂底亞有四个餅、一个送拉別人、還剩幾化。

问　旧年米廿八钱一升，今年三十七钱一升，比旧年多几化？

问　都马有五个橘子，两个拨拉约翰，还剩几化？

问　彼得有六个石子，两个送拉撒母耳，还剩几化？

问　吕底亚有四个饼，一个送拉[1]别人，还剩几化？

① 拉：接受者标记，对应普通话的"给"。

問　但以理得着八塊洋錢、有三塊送拉馬礼亞、還剩幾化。

問　便雅明有十个胡桃、四个送拉馬大、三个送拉亞倫、還剩幾化。

問　摩西送撥約翰十一隻橘子、送撥阿寶末八隻、約翰比阿寶多幾隻。

問　我拿一塊洋錢、買一雙靴、兩塊洋錢買一雙鞋子、價錢大幾化。

问　但以理得着八块洋钱，有三块送拉马礼亚，还剩几化？

问　便雅明有十个胡桃，四个送拉马大，三个送拉亚伦，还剩几化？

问　摩西送拨约翰十一只橘子，送拨阿宝末八只，约翰比阿宝多几只？

问　我拿一块洋钱，买一双靴，两块洋钱买一双鞋子，价钱大几化？

西算启蒙

以後算法寫用一畫、是指點除脫个、意思像 7—3=4 可以讀七除三是四

1. 4 — 2? 4 — 1?
4 — 4? 4 — 3?
2. 5 — 4? 5 — 1?
5 — 3? 5 — 0?
5 — 2?
3. 6 — 2? 6 — 4?
6 — 5? 6 — 8?
6 — 6? 6 — 1?
4. 7 — 4? 7 — 6?
7 — 5? 7 — 1?
7 — 3? 7 — 2?
5. 8 — 2? 8 — 6?
8 — 3? 8 — 5?
8 — 0?
6. 9 — 3? 9 — 5?
9 — 8? 9 — 6?
9 — 1? 9 — 4?

以后算法，写用一画，是指点除脱个意思，像7−3=4可以读七除三是四。

1. 4 − 2 ?　　4 − 1 ?

　4 − 4 ?　　4 − 3 ?

2. 5 − 4 ?　　5 − 1 ?

　5 − 3 ?　　5 − 0 ?

　5 − 2 ?

3. 6 − 2 ?　　6 − 4 ?

　6 − 5 ?　　6 − 8 ?

　6 − 6 ?　　6 − 1 ?

4. 7 − 4 ?　　7 − 6 ?

　7 − 5 ?　　7 − 1 ?

　7 − 3 ?　　7 − 2 ?

5. 8 − 2 ?　　8 − 6 ?

　8 − 3 ?　　8 − 5 ?

　8 − 0 ?

6. 9 − 3 ?　　9 − 5 ?

　9 − 8 ?　　9 − 6 ?

　9 − 1 ?　　9 − 4 ?

7. 10－8? 10－7? 10－5? 10－6?
8. 11－8? 11－9? 11－3?
11－10? 11－2? 11－6?
11－4? 11－7? 11－5?
9. 12－6? 12－11? 12－4?
12－7? 12－5? 12 8?
12－3? 12－9?
10. 13－5? 13－8? 13－3?
13－9? 13－4? 13－6?
13－10? 13－7?
11. 14－9? 14－5? 14－3?
14－6? 14－8? 14－4?
14－7? 14－12? 14－9?
12. 15－6? 15－3? 15－8?
15－7? 15－5? 15－12?
15－4? 15－9? 15－10
15－2? 15－11? 15－1?
13. 16－8? 11－9? 16－5?

西算啟蒙　三

7. 10－8？ 10－7？ 10－5？ 10－6？

8. 11－8？ 11－9？ 11－3？

11－10？ 11－2？ 11－6？

11－4？ 11－7？ 11－5？

9. 12－6？ 12－11？ 12－4？

12－7？ 12－5？ 12－8？

12－3？ 12－9？

10. 13－5？ 13－8？ 13－3？

13－9？ 13－4？ 13－6？

13－10？ 13－7？

11. 14－9？ 14－5？ 14－3？

14－6？ 14－8？ 14－4？

14－7？ 14－12？ 14－9？

12. 15－6？ 15－3？ 15－8？

15－7？ 15－5？ 15－12？

15－4？ 15－9？ 15－10？

15－2？ 15－11？ 15－1？

13. 16－8？ 11①－9？ 16－5？

① 原文错误，非录入错误。

16－3？ 16－11？ 16－2？
16－10 16－7？ 16－4？
16－11？ 16－0？

14. 17－8？ 17－10？ 17－4？
17－9？ 17－3？ 17－7？
17－5？ 17－12？ 17－4？
17－2？ 17－13？ 17－15？

15. 18－6？ 18－12？ 18－3？
18－17？ 18－5？ 18－11？
18－7？ 18－13？ 18－7？
18－10？ 18－8？ 18－2？

16. 19－6？ 19－12？ 19－7？
19－3？ 19－8？ 19－13？
19－4？ 19－10？ 19－5？
19－17？ 19－2？ 19－9？

17. 20－5？ 20－20？ 20－3？
20－19？ 20－9？ 20－11？
20－4？ 20－7？ 20－3？
20－14？ 20－2？ 20－6？
20－9？

16 − 3 ?　16 − 11 ?　16 − 2 ?
16 − 10 ?　16 − 7 ?　16 − 4 ?
16 − 11 ?　16 − 0 ?

14. 17 − 8 ?　17 − 10 ?　17 − 4 ?
17 − 9 ?　17 − 3 ?　17 − 7 ?
17 − 5 ?　17 − 12 ?　17 − 4 ?
17 − 2 ?　17 − 13 ?　17 − 15 ?

15. 18 − 6 ?　18 − 12 ?　18 − 3 ?
18 − 17 ?　18 − 5 ?　18 − 11 ?
18 − 7 ?　18 − 13 ?　18 − 7 ?
18 − 10 ?　18 − 8 ?　18 − 2 ?

16. 19 − 6 ?　19 − 12 ?　19 − 7 ?
19 − 3 ?　19 − 8 ?　19 − 13 ?
19 − 4 ?　19 − 10 ?　19 − 5 ?
19 − 17 ?　19 − 2 ?　19 − 9 ?

17. 20 − 5 ?　20 − 20 ?　20 − 3 ?
20 − 19 ?　20 − 9 ?　20 − 11 ?
20 − 4 ?　20 − 7 ?　20 − 3 ?
20 − 14 ?　20 − 2 ?　20 − 6 ?
20 − 9 ?

問 XIV 若是下頭个碼子、比上頭還大、那能除法。

答 倘然 474 325 149 4 除 5 是、勿能除个只好隔壁借一个十來除个、就是十四除五、剩九、7 已經借去一个、只剩 6 除 2、還剩 4、4 除 3 還剩 1、若是第一行上頭个碼子少、可以拉第二行上借一个、就算加十倍、等到除第二行、要问　XIV 若是下头个码子，比上头还大，那能除法？

答　倘然 $\frac{\begin{matrix}474\\325\end{matrix}}{149}$ 4除5是勿能除个，只好隔壁借一个十来除个，就是十四除五，剩九；7已经借去一个，只剩6，除2还剩4；4除3还剩1。若是第一行上头个码子少，可以拉第二行上借一个，就算加十倍，等到除第二行，要照鉄一个筭、餘多相同。

問　啥个叫還原法。

答　就是除剩拉个數目、搭之除數相加、若然同大數一樣、第个就叫還原。

照缺一个算，余多相同。

问　啥个叫还原法？

答　就是除剩拉个数目，搭之除数相加，若然同大数一样，第个就叫还原。

西算啟蒙

學習个法則

XV

1. M. 923 − 674 = 幾化

T. 923 13 − 4 = 9,

674 11 − 7 = 4,

8 − 6 = 2,

249

2. M. 1128 − 982 = 幾化

T. 1128 8 − 2 = 6,

982 12 − 8 = 4,

10 − 9 = 1,

146

3. M. 6205 − 5978 = ?

4. M. 100 − 99 = ?

5. M. 1001 − 9 8 = ?

6. M. 200000 − 18999 = ?

7. M. 671111 − 99999 = ?

8. M. 1789100 − 808088 = ?

9. M. 1000000 − 99999 = ?

学习个法则

XV

1. M. 923－674＝几化

T. 923　　13－4＝9，

674　　11－7＝4，

8－6＝2，

249

2. M. 1128－982＝几化

T. 1128　　8－2＝6，

982　　12－8＝4，

10－9＝1，

146

3. M. 6205－5978＝？

4. M. 100－99＝？

5. M. 1001－98＝？

6. M. 200000－18999＝？

7. M. 671111－99999＝？

8. M. 1789100－808088＝？

9. M. 1000000－99999＝？

10. M. 999999 − 1607 = ?
11. M. 325670 − 43001 = ?
12. M. 638091 − 4832 = ?
13. M. 48093256 − 320078 ?
14. M. 58096380 − 48321 ?
15. M. 68009302 − 40832562 ?
16. M. 48097638 − 25063811 ?
17. M. 800700057 − 1010101 ?
18. M. 406380821 − 480025 ?
20. M. 30256780 − 1306324 ?
21. M. 1050321 − 43002 ?
22. M. 4800963 − 4120305 ?
23. M. 99000 − 9099 ?
24. M. 101010101 − 1010110 ?
25. M. 1000000 − 9 ?
26. M. 3000 − 33 ?
27. M. 100000000 − 5000 ?

10. M. 999999 − 1607 = ?

11. M. 325670 − 43001 = ?

12. M. 638091 − 4832 = ?

13. M. 48093256 − 320078 ?

14. M. 58096380 − 48321 ?

15. M. 68009302 − 40832562 ?

16. M. 48097638 − 25063811 ?

17. M. 800700057 − 1010101 ?

19. M. 406380821 − 480025 ? ①

20. M. 30256780 − 1306324 ?

21. M. 1050321 − 43002 ?

22. M. 4800963 − 4120305 ?

23. M. 99000 − 9099 ?

24. M. 101010101 − 1010110 ?

25. M. 1000000 − 9 ?

26. M. 3000 − 33 ?

27. M. 100000000 − 5000 ?

① 少序号18。原文错误,非录入错误。

三十八問 有一个人開店、舊年賺之968塊洋錢、今年生意郎、只賺得540塊洋錢比舊年少賺幾化。

三十九問 隔壁一家、舊年賺450塊洋錢、今年賺968塊洋錢、比之舊年多賺幾化。

四十問 窒江比之黃河長幾化、比之洋子江那能。

四十一問 東洋比之西洋闊幾化。

问二十八　有一个人开店，旧年赚之968块洋钱；今年生意邱[1]，只赚得540块洋钱，比旧年少赚几化？

问二十九　隔壁一家，旧年赚450块洋钱，今年赚968块洋钱，比之旧年多赚几化？

问三十　蜜江比之黄河长几化？比之洋子江那能？

问三十一　东洋比之西洋阔几化？

① 邱：差。

西算啟蒙　三

問三十一　地中海比之黑海長幾化。

問三十二　直隸比之浙江大幾化。

問三十三　北京到廣東遠開5696里路、搭杭州遠開8030里路、寔蓋杭州到廣東末幾化。

問三十四　漢末時候、拉耶穌降生个後首190年、到現在有幾化年數。

問三十五　唐朝開國、拉耶穌降生个後首618年、到現在有幾化年數。

问三十二　地中海比之黑海长几化?

问三十三　直隶比之浙江大几化?

问三十四　北京到广东远开5696里路,搭杭州远开8030里路,实盖杭州到广东末几化?

问三十五　汉末时候,拉耶稣降生个后首190年,到现在有几化年数?

问三十六　唐朝开国,拉耶稣降生个后首618年,到现在有几化年数?

三十七问
宋朝開國、拉耶穌降生个後首970年、到現在有幾化年數。

三十八问
元朝開國、拉耶穌降生个後首1280年、到現在有幾化年數。

三十九问
明朝開國、拉耶穌降生个後首1368年、到現在有幾化年數。

四十问
清朝開國、拉耶穌降生个後首1644年、已經平治天下、有幾化年數。

问三十七 宋朝开国，拉耶稣降生个后首970年，到现在有几化年数？

问三十八 元朝开国，拉耶稣降生个后首1280年，到现在有几化年数？

问三十九 明朝开国，拉耶稣降生个后首1368年，到现在有几化年数？

问四十 清朝开国，拉耶稣降生个后首1644年，已经平治天下，有几化年数？

加除合問

XVI

一問　一个人開三爿店、一爿賺355兩銀子、一爿賺670兩銀子還有一爿虧短427兩銀子、寔蓋除脫虧短拉个、還賺幾化。

二問　某甲有4800產業、但是有兩个債主、欠第一个末1560、欠第二个末2120、若是還脫之所欠拉个、還剩幾化。

加除合问

问一　XVI 一个人开三爿店，一爿赚355两银子，一爿赚670两银子，还有一爿亏短427两银子，实盖除脱亏短拉个，还赚几化？

问二　某甲有4800产业，但是有两个债主，欠第一个末1560，欠第二个末2120，若是还脱之所欠拉个，还剩几化？

一个人要走350里路、第一日走55里、第二日走75里、第三日走90里、還有幾里路、應該走个。

乘法

問 XVII 乘法搭之加法、有啥相同否。

答 加法、就是拿多化大小數目并攏、乘法、就是拿一个數目、加上多化大數目。

问三　一个人要走350里路，第一日走55里，第二日走75里，第三日走90里，还有几里路应该走个？

乘法

问　XVII 乘法搭之加法，有啥相同否？

答　加法，就是拿多化大小数目并拢。乘法，就是拿一个数目，加上多化大数目。

問 三个人若是每人有四塊洋錮、并攏有幾化。

問 若是每人有5塊洋錮、并攏有幾化。

問 拿二十八个人、每人有7塊洋錮、并攏有幾化。

問 某甲每月賺八塊洋錮、四个月共有幾化。

以後用X、可以指點乘攏个意思、像

问　三个人,若是每人有四块洋钿,并拢有几化?

问　若是每人有5块洋钿[①],并拢有几化?

问　拿二十八个人,每人有7块洋钿,并拢有几化?

问　某甲每月赚八块洋钿,四个月共有几化?

以后用 ×,可以指点乘拢个意思,像

① 洋钿:前文作“洋钱”。

西算啟蒙

XVIII.

3×7=21 就可以讀三七念一

1 × 1 = 1
1 × 2 = 2
1 × 3 = 3
1 × 4 = 4
1 × 5 = 5
1 × 6 = 6
1 × 7 = 7
1 × 8 = 8
1 × 9 = 9
1 × 10 = 10
1 × 11 = 11
1 × 12 = 12

2 × 1 = 2
2 × 2 = 4
2 × 3 = 6
2 × 4 = 8
2 × 5 = 10
2 × 6 = 12
2 × 7 = 14
2 × 8 = 16
2 × 9 = 18
2 × 10 = 20
2 × 11 = 22
2 × 12 = 24

3 × 1 = 3
3 × 2 = 6
3 × 3 = 9
3 × 4 = 12
3 × 5 = 15
3 × 6 = 18
3 × 7 = 21
3 × 8 = 24
3 × 9 = 27
3 × 10 = 30
3 × 11 = 33
3 × 12 = 36

3 × 7 = 21就可以读三七念一。

XVIII

1 × 1 = 1
1 × 2 = 2
1 × 3 = 3
1 × 4 = 4
1 × 5 = 5
1 × 6 = 6
1 × 7 = 7
1 × 8 = 8
1 × 9 = 9
1 × 10 = 10
1 × 11 = 11
1 × 12 = 12

2 × 1 = 2
2 × 2 = 4
2 × 3 = 6
2 × 4 = 8
2 × 5 = 10
2 × 6 = 12
2 × 7 = 14
2 × 8 = 16
2 × 9 = 18
2 × 10 = 20
2 × 11 = 22
2 × 12 = 24

3 × 1 = 3
3 × 2 = 6
3 × 3 = 9
3 × 4 = 12
3 × 5 = 15
3 × 6 = 18
3 × 7 = 21
3 × 8 = 24
3 × 9 = 27
3 × 10 = 30
3 × 11 = 33
3 × 12 = 36

4 × 1 = 4
4 × 2 = 8
4 × 3 = 12
4 × 4 = 16
4 × 5 = 20
4 × 6 = 24
4 × 7 = 28
4 × 8 = 32
4 × 9 = 36
4 × 10 = 40
4 × 11 = 44
4 × 12 = 48

5 × 1 = 5
5 × 2 = 10
5 × 3 = 15
5 × 4 = 20
5 × 5 = 25
5 × 6 = 30
5 × 7 = 35
5 × 8 = 40
5 × 9 = 45
5 × 10 = 50
5 × 11 = 55
5 × 12 = 60

6 × 1 = 6
6 × 2 = 12
6 × 3 = 18
6 × 4 = 24
6 × 5 = 30
6 × 6 = 36
6 × 7 = 42
6 × 8 = 48
6 × 9 = 54
6 × 10 = 60
6 × 11 = 66
6 × 12 = 72

$4 \times 1 = 4$
$4 \times 2 = 8$
$4 \times 3 = 12$
$4 \times 4 = 16$
$4 \times 5 = 20$
$4 \times 6 = 24$
$4 \times 7 = 28$
$4 \times 8 = 32$
$4 \times 9 = 36$
$4 \times 10 = 40$
$4 \times 11 = 44$
$4 \times 12 = 48$

$5 \times 1 = 5$
$5 \times 2 = 10$
$5 \times 3 = 15$
$5 \times 4 = 20$
$5 \times 5 = 25$
$5 \times 6 = 30$
$5 \times 7 = 35$
$5 \times 8 = 40$
$5 \times 9 = 45$
$5 \times 10 = 50$
$5 \times 11 = 55$
$5 \times 12 = 60$

$6 \times 1 = 6$
$6 \times 2 = 12$
$6 \times 3 = 18$
$6 \times 4 = 24$
$6 \times 5 = 30$
$6 \times 6 = 36$
$6 \times 7 = 42$
$6 \times 8 = 48$
$6 \times 9 = 54$
$6 \times 10 = 60$
$6 \times 11 = 66$
$6 \times 12 = 72$

7 × 1 = 7
7 × 2 = 14
7 × 3 = 21
7 × 4 = 28
7 × 5 = 35
7 × 6 = 42
7 × 7 = 49
7 × 8 = 56
7 × 9 = 63
7 × 10 = 70
7 × 11 = 77
7 × 12 = 84

8 × 1 = 8
8 × 2 = 16
8 × 3 = 24
8 × 4 = 32
8 × 5 = 40
8 × 6 = 48
8 × 7 = 56
8 × 8 = 64
8 × 9 = 72
8 × 10 = 80
8 × 11 = 88
8 × 12 = 96

9 × 1 = 9
9 × 2 = 18
9 × 3 = 27
9 × 4 = 36
9 × 5 = 45
9 × 6 = 54
9 × 7 = 63
9 × 8 = 72
9 × 9 = 81
9 × 10 = 90
9 × 11 = 99
9 × 12 = 108

$7 \times 1 = 7$
$7 \times 2 = 14$
$7 \times 3 = 21$
$7 \times 4 = 28$
$7 \times 5 = 35$
$7 \times 6 = 42$
$7 \times 7 = 49$
$7 \times 8 = 56$
$7 \times 9 = 63$
$7 \times 10 = 70$
$7 \times 11 = 77$
$7 \times 12 = 84$

$8 \times 1 = 8$
$8 \times 2 = 16$
$8 \times 3 = 24$
$8 \times 4 = 32$
$8 \times 5 = 40$
$8 \times 6 = 48$
$8 \times 7 = 56$
$8 \times 8 = 64$
$8 \times 9 = 72$
$8 \times 10 = 80$
$8 \times 11 = 88$
$8 \times 12 = 96$

$9 \times 1 = 9$
$9 \times 2 = 18$
$9 \times 3 = 27$
$9 \times 4 = 36$
$9 \times 5 = 45$
$9 \times 6 = 54$
$9 \times 7 = 63$
$9 \times 8 = 72$
$9 \times 9 = 81$
$9 \times 10 = 90$
$9 \times 11 = 99$
$9 \times 12 = 108$

底本书影　第三十叶　下

西算啟蒙

三

10× 1=10
10× 2=20
10× 3=30
10× 4=40
10× 5=50
10× 6=60
10× 7=70
10× 8=80
10× 9=90
10×10=100
10×11=110
10×12=120

11× 1=11
11× 2=22
11× 3=33
11× 4=44
11× 5=55
11× 6=66
11× 7=77
11× 8=88
11× 9=99
11×10=110
11×11=121
11×12=132

12× 1=12
12× 2=24
12× 3=36
12× 4=48
12× 5=60
12× 6=72
12× 7=84
12× 8=96
12× 9=108
12×10=120
12×11=132
12×12=144

$10 \times 1 = 10$
$10 \times 2 = 20$
$10 \times 3 = 30$
$10 \times 4 = 40$
$10 \times 5 = 50$
$10 \times 6 = 60$
$10 \times 7 = 70$
$10 \times 8 = 80$
$10 \times 9 = 90$
$10 \times 10 = 100$
$10 \times 11 = 110$
$10 \times 12 = 120$

$11 \times 1 = 11$
$11 \times 2 = 22$
$11 \times 3 = 33$
$11 \times 4 = 44$
$11 \times 5 = 55$
$11 \times 6 = 66$
$11 \times 7 = 77$
$11 \times 8 = 88$
$11 \times 9 = 99$
$11 \times 10 = 110$
$11 \times 11 = 121$
$11 \times 12 = 132$

$12 \times 1 = 12$
$12 \times 2 = 24$
$12 \times 3 = 36$
$12 \times 4 = 48$
$12 \times 5 = 60$
$12 \times 6 = 72$
$12 \times 7 = 84$
$12 \times 8 = 96$
$12 \times 9 = 108$
$12 \times 10 = 120$
$12 \times 11 = 132$
$12 \times 12 = 144$

問一 買五桶乾麵、每桶六塊洋錮、攏總要幾化。比方一桶6塊洋錮、5桶要5×6就是五六得三十塊。

問二 6斗荳、每斗2塊洋錮、攏總要幾化。

問三 5斤櫻桃、70錮一斤、攏總要幾化。

問四 9畝田、10塊洋錮一畝、攏總要幾化。

問五 若是一斤燕窩、值4塊洋錮、9斤值

三十一

问一　买五桶干面，每桶六块洋钿，拢总要几化？

比方一桶6块洋钿，5桶要5×6就是五六得三十块。

问二　6斗豆，每斗2块洋钿，拢总要几化？

问三　5斤樱桃，70钿一斤，拢总要几化？

问四　9亩田，10块洋钿一亩，拢总要几化？

问五　若是一斤燕窝，值4块洋钿，9斤值

幾化。

六問

一丈有10尺、9丈有幾尺、7丈有幾尺、8丈有幾尺、4丈有幾尺、3丈有幾尺。

七問

6尺是一弓、5弓有幾尺、9弓、8弓、6弓、3弓。

八問

5尺一步、5步有幾尺、6步、7步、4步、9步、10步、8步。

几化？

问六　一丈有10尺，9丈有几尺？ 7丈有几尺？ 8丈有几尺？ 4丈有几尺？ 3丈有几尺？

问七　6尺是一弓，5弓有几尺？ 9弓？ 8弓？ 6弓？ 3弓？

问八　5尺一步，5步有几尺？ 6步？ 7步？ 4步？ 9步？ 10步？ 8步？

九問

1月賺7塊洋鈿、3月有幾化、4日、5月、6月、7月、9月。

十問

7日一禮拜、3禮拜、有幾日、9?、4?、8?、5?、7?、1?、6?、2?。

十一問

一年12個月、3年有幾個月。9年、3年、6年、11年、4年、8?、2?、7?。

十二問

上頭問歇28个人、每人有7塊洋鈿、攏總有幾化。

问九　1月赚7块洋钿，3月有几化？ 4月？ 5月？ 6月？ 7月？ 9月？

问十　7日一礼拜，3礼拜有几日？ 9？ 4？ 8？ 5？ 7？ 1？ 6？ 2？

问十一　一年12个月，3年有几个月？ 9年？ 3年？ 6年？ 11年？ 4年？ 8？ 2？ 7？

问十二　上头问歇[1]28个人，每人有7块洋钿，拢总有几化？

① 歇：经历体标记，对应普通话的“过”。

答

$$\begin{array}{r} 28 \\ 7 \\ \hline 7\times8=\ 56 \\ 7\times2=14\ \\ \hline 196 \end{array}$$

共一百六十九。

問　14那能從第二行寫起。

答　因爲7×2个十、就是14个十。

問　第个數目那能分別。

答　28叫該乘、7叫倍數、因爲是乘7倍、196叫共乘總數。

問　XIX　乘數目法則、是那能个。

答

$$
\begin{array}{rr}
 & 28 \\
 & 7 \\
\hline
7 \times 8 = & 56 \\
7 \times 2 = & 14 \\
\hline
 & 196
\end{array}
$$

共一百六十九[①]。

问　14那能从第二行写起?

答　因为7×2个十,就是14个十。

问　第个数目那能分别?

答　28叫该乘,7叫倍数,因为是乘7倍,196叫共乘总数。

问　XIX 乘数目法则,是那能个?

① 原文错误,应为一百九十六。

答　先寫該乘个數目、次寫倍數就一畫、每個乘好之、再加一畫、用加法來合總數、

習問

1.M. 428×7=?

2.M. 263×6=?

3.M. 197×5=?

4.M. 9398×8=?

5.M. 9998×10=?

6.M. 767853×9=?

7.M. 876538765×8=?

8.M. 497660792×12=?

9.M. 4325653×4=?

(10) 483256 × 7

(11) 35807634 × 9

(12) 3509678 × 8

(13) 2806743 × 6

(14) 3156745 × 5

(15) 63809764 × 4

西算啟蒙　三

答　先写该乘个数目，次写倍数，就一画，每个乘好之，再加一画，用加法来合总数。

习问

1. M. 428 × 7 = ?
2. M. 263 × 6 = ?
3. M. 197 × 5 = ?
4. M. 9398 × 8 = ?
5. M. 9998 × 10 = ?
6. M. 767853 × 9 = ?
7. M. 876538765 × 8 = ?
8. M. 497660792 × 12 = ?
9. M. 4325653 × 4 = ?

(10) 483256	(11) 35807634
7	9
(12) 3509678	(13) 2806743
8	6
(14) 315674	(15) 6380976
5	4

問　28 × 12 = 幾化

答

28 × 10 = 280
28 × 2 = 56
28 × 12 = 336

28
12
———
2倍 = 56
10倍 = 28
———
共乘 336

第个倍數勿止10、乘法就要兩樣、只要拿28乘10、再乘2咾加上去、就是12倍乘。

問　28乘22得幾化。

答

28
22
———
2倍 = 56
20倍 = 56
———
共乘 616

问　28 × 12 = 几化

答　28 × 10 = 280

28 × 2 = 56

28 × 12 = 336

```
         28
         12
       ----
2倍 =    56
10倍 =   28 十
       -------
共乘    336
```

第个倍数勿止10，乘法就要两样，只要拿28乘10，再乘2咾加上去，就是12倍乘。

问　28乘22得几化？

答

```
         28
         22
       ----
2倍 =    56
20倍 =   56
       ----
共乘    616
```

問　XX倍數若然勿止10末、法則是那能个。

答　用倍數个碼子、每个乘第二个碼子、乘末因爲是十數、就是第二位寫起、第三个碼子乘末因爲是百數、就從第三位寫起、其餘全是寔蓋、乘好之用加法併攏來、就得總數。

問　288乘134得幾化。

问　XX 倍数若然勿止10末,法则是那能个?

答　用倍数个码子,每个乘第二个码子,乘末因为是十数,就是第二位写起;第三个码子乘末,因为是百数,就从第三位写起;其余全是实盖,乘好之用加法并拢来,就得总数。

问　288乘134得几化?

答

$$
\begin{array}{rrl}
 & & 288 \\
 & & 134 \\
\hline
4 & 倍 = & 1152 \\
3 & 十倍 = & 864 \\
1 & 百倍 = & 288 \\
\hline
 & = & 38592
\end{array}
$$

問　XXI　那能叫相乘。

答　兩个數目乘攏來叫相乘、比方3乘7得21、21就是共乘、3咾7是相乘、相乘倒轉乘起來、有啥兩樣唔。

答

$$
\begin{array}{rrl}
 & & 288 \\
 & & 134 \\
\hline
4\text{倍} & = & 1152 \\
3\text{十倍} & = & 864 \\
1\text{百倍} & = & 288 \\
\hline
 & = & 38592
\end{array}
$$

问　　XXI 那能叫相乘?

答　　两个数目乘拢来叫相乘, 比方3乘7得21, 21就是共乘, 3咾7是相乘, 相乘倒转乘起来, 有啥两样唔[①]?

① 唔: 前文写作"否"。

答　無啥兩樣、比方 3×7=21, 7×3=21, 7×8=56, 8×7=56, 6×9=54, 9×6=54,

問　XXII　正乘法、那能表明伊勿差。

答　該乘咾倍數、既然全是相乘、只要倒轉乘起來、共乘若是仍舊一樣、就曉得勿差。

習問

答　无啥两样。比方$3\times7=21$,$7\times3=21$,$7\times8=56$,$8\times7=56$,$6\times9=54$,$9\times6=54$。

问　XXII 正乘法,那能表明伊勿差?

答　该乘咾倍数,既然全是相乘,只要倒转乘起来,共乘若是仍旧一样,就晓得勿差。

习问

問

倍數多、有啥便當个法則。

答

倍數分開來、相連乘亦是一樣个。比方

XXIII

1.M.697×378=?

2.M.3842×144=?

3.M.91788×81=?

4.M.209402×56=?

1. M. 697 × 378 = ?

2. M. 3842 × 144 = ?

3. M. 91788 × 81 = ?

4. M. 209402 × 56 = ?

问　XXIII 倍数多,有啥便当个法则?

答　倍数分开来,相连乘亦是一样个。比方:

$$12 \times 8.\ 2 \times 4 = 8$$

```
12
 2
--
24          12
 4           8
--          --
96          96
```

問二第頭上

2 M. $144 = 2 \times 8 \times 9.$

3 M. $81 = 9 \times 9.$

4 M. $56 = 7 \times 8$

$12 \times 8, 2 \times 4 = 8$

$$\begin{array}{r} 12 \\ 2 \\ \hline 24 \\ 4 \\ \hline 96 \end{array} \qquad \begin{array}{r} 12 \\ 8 \\ \hline 96 \end{array}$$

上头第二问

2 M. $144 = 2 \times 8 \times 9$.

3 M. $81 = 9 \times 9$.

4 M. $56 = 7 \times 8$.

5 M. 675 × 476 = ?
6 M. 679 × 763 = ?
7 M. 799 × 981 = ?
8 M. 7854 × 1234 = ?
9 M. 3007 × 6071 = ?
10 M. 7117 × 9876 = ?
11 M. 376546 × 407091 = ?
12 M. 7001009 × 7007867 = ?
13 M. 40325 × 5078 = ?
14 M. 68090 × 3025 = ?

西算启蒙

5 M. $675 \times 476 = ?$

6 M. $679 \times 763 = ?$

7 M. $799 \times 981 = ?$

8 M. $7854 \times 1234 = ?$

9 M. $3007 \times 6071 = ?$

10 M. $7117 \times 9876 = ?$

11 M. $376546 \times 407091 = ?$

12 M. $7001009 \times 7007867 = ?$

13 M. $40325 \times 5078 = ?$

14 M. $68090 \times 3025 = ?$

十五問　五百八十六乘九百零八、其乘得幾化、

十六問　三千八百零五乘一千零七、其乘得幾化。

十七問　二千零二十一乘七百零六、其乘得幾化。

十八問　八萬八千零六乘三千零七、其乘得幾化、

西算啟蒙　卷三

问十五　五百八十六,乘九百零八,共乘得几化?

问十六　三千八百零五,乘一千零七,共乘得几化?

问十七　二千零二十一,乘七百零六,共乘得几化?

问十八　八万八千零六,乘三千零七,共乘得几化?

十九問

九萬零八百零七乘九千一百零六、共乘得幾化。

二十問

五萬零一、乘五千八百零七、共乘得幾化。

二十一問

324 × 200 = 幾化

答

200 = 2 × 100.

```
324
  2
---
648
 100
-----
64800
```

```
 324
 200
-----
64800
```

爲之加一个圈、就多十倍、加兩个圈、就多一百倍、所以算个理、像上頭能。

问十九　九万零八百零七，乘九千一百零六，共乘得几化？

问二十　五万零一，乘五千八百零七，共乘得几化？

问二十一　$324 \times 200 =$ 几化？

答　$200 = 2 \times 100.$

$$\begin{array}{r} 324 \\ 2 \\ \hline 648 \\ 100 \\ \hline 64800 \end{array} \qquad \begin{array}{r} 324 \\ 200 \\ \hline 64800 \end{array}$$

为之加一个圈，就多十倍，加两个圈，就多一百倍。

所以算个理，像上头能。

問

XXIV

若是倍数貼準幾十幾百幾千伊个法則、應該那能个。

答

先拿碼子乘好之、難末加圈上去。

1. M. 9840 ×
6000 = ?
2. M. 9300 ×
800 = ?
3. M. 4600000 ×
18000 = ?
4. M. 365000 ×
25300 = ?
5. M. 6083050 ×
235000 ?
6. M. 4070600 ×
503200 ?

问　XXIV 若是倍数贴准几十、几百、几千，伊个法则，应该那能个？

答　先拿码子乘好之，难末加圈上去。

1. M. 9840 × 6000 = ?

2. M. 9300 × 800 = ?

3. M. 4600000 × 18000 = ?

4. M. 365000 × 25300 = ?

5. M. 6083050 × 235000 ?

6. M. 4070600 × 503200 ?

西算啓蒙

一問　西河地方、有六千人家、每家有五个人、伊塊地方攏總有幾化人。

二問　松江府捐二十萬銀子、若然各府全𡍲蓋格末、江蘇一省可以捐幾化。

三問　提臺手下有六萬兵、每人要四千軍餉一月、𡍲蓋每月要發幾化、一年要發幾化。

四問　有一个財主人、有三百六十个用人、

问一　西河地方，有六千人家，每家有五个人，伊块地方，拢总有几化人？

问二　松江府捐二十万银子，若然各府全实盖，格末江苏一省可以捐几化？

问三　提台手下有六万兵，每人要四千军饷一月，实盖每月要发几化？一年要发几化？

问四　有一个财主人，有三百六十个用人，

内中有一百九十个人末、全要四千五百銅一月、其餘个末全要五千五百銅一月、寔蓋一月要用幾化、一年要用幾化。

五問　一个種田人有64畝田、内中48畝、每畝要收3袋穀、其餘每畝要收4袋、攏總可以收幾化。

六問　第个穀、有78袋、每袋賣一千八百錢、

西算啟蒙　三九

内中有一百九十个人末，全要四千五百钿一月，其余个末，全要五千五百钿一月，实盖一月要用几化？一年要用几化？

问五　一个种田人有64亩田，内中48亩，每亩要收3袋谷，其余每亩要收4袋，拢总可以收几化？

问六　第个谷，有78袋，每袋卖一千八百钱，其餘每袋賣一千三百錢、攏總可以賣幾化。

七問　第个種田人、雇兩个用人、每人念五千一年、每畝田要完納五百錢糧、寔盖伊每年要拿出幾化。

八問　第个種田人、除脫之工錢咾錢糧、還多幾化。

其余每袋卖一千三百钱，拢总可以卖几化？

问七　第个种田人，雇两个用人，每人念五千一年，每亩田要完纳五百铟粮，实盖伊每年要拿出几化？

问八　第个种田人，除脱之工钱咾钱粮，还多几化？

問　分法

XXV　分法

答　分法咾乘法、有啥分別。貼準相反个乘法末是拿一个數目再加多化倍數上去、要曉得有幾化總數、分法末就是拿一个數目均分要曉得一股有幾化、所以乘法是筭便當个加法、分法倒轉來筭、是便當个減法。

分法

问　XXV 分法咾乘法,有啥分别?

答　贴准相反个,乘法末是拿一个数目再加多化倍数上去,要晓得有几化总数。分法末就是拿一个数目均分,要晓得一股有几化。所以乘法是算便当个加法,分法倒转来算,是便当个减法[①]。

① 前文称为"除法",此后用"减法"。

問　九十个銅錢分三个人、一个念錢、一个四十、第三个人有幾化。

答　第个是照減法算个、先減脫20、又減脫40、剩下來个是第三个名分。

問　九十个銅錢、十个人照股均分、各人應該幾化。

答　因爲要均分、就照分法算个、9乘10就是90、所以90分10股、就是9。

问　九十个铜钱，分三个人，一个念钱，一个四十，第三个人有几化？

答　第个是照减法算个，先减脱20，又减脱40，剩下来个是第三个名分。

问　九十个铜钱，十个人照股均分，各人应该几化？

答　因为要均分就照分法算个，9乘10就是90，所以90分10股，就是9。

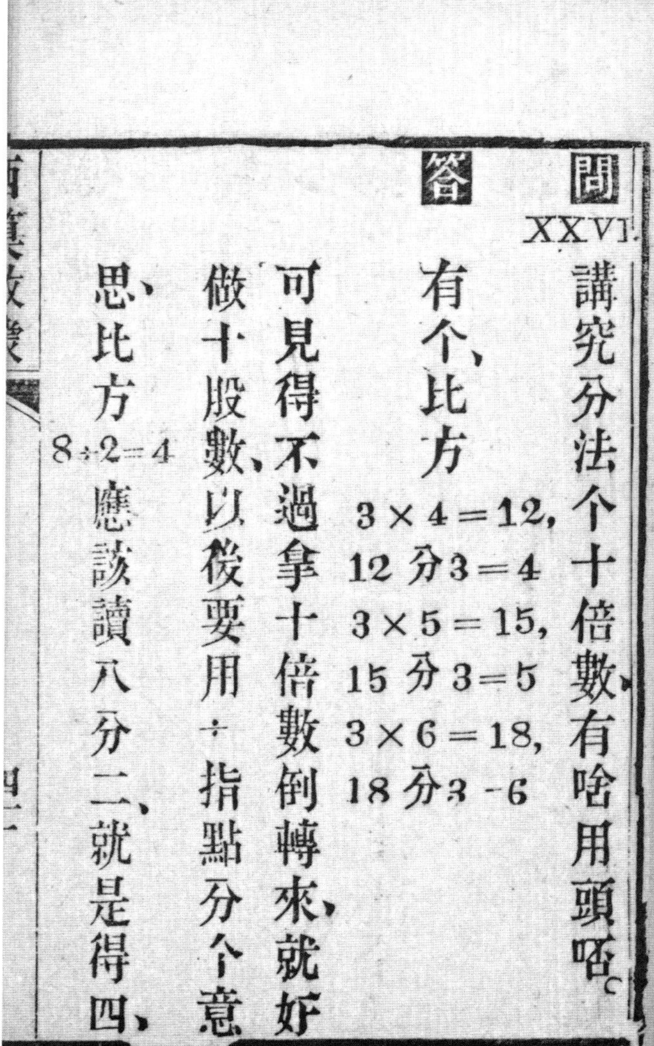

問 XXVI. 講究分法个十倍數、有啥用頭咾。

答 有个、比方 3×4=12, 12 分 3=4 3×5=15, 15 分 3=5 3×6=18, 18 分 3-6

可見得不過拿十倍數倒轉來、就好做十股數、以後要用 ÷ 指點分个意思、比方 8÷2=4 應該讀八分二、就是得四、问　XXⅥ 讲究分法个十倍数,有啥用头唔?

答　有个。比方3×4 = 12,12分3 = 4;3×5 = 15,15分3 = 5;3×6 = 18,18分3 = 6。

可见得不过拿十倍数倒转来,就好做十股数,以后要用 ÷ 指点分个意思,比方8÷2 = 4,应该读八分二,就是得四。

XXVII.

2 ÷ 2 = 1
4 ÷ 2 = 2
6 ÷ 2 = 3
8 ÷ 2 = 4
10 ÷ 2 = 5
12 ÷ 2 = 6
14 ÷ 2 = 7
16 ÷ 2 = 8
18 ÷ 2 = 9
20 ÷ 2 = 10
22 ÷ 2 = 11
24 ÷ 2 = 12

3 ÷ 3 = 1
6 ÷ 3 = 2
9 ÷ 3 = 3
12 ÷ 3 = 4
15 ÷ 3 = 5
18 ÷ 3 = 6
21 ÷ 3 = 7
24 ÷ 3 = 8
27 ÷ 3 = 9
30 ÷ 3 = 10
33 ÷ 3 = 11
36 ÷ 3 = 12

4 ÷ 4 = 1
8 ÷ 4 = 2
12 ÷ 4 = 3
16 ÷ 4 = 4
20 ÷ 4 = 5
24 ÷ 4 = 6
28 ÷ 4 = 7
32 ÷ 4 = 8
36 ÷ 4 = 9
40 ÷ 4 = 10
44 ÷ 4 = 11
48 ÷ 4 = 12

XXVII

$2 \div 2 = 1$

$4 \div 2 = 2$

$6 \div 2 = 3$

$8 \div 2 = 4$

$10 \div 2 = 5$

$12 \div 2 = 6$

$14 \div 2 = 7$

$16 \div 2 = 8$

$18 \div 2 = 9$

$20 \div 2 = 10$

$22 \div 2 = 11$

$24 \div 2 = 12$

$3 \div 3 = 1$

$6 \div 3 = 2$

$9 \div 3 = 3$

$12 \div 3 = 4$

$15 \div 3 = 5$

$18 \div 3 = 6$

$21 \div 3 = 7$

$24 \div 3 = 8$

$27 \div 3 = 9$

$30 \div 3 = 10$

$33 \div 3 = 11$

$36 \div 3 = 12$

$4 \div 4 = 1$

$8 \div 4 = 2$

$12 \div 4 = 3$

$16 \div 4 = 4$

$20 \div 4 = 5$

$24 \div 4 = 6$

$28 \div 4 = 7$

$32 \div 4 = 8$

$36 \div 4 = 9$

$40 \div 4 = 10$

$44 \div 4 = 11$

$48 \div 4 = 12$

5 ÷ 5 = 1
10 ÷ 5 = 2
15 ÷ 5 = 3
20 ÷ 5 = 4
25 ÷ 5 = 5
30 ÷ 5 = 6
35 ÷ 5 = 7
40 ÷ 5 = 8
45 ÷ 5 = 9
50 ÷ 5 = 10
55 ÷ 5 = 11
60 ÷ 5 = 12

6 ÷ 6 = 1
12 ÷ 6 = 2
18 ÷ 6 = 3
24 ÷ 6 = 4
30 ÷ 6 = 5
36 ÷ 6 = 6
42 ÷ 6 = 7
48 ÷ 6 = 8
54 ÷ 6 = 9
60 ÷ 6 = 10
66 ÷ 6 = 11
72 ÷ 6 = 12

7 ÷ 7 = 1
14 ÷ 7 = 2
21 ÷ 7 = 3
28 ÷ 7 = 4
35 ÷ 7 = 5
42 ÷ 7 = 6
49 ÷ 7 = 7
56 ÷ 7 = 8
63 ÷ 7 = 9
70 ÷ 7 = 10
77 ÷ 7 = 11
84 ÷ 7 = 12

$5 \div 5 = 1$

$10 \div 5 = 2$

$15 \div 5 = 3$

$20 \div 5 = 4$

$25 \div 5 = 5$

$30 \div 5 = 6$

$35 \div 5 = 7$

$40 \div 5 = 8$

$45 \div 5 = 9$

$50 \div 5 = 10$

$55 \div 5 = 11$

$60 \div 5 = 12$

$6 \div 6 = 1$

$12 \div 6 = 2$

$18 \div 6 = 3$

$24 \div 6 = 4$

$30 \div 6 = 5$

$36 \div 6 = 6$

$42 \div 6 = 7$

$48 \div 6 = 8$

$54 \div 6 = 9$

$60 \div 6 = 10$

$66 \div 6 = 11$

$72 \div 6 = 12$

$7 \div 7 = 1$

$14 \div 7 = 2$

$21 \div 7 = 3$

$28 \div 7 = 4$

$35 \div 7 = 5$

$42 \div 7 = 6$

$49 \div 7 = 7$

$56 \div 7 = 8$

$63 \div 7 = 9$

$70 \div 7 = 10$

$77 \div 7 = 11$

$84 \div 7 = 12$

8 ÷ 8 = 1
16 ÷ 8 = 2
24 ÷ 8 = 3
32 ÷ 8 = 4
40 ÷ 8 = 5
48 ÷ 8 = 6
56 ÷ 8 = 7
64 ÷ 8 = 8
72 ÷ 8 = 9
80 ÷ 8 = 10
88 ÷ 8 = 11
96 ÷ 8 = 12

9 ÷ 9 = 1
18 ÷ 9 = 2
27 ÷ 9 = 3
36 ÷ 9 = 4
45 ÷ 9 = 5
54 ÷ 9 = 6
63 ÷ 9 = 7
72 ÷ 9 = 8
81 ÷ 9 = 9
90 ÷ 9 = 10
99 ÷ 9 = 11
108 ÷ 9 = 12

10 ÷ 10 = 1
20 ÷ 10 = 2
30 ÷ 10 = 3
40 ÷ 10 = 4
50 ÷ 10 = 5
60 ÷ 10 = 6
70 ÷ 10 = 7
80 ÷ 10 = 8
90 ÷ 10 = 9
100 ÷ 10 = 10
110 ÷ 10 = 11
120 ÷ 10 = 12

$8 \div 8 = 1$	$63 \div 9 = 7$
$16 \div 8 = 2$	$72 \div 9 = 8$
$24 \div 8 = 3$	$81 \div 9 = 9$
$32 \div 8 = 4$	$90 \div 9 = 10$
$40 \div 8 = 5$	$99 \div 9 = 11$
$48 \div 8 = 6$	$108 \div 9 = 12$
$56 \div 8 = 7$	$10 \div 10 = 1$
$64 \div 8 = 8$	$20 \div 10 = 2$
$72 \div 8 = 9$	$30 \div 10 = 3$
$80 \div 8 = 10$	$40 \div 10 = 4$
$88 \div 8 = 11$	$50 \div 10 = 5$
$96 \div 8 = 12$	$60 \div 10 = 6$
$9 \div 9 = 1$	$70 \div 10 = 7$
$18 \div 9 = 2$	$80 \div 10 = 8$
$27 \div 9 = 3$	$90 \div 10 = 9$
$36 \div 9 = 4$	$100 \div 10 = 10$
$45 \div 9 = 5$	$110 \div 10 = 11$
$54 \div 9 = 6$	$120 \div 10 = 12$

11 ÷ 11 = 1
22 ÷ 11 = 2
33 ÷ 11 = 3
44 ÷ 11 = 4
55 ÷ 11 = 5
66 ÷ 11 = 6
77 ÷ 11 = 7
88 ÷ 11 = 8
99 ÷ 11 = 9
110 ÷ 11 = 10
121 ÷ 11 = 11
132 ÷ 11 = 12

12 ÷ 12 = 1
24 ÷ 12 = 2
36 ÷ 12 = 3
48 ÷ 12 = 4
60 ÷ 12 = 5
72 ÷ 12 = 6
84 ÷ 12 = 7
96 ÷ 12 = 8
108 ÷ 12 = 9
120 ÷ 12 = 10
132 ÷ 12 = 11
144 ÷ 12 = 12

1 ÷ 1 = 1
2 ÷ 1 = 2
3 ÷ 1 = 3
4 ÷ 1 = 4
5 ÷ 1 = 5
6 ÷ 1 = 6
7 ÷ 1 = 7
8 ÷ 1 = 8
9 ÷ 1 = 9
10 ÷ 1 = 10
11 ÷ 1 = 11
12 ÷ 1 = 12

11 ÷ 11 = 1	84 ÷ 12 = 7
22 ÷ 11 = 2	96 ÷ 12 = 8
33 ÷ 11 = 3	108 ÷ 12 = 9
44 ÷ 11 = 4	120 ÷ 12 = 10
55 ÷ 11 = 5	132 ÷ 12 = 11
66 ÷ 11 = 6	144 ÷ 12 = 12
77 ÷ 11 = 7	1 ÷ 1 = 1
88 ÷ 11 = 8	2 ÷ 1 = 2
99 ÷ 11 = 9	3 ÷ 1 = 3
110 ÷ 11 = 10	4 ÷ 1 = 4
121 ÷ 11 = 11	5 ÷ 1 = 5
132 ÷ 11 = 12	6 ÷ 1 = 6
12 ÷ 12 = 1	7 ÷ 1 = 7
24 ÷ 12 = 2	8 ÷ 1 = 8
36 ÷ 12 = 3	9 ÷ 1 = 9
48 ÷ 12 = 4	10 ÷ 1 = 10
60 ÷ 12 = 5	11 ÷ 1 = 11
72 ÷ 12 = 6	12 ÷ 1 = 12

五問

20 ÷ 6

得幾化、零頭還多幾化。

六問

32 ÷ 7

得幾化、零頭還多幾化。

七問

38 ÷ 7

得幾化、零頭還多幾化。

八問

42 ÷ 8

得幾化、零頭還多幾化。

问五　20 ÷ 6得几化？零头还多几化？

问六　32 ÷ 7得几化？零头还多几化？

问七　38 ÷ 7得几化？零头还多几化？

问八　42 ÷ 8得几化？零头还多几化？

九問　43÷9得幾化、化零頭還多幾化。

十問　67÷9得幾化、化零頭還多幾化。

11. 21÷7=?
28÷7=?
56? 35? 14?
63? 77? 70?
84?

12. 12÷6? 36?
18? 54? 60?
42? 48? 72?
66?

13. 27÷9? 45?
63? 81? 99?
108?

14. 22÷11=?
55? 77? 88?
110? 132?

15. 36÷12=?

问九　48 ÷ 9得几化？零头还多几化？

问十　67 ÷ 9得几化？零头还多几化？

11. 21 ÷ 7 = ？　28 ÷ 7 = ？　56？　35？　14？

63？　77？　70？　84？

12. 12 ÷ 6？　36？　18？　54？　60？　42？　48？

72？　66？

13. 27 ÷ 9？　45？　63？　81？　99？　108？

14. 22 ÷ 11 = ？　55？　77？　88？　110？　132？

15. 36 ÷ 12 = ？

60÷12=？

72？　84？

120？　144？

16. 20÷2=？

20÷4=？

20÷5=？

20÷10=？

17. 24÷2=？

24÷3=？

24÷4=？

24÷6=？

24÷8=？

24÷12=？

問一　三个人、有十五塊洋錢、每人有幾化。

問二　20隻橘子、分撥五个學生子、每人有幾只。

問三　12塊洋錢、買四担石灰、一擔要幾化。

60 ÷ 12 = ?　72 ?　84 ?　120 ?　144 ?

16. 20 ÷ 2 = ?　20 ÷ 4 = ?　20 ÷ 5 = ?

20 ÷ 10 = ?

17. 24 ÷ 2 = ?　24 ÷ 3 = ?　24 ÷ 4 = ?

24 ÷ 6 = ?　24 ÷ 8 = ?　24 ÷ 12 = ?

问一　三个人,有十五块洋钱,每人有几化?

问二　20只橘子,分拨五个学生子,每人有几只?

问三　12块洋钱,买四担石灰,一担要几化?

四問　一个工人賺48塊洋錢一年、一月有幾化、6个月呢、3个月呢、9？、4？。

五問　若是3塊洋錢、買21斤乾麵、1塊買幾化、2塊呢、8塊呢、9塊呢、6塊呢、3？

六問　72塊洋錢、買八畝田、一畝有幾化、6？、9？、5？、12？、4？、7？、11？。

七問　56塊洋錢、買七桶白糖、一桶要幾化、3？、4？、5？、6？、9？、8？、10？、12？。

问四　一个工人赚48块洋钱一年，一月有几化？ 6个月呢？ 3个月呢？ 9？ 4？

问五　若是3块洋钱，买21斤干面，1块买几化？ 2块呢？ 8块呢？ 9块呢？ 6块呢？

问六　72块洋钱，买八亩田，一亩有几化？ 3？ 6？ 9？ 5？ 12？ 4？ 7？ 11？

问七　56块洋钱，买七桶白糖，一桶要几化？ 3？ 4？ 5？ 6？ 9？ 8？ 10？ 12？

問 967 ÷ 4 = 幾化

答

4 | 967
241,,3

9百分4、得2百、還多1百、連67就是167、拿164分4、得4十、拿7分4、得1、還多3。

問 第个三个數目、那能分別。

答 967叫該分、4叫分數、因爲是要分4股、241叫股分、因爲是話一股得幾化。

XXVIII

問 若是分數拉上裡向末、法則是那能

问　967 ÷ 4 = 几化？

答　4 | 967

241 , ,3

9百分4，得2百，还多1百，连67就是167；拿16十分4，得4十；拿7分4，得1，还多3。

问　第个三个数目，那能分别？

答　967叫该分，4叫分数，因为是要分4股；241叫股分，因为是话一股得几化。

问　XXVIII 若是分数拉十里向末，法则是那能个。

答

從左邊分起、零頭加過去、算多十倍、再分到底、若是還有零頭、要另外寫。

問

那能叫正分法。

答

XXIX

967÷4=241,,3.

4×241+3

仍舊得　967.

所以拿股分咾該分相乘、又加零頭、若是搭之分數一樣、就是正分法、又叫還原。

个？

答　从左边分起，零头加过去，算多十倍，再分到底；若是还有零头，要另外写。

问　XXIX 那能叫正分法？

答　967 ÷ 4 = 241, ,3。4 × 241 + 3 仍旧得 967。

所以拿股分咾该分相乘，又加零头，若是搭之分数一样，就是正分法，又叫还原。

習問

1. M. 6794 ÷ 3 = ?
2. M. 210904 ÷ 6 = ?
3. M. 576198 ÷ 8 = ?
4. M. 75436925 ÷ 9 = ?
5. M. 75436925 ÷ 7 = ?
6. M. 20002 ÷ 5 = ?
7. M. 7589 ÷ 11 = ?
8. M. 7680325 ÷ 4 = ?
9. M. 767853 ÷ 9 = ?
10. M. 5678956 ÷ 5 = ?
11. M. 1135791 ÷ 7 = ?
12. M. 1622550 ÷ 8 = ?
13. M. 2028180 ÷ 9 = ?
14. M. 225350 ÷ 12 = ?
15. M. 1877943 ÷ 11 = ?

习问

1. M. 6794 ÷ 3 = ?
2. M. 210904 ÷ 6 = ?
3. M. 576198 ÷ 8 = ?
4. M. 75436925 ÷ 9 = ?
5. M. 75436925 ÷ 7 = ?
6. M. 20002 ÷ 5 = ?
7. M. 7589 ÷ 11 = ?
8. M. 7680325 ÷ 4 = ?
9. M. 767853 ÷ 9 = ?
10. M. 5678956 ÷ 5 = ?
11. M. 1135791 ÷ 7 = ?
12. M. 1622550 ÷ 8 = ?
13. M. 2028180 ÷ 9 = ?
14. M. 225350 ÷ 12 = ?
15. M. 1877943 ÷ 11 = ?

西算啟蒙

1
6 |8574

2
5 |6375

3
4 |5832

4
2 |35802

5
3 |67803

6
4 |780932

7
5 380987635

8
7 |987635

9
6 |8765389

10
9 |8953784

11
8 |378532

12
11 |7678903

13
12 |6345321

14
8 |2345678

15
9 |6809325

16
10 |78009320

1

$6\,\underline{|\,8574}$

2

$5\,\underline{|\,6375}$

3

$4\,\underline{|\,5832}$

4

$2\,\underline{|\,35802}$

5

$3\,\underline{|\,67803}$

6

$4\,\underline{|\,780932}$

7

$5\,\underline{|\,380987635}$ ①

8

$7\,\underline{|\,987635}$

9

$6\,\underline{|\,8765389}$

10

$9\,\underline{|\,8953784}$

11

$8\,\underline{|\,378532}$

12

$11\,\underline{|\,7678903}$

13

$12\,\underline{|\,6345321}$

14

$8\,\underline{|\,2345678}$

15

$9\,\underline{|\,6809325}$

16

$10\,\underline{|\,78009320}$

---

① 原文无“ ∟”标识,此据上下文补入。

XXX

問　分數若是勿止10末、法則那能。

答　法則是一樣个、稍爲難點、所以碼子全要寫出來。

問　法則

987 ÷ 12 = 幾化

答

```
12|987|82,,3
   96
   --
    27
    24
    --
     3
```

1. 69382 ÷ 13 = ?
2. 88436 ÷ 16 = ?
3. 62721 ÷ 19 = ?
4. 54423 ÷ 36 = ?
5. 83922 ÷ 79 = ?
6. 293186 ÷ 179 = ?
7. 37896482 ÷ 1799 = ?
8. 95846732 ÷ 39462 = ?
9. 32002763 ÷ 4003 = ?

问　XXX 分数若是勿止10末，法则那能？

答　法则是一样个，稍为难点，所以码子全要写出来。

法则

问　987 ÷ 12＝几化？

答
```
12 | 987 | 82, ,3
      96
    ----
      27
      24
    ----
       3
```

1. 69382 ÷ 13 ＝？
2. 88436 ÷ 16 ＝？
3. 62721 ÷ 19 ＝？
4. 54423 ÷ 36 ＝？
5. 83922 ÷ 79 ＝？
6. 293186 ÷ 179 ＝？
7. 37896482 ÷ 1799 ＝？
8. 95846732 ÷ 39462 ＝？
9. 32002763 ÷ 4003 ＝？

西算啟蒙

10.	345678567	÷ 987	=?
11.	8997744444	÷ 345	=?
12.	4500700701	÷ 407	=?
13.	6789563	÷ 1234	=?
14.	87112345	÷ 8007	=?
15.	34533669	÷ 9999	=?
16.	99999999	÷ 3333	=?
17.	47856712	÷ 789	=?
18.	345678901	÷ 1789	=?
19.	4786567853	÷ 56789	=?
20.	340059863	÷ 10056	=?
21	990070171009 ÷ 900700601		=?
22.	35698093	÷ 4806	=?
23.	4809638	÷ 40832	=?
24.	6708321	÷ 5007	=?

四

10．345678567 ÷ 987 ＝？

11．8997744444 ÷ 345 ＝？

12．4500700701 ÷ 407 ＝？

13．6789563 ÷ 1234 ＝？

14．87112345 ÷ 8007 ＝？

15．34533669 ÷ 9999 ＝？

16．99999999 ÷ 3333 ＝？

17．47856712 ÷ 789 ＝？

18．345678901 ÷ 1789 ＝？

19．4786567853 ÷ 56789 ＝？

20．340059863 ÷ 10056 ＝？

21．990070171009 ÷ 900700601 ＝？

22．35698093 ÷ 4806 ＝？

23．4809638 ÷ 40832 ＝？

24．6708321 ÷ 5007 ＝？

問 XXXI 便當个法則有啥。

答 就是分數再分做相乘个數咾相連分。比方

96 ÷ 12 = ?

= 12 = 3 × 4

96 ÷ 3 = 32

32 ÷ 4 = 8

1. M. 36146 ÷ 81 = ?

T. 81 = 9 × 9

只要兩回分 9

2. M. 36146 ÷ 144?

T. 144 = 3 × 6 × 8

只要連分 3, 6, 8,

法則同上頭一樣

问　XXXI 便当个法则有唔?

答　就是分数再分做相乘个数咾相连分。比方:

96 ÷ 12 = ?

= 12 = 3 × 4

96 ÷ 3 = 32

32 ÷ 4 = 8

1. M. 36146 ÷ 81 = ?

T. 81 = 9 × 9

只要两回分9。

2. M. 36146 ÷ 144 = ?

T. 144 = 3 × 6 × 8

只要连分3、6、8,法则同上头一样。

習問

3. M. 6797 ÷ 56 =?
4. M. 9873 ÷ 72 =?
5. M. 765325 ÷ 25 =?
6. M. 123396 ÷ 84 =?
7. M 987625 ÷ 125 =?
8. M. 17472 ÷ 96 =?
9. M. 34848 ÷ 132 =?

13489 ÷ 1441

144 = 3 × 6 × 8

3 | 13489

4496 ,, 1

6 | 4496 5×6×3=90

749 ,, 2 2 = 3 = 6

8 | 749 1

93 ,, 5 '97

西算啟蒙 四十九

习问

3. M. 6797 ÷ 56 = ?
4. M. 9873 ÷ 72 = ?
5. M. 765325 ÷ 25 = ?
6. M. 123396 ÷ 84 = ?
7. M. 987625 ÷ 125 = ?
8. M. 17472 ÷ 96 = ?
9. M. 34848 ÷ 132 = ?

13489 ÷ 144 ?

144 = 3 × 6 × 8

$$3\,\underline{\big|\,13489}$$
4496, ,1

$$6\,\underline{\big|\,4496}$$
749, ,2

$$8\,\underline{\big|\,749}$$
93, ,5

5 × 6 × 3 = 90
2 = 3 = 6
1

97

問 若是有兩三个零頭末、那能做法、

答 拿第三个零頭5、搭第二个分數6乘、得30、又加第二个零頭2、得32再拿第一个分數3乘、得96又加第一个零頭1共得97、就是攏總个零頭格咾不過三回分10

問 XXXII

360000 ÷ 8000 = ?

答 10 × 10 × 10 × 8 = 8000;

但是分10、必過拿脫一个0格咾分8000、先

问　若是有两三个零头末,那能做法?

答　拿第三个零头5,搭第二个分数6乘,得30,又加第二个零头2,得32,再拿第一个分数3乘,得96,又加第一个零头1,共得97,就是拢总个零头。

问　XXXII 360000 ÷ 8000 = ?

答　$10 \times 10 \times 10 \times 8 = 8000$;格咾[①]不过三回分10,但是分10,必过拿脱一个0。格咾分8000,先

① 格咾:所有。

拿脫三个0、然後分8、法則若是分數、搭之該分、全是貼準幾十幾百幾千、先拿分數咾該分个圈、一樣乘脫幾个、然後再分、只要三回分10咾再分8、第一回、必定有7零頭、第二回有6零頭、第三有5零頭、第一个零頭、是個數、第二个是十數、第三

問

XXXIII.

368567÷8000=?

答

拿脱三个0,然后分8。

法则若是分数,搭之该分,全是贴准几十、几百、几千,先拿分数咾该分个圈,一样弃脱几个,然后再分。

问　XXXIII 368567 ÷ 8000 = ?

答　只要三回分10咾再分8,第一回,必定有7零头,第二回有6零头,第三有5零头,第一个零头,是个数,第二个是十数,第三

个是百數、所以攏總有零頭567、

法則

若是分數右面有圈、該分無沒圈、拿分數右面个圈棄脫、拿該分右面个碼子一樣幾个算零頭、其餘个碼子再分、若是還有零頭、要寫拉零頭个左面、

習問

个是百数,所以拢总有零头567。

法则

若是分数右面有圈,该分无没圈,拿分数右面个圈弃脱,拿该分右面个码子,一样几个算零头,其余个码子再分,若是还有零头,要写拉零头个左面。

习问

問 98567 ÷ 200=?

問 189633 ÷ 96000=?

問 8934728 ÷ 4000000=?

問 734786 ÷ 3000=?

XXXIV

問 兩个數目、乘攏來、得360、一个是12、還有一个是幾化。

答 只要拿360、做12股均分、一股就是第二个數目。

问　98567 ÷ 200 = ？

问　189633 ÷ 96000 = ？

问　8934728 ÷ 4000000 = ？

问　734786 ÷ 3000 = ？

问　XXXIV 两个数目，乘拢来，得360，一个是12，还有一个是几化？

答　只要拿360，做12股均分，一股就是第二个数目。

法則　若是數目只曉得一个相乘、就拿第个相乘、當分數咾分所得个股分就是第二个相乘。

習問

一問　36要乘幾化倍數、可以到七十二千。

二問　二百要乘幾化倍數、好到七千二百。

三問　一个人拉甯波有、一百廿八千、拉廣東有九十七千五百四十、要分攤七

法则

若是数目只晓得一个相乘，就拿第个相乘，当分数咾分，所得个股分就是第二个相乘。

习问

问一　36要乘几化倍数，可以到七十二千？

问二　二百要乘几化倍数，好到七千二百？

问三　一个人拉宁波有一百廿八千，拉广东有九十七千五百四十，要分拨七个兒子各人應該幾化。

還有一个人拉甯波有三萬九千五百、拉台州有三萬四千、但是欠第一个債主有一千八百念、第二个末九百六十、拿還剩下來个、分撥十二个阿侄、各人應得幾化。

五問

有一个秀才上杭州去鄉試、第一日走九十里路、第二日走一百念里、第个儿子,各人应该几化?

问四　还有一个人,拉宁波有二万九千五百,拉台州有三万四千,但是欠第一个债主,有一千八百念,第二个末九百六十,拿还剩下来个分拨十二个阿侄,各人应得几化?

问五　有一个秀才,上杭州去乡试,第一日走九十里路,第二日走一百念里,第三日因爲勞苦咾勿走、第四、第五兩日走之一百九十里咾、到个攏總走幾化路、若是截長補短、每日走幾化。

六問 火輪船經過西洋、有一萬里路、須快要七日、每日行幾化路、一个時辰行幾化。

七問 寔蓋个船、從杭州到北京、三千零三十里、要幾日工夫。到廣東二千六百三日因为劳苦咾勿走，第四、第五两日走之一百九十里咾到个，拢总走几化路？若是截长补短，每日走几化？

问六　火轮船经过西洋，有一万里路，顶快要七日，每日行几化路？一个时辰行几化？

问七　实盖个船，从杭州到北京，三千零三十里，要几日工夫？到广东二千六百六十六里要幾日工夫。

八問

一點鐘有六十分、一分有六十秒、日光到地上、要八分是有幾化洋里、一分幾化、一秒幾化

九問

地球周圍有八萬七千一百九十二里、若是有一个人、每日朝東走一百里、要幾日兜轉來、到伊動身个地方。

十問

地球每日轉一轉、儂坐拉屋裏一个

六十六里,要几日工夫?

问八　一点钟有六十分,一分有六十秒,日光到地上,要八分,是有几化洋里?一分几化?一秒几化?

问九　地球周围有八万七千一百九十二里,若是有一个人,每日朝东走一百里,要几日兜转来到伊动身个地方?

问十　地球每日转一转,依坐拉屋里一个

時辰已經走幾化路。夜裡睏着个時候、儂走過幾化路。

問十一　中國吃鴉片个、大約有四百萬人、大概勿到十年要死个、寔蓋看起來、每年要死幾化。

問十二　每年有七萬箱土載進來、此地人要出三千五百萬洋錢、寔蓋算起來、要幾化洋錢一箱。

时辰已经走几化路？夜里困着个时候，侬走过几化路？

问十一 中国吃鸦片个，大约有四百万人，大概勿到十年要死个，实盖看起来，每年要死几化？

问十二 每年有七万箱土载进来，此地人要出三千五百万洋钱，实盖算起来，要几化洋钱一箱？

底本书影　第五十四叶　上

问

洋錢換銅錢个法則

有人一月工錢六塊洋價一千一百十五、一日應該幾化。

答

$1115 \times 6 = 6690$

$6690 \div 30 = 223$

$$\begin{array}{r} 1115 \\ 6 \\ \hline 30\,)\,6690 \\ \hline 223 \end{array}$$

洋價既然一千一百十五、一月个工錢六塊格末必定有六个一千一百十五、就相乘乘好之、又拿三十日爲一月个

洋钱换铜钱个法则

问_　有人一月工钱六块，洋价一千一百十五，一日应该几化？

答　1115 × 6 = 6690

6690 ÷ 30 = 223

```
      1115
         6
----------
30 | 6690
   -------
      223
```

洋价既然一千一百十五，一月个工钱六块，格末必定有六个一千一百十五，就相乘乘好之，又拿三十日为一月个數來分所得个數、就是一日个工錢。

問

十一塊洋鈿、買三十斤茶葉、洋價是一千零五十、應該幾鈿一斤。

答

$$1050\times 11=11550$$
$$11550\div 30=385$$

$$\begin{array}{r} 1050 \\ 11 \\ \hline 1050 \\ 1050 \\ \hline 11550 \end{array}$$

$$30\,\big)\,11550\,\big|\,385$$

$$\begin{array}{r} 90 \\ \hline 255 \\ 240 \\ \hline 150 \\ 150 \\ \hline\hline \end{array}$$

法則同上、頭一樣个。

数来分所得个数，就是一日个工钱。

问二　十一块洋钿，买三十斤茶叶，洋价是一千零五十，应该几钿一斤？

答　1050 × 11 = 11550

11550 ÷ 30 = 385

```
    1050
      11
  ----------
    1050
   1050
  ----------
30 | 11550 | 385
     90
    ------
     255
     240
    ------
      150
      150
    ======
```

法则同上头一样个。

問

銅錢換洋錢个法則、十二磅牛肉百念鈿一磅、洋價一千一百念、應該幾化洋錢。

答

$120 \times 12 = 1440$

$1440 \div 1120 = 1.28$

```
       120
        12
      ----
       240
      120
      ----
      1440

1120 | 1440.00 | 1.28
       1120
       -----
        320.0
        224.0
       ------
         96.00
         89.60
        ------
          6.40
```

既然百念鈿一磅、十二磅必定有十二个百念、就相

铜钱换洋钱个法则

问三　十二磅牛肉，百念铟一磅，洋价一千一百念，应该几化洋钱？

答　$120 \times 12 = 1440$

$1440 \div 1120 = 1.28$

```
         120
          12
    ----------
         240
        120
    ----------
        1440
1120 | 1440.00 | 1.28
       1120
    ----------
        320.0
        2240
    ----------
         96.00
         8960
    ----------
          6.40
      ========
```

既然百念铟一磅，十二磅必定有十二个百念，就相乘乘好之用洋價一千一百念來分、而且加圈好分出角數分數來再用圓點點開容易顯明角數咾分數、看第个一間就曉得十二磅牛肉、應該一塊三角八分洋錢。

問四

一籮山芋、有七十二斤、每斤念四文、洋價是一千一百、應該幾化洋錢。

乘乘好之用洋价一千一百念来分，而且加圈，好分出角数、分数来，再用圆点点开，容易显明角数咾分数。看第个一问，就晓得十二磅牛肉，应该一块二角八分洋钱。

问四　一箩山芋，有七十二斤，每斤念四文，洋价是一千一百，应该几化洋钱？

答

看第三間、就可以明白第个算个樣式、

$$72 \times 24 = 1728$$

$$1728 \div 1100 = 1.57$$

```
    72
    24
   ---
   288
  144
  ----
  1728

1100 ) 172800 ( 1.57
       1100
       ----
        6280
        5500
        ----
         7800
         7700
         ----
          100
```

五問

算零碎个法則

比方一个厨司買飯菜、牛肉四磅、九十錮一磅、羊肉二斤、百念錮一斤、山

答　　$72 \times 24 = 1728$

$1728 \div 1100 = 1.57$

```
         72
         24
      -------
        288
       144
      -------
       1728

 1100 | 1728.00 | 1.57
      ----------------
       1100
      -------
        628.0
        5500
      -------
         78.00
         7700
      -------
          1.00
```

看第三问，就可以明白第个算个样式。

算零碎个法则

问五　比方一个厨司买饭菜，牛肉四磅，九十铀一磅；羊肉二斤，百念铀一斤；山芋六斤十四鈿一斤、荸薺十二隻十六鈿一隻雞三斤、一百十二鈿一斤、雞蛋四十个、六鈿一个廣橘三斤、三十鈿一斤、鮮魚四斤、七十鈿一斤、攏總應該幾化銅錢、若是洋價一千一百十五、合洋要幾化。

芋六斤，十四钿一斤；苹果十二只，十六钿一只；鸡三斤，一百十二钿一斤；鸡蛋四十个，六钿一个；广橘二斤，三十钿一斤；鲜鱼四斤，七十钿一斤；拢总应该几化铜钱？若是洋价一千一百十五，合洋要几化？

答

物數		錢數	錢總數
牛肉	4 ×	90＝	360
羊肉	2 ×	120＝	240
山芋	6 ×	14＝	84
苹菓	12 ×	16＝	192
雞	3 ×	112＝	336
雞蛋	40 ×	6＝	240
廣橘	2 ×	30＝	60
鮮魚	4 ×	70＝	280
			1792

1792÷1115＝1.6

```
1115)1792(1.607
     1115
      6770    195
      6690
        8000
        7800
```

答	物数		钱数		钱总数
牛肉	4	×	90	=	360
羊肉	2	×	120	=	240
山芋	6	×	14	=	84
苹果	12	×	16	=	192
鸡	3	×	112	=	336
鸡蛋	40	×	6	=	240
广橘	2	×	30	=	60
鲜鱼	4	×	70	=	280
					1792

1792 ÷ 1115 = 1.6

```
1115 | 1792 | 1.607
       1115
       ----
       677.0     195
       6690
       ----
        8000
        7800
       ----
```

問　有人買零碎物事、緞子十四尺、六百三十鈿一尺、縐紗九尺、二百六十鈿一尺、襪條、十六副、七十鈿一副、紡綢十七尺、三百十五鈿一尺、絲巾二方、二百八十鈿一方、藍布十七尺、三十五鈿一尺、衣線二兩、四百鈿一兩、鈕扣三副、八十五鈿一副、攏總銅錢要幾化、洋價一千一百、合洋要幾化。

问　有人买零碎物事，缎子十四尺，六百三十铟一尺；绉纱九尺，二百六十铟一尺；褋条十六副，七十铟一副；纺绸十七尺，三百十五铟一尺；丝巾二方，二百八十铟一方；蓝布十七尺，三十五铟一尺；衣线二两，四百铟一两；钮扣三副，八十五铟一副；拢总铜钱要几化？洋价一千一百，合洋钱要几化？

答

	物數		錢數		錢總數
緞子	14	×	630	=	8820
縐紗	9	×	260	=	2340
褳條	16	×	70	=	1120
紡綢	17	×	315	=	5355
絲巾	2	×	280	=	560
藍布	17	×	35	=	595
衣線	2	×	400	=	800
鈕扣	3	×	85	=	255
					19845

19845 ÷ 1100 = 18.04

```
1100) 19845 (18.04
      1100
      ----
       8845
       8800
       ----
         4500
         4400
         ----
          100
```

答	物数		钱数		钱总数
缎子	14	×	630	=	8820
绉纱	9	×	260	=	2340
褑条	16	×	70	=	1120
纺绸	17	×	315	=	5355
丝巾	2	×	280	=	560
蓝布	17	×	35	=	595
衣线	2	×	400	=	800
钮扣	3	×	85	=	255
					19845

$19845 \div 1100 = 18.04$

$$
\begin{array}{r|l|l}
1100 & 19845 & 18.04 \\
\hline
 & 1100 & \\
\hline
 & 8845 & \\
 & 8800 & \\
\hline
 & \quad 45.00 & \\
 & \quad 4400 & \\
\hline
 & \quad\; 1.00 &
\end{array}
$$

底本书影　第五十八叶　下

底本书影　封底一

封底

底本书影 封底二

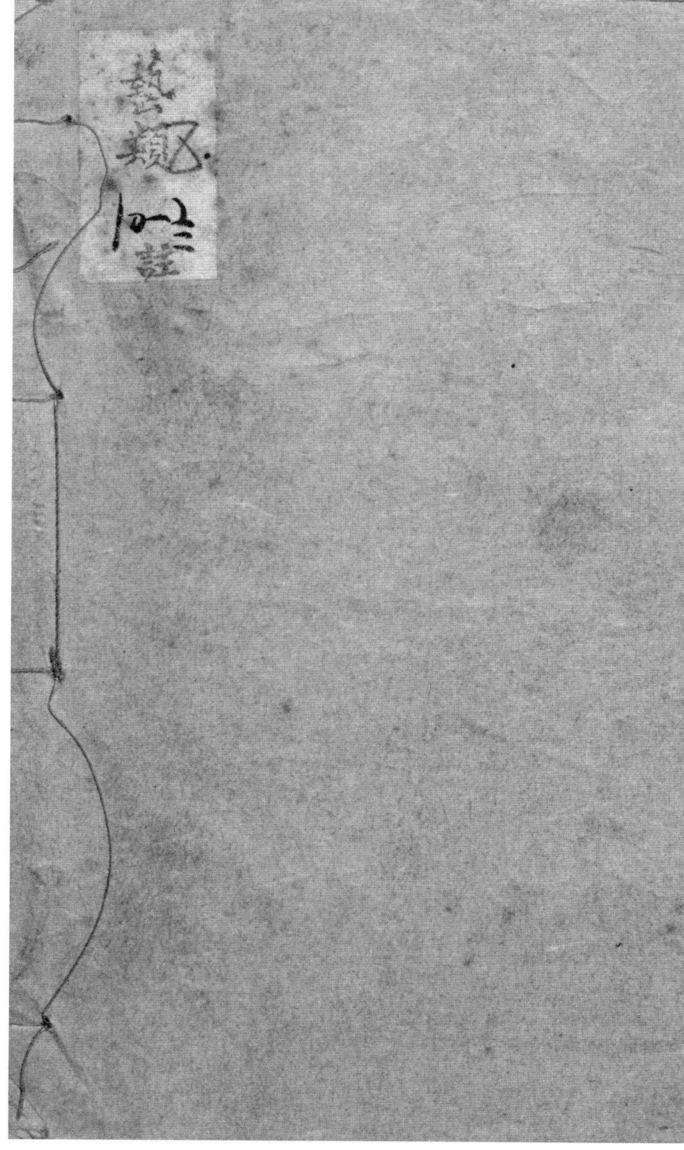

附　　录

一、简明虚词注释表

虚词	释义	例句
比之	比较标记	～罗马大两样个
必过	不过	～拿脱一个0
搭	伴随介词	～杭州远开8030里路
搭之	并列连词	除法～加法有啥分别
第个	这个	～罗马法则
顶	副词，最	有几样～要紧个法则?
多化	很多	就是担～数目并拢来
否/啯	句末语气词，相当于“吗”	容易个法则有～
格咾	所以	～不过三回分10
格末	那么	～江苏一省可以捐几化?
个$_1$	助词，相当于“的”	有几样顶要紧～法则
个$_2$	句末语气词	只好隔壁借一个十来除～
后首	后来	拉耶稣降生个～190年
或者	连词，表示选择	就是一样，～几样?
几化	多少	实盖一个码子算～?
拉$_1$	处所介词，相当于“在”	还有～字上头加一画

（续表）

虚词	释义	例句
拉$_2$	助词，表示状态持续	拿下头剩～个数目
咾$_1$	表示两件事的先后顺序或因果关系	还有下面个数目要写～读
咾$_2$	语气词，表示列举	秦始皇烧脱书籍～，造万里长城
咾$_3$	并列连词	除脱之工钱～钱粮
拢总	全部，所有	～数目
末	话题提顿词	欠第一个～ 1560
那能$_1$	怎么样	罗马个写法，是～个
那能$_2$	怎么	14 ～从第二行写起
难末	然后	～加圈上去
能	助词，相当于“……似的”	像加法～
恰得	正好是	～X，就是十
若然	如果	～各府全实盖
啥个	什么	～叫还原法？
稍为	稍微	～难点
实盖	连词，相当于“这样”	～从北京到广东
倘然	倘若，假如	～ $\begin{array}{r}474\\ \underline{325}\\ 149\end{array}$ 4除5是勿能除个
贴准	正好，恰巧	全是～几十几百几千
勿止	不止	第个倍数～ 10

（续表）

虚词	释义	例句
伊	他	那能表明～勿差
伊个	远指指示代词,那	～法则,应该那能个
伊块	那里	～地方
照	依照	～伊个拉子算个
之	体助词,相当于“了1”	旧年赚～968块洋钱

二、虚词索引简表

盛益民 主编

科教读物

方言西乐问答

清末上海话乐理读物

盛益民 王羿人 编著

中西書局

图书在版编目（CIP）数据

清末民初上海话文献丛刊. 第一辑. 5, 方言西乐问答：清末上海话乐理读物 / 盛益民主编；盛益民，王羿人编著. —上海：中西书局，2024

ISBN 978-7-5475-2063-5

Ⅰ.①清… Ⅱ.①盛… ②王… Ⅲ.①吴语－文献－上海－近代－丛刊 Ⅳ.①H173-55

中国国家版本馆 CIP 数据核字（2024）第056786号

目　　录

导　言

一

不论是明末清初天主教士的西乐引介，还是清末开埠以来基督教传教士的音乐活动，都在中西音乐文化交流中扮演了重要的角色。

传教士的音乐类著作主要可以分为两大类：一类是具体用于宗教活动的圣歌、乐谱类著作。圣歌是宗教活动的重要组成部分，所以这一类数量众多，几乎各大方言区都有此类著作。游汝杰教授《西儒汉语方言学著作书目考述与研究》（上海教育出版社，2021年）的书目中就收录了数十种之多，比如应思理（Filias B. Inslee，1822—1871）编的宁波方言 *Sing-Saen-Yiae-Ko*（《圣山谐歌》，见图1）、夏察理（Charles Hartwell，1825—1905）著福州方言《童子拓胸歌》、甘为霖（William Campbell，1841—1921）编厦门方言《圣诗歌》等。此外，笔者在上海图书馆发现一种名为"咏唱经文撮要"的天主教著作（见图2），是一种用上海方言为拉丁文注音的圣歌集，这种形式的圣歌之前学界关注不多，颇有意思。另一类是音乐理论著作，比如狄就烈（Julia B. Mateer，1837—1898）在《圣诗谱》（1872年）后所附的"乐法启蒙"和其编写的《西国乐法启蒙》（1897年，见图3）等，在中国音乐史上影响甚深。

《方言西乐问答》不仅是上海方言，而且是目前发现的近代唯一一本用方言写就的乐理著作，其所蕴含的文献价值自是不言而喻。

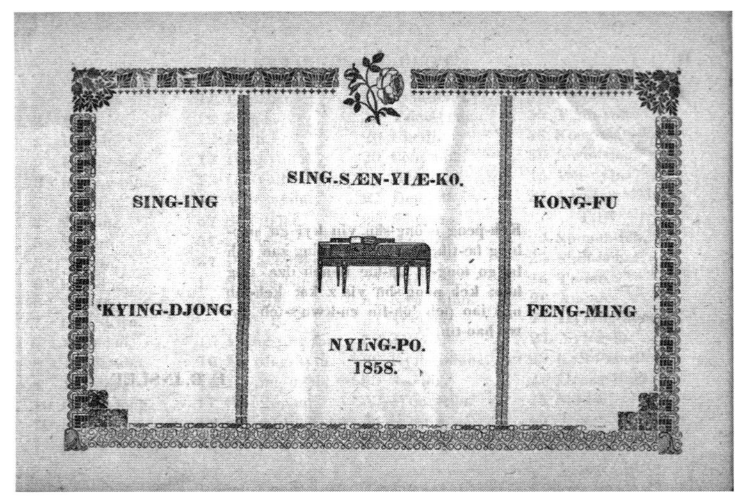
SING-SÆN-YIÆ-KO.
SING-ING
KONG-FU
'KYING-DJONG
FENG-MING
NYING-PO.
1858.

奔波
PENG-PO.
D. B.
2
遭難義人究竟是誰 嘯遠綿渺奔走徒勞 悲傷罪愆重任在背 恩愛救主爲人中保 恩愛救主
安樂
EN-LOH.
D. B.
二
最要奮飛在彼幽居 九霄雲外浩渺天光 胡爲在此蔚藍天幄 胡爲弗要福來天上

图1 《圣山谐歌》书影

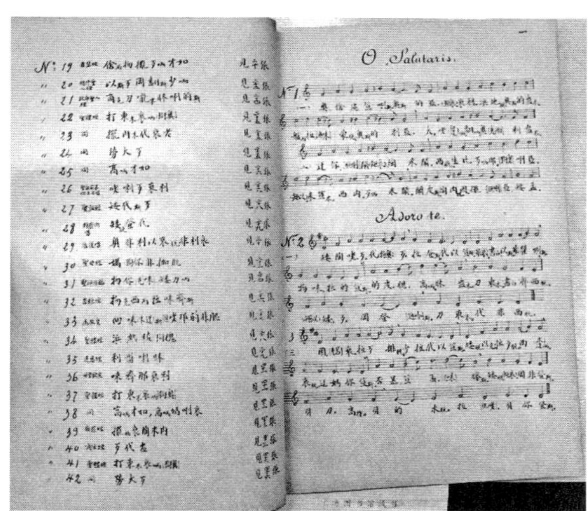

图2 《咏唱经文撮要》书影

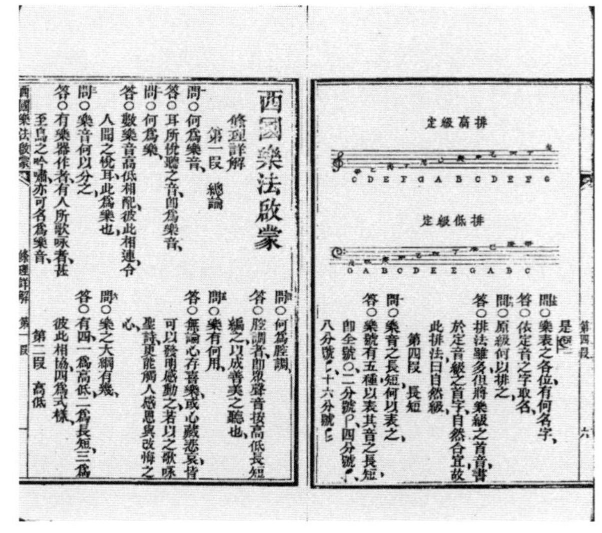

第四段 六

是𝄞

問○樂表之各位、有何名字、
答○依定音之字取名、
問○原級何以排之、
答○排法雖多、但將樂級之首音、書於定音級之首字、自然合宜、故此排法、曰自然級、

第四段 長短

問○樂音之長短、何以表之、
答○樂號有五種、以表其音之長短、卽全號○、二分號、四分號、八分號、十六分號

排高級定

C D E F G A B C D E F G

排低級定

G A B C D E E G A B C

西國樂法啟蒙

條理詳解

第一段 總論

問○何爲樂音、
答○耳所悅聽之音、卽爲樂音、
問○何爲樂、
答○數樂音高低相配、彼此相連、令人聞之悅耳、此爲樂也、
問○樂音何以分之、
答○有樂器作者、有人所歌咏者、甚至鳥之吟嘯、亦可名爲樂音、
問○何爲腔調、
答○腔調者、卽衆聲音按高低長短編之、以成善美之聽也、
問○樂有何用、
答○無論心存喜樂、或心藏悲哀、皆可以發明感動之、若以之歌咏聖詩、更能勵人感恩與改悔之心、
問○樂之大綱有幾、
答○有四、一爲高低、二爲長短、三爲彼此相協、四爲式樣、

第二段 高低

西國樂法啟蒙 條理詳解 第一段

图3 《西国乐法启蒙》书影

二

《方言西乐问答》(法文名: *Rudiments de Musique*)现藏于上海图书馆。书中有中文、法文的版权信息，中文页的内容为“天主降生一千九百三年　耶稣会后学叶肇昌述、张石漱译　土山湾慈母堂石印”，法文页的内容为“*Rudiments de Musique*　par F. Diniz S.J.　traduits par J. Tsang S.J.　Orphelinat de Tou-sé-wé　24 Mai 1903”[①]。

张伟先生《追寻遥远的土山湾音乐——纪念土山湾乐队创立及〈方言西乐问答〉出版110年》(现收入本书附录)认为叶肇昌神父虽然生在上海并一直在此生活，却并不擅长沪语，此书就只能由他口述，而由上海籍修士张石漱用上海方言翻译笔录。其作者叶肇昌神父(Francesco Xavier Diniz, 1869—1943)正是大名鼎鼎的土山湾军乐队的创始人。[②]可惜关于张石漱修士的相关信息，我们暂时还没有查到。

叶神父，字树藩，葡萄牙人。1869年生于上海，早年就读于虹口圣方济学校，后从英籍建筑师多德尔学习建筑工程学。1896年进耶稣会，被派往徐家汇。1905年晋升为神父，旋被派往安徽水东传教，一年后回上海，主要负责教区建筑工作，并被上海震旦大学(复旦大学前身)聘任为工程系建筑学教授，负责设计监造了徐家汇大教堂(1910年)、佘山山顶教堂(1935年)以及震旦大学、徐汇公学校舍等诸多建筑。除了建筑专业外，叶神父还精通乐理，能演奏多种乐器。他在土

---

① 法文内容为:“《音乐基础》耶稣会叶肇昌述、张石漱译　土山湾印　1903年5月24日。”与之前的中文略异。

② 关于土山湾乐队的创建背景以及叶肇昌神父的生平事迹等，进一步阅读请参张晓依《徐汇中学“崇思楼”设计者叶肇昌与土山湾乐队》(李灵、肖清和主编《基督教与近代中国教育》，上海译文出版社，2018年)，以及张伟先生的大作《追寻遥远的土山湾音乐——纪念土山湾乐队创立及〈方言西乐问答〉出版110年》等相关著述的具体介绍。

山湾组建这支乐队的目的，是为了让孤儿院的孩子们多学一些本领，拥有丰富多彩的业余生活。《方言西乐问答》的序中记述了编辑此书的起因和目标：

> 是专门为土山湾圣婴会穷苦婴孩做拉个。徐家汇几位读书相公，望伊拉常常欣欣勤勤做好小囝，愿意伊拉学西洋音乐，拉伊拉当中捡一排出来，求圣若瑟做主保，因而叫"圣若瑟音乐班"，就拉散心个时候，起头教伊拉学几只调子。既然要教伊拉作乐，必要弗得要担作乐里顶要紧晓得个规矩咾法子，聚集（笼）[拢]来做一本书。为此缘故，相公拉特特里做第本问答，拨拉伊拉看之，学起作乐来，更加便当。①

图4　清末土山湾圣若瑟音乐班合音，中间坐者为叶肇昌

① 从行文来看，这个序应当是张石漱写的。

《方言西乐问答》版权页之后为中、法文序和目录。正文分为10章，前八章是问答体，一共有151个问答：第一章是总论，第二章介绍音阶，第三章是音程，第四章介绍演奏和停顿的符号，第五章介绍小节，第六章介绍升号、降号和半音音阶，第七章讨论单拍子、复拍子、附点、连音，第八章讲大调音阶。最后2章则是叙述：第九章介绍快慢、变样、轻重，第十章讨论颤音、节奏等。全书通过上海方言介绍了基本的乐理知识，文字浅显，通俗易懂；同时还加上了大量的示意图和乐器图等，大大加强了教学效果。

《方言西乐问答》的一大特色是，所有的音乐术语几乎都采用上海方言音译，文中会在音译词下方加“﹏”来说明。音乐术语都基于意大利语，比如：“闹脱”——Note（音符）、“包尔歹”——Portée（五线谱）、“茄没 提矮刀你革”——Gamme diatonique（音阶）等。这些译名的存在，也使得这本书不是很容易读，我们在音译术语第一次出现时都注出了现今的通名，以方便读者参考。

三

最后交代本书的体例及成书的过程。

本书左页是《方言西乐问答》的原书影印；右页是对应内容的文字整理，字形一律按照简体标准字形，相关的标点为整理者所加。

原书会在有土白读音的字上加“+”号，如“上+”“那+”等，本书整理时一仍其旧。当然，不少字实为训读字，书中会酌情加注说明。

除了在正文部分随文注出相关音乐术语的今名，同时还在附录一中列出了所有术语按音序排列的对照表，以方便读者查询。

为了阅读的便利，我们把《方言西乐问答》中用到的主要方言虚词做成表格置于附录中。词义的注释参考了许宝华、陶寰《上海方言词典》。

本书由王羿人负责文字录入、术语注释及初校，最后由盛益民进行统稿、再校。感谢上海图书馆张伟先生慨允本书以附录形式收录其大作《追寻遥远的土山湾音乐——纪念土山湾乐队创立及〈方言西乐问答〉出版110年》，为读者了解本书的成书背景提供了丰富而生动的资料。感谢上海财经大学外国语学院陈修文老师在翻译法语序言上的大力帮助。感谢上海图书馆徐锦华、刁青云两位在文献查找和复制上的帮助。由于笔者乐理知识有限，若有不当之处，还请方家指正！

盛益民

2020年7月26日于绍兴玉兰花园

2021年4月8日改定于复旦大学光华楼

底本书影　扉页一

天主降生一千九百三年

耶穌會後學

葉肇昌　述

張石漱　譯

土山灣慈母堂石印

2

Rudiments de Musique

par

F. Diniz S. J.

traduits par

J. Tsang S. J.

Orphelinat de Tou-sé-wé

24 Mai 1903.

3

Aux Orphelins de Tou-sè-wé.

Les leçons suivantes sont dédiées aux Orphelins de Tou-sé-wé. C'est pour eux qu'elles ont été écrites.

Désireux de réjouir et d'édifier la jeune famille de la Ste Enfance, quelques Scolastiques de Zi-Ka-wei voulurent introduire à l'orphelinat la musique Européenne.

Une fanfare fut organisée; La fanfare St Joseph, puis bientôt retentirent les vieux cantiques Français.

Il devenait indispensable de grouper les premieres notions de solfège. C'est le but de cette méthode: offrir aux orphelins de Tou-sè-wé un recueil élémentaire pour leur faciliter l'étude de la musique Européenne, afin qu'ils aient des récréations joyeuses et occupées, afin aussi qu'ils puissent louer d'une manière plus solennelle "la Mère de Miséricorde Patronne de Tou-se-wé.

4

Aux Orphelins de Tou-se-wé,

Les leçons suivantes sont dédiées aux orphelins de Tou-se-wé. C'est pour eux qu'elles ont été écrites.

Désireux de réjouir et d'édifier la jeune famille de la Ste Enfance, quelques scolastiques de Zi-Ka-wei voulurent introduire à l'orphelinat la musique Européenne.

Une fanfare fut organisée; La fanfare St-Joseph, puis bientôt retentirent les vieux cantiques Français.

Il devenait indispensable de cette méthode: offrir aux orphelins de Tou-se-wé un recueil élémentaire pour leur faciliter l'étude de la musique Européenne, afin qu'ils aient des récréations joyeuses et occupées, afin aussi qu'ils puissent louer d'une manière plus solennelle la Mère de Miséricorde Patronne de Tou-se-wé.

【译文】

致土山湾的孤儿：

本教程是专门为土山湾的孤儿而写的。

为了能给这个朝气蓬勃的神圣家族带来欢乐和启发，徐家汇的一些学者想向孤儿院介绍欧洲音乐。

乐队由此而生，先是组织了“圣若瑟音乐班”，很快又响起了古老的法国赞美诗。

此法必不可少：为土山湾的孤儿提供（音乐）基础汇集，帮助他们学习欧洲音乐，使他们拥有愉快而充实的娱乐活动，同时也让他们得以用一种更为庄重的方式来赞颂土山湾慈悲佑民的圣母。

右面法國話是話出做第本書个大意

話咾下頭幾章書、是專門為土山灣聖嬰會窮苦嬰孩做拉个、徐家滙幾位讀書相公、望伊拉常常欣欣勤勤做好小囝、願意伊拉學西洋音樂、拉伊拉當中揀一排出來、求聖若瑟做主保、因而呌聖若瑟音樂班、就拉散心个時候、起頭教伊拉學幾隻調子、既然要教伊拉作樂、必罷弗得要担作樂裡頂要緊曉得个規矩咾法子、聚集攏來做一本書、為此緣故、相公拉特特裡做第本問答、撥拉伊拉看之、學起作樂來、更加便當、乃朝後散起心來、可以作作樂、快活快活、免脫多化厭氣咾啥、還能彀用來鬧鬧熱熱、讚美本堂主保、仁慈聖母、什介能學作樂、真正為育嬰堂裡小囝也是一庄有益處个事體、右面法国话是话出做第本书个大意。

话咾[①]下头几章书是专门为土山湾圣婴会穷苦婴孩做拉个。徐家汇几位读书相公，望伊拉常常欣欣勤勤做好小团[②]，愿意伊拉学西洋音乐。拉伊拉当中拣一排出来，求圣若瑟做主保，因而叫"圣若瑟音乐班"，就拉散心个时候，起头教伊拉学几只调子。既然要教伊拉作乐，必罢弗得[③]要担作乐里顶要紧晓得个规矩咾法子，聚集（笼）[拢]来做一本书。为此缘故，相公拉特特里做第本问答，拨拉伊拉看之，学起作乐来，更加便当。乃朝[④]后散起心来，可以作作乐，快活快活，免脱多化厌气咾啥[⑤]，还能够[⑥]用来闹闹热热。赞美本堂主保，仁慈圣母，什介能学作乐，真正为育婴堂里小团，也[+]是一（庄）[桩]有益处个事体。

① 话咾：据说。

② 小团：小孩儿，现在多写作"小囡"。

③ 罢弗得：免不了。

④ 乃朝：现在。后文也写作"难"或"乃"。

⑤ 咾啥：……啊什么的。

⑥ 原文作"彀"。"彀"，同"够"，本书录文时，统一作"够"。

方言西樂問答目録

方言西乐问答目录

① 按，此处疑误，应为“西乐”。

② 按，底本“哘”“而”两字多有混用，本书中统一作“而”。

目录 下

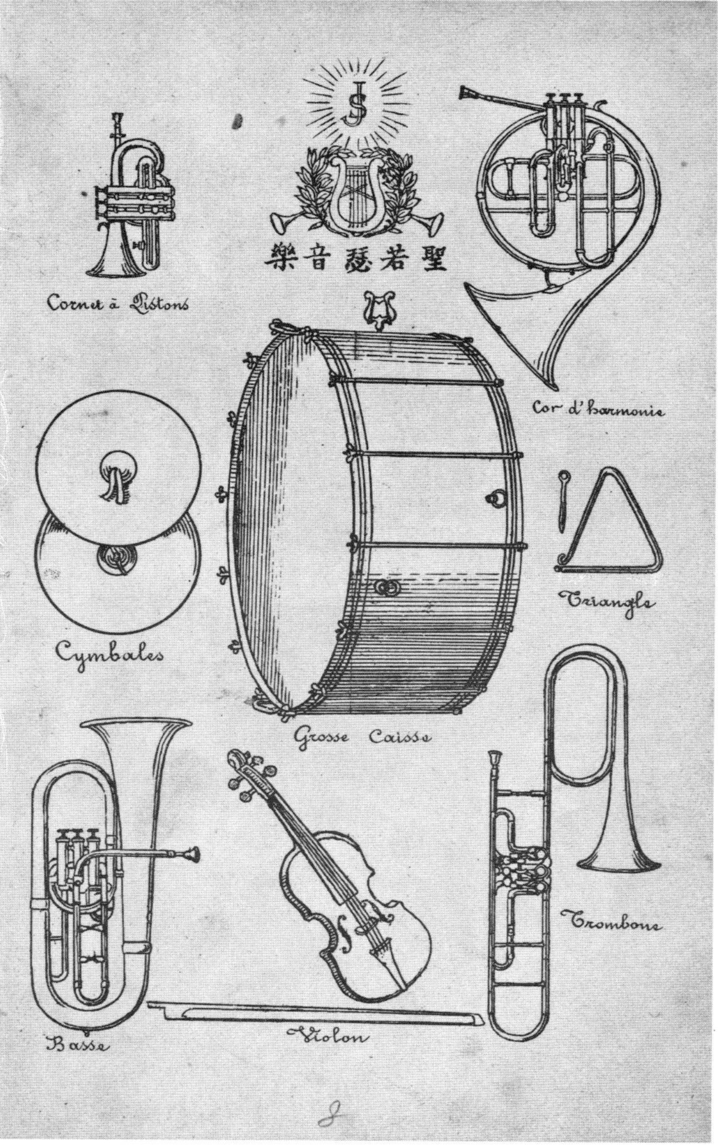

JS
樂音瑟若聖
Cornet à Pistons
Cor d'harmonie
Cymbales
Triangle
Grosse Caisse
Trombone
Basse
Violon
8

圣若瑟音乐

cornet à pistons① cor d’harmonie②

cymbales③ grosse cuisse④ triangle⑤

basse⑥ violon⑦ trombone⑧

---

① cornet à pistons：短号。

② cor d'harmonie：圆号。

③ cymbales：钹。

④ grosse cuisse：大鼓。

⑤ triangle：三角铁

⑥ basse：低音大号。

⑦ violon：小提琴。

⑧ trombone：长号。

方言西樂問答

○第一章講 為學西樂、先要曉得个幾樣話頭、

一問 拉拉西洋作樂裏向、高高低低聲音个名頭、有幾个、

答 有七个、就是陶、咪、米、歪、少、拉、西、(Do, ré, mi, FA, sol, la, si)

二問 聲音个記號、叫啥、

答 叫鬧脱、(Note)

三問 為寫鬧脱記號、有幾樣、

答 有兩樣、就是空圈○咾、實圈●、

四問 鬧脱、要寫拉啥上、

答 要寫拉、包爾歹 Portée 上、

五問 包爾歹、是啥、

包 爾 歹

方言西乐问答

第一章讲　为学西乐，先要晓得个几样话头

一问：　垃拉西洋作乐里向①，高高低低声音个名头，有几个？

答：　有七个，就是陶、味、米、歪、少而、拉、西（Do，Re，Mi，Fa，Sol，La，Si）。

二问：　声音个记号味，叫啥？

答：　叫闹脱（Note）②。

三问：　为写闹脱记号味，有几样？

答：　有两样，就是空圈○咾实圈●。

四问：　闹脱要写拉啥上⁺？

答：　要写拉包尔歹（Portée）③上⁺。（图例见左页）

五问：　包尔歹是啥？

---

① 里向：里面。

② 闹脱（Note）：今用术语“音符”。

③ 包尔歹（Portée）：今用术语“谱表”，或称“五线谱”。

2

答 是五條一並排个横線、

六問 包爾歹个線咊、從啥地方算起耶、

答 從下頭算起个、着下頭一條、算頭一條、後來第二條、第三條、一條一條算上去、

七問 担開脫寫拉包爾歹上之、殼事曼、

答 弗殼事、還要拉包爾歹个左横頭、放一个記號、呌克來(Clé)

第五四三二一條

八問 克來、中國話呌啥、

答 呌鑰匙、

九問 啥咾、拉包爾歹个左横頭、要放一个鑰匙耶、

答 囙為鑰匙咊、担來開鎖、第个記號咊、好像用來、開開脫个咾、就是用第个記號來、撥儂曉得、看見之、一个開脫咊、該當念

12

答：　是五条一并排个横线。

六问：　包尔歹个线味，从啥地方算起耶？

答：　从下头算起个，着下头①一条，算头一条。后来第二条、第三条，一条一条算上去+。（图例见左页）

七问：　担闹脱写拉包尔歹上+之，够事曼？

答：　弗够事。还要拉包尔歹个左+横头②放一个记号，叫克来（Clé）③。

八问：　克来，中国话叫啥？

答：　叫“钥匙”。

九问：　啥咾拉包尔歹个左横头，要放一个钥匙耶？

答：　因为钥匙味，担来开锁。第个记号味，好像用来开闹脱个咾。就是用第个记号来拨侬晓得，看见之一个闹脱味，该当念

① 着下头：最下方。

② 左横头：左边。“左”为训读字，本字为“济”。

③ 克来（Clé）：今用术语“谱号”。

3

伊啥、

十問 鑰匙有幾樣、

答 特地有兩樣、就是少唏鑰匙 𝄞 (Clé de Sol.) 咾、歪鑰匙、𝄢 (Clé de Fa.)

十一問 第兩个鑰匙、為啥用頭、

答 用來、為替、搭之伊寫拉一條線上个鬧脫、題一个少唏咾、或者歪个名頭个、

十二問 第兩个鑰匙、寫拉那裡兩條線上、

答 𝄞少唏鑰匙、寫拉第二條線上、所以、第條線上个鬧脫、名頭叫少唏、

𝄢歪鑰匙、寫拉第四條線上、所以、第條線上个鬧脫、名頭叫歪、

歪鑰匙

Clé de Fa

少唏鑰匙

Clé de Sol

11

伊啥。

十问： 钥匙有几样？

答： 特地有两样，就是少而钥匙[①]𝄞(Clé de Sol)咾歪钥匙[②]𝄢(Clé de Fa)。

十一问： 第两个钥匙为啥用头[③]？

答： 用来为替搭之伊写拉一条线上⁺个闹脱，题一个少而咾，或者歪个名头个。

十二问： 第两个钥匙写拉那⁺里两条线上⁺？

答： 𝄞少而钥匙写拉第二条线上⁺，所以第条线上⁺个闹脱名头叫少而。（图例见左页）

𝄢歪钥匙写拉第四条线上⁺，所以第条线上⁺个闹脱名头叫歪。（图例见左页）

① 少而钥匙：今用术语“高音符号”。

② 歪钥匙：今用术语“低音符号”。

③ 为啥用头：可能为“有啥用头”之误。

十三問 曉得之少唎咾或者歪个鬧脫、別个多化鬧脫、就能穀曉得唔、

答 就能穀曉得个、

十四問 用啥法子呢、

答 只要從少唎咾或者歪个鬧脫推上去、或者算下來、就曉得者、因為鬧脫、一个一个高上去咾、終照第个次序、就是陶唻米歪少唎拉西陶、一个一个低下來咾、終照箇个次序、就是陶西拉少唎歪米唻陶、

多化諸脫	少唎上頭个	sol, la, si, do, ré, mi 少唎 拉 西 陶 唻 米

多化諸脫	少唎下頭个	sol, fa mi ré 少唎 歪 米 唻

十五問 拉包爾歹線上个鬧脫是啥、

答 倘使有少唎鑰匙、个味拉包爾歹線上个鬧脫、是米少唎西唻歪、

米 少唎 西 唻 歪

倘使有歪鑰匙、个味拉包爾歹線上个鬧脫、是少唎西唻歪拉、

少唎 西 唻 歪 拉

12

十三问：　晓得之少而咾或者歪个闹脱，别个多化闹脱，就能够晓得唔+[①]？

答：　就能够晓得个。

十四问：　用啥法子呢？

答：　只要从少而咾或者歪个闹脱推上去，或者算下来，就晓得者。因为闹脱一个一个高上去味，终照第个次序，就是陶 咪 米 歪 少而 拉 西 陶。（图例见左页）一个一个低下来味，终照箇[②]个次序，就是陶、西、拉、少而、歪、米、咪、陶。

十五问：　拉包尔歹线上+个闹脱是啥？

答：　倘使有少而钥匙，介味拉包尔歹线上+个闹脱，是米 少而 西 咪 歪。（图例见左页）

倘使有歪钥匙，介味拉包尔歹线上+个闹脱，是少而 西 咪 歪 拉。（图例见左页）

---

① 唔：后文全写作“否”。

② 按，“箇”现为“个”之异体字，但此处为“这”之意，为与“个”字本义区分，本书保留此字形。

5

十六問 拉包爾歹線當中个鬧脫是啥、

答 倘使有少唎鑰匙、介味拉包爾歹線當中个鬧脫、是歪拉陶米、

倘使有歪鑰匙、介味拉包爾歹線當中个鬧脫、是拉陶米少唎、

十七問 拉包爾歹个上頭、下頭、鬧脫好寫否、

答 也好寫个、

十八問 寫起來要加啥否、

答 要加短个橫線、如同

○第二章講茄沒提矮刀你革、（Gamme diatonique）

十九問 茄沒提矮刀你革啥解說、

答 解釋素排音、

13

十六问：　拉包尔歹线当中个闹脱是啥？

答：　倘使有少而钥匙，介味拉包尔歹线当中个闹脱，是歪 拉 陶 米。（图例见左页）

倘使有歪钥匙，介味拉包尔歹线当中个闹脱，是拉 陶 米 少而。（图例见左页）

十七问：　拉包尔歹个上头、下头，闹脱好写否⁺？

答：　也⁺好写个。

十八问：　写起来要加⁺啥否⁺？

答：　要加⁺短个横线，如同：（图例见左页）

第二章讲　茄没 提矮刀你革（Gamme diatonique）①

十九问：　茄没 提矮刀你革啥解说？

答：　解释素排音②。

① 茄没 提矮刀你革（Gamme diatonique）：今用术语“音阶”。

② 素排音：自然音阶。

6.

二十問　素排音那能个、

答　就是陶咪米琵少拉西、七个闹脱末脚又加一个陶、

二十一問　拉素排音上、逐个逐个闹脱、吽伊啥、

答　吽伊爺埒来、(dagré)解释級、顶低一个闹脱吽頭一級、第二个闹脱、吽第二級、第三个闹脱、吽第三級、云云

頭一級　第二級　第三級　第四級　第五級　第六級　第七級　第八級　第七級　第六級　第五級　第四級　第三級　第二級　頭一級

二十二問　高一級、或者低一級个聲氣、吽啥、

答　吽東、(Ton)

二十三問　拉素排音上、東有幾个、

二十问： 素排音那能个？

答： 就是陶 咪 米 歪 少而 拉 西七个闹脱末脚[①]又加一个陶。(图例见左页)

二十一问： 拉素排音上⁺，逐个逐个闹脱，叫伊啥？

答： 叫伊夺搿来(degré)[②]解释级。顶低一个闹脱，叫头一级；第二个闹脱，叫第二级；第三个闹脱，叫第三级，云云。(图例见左页)

二十二问： 高一级或者低一级个声气[③]，叫啥？

答： 叫东(Ton)[④]。

二十三问： 拉素排音上⁺东有几个？

---

① 末脚：最后。

② 夺搿来(degré)：今用术语“度”，如“高八度音”等。

③ 声气：指的是乐音。

④ 东(Ton)：今用术语“音”，又称“全音”。乐理知识中把相邻的两个音之间最小的距离叫半音(书中叫“半东”)，两个半音距离构成一个全音(书中叫“全东”)。钢琴上任何两个邻键之间构成半音。

答 有五个全東㖸兩个半東、

二十四問 全東㖸半東、拉啥地方呢、

答 從第一級、到第二級、是全東、(1 tone)

從第二級、到第三級、是全東、(1 tone)

從第三級、到第四級、是半東、(1/2 tone)

從第四級、到第五級、是全東、(1 tone)

從第五級、到第六級、是全東、(1 tone)

從第六級、到第七級、是全東、(1 tone)

從第七級、到第八級、是半東、(1/2 tone)

頭一級	第二級	第三級	第四級	第五級	第六級	第七級	第八級
全東	全東	半東	全東	全東	全東	半東	

二十五問 一眾素排音、論到全東㖸半東个數目、搭之次序、个齊是什介个

答 齊是什介个、

15

答： 有五个全东咾两个半东。

二十四问： 全东咾半东拉啥地方呢?

答： 从第一级到第二级是全东(1 Ton);

从第二级到第三级是全东(1 Ton);

从第三级到第四级是半东(½ Ton);

从第四级到第五级是全东(1 Ton);

从第五级到第六级是全东(1 Ton);

从第六级到第七级是全东(1 Ton);

从第七级到第八级是半东(½ Ton)。

(图例见左页)

二十五问： 一众素排音，论到全东咾半东个数目搭之次序，齐[1]是什介+[2]个否+？

答： 齐是什介+个。

① 齐：都。

② 什介：这样。

8

○第三章講恩歹哂槐捋（Intervalle）

三十六問　恩歹哂槐捋啥解說。

答　解釋隔，就是有兩个鬧脫，一个高，一个低，大家遠開幾好，第箇吽隔，比方，閣搭之拉，大家遠開个幾好，就是隔。

三十七問　隔有幾樣。

答　隔有兩樣，就是單隔咾雙隔。(Intervalle simple, Intervalle redoublé.)

三十八問　單隔那能个。

答　不論那裡兩个鬧脫，大家遠開得來，不出八級味，齊吽單隔。

16

第三章讲 恩歹而槐捋(Intervalle)[①]

二十六问: 恩歹而槐捋啥解说?

答: 解释“隔”,就是有两个闹脱,一个高、一个低,大家远开几好,第个叫“隔”。比方陶搭之拉,大家远开个几好,就是“隔”。

(图例见左页)

二十七问: 隔有几样?

答: 隔有两样,就是单隔咾双隔(Intervalle simple, Intervalle redoublé)。

二十八问: 单隔那能个?

答: 不论那⁺里[②]两个闹脱,大家远开得来不出八级味,齐叫单隔。(图例见左页)

---

① 恩歹而槐捋(Intervalle):今用术语“音程”。

② 那里:“哪里”的意思,本字为“何里”。

9

二十九問　拉每个排音裡、有幾个單隔、

答　有七个單隔、

三十問　雙隔味那能个、

答　不論那裡兩个鬧脫、大家遠開來過之八級味、齊叫雙隔、比方

三十一問　兩个鬧脫个隔、那能算法呢、

答　慣常從低个鬧脫算起到高个鬧脫、

三十二問　兩个鬧脫个隔、叫味、那能叫法呢、

答　從低个鬧脫、算到高个鬧脫、共總有幾級、就叫伊第幾隔、比方從陶到唻、共總有二級、所以第兩个鬧脫个隔、就叫第二隔、

17

二十九问： 拉每个排音里，有几个单隔？

答： 有七个单隔。(图例见左页)

三十问： 双隔哧那能个？

答： 不论那里两个闹脱，大家远开来过之八级哧，齐叫双隔，比方：(图例见左页)。

三十一问： 两个闹脱个隔，那能算法呢？

答： 惯常[1]从低个闹脱算起，算到高个闹脱。(图例见左页)

三十二问： 两个闹脱个隔，叫哧那能叫法呢？

答： 从低个闹脱，算到高个闹脱，共总有几级，就叫伊第几隔。比方从陶到咪，共总有二级，所以第两个闹脱个隔，就叫第二隔。

① 惯常：通常。

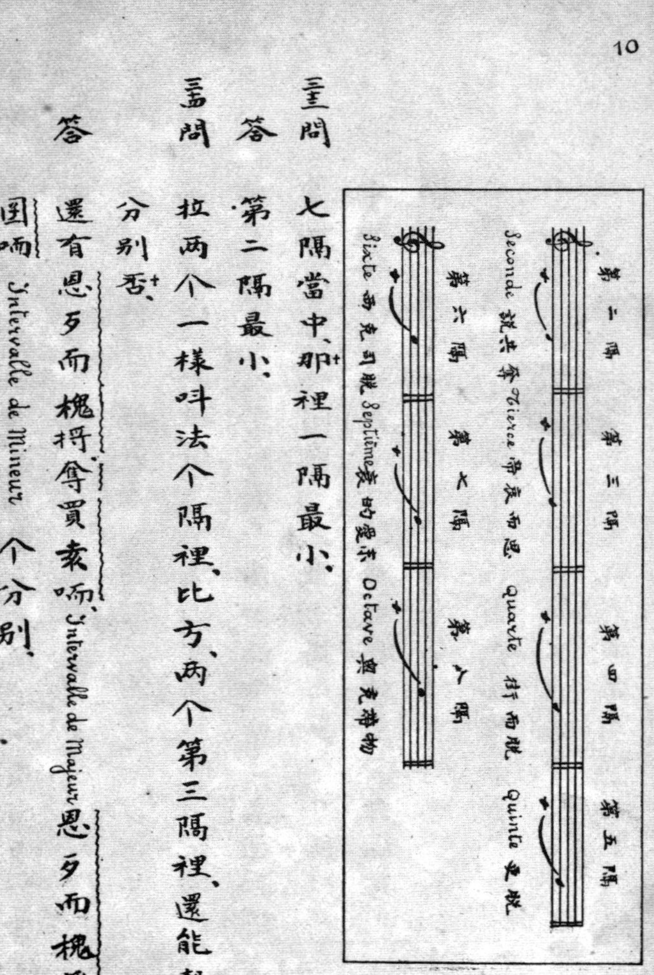

第二隔　第三隔　第四隔　第五隔

Seconde 說共奪 Tierce 帝衣而思 Quarte 掛而脫 Quinte 貴脫

第六隔　第七隔　第八隔

Sixte 西克司脫 Septième 麦旳愛末 Octave 奧克帶物

三三問　七隔當中、那裡一隔最小、

答　第二隔最小、

三四問　拉两个一樣咩法个隔裡、比方、两个第三隔裡、還能殼有啥分別否、

答　還有恩夕而 槐捋奪買哀咘、Intervalle de Majeur 恩夕而 槐捋奪米囝咘 Intervalle de Mineur 个分別、

三十三问： 七隔当中,那⁺里一隔最小？(图例见左页)

答： 第二隔最小。

三十四问： 拉两个一样叫法个隔里,比方两个第三隔里,还能够有啥分别否⁺？

答： 还有恩歹而槐捋 夺 买袁而(Intervalle de Majeur)[①]、恩歹而槐捋 夺 米团而(Intervalle de Mineur)[②]个分别。

① 恩歹而槐捋 夺 买袁而(Intervalle de Majeur)：今用术语“大音程”。

② 恩歹而槐捋 夺 米团而(Intervalle de Mineur)：今用术语“小音程”。

三五問 恩歹而槐捋夸、買索嗬、恩歹而槐捋夸、米困嗬、啥解說、

答 解釋大隔咾小隔、

三六問 啥叫大隔咾小隔、

答 就是有兩个一樣叫法个隔、比方第三隔、到底伊拉包含拉个東、有多有少、弗是一樣个、介咊、東包含得來多个一隔咊、叫大隔、東包含得來少个一隔咊、叫小隔、比方、陶咾米个一隔、搭之唻咾歪个一隔、齊是第三隔、到底陶咾米个一隔東包得多、所以叫第三大隔、唻咾歪个一隔東包得少、所以叫第三小隔、

三七問 那能、陶咾米个一隔東包得多、唻咾歪个一隔東包來少呢、

答 因為、陶咾米一隔、算起來、就是從頭一級、到第二級、又從第

第三大隔 第三小隔

陶 米 唻 歪

三十五问： 恩歹而槐捋夺买袁而、恩歹而槐捋夺米团而啥解说？

答： 解释大隔咾小隔。

三十六问： 啥叫大隔咾小隔？

答： 就是有两个一样叫法个隔，比方第三隔，到底伊拉包含拉个东有多有少，弗是一样个。介味东包含得来多个一隔味，叫大隔；东包含得来少个一隔味，叫小隔。比方陶咾米个一隔搭之咪咾歪个一隔，齐是第三隔。到底陶咾米个一隔东包得多，所以叫第三大隔；咪咾歪个一隔东包得少，所以叫第三小隔。（图例见左页）

三十七问： 那能陶咾米个一隔东包得多，咪咾歪个一隔东包来少呢？

答： 因为陶咾米一隔算起来就是从头一级到第二级，又从第

12

二級、到第三級、吶味、照上頭話拉个説話、從頭一級、到第二級个聲氣、是全東、從第二級、到第三級个聲氣、也是全東、所以陶咾米一隔包含两个全東拉論到咪咾歪一隔、算起來、是從第二級、到第三級、又從第三級、到第四級、吶味、也照上頭个説話、從第二級到第三級个聲氣、是全東、到底、從第三級、到第四級个聲氣、是半東、所以咪咾歪个一隔、包含一个全東、一个半東、比之陶咾米个一隔、少包半東、介咾話、陶咾米个一隔東包得多、來咾歪个一隔東包得少、

○第四章講　作咾停个記號、搭之作咾停个幾化長遠、

三十六問　作起樂來、是一停弗停个要作个呢啥、

答　弗、當中間裡、有當時、要停停个、

20

二级到第三级，吻味照上头话拉个说话，从头一级到第二级个声气是全东，从第二级到第三级个声气也⁺是全东，所以陶咾米一隔包含两个全东拉；论到唻咾歪一隔，算起来是从第二级到第三级，又从第三级到第四级，吻味也⁺照上头个说话，从第二级到第三级个声气是全东，到底从第三级到第四级个声气是半东，所以唻咾歪个一隔包含一个全东、一个半东，比之陶咾米个一隔少包半东，介咾话陶咾米个一隔东包得多，(来)[唻]咾歪个一隔东包得少。①

第四章讲 作咾停个记号，搭之作咾停个几化长远①

三十八问： 作起乐来，是一停弗停个要作个呢啥？

答： 弗，当中间里，有尝时②要停停个。

① 长远：时长。

② 有尝时：有时。也写作“有常时”。

13

三九問 作作停停、有啥記號否、

答 自然、有个、

四十問 要作个記號咊、那能个呢、

答 左面、寫拉个記號咊、齊是、

○空圈無竪、又叫嚨奪、(Ronde)

空圈有竪、又叫勃浪血、(Blanche)

實圈無鈎、又叫奴矮哪、(Noire)

實圈單鈎、又叫克咾血、(Croche)

實圈雙鈎、又叫圖勃捋克咾血、(Double Croche)

實圈三鈎、又叫脫利潑捋克咾血、(Triple croche)

實圈四鈎、又叫怪奪呂潑捋克咾血、(Quadruple croche)

21

三十九问：　作作停停有啥记号否⁺？

答：　自然有个。

四十问：　要作个记号味，那能个呢？

答：　左面写拉个记号味，齐是：

𝅝 空圈无竖，又叫嚨夺（Ronde）①；

𝅗𝅥 空圈有竖，又叫勃浪血（Blanche）②；

♩ 实圈无钩，又叫奴矮而（Noire）③；

♪ 实圈单钩，又叫克咾血（Croche）④；

𝅘𝅥𝅯 实圈双钩，又叫图勃捋 克咾血（Double croche）⑤；

𝅘𝅥𝅰 实圈三钩，又叫脱利泼捋 克咾血（Triple croche）⑥；

𝅘𝅥𝅱 实圈四钩，又叫怪夺吕泼捋 克咾血（Quadruple croche）⑦。

---

① 嚨夺（Ronde）：今用术语“全音符”。
② 勃浪血（Blanche）：今用术语“二分音符”。
③ 奴矮而（Noire）：今用术语“四分音符”。
④ 克咾血（Croche）：今用术语“八分音符”。
⑤ 图勃捋 克咾血（Double croche）：今用术语“十六分音符”。
⑥ 脱利泼捋 克咾血（Triple croche）：今用术语“三十二分音符”。
⑦ 怪夺吕泼捋 克咾血（Quadruple croche）：今用术语“六十四分音符”。

14

罡問

第~~七~~佃个記號、每一个、要作个幾化長遠呢、

答

有兩个樣子算法拉、

頭一个樣子、每一个要作幾化長遠、弗限殺拉个、不過、大家

比較起來、个味、

𝅝 要作一个長遠（1）

𝅗𝅥 要作半个長遠（1/2）

♩ 要作小半个長遠（1/4）

♪ 要作八分之一个長遠（1/8）

𝅘𝅥𝅯 要作十六分之一个長遠（1/16）

𝅘𝅥𝅰 要作三十二分之一个長遠（1/32）

𝅘𝅥𝅱 要作六十四分之一个長遠（1/64）

22

四十一问： 第个七个记号，每一个要作个几化长远呢？

答： 有两个样子算法拉。

头一个样子，每一个要作几化长远，弗限杀拉个，不过大家[①]比较起来，介味：

𝅝要作一个长远 （1）

𝅗𝅥要作半个长远 （½）

♩要作小半个长远 （¼）

♪要作八分之一个长远 （⅛）

𝅘𝅥𝅯要作十六分之一个长远 （1/16）

𝅘𝅥𝅰要作三十二分之一个长远 （1/32）

𝅘𝅥𝅱要作六十四分之一个长远 （1/64）

① 大家：相互，互相。

15

第二个樣子、每一个、要作幾化長遠、各自限殺拉个、就是、

𝅝 要作四記板、(4)

𝅗𝅥 要作两記板、(2)

♩ 要作一記板、(1)

♪ 要作半記板、(1/2)

𝅘𝅥𝅯 要作小半記板、(1/4)

𝅘𝅥𝅰 要作小半記个半記板、(1/8)

𝅘𝅥𝅱 要作小半記个小半記板、(1/16)

罡問 要停个記號味、那能个呢、

答、也要看下面寫拉个、

23

第二个样子，每一个要作几化长远，各自限杀拉个，就是：

𝅝要作四记板[①]　（4）

𝅗𝅥要作两记板　（2）

♩要作一记板　（1）（图例见左页）

♪要作半记板　（½）（图例见左页）

𝅘𝅥𝅯要作小半记板　（¼）（图例见左页）

𝅘𝅥𝅰要作小半记个半记板　（⅛）（图例见左页）

𝅘𝅥𝅱要作小半记个小半记板　（1/16）（图例见左页）

四十二问：　要停个记号味，那能个呢？

答：　也[+]要看下面写拉个。

① 记板：今用术语“拍”。

16

一線下面劃、又吽包時、(Pause (sous la ligne))

一線上面劃、又吽奪米包時、(Demi Pause (sur la ligne))

偏監右一撇、又吽蘇比而、(Soupir)

偏監左一撇、又吽奪米蘇比而、(Demi Soupir)

偏監左二撇、又吽加而奪蘇比而、(Quart de Soupir)

偏監左三撇、又吽俞以的愛末奪蘇比而、(Huitième de Soupir)

偏監左四撇、又吽山齊愛末奪蘇比而、(Seizième de Soupir)

四十二問 第个七个記號、總名吽啥、

答 吽西浪詩、Silence 解釋默靜、

四十三問 第个ㄨ个記號、每一个、要停个幾好長遠呢、

答 如同作个記號一樣个、也有兩个樣子算法拉、

▬线下面划，又叫包时[Pause (Sous la ligne)][①]；
▬线上面划，又叫夺米 包时[Demi Pause (sur la ligne)][②]；
𝄽偏竖右一撇，又叫苏比而（Soupir）[③]；
𝄾偏竖左一撇，又叫夺米 苏比而（Demi Soupir）[④]；
𝄿偏竖左二撇，又叫加而 夺 苏比而（Quart de Soupir）[⑤]；
𝅀偏竖左三撇，又叫俞以的爱末 夺 苏比而（Huitième de Soupir）[⑥]；
𝅁偏竖左四撇，又叫山齐爱末 夺 苏比而（Seizième de Soupir）[⑦]。

四十三问： 第个七个记号，总名叫啥？
答： 叫西浪诗（Silence）[⑧]，解释默静。
四十四问： 第个七个记号，每一个要停个几好[⑨]长远呢？
答： 如同作个记号一样个，也⁺有两个样子算法拉。

---

① 包时[Pause (Sous la ligne)]：今用术语“全休止符”。
② 夺米 包时[Demi Pause (sur la ligne)]：今用术语“二分休止符”。
③ 苏比而（Soupir）：今用术语“四分休止符”。
④ 夺米 苏比而（Demi Soupir）：今用术语“八分休止符”。
⑤ 加而 夺 苏比而（Quart de Soupir）：今用术语“十六分休止符”。
⑥ 俞以的爱末 夺 苏比而（Huitième de Soupir）：今用术语“三十二分休止符”。
⑦ 山齐爱末 夺 苏比而（Seizième de Soupir）：今用术语“六十四分休止符”。
⑧ 西浪诗（Silence）：今用术语“休止符”。
⑨ 几好：前文作“几化”，都是“多，多少”之义。

17

頭一个様子、大家比較起來、

要停一个長遠、(1)

要停半个長遠、(1/2)

要停小半个長遠、(1/4)

要停八分之一个長遠、(1/8)

要停十六分之一个長遠、(1/16)

要停三十二分之一个長遠、(1/32)

要停六十四分之一个長遠、(1/64)

第二个様子、各自定殺拉个、

要停四記板、(4)

要停兩記板、(2)

25

头一个样子，大家比较起来：

𝄻 要停一个长远　(1)；

𝄼 要停半个长远　(½)；

𝄽 要停小半个长远　(¼)；

𝄾 要停八分之一个长远　(⅛)；

𝄿 要停十六分之一个长远　(1/16)；

𝅀 要停三十二分之一个长远　(1/32)；

𝅁 要停六十四分之一个长远　(1/64)。

第二个样子，各自定杀[①]拉个：

𝄻 要停四记板　(4)；

𝄼 要停两记板　(2)；

① 定杀：规定死。

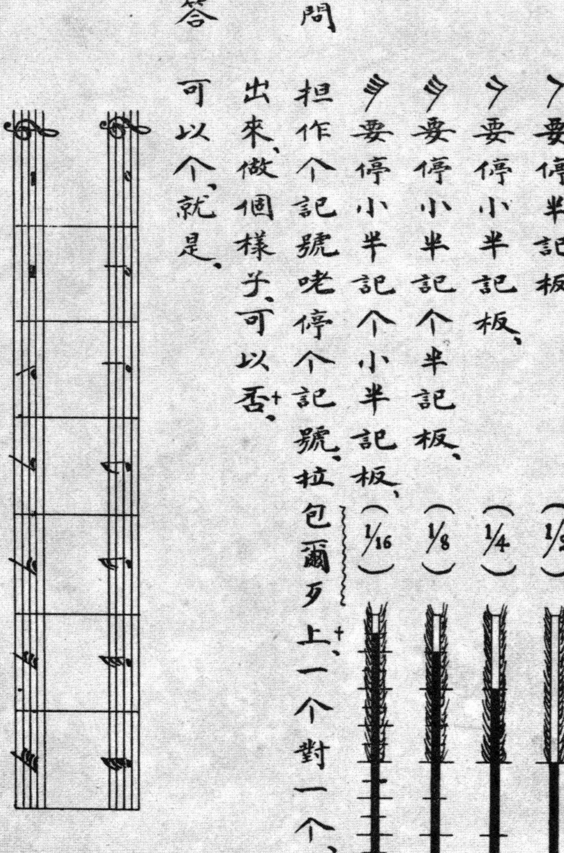

18

𝄽要停一記板、（1）
𝄾要停半記板、（1/2）
𝄿要停小半記板、（1/4）
𝅀要停小半記个半記板、（1/8）
𝅁要停小半記个小半記板、（1/16）

卌五問 担作个記號咾停个記號、拉包爾歹上、一个對一个、一氣寫出來、做個樣子、可以否、

答 可以个、就是、

𝄽 要停一记板　(1)；(图例见左页)

𝄾 要停半记板　(½)；(图例见左页)

𝄿 要停小半记板　(¼)；(图例见左页)

𝅀 要停小半记个半记板　(⅛)；(图例见左页)

𝅁 要停小半记个小半记板　(1/16)。(图例见左页)

四十五问：　担作个记号咾停个记号拉包尔歹上⁺一个对一个，一气写出来，做个样子，可以否？

答：　可以个，就是：(图例见左页)。

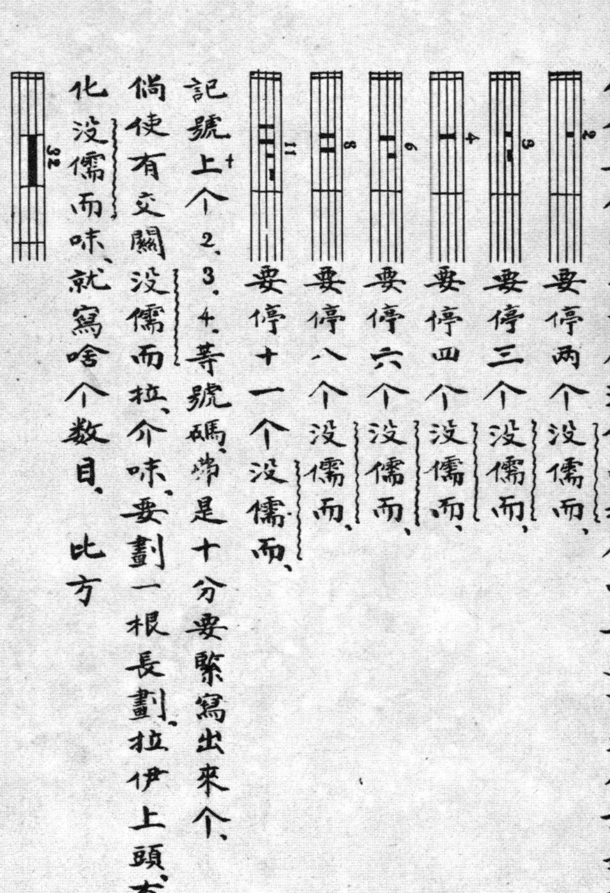
19

倘使要停弗罷一个没儒而拉、个味要照下頭个記號咾寫、

要停兩个没儒而、 2

要停三个没儒而、 3

要停四个没儒而、 4

要停六个没儒而、 6

要停八个没儒而、 8

要停十一个没儒而、 11

記號上个2、3、4、等號碼、全是十分要緊寫出來个、

倘使有交關没儒而拉、个味、要劃一根長劃、拉伊上頭、有幾化没儒而味、就寫啥个數目、比方

12

倘使要停弗罢[①]一个没儒而[②]拉，介味要照下头个记号啥写：

（图例见左页）要停两个没儒而；

（图例见左页）要停三个没儒而；

（图例见左页）要停四个没儒而；

（图例见左页）要停六个没儒而；

（图例见左页）要停八个没儒而；

（图例见左页）要停十一个没儒而。

记号上⁺个2、3、4等号码，弗是十分要紧写出来个。

倘使有交关[③]没儒而拉，介味要划一根长划拉伊上头，有几化没儒而味，就写啥个数目，比方：（图例见左页）。

① 弗罢：不止。

② 没儒而（Mesure）：今用术语“小节”。

③ 交关：很多。

20

○第五章講　没儒而（Measure）

問　没儒而、啥解釋、

答　解釋兩个罷兜當中、打板个総数、

問　打板是啥、

答　打板、是没儒而个一分、

問　没儒而、有幾樣、

答　有三樣、

頭一樣、包兩个打板、
第二樣、包三个打板、
第三樣、包四个打板、

問　那能打法呢、

答　兩个打板、照兩枝箭个樣子、
三个打板、照三枝箭个樣子、
四个打板、照四枝箭个樣子、

兩个打板

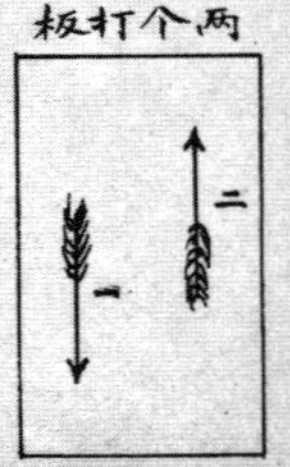

三个打板

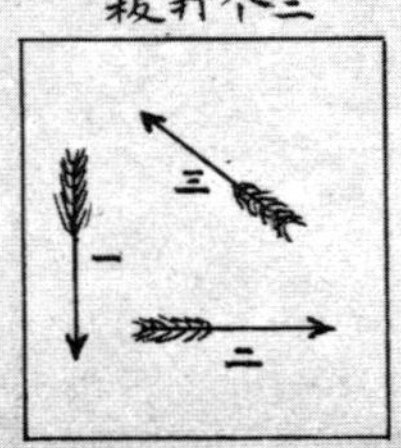

四个打板

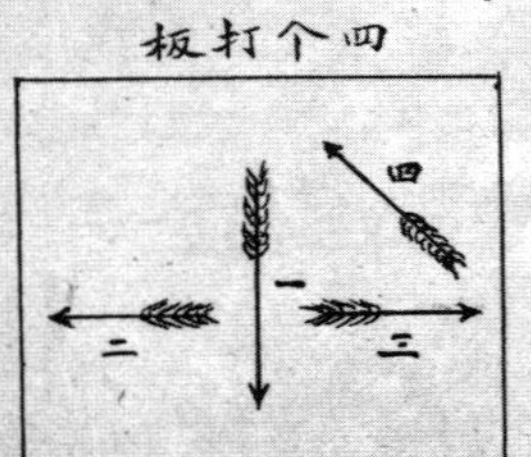

第五章讲　没儒而（Mesure）

四十六问：　没儒而啥解释？

答：　解释两个罢儿[①]当中打板个总数。

四十七问：　打板是啥？

答：　打板是没儒而个一分。

四十八问：　没儒而有几样？

答：　有三样。

头一样包两个打板；

第二样包三个打板；

第三样包四个打板。

四十九问：　那能打法呢？

答：　两个打板，照两枝箭个样子；（图例见左页）

三个打板，照三枝箭个样子；（图例见左页）

四个打板，照四枝箭个样子。（图例见左页）

① 罢儿（barre）：今用术语"小节线"，用于分隔相邻的两个小节。

21

五十問　要曉得、幾个打板个沒儒而、該當看啥、

答　該當看、拉調子頭上、寫拉个記號、

五十一問　啥記號、

答　兩个打板个沒儒而、寫 2/4

三个打板个沒儒而、寫 3/4

四个打板个沒儒而、本來可以寫 4/4、到底慣常寫个 C 字、

兩个打板　2/4

三个打板　3/4

四个打板　C

五十二問　啥叫罷兒、

答　罷兒就是包爾歹上个一根一根豎、

一个沒儒而　又是一个沒儒而　又是一个沒儒而

五十问： 要晓得几个打板个没儒而，该当看啥？

答： 该当看拉调子头上+写拉个记号。

五十一问： 啥记号？

答： 两个打板个没儒而写 2/4；（图例见左页）

三个打板个没儒而写 3/4；（图例见左页）

四个打板个没儒而本来可以写 4/4，到底惯常写个C字。（图例见左页）

五十二问： 啥叫罢儿？

答： 罢儿就是包尔歹上+个一根一根竖。

（图例见左页）

22

○第六章講變音、又講田愛司（Dièse）咾、盤毛皃（Bémol）搭之茄没克咾買帝蓋（Gamme Chromatique）。

五三問　上頭、第二章裡話咾、高一級、或者底一級个聲氣咗、叫東、乃每一級个聲氣味、叫啥、

答　也叫東、

五四問　介味、那能分别呢、

答　拉第二章裡、所話个東味是從一級、到上一級、或者下一級个聲氣、比方　從陶到來个聲氣、或者 　從少吶到歪个聲氣、什介个東味、叫恩東、（1 Ton）解釋、一个一个東、

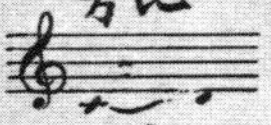

第六章讲 变音，又讲田爱司（Dièse）咾盘毛儿（Bémol）搭之茄没 克咾买帝革（Gamme Chromatique）

五十三问：上头第二章里话咾[①]，高一级或者（底）[低]一级个声气味叫东，乃[②]每一级个声气味叫啥？

答：也⁺叫东。

五十四问：介味那能分别呢？

答：拉第二章里所话个东味是从一级到上一级或者下一级个声气，比方：(图例见左页)。从陶到（来）[咪]个声气，或者(图例见左页)从少而到歪个声气。什介个东味叫恩东（1 Ton），解释一个一个东。

① 话咾：说道。

② 乃：那么。

23

每一級个東味、是逐个逐个鬧脱一定个聲氣、比方 歪 第个歪个聲氣、就是東、什介个東、中國話、可以叫音、或者叫聲音、

五十五問 素排音上、鬧脱个聲音、可以換花頭否、

答 可以个、

五十六問 用啥法子呢、

答 用記號、

五十七問 啥記號、

答 就是(#)咾(♭)

五十八問 #叫啥、

答 叫田愛司、(Dièse)

五十九問 田愛司、用來為換啥花頭呢、

每一级个东味是逐个逐个闹脱一定个声气，比方（图例见左页），第个歪个声气就是东。什介个东，中国话可以叫"音"，或者叫"声音"。

五十五问： 素排音上⁺闹脱个声音，可以换花头否⁺？

答： 可以个。

五十六问： 用啥法子呢？

答： 用记号。

五十七问： 啥记号？

答： 就是（♯）咾（♭）。

五十八问： ♯叫啥？

答： 叫田爱司（Dièse）①。

五十九问： 田爱司用来为换啥花头呢？

① 田爱司（Dièse）：今用术语"升号"，用此记号标注的音应比原音高一个半音。

24

答 用来担一个鬧脱个聲音、搬高个半東、

卒問 為担一个鬧脱个聲音、搬高半東、田愛司該當寫拉啥地方呢、

答 就要寫拉第个該當搬高丁鬧脱个左面、

空問 ♭叫啥、

答 叫盤毛兒、(Bémol)

奎問 盤毛兒用來為換啥个花頭、

答 用來為担一个鬧脱个聲音、搬低个半東、

室問 為担一个鬧脱个聲音、搬低半東、盤毛兒該當寫拉啥地方、

答 也要寫拉第个該當搬低个鬧脱个左面、

窗問 比方、一个鬧脱个聲音、已經搬高、或者已經搬低拉者、現在

答：　用来担一个闹脱个声音搬高个半东。

六十问：　为担一个闹脱个声音搬高半东，田爱司该当写拉啥地方呢？

答：　就要写拉第个该当搬高个闹脱个左⁺面。

六十一问：　♭叫啥？

答：　叫盘毛儿(Bémol)①。

六十二问：　盘毛儿用来为换啥个花头？

答：　用来为担一个闹脱个声音搬低个半东。

六十三问：　为担一个闹脱个声音搬低半东，盘毛儿该当写拉啥地方？

答：　也⁺要写拉第个该当搬低个闹脱个左⁺面。（图例见左页）

六十四问：　比方一个闹脱个声音已经搬高或者已经搬低拉者，现在

① 盘毛儿(Bémol)：今用术语“降号”，用此记号标注的音应比原音低一个半音。

25

重新要搬正伊味、用啥法子、

答 也†用記號、

二十三問 啥記號、

答 就是♮、

二十四問 ♮吽啥、

答 吽盤街兜、(Bécarre)

二十五問 盤街兜該當放拉啥地方、

答 也†要放拉該當搬正个鬧脱个左面、

二十六問 除脱之素排音个外†頭、還有別个排音否、†

答 還有一个吽茄沒克咾買帝華、

二十七問 茄沒克咾買帝華啥解釋、

重新要搬正伊味，用啥法子？

答： 也[+]用记号。

六十五问： 啥记号？

答： 就是♮。

六十六问： ♮叫啥？

答： 叫盘街儿(Bécarre)①。

六十七问： 盘街儿该当放拉啥地方？

答： 也[+]要放拉该当搬正个闹脱个左面。(图例见左页)

六十八问： 除脱之素排音个外头，还有别个排音否[+]？

答： 还有一个叫茄没 克咾买帝革②。

六十九问： 茄没 克咾买帝革啥解释？

---

① 盘街儿(Bécarre)：今用术语"还原记号"，表示将已升高或降低的音还原。

② 茄没 克咾买帝革(Gamme Chromatique)：今用术语"半音音阶"。

答 解釋花排音、

七十問 花排音那能个呢、

答 花排音味、從一个鬧脱起頭、一个一个高上去、高到第八个鬧脱、或者一个一个低下來、低到第八个鬧脱、常常是半東、 比方

Exemple de Gamme Chromatique:

花排音

七个半東

Sept demi-tons diatoniques

一 二 三 四 五 六 七

五个半東

一 二 三 四 五

Cinq demi-tons chromatiques

七个半東

一 二 三 四 五

一 二 三 四 五 六 七

Sept demi-tons diatoniques

七十一問 拉第兩个花排音上、當中間裡各自指出拉个五个半東叫啥、

答：　解释花排音。

七十问：　花排音那能个呢？

答：　花排音味，从一个闹脱起头，一个一个高上去，高到第八个闹脱，或者一个一个低下来，低到第八个闹脱，常常是半东，比方：（图例见左页）。

七十一问：　拉第两个花排音上[+]，当中间里各自指出拉个五个半东叫啥？

27

答　吽奪米東克咾買帝華、(Demi-tons Chromatiques)

七十二問　奪米東克咾買帝華啥意思、

答　是花半東个意思、

七十三問　外面各自指出拉个乂个半東吽啥、

答　吽奪米東提矮刀你華、(Demi-tons diatoniques)

七十四問　奪米東提矮刀你華味啥意思、

答　是素半東丫意思、

七十五問　田愛司咾盤毛兜各自能彀重複否、

答　能彀个、

七十六問　那能重複法則呢、

答　要田愛司重複、介味本來該當寫幷个地方味寫乂、要盤毛答： 叫夺米 东 克咾买帝革（Demi-tons chromatiques）[①]。

七十二问： 夺米 东 克咾买帝革啥意思？

答： 是花半东个意思。

七十三问： 外[+]面各自指出拉个七个半东叫啥？

答： 叫夺米 东 提矮刀你革（Demi-tons diatoniques）[②]。

七十四问： 夺米 东 提矮刀你革味啥意思？

答： 是素半东个意思。

七十五问： 田爱司咾盘毛儿各自能够重复否？

答： 能够个。

七十六问： 那能重复法（则）[子]呢？

答： 要田爱司重复，介味本来该当写♯个地方味写 ×；要盘毛

---

① 夺米 东 克咾买帝革（Demi-tons chromatiques）：今用术语“变化半音”，指的是对一个基本音级经过升降变化得到的一组半音，如C和♯C（唱名为do和升do）。

② 夺米 东 提矮刀你革（Demi-tons diatoniques）：今用术语“自然半音”，指的是自然形成的半音，如E和F（唱名为mi和fa）。

兜重複、个味本來該當寫♭个地方寫♭♭、

答 田愛司或者盤毛兜重複之味有啥效驗、闌脫个聲音、或者搬高兩个半東、或者搬低兩个半東、

七十六問 箇个重複拉个少个聲音如同啥、

答 如同拉个聲音、

七十七問 第个重複拉个西个聲音如同啥、

答 如同拉个聲音、

○第七章講

沒儒而生潑将（Mesure simple）沒儒而剛保在（Mesure composée）

把恩奪潑勞浪茄西盎（Point de prolongation）

利愛藏、（Liaison）

儿重复，介味本来该当写♭个地方写𝄫。

七十七问：　田爱司或者盘毛儿重复之味有啥效验？

答：　闹脱个声音，或者搬高两个半东，或者搬低两个半东。

七十八问：　箇个重复拉个少个声音如同啥？（图例见左页）

答：　如同拉个声音。

七十九问：　第个重复拉个西个声音如同啥？（图例见左页）

答：　如同拉个声音。

第七章讲　没儒而 生泼捋（Mesure simple）、没儒而 刚保在（Mesure composée）、把恩 夺 泼劳浪茄西盎（Point de prolongation）、利爱藏（Liaison）

29

八十問 除脱之第五章裡嚮所話拉个、兩記打板个没儒而(2/4)。三記打板个没儒而(3/4)。四記打板个没儒而(4/4或者C)。還有别樣个兩記打板个没儒而、三記打板个没儒而、四記打板个没儒而否+、

答 還有个裡、

八十一問 那能曉得耶、

答 看之拉調子頭上+寫拉个號碼就可以曉得、

八十二問 啥號碼、

答 就是、

6/8 9/8 3/8 6/8 12/8

八十问：　除脱之第五章里向所话拉个两记打板个没儒而（2/4）、三记打板个没儒而（3/4）、四记打板个没儒而（4/4或者C），还有别样个两记打板个没儒而、三记打板个没儒而、四记打板个没儒而否⁺？

答：　还有个里[①]。

八十一问：　那能晓得耶？

答：　看之拉调子头上⁺写拉个号码就可以晓得。

八十二问：　啥号码？

答：　就是（图例见左页）。

① 里：句末语气词，现今多说“咪”。

2/8、6/8、也是兩記打板个號碼、

3/8、9/8、也是三記打板个號碼、

12/8、也是四記打板个號碼、

八十三問

2/8咾6/8个兩記打板个沒儒而搭之2/4个兩記打板个沒儒而有啥分別呢、

答

拉2/4裡每一記打板个長遠替个記號對个、或者替搭之值一樣長遠个記號對个、如同咾啥

拉2/8裡每一記打板个長遠替个記號對个、或者替搭之值一樣長遠个記號對个、如同咾啥

拉6/8裡每一記打板个長遠替个記號對个、或者替搭之值一樣長遠个記號對个、如同咾啥

2/8、6/8 也$^{+}$是两记打板个号码，

3/8、9/8 也$^{+}$是三记打板个号码，

12/8　也$^{+}$是四记打板个号码。

八十三问：2/8 咾 6/8 个两记打板个没儒而搭之 2/4 个两记打板个没儒而，有啥分别呢？

答：拉 2/4 里每一记打板个长远替[①]♩个记号对个，或者替搭之♩值一样长远个记号对个，如同♫、𝄽咾啥。（图例见左页）

拉 2/8 里每一记打板个长远替♪个记号对个，或者替搭之♪值一样长远个记号对个，如同♬、𝄾咾啥。（图例见左页）

拉 6/8 里每一记打板个长远替♪♪♪个记号对个，或者替搭之♪♪♪值一样长远个记号对个，如同♬♬♬、𝄽𝄾咾啥[②]。（图例见下页）

---

① 替：跟，同。

② 咾啥：之类的。

31

八十四問　3/8咾9/8个三記打板个沒儒而搭之3/4个三記打板个沒儒而有啥分别、

答　拉3/4裡每一記打板个長遠替个記號對个、或者替搭之值一樣長遠个記號對个、如同咾啥

拉3/8裡每一記打板个長遠替个記號對个、或者替搭之值一樣長遠个記號對个、如同咾啥

拉9/8裡每一記打板个長遠替个記號對个、或者替搭之值一樣長遠个記號對个、如同咾啥

八十四问：3/8咾9/8个三记打板个没儒而搭之3/4个三记打板个没儒而有啥分别？

答：拉3/4里每一记打板个长远替♩个记号对个，或者替搭之♩值一样长远个记号对个，如同♫、𝄽咾啥。（图例见左页）

拉3/8里每一记打板个长远替♪个记号对个，或者替搭之♪值一样长远个记号对个，如同♬、𝄾咾啥。（图例见左页）

拉9/8里每一记打板个长远替♪♪♪个记号对个，或者替搭之♪♪♪值一样长远个记号对个，如同♬♬♬、𝄽𝄾咾啥。（图例见左页）

八十五問 咯个四記打板个没儒而搭之4/4个四記打板个没儒而有啥分别、

答 拉4/4裡每一記打板个長遠替♩个記號對个、或者替搭之♫值一樣長遠个記號對个、如同♫〔〕咾啥
拉12/8裡每一記打板个長遠替♪♪♪个記號對个、或者替搭之♬值一樣長遠个記號對个、如同♬♬〔〕咾啥

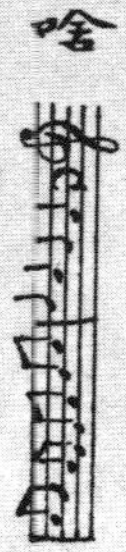

八十六問 拉第个多化用 2/4 3/4 4/4 2/8 3/8 6/8 9/8 12/8 个號碼来指出拉个各色没儒而裡、一劃下頭个数目發顯啥、一劃上頭个数目也發顯啥、

八十五问： 12/8个四记打板个没儒而搭之4/4个四记打板个没儒而有啥分别？

答： 拉4/4里每一记打板个长远替♩个记号对个，或者替搭之♩值一样长远个记号对个，如同♫、𝄽咾啥。（图例见左页）

拉12/8里每一记打板个长远替♪♪♪个记号对个，或者替搭之♪♪♪值一样长远个记号对个，如同𝅘𝅥𝅯𝅘𝅥𝅯𝅘𝅥𝅯𝅘𝅥𝅯𝅘𝅥𝅯𝅘𝅥𝅯、𝄽𝄾咾啥。（图例见左页）

八十六问： 拉第个多化[①]用

2/4	3/4	4/4
2/8	3/8	
6/8	9/8	12/8

个号码来指出拉个各色[②]没儒而里，一划下头个数目发显啥？一划上头个数目也⁺发显啥？

① 多样：许多。

② 各色：各种。

33

答

劃下頭个数目、是定當調子裡个長遠那能樣子个、所話長遠就是拉第四章裡所話拉作咾停个記號大家比較个長遠、

劃上頭个数目、是話出拉每一个沒儒而裡什个能个長遠、共總有幾化、

比方拉一隻調子頭上寫2/4、下頭个4字是定當拉第隻調子裡个長遠味、是什介樣子个、就是嚨等〇个四分之一1/4、个長遠、就是用♩个記號來表明拉个長遠、

上頭个2字是告訴拉第隻調子个每一个沒儒而裡、什介能个長遠、就是四分之一个長遠、共總有兩个、

比方

答：　划下头个数目是定当调子里个长远那能样子个。所话“长远”，就是拉第四章里所话拉作咾停个记号，大家⁺比较个长远。划上头个数目，是话出拉每一个没儒而里什介能个长远，共总有几化。

比方拉一只调子头上写2⁄4，下头个4字是定当拉第只调子里个长远味是什介样子个，就是〔(咙)［噻］夺 ∘ 个〕四分之一(1⁄4)个长远，就是用♩个记号来表明拉个长远。

上头个2字是告诉拉第只调子个每一个没儒而里，什介能个长远，就是四分之一个长远，共总有两个，比方：(图例见左页)。

又比方拉一隻調子頭上寫6/8、下頭个8字、是定當拉第隻調子裡个長遠、是什介樣子个、就是（龍奪○个）八分之一（1/8）个長遠、就是用♪个記號來表明拉个長遠、上頭个6字、是告訴拉第隻調子个每一个沒儒而裡、什介能个長遠、就是八分之一（1/8）个長遠、共總有六个、比方

[illegible]問 2/4 3/4 4/4 个沒儒而吽啥、

答 吽純一个沒儒而、法國話吽沒儒而生潑捋（Mesures Simples）

[illegible]問 2/8 3/8 6/8 9/8 12/8 个沒儒而吽啥、

答 吽湊合个沒儒而、法國話吽沒儒而剛保在（Mesures Composées）

又比方拉一只调子头上写6/8，下头个8字是定当拉第只调子里个长远是什介样子个。就是〔(龙)[嚨]夺∘个〕八分之一（1/8）个长远，就是用♪个记号来表明拉个长远。上头个6字是告诉拉第只调子个每一个没儒而里什介能个长远，就是八分之一（1/8）个长远，共总有六个，比方：(图例见左页)。

八十七问：{2/4，3/4，4/4}个没儒而叫啥？

答：叫纯一个没儒而，法国话叫没儒而 生泼捋（Mesures Simples）①。

八十八问：{2/8、6/8，3/8、9/8、12/8}个没儒而叫啥？

答：叫凑合个没儒而，法国话叫没儒而 刚保在（Mesures Composées）②。

① 没儒而 生泼捋（Mesures Simples）：今用术语“简单节拍”或“单拍子”，指的是每小节只有一个强拍的节拍类型。

② 没儒而 刚保在（Mesures Composées）：今用术语“复合节拍”或“复拍子”，指的是每小节出现多于一个重音的节拍类型，由不同的单拍子复合而成。小节线后第一拍仍称“强拍”，第二个重音力度略弱，称为“次强拍”。

35

八十九問 寫之一个闊脱比方尸或者厂、幾化長遠已經定當拉者
還能个使得伊再拖長點否、

答 能彀个、只要拉伊右面放一个記號、

九十問 啥記號、

答 就是一點(⊙)、法國話叫把杏奪潑勞龍茄西盎

九十一問 介味用一點來能彀使得一个闊脱个長遠拖長幾化耶、

答 能彀使得一个闊脱个長遠拖長伊一半、

比方 如同寫
比方 如同寫

九十二問 加之一點、能彀拉伊右面再加一點否、

答 能彀个、

八十九问：写之一个闹脱，比方𝅘𝅥或者𝅘𝅥，几化长远已经定当拉者，还能（个）[够]使得伊再拖长点否⁺？

答：能够个，只要拉伊右面放一个记号。

九十问：啥记号？

答：就是一点（•），法国话叫把（杏）[恩]夺泼劳（龙）[浪]茄西盎①。（图例见左页）

九十一问：介味用一点来能够使得一个闹脱个长远拖长几化耶？

答：能够使得一个闹脱个长远拖长伊一半。

比方：（图例见左页）如同写：（图例见左页）。

（图例见左页）如同写：（图例见左页）。

九十二问：加之一点，能够拉伊右面再加一点否⁺？

答：能够个。

① 把（杏）[恩]夺 泼劳（龙）[浪]茄西盎：法语Point de prolongation，今用术语“附点”，即记在音符右边的圆点，带有附点的音符时值增长至原来的1.5倍。

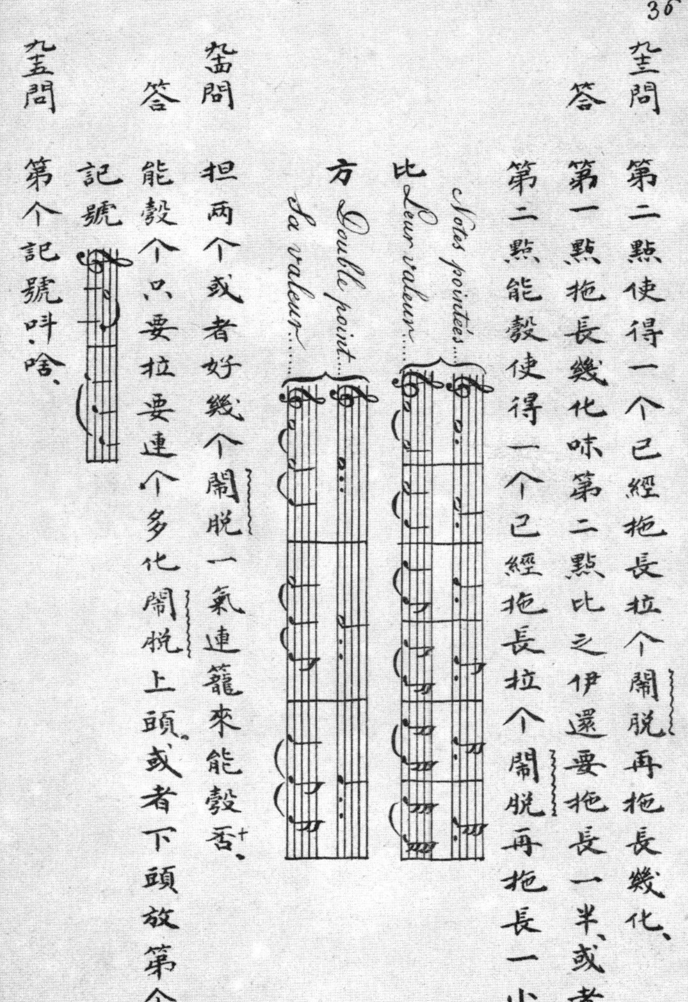

36

九十三問 第二點使得一个已經拖長拉个鬧脫再拖長幾化、

答 第一點拖長幾化味第二點比之伊還要拖長一半、或者話第二點能殼使得一个已經拖長拉个鬧脫再拖長一小半、

九十四問 担兩个或者好幾个鬧脫一氣連攏來能殼否、

答 能殼个、只要拉要連个多化鬧脫上頭、或者下頭放第个記號

九十五問 第个記號吽啥、

九十三问：　第二点使得一个已经拖长拉个闹脱再拖长几化？

答：　第一点拖长几化咊，第二点比之伊还要拖长一半，或者话第二点能够使得一个已经拖长拉个闹脱再拖长一小半，比方：(图例见左页)①。

九十四问：　担两个或者好几个闹脱一气连(笼)[拢]来能够否⁺？

答：　能够个，只要拉要连个多化闹脱上头或者下头放第个记号：(图例见左页)。

九十五问：　第个记号叫啥？

---

① 图例左侧文字之今用术语分别为：

附点音符	Notes pointées
时值	Leur valeur
双附点	Double point
时值	Sa valeur

37

答

咞利愛藏（Liaison）

倘使放之一个利愛藏、連拉个多化閙脱一口氣念出來个、

介咪咞過來（Coulé）

第八章講做排音个法子

頭一分総講

茄没買圓而（Gamme Majeure）正排音个意思

茄没米囝而（Gamme Mineure）次排音个意思

第二分專講正排音

第三分專講次排音

第四分講矮而（綎）而談格來（Armures des clefs）

第五分講排音東咾調子東

頭一分総講正排音咾次排音、

答： 叫利爱藏（Liaison）[①]。

倘使放之一个利爱藏，连拉个多化闹脱一口气念出来个，介味叫过来（Coulé）[②]。

第八章讲 做排音个法子[③]

头一分总讲 { 茄没 买圆而（Gamme Majeur）正排音个意思
茄没 米团而（Gamma Mineure）次排音个意思 }

第二分专讲 正排音

第三分专讲 次排音

第四分讲 矮而（迁末）而 谈 格来（Armures des Clefs）

第五分讲 排音东咾调子东

第八章头一分总讲 正排音咾次排音[④]

① 利爱藏（Liaison）：今用术语“连音”，指用弧线将一组音符联系起来，使之不间断地唱出或奏出。

② 过来（Coulé）：今用术语“连奏”，指音与音紧密相连的弹奏方法。

③ 按，原标题前缺“○”，今据上下文体例补入。

④ 按，原标题首句为“头一分总讲”，今据上下文体例补入“○第八章”。

38

九十六問　拉第二章裡話咾素排音个全東咾半東味什介挨頭个、就是不曉得還有別个樣子挨法否。

答　有个裡、

比方

一　二　三　四　五　六　七

全東　全東　半東　全東　全東　全東　半東

一　二　三　四　五　六　七

全東　半東　全東　全東　全東　全東　半東

九十七問　第兩个樣子个挨法總名叫啥、

答　叫毛奪(Mode)就是解釋拉素排音裡挨聲氣个法子、

九十八問　照上頭頭一个法子挨拉个素排音叫啥、

答　叫毛奪買圓而（Mode Majeur）解釋正式、或者叫茄沒買圓而（Gamme Majeure）解釋正排音、

九十九問　照第二个法子挨拉个素排音叫啥、

九十六问：　拉第二章里话咾素排音个全东咾半东味什介挨[①]头个，就是(图例见左页)。不晓得还有别个样子挨法否[+]？

答：　有个里，比方：(图例见左页)。

九十七问：　第两个样子个挨法总名叫啥？

答：　叫毛夺(Mode)[②]，就是解释拉素排音里挨声气个法子。

九十八问：　照上头头一个法子挨拉个素排音叫啥？

答：　叫毛夺 买圆而(Mode Majeur)[③]，解释正式；或者叫茄没 买圆而(Gamme Majeur)[④]，解释正排音。

九十九问：　照第二个法子挨拉个素排音叫啥？

① 挨：轮流，排列。

② 毛夺(Mode)：今用术语“调”，指的是乐曲定音的基调或音阶，如“C大调”等。

③ 毛夺 买圆而(Mode Majeur)：今用术语“大调”。

④ 茄没 买圆而(Gamme Majeur)：今用术语“大调音阶”。

39

答　吽毛脣米囝咘(Mode Mineur)解釋次式、或者吽茄没米囝咘(Gamme Mineure)解釋次排音、

一百問　次排音拉啥裡向搭之正排音有分别呢、

答　垃拉放開半東裡向、正排音个全東咾半東味終是什介放法、两个全東、一个半東、三个全東、又是一个半東、次排音个全東咾半東个放法味、終弗照什介个次序、伊个半東能穀放來放去个、

一百一問　介味為做次排音有幾个樣子

答　有两个樣子、頭一个樣子弗變个、就是拉升排(Gamme ascendante)裡做來那能味、拉降排(Gamme descendante)裡也做得來那能、第二个樣子味變个、就是拉降排咾升排裡做得來不是一樣个、

一百二問　介味照頭一个樣子弗變个味那能做法呢、

答：　叫毛夺 米团而(Mode Mineur)①，解释次式；或者叫茄没 米团而(Gamme Mincure)②，解释次排音。

一百问：　次排音拉啥里向搭之正排音有分别呢？

答：　垃拉放开半东里向。正排音个全东咾半东味，终是什介放法：两个全东，一个半东，三个全东，又是一个半东；次排音个全东咾半东个放法味，终弗照什介个次序，伊个半东能够放来放去个。

一百一问：　介味为做次排音有几个样子？

答：　有两个样子。头一个样子弗变个，就是拉升排(Gamme ascendante)③里做来那能味，拉降排(Gamme descendante)④里也做得来那能。第二个样子味变个，就是拉降排咾升排里做得来不是一样个。

一百二问：　介味照头一个样子弗变个味那能做法呢？

---

① 毛夺 米团而(Mode Mineur)：今用术语"小调"。

② 茄没 米团而(Gamme Mineure)：今用术语"小调音阶"。

③ 升排(Gamme ascendante)：今用术语"上行音阶"。

④ 降排(Gamme descendante)：今用术语"下行音阶"。

答　什介能

卅三問　照第二个樣子要變个味那能做法呢、

答　什介能

卅四問　拉弗變个次排音裡從第六到第七級个隔叫啥、

答　率共奪四衍忙歹(Une Seconde augmentée)就是話比之第二大隔更加大、

卅五問　啥叫刀你華(Tonique)

答　是排音上†做主个一个鬧脫、就是頭一个鬧脫、比方拉陶聲氣打頭个正排音裡第个陶就是刀你華、答： 什介能：(图例见左页)。

一百三问： 照第二个样子要变个味那能做法呢？

答： 什介能：(图例见左页)。

一百四问： 拉弗变个次排音里，从第六到第七级个隔叫啥？

答： 率共夺 凹瑸忙歹(Une Seconde augmentée)①，就是话比之第二大隔更加大。

一百五问： 啥叫刀你革(Tonique)②？

答： 是排音上+做主个一个闹脱，就是头一个闹脱。比方拉陶声气打头个正排音里，第个陶就是刀你革。

---

① 率共夺 凹瑸忙歹(Une Seconde augmentée)：今用术语“增二度(音程)”，指的是在大二度的基础上，高音升高了一个半音的音程。比如C–D是大二度，C–♯D就是增二度。

② 刀你革(Tonique)：今用术语“主音”。当调式中的几个音排列成音阶时，主音是一个调式的核心。调式中最稳定的音就叫作“主音”。

41

百六問　啥咩陶彌囊脫、(Dominante)

答　是正排上+第五个鬧脫、

比方也+拉陶聲氣打頭个正排音裡少咾是陶彌囊脫、

百七問　啥咩蘇陶彌囊脫(Sous Dominante)

答　是陶彌囊脫前頭一个鬧脫、

比方仍+拉陶聲氣打頭个正排音裡、歪是蘇陶彌囊脫、

蘇陶彌囊脫也+是排音上+第四个鬧脫

陶彌囊脫　蘇陶彌囊脫　刀你草

一百六问：　啥叫陶弥囊脱（Dominante）[①]？

答：　是正排上+第五个闹脱。

比方也+拉陶声气打头个正排音里，少而是陶弥囊脱。

一百七问：　啥叫苏 陶弥囊脱（Sous Dominante）[②]？

答：　是陶弥囊脱前头一个闹脱。

比方仍+拉陶声气打头个正排音里，歪是苏 陶弥囊脱。苏 陶弥囊脱也+是排音上+第四个闹脱。（图例见左页）

---

① 陶弥囊脱（Dominante）：今用术语“属音”，指的是音阶的第五个音级。

② 苏 陶弥囊脱（Sous Dominante）：今用术语“下属音”，指的是音阶的第四个音级。

42

〇第八章第二分專講

茄沒貫圜而(Gamme majeure)正排音、

𠮷問 除脫之担陶來做刀你革个正排音、

還有担别个鬧脫來做刀你革个正排音否、

答 有个裡、

𠯿問 那能做法、

答 用田愛詩或者用盤毛兜、

靠托第兩个記號可以担花排音上、

逐个逐个鬧脫、做之刀你革咾成功每一个新个正排音、

𠯿問 别个新个正排音、照之啥个樣子咾做呢、

答 齊照箇个刀你革陶个正排音咾做个、

第八章第二分专讲 茄没 买圆而[①]（Gamme majeure）正排音

一百八问： 除脱之担陶来做刀你革个正排音，还有担别个闹脱来做刀你革个正排音否[+]？

答： 有个里。

一百九问： 那能做法？

答： 用田爱诗或者用盘毛儿。

靠托第两个记号可以担花排音上[+]，逐个逐个闹脱做之刀你革咾成功每一个新个正排音。

一百十问： 别个新个正排音，照之啥个样子咾做呢？

答： 齐照箇个刀你革 陶个正排音咾做个。

① 按，原文缺“____”，此处据文意补。

43

亙問 什介能、箇个刀你革陶个正排音吽啥、

答 吽茄沒毛台捋(Gamme modèle)就是話排音式、介味別个新个正排音照之第个排音式咾做起來、

亙問 究竟那能做法呢、

答 要使得拉新排音裡全東半東个數目咾次序、完全照排音式裡个全東半東个數目咾次序、倘使一个東太高要加一个盤毛兒♭搬低半个、倘使太低个味要加一个田愛詩#搬高半个、

比方 用來來做刀你革味什介能

全東 全東 半東 全東 全東 全東 半東

又比方 担歪做刀你革味什介能

全東 全東 半東 全東 全東 全東 半東

一百十一问：　什介能，箇个刀你革 陶个正排音叫啥？

答：　叫茄没 毛台捋（Gamme modèle）[1]，就是话排音式。

一百十二问：　介味别个新个正排音，照之第个排音式咾做起来，究竟那能做法呢？

答：　要使得拉新排音里全东、半东个数目咾次序，完全照排音式里个全东、半东个数目咾次序。倘使一个东太高，要加一个盘毛儿♭搬低半个；倘使太低，介味要加一个田爱诗♯搬高半个。比方用咮来做刀你革味，什介能：（图例见左页）。又比方担歪 做刀你革味，什介能：（图例见左页）。

① 茄没 毛台捋（Gamme modèle）：今用术语“调式音阶”。把主音作为起点和终点，其他各音按音高的顺序依次排列成音阶的形式，即为调式音阶。

44

百三問

答

比方要靠托之田愛詩咗做多化正排音、做之、一个再做一个、阿能彀做來使得每下一个比之上一个弗過換一眼小花頭、能彀个、只要每一輎做好之一个排音、就那第个排音裡个陶彌囊脫做下頭一个排音个刀你革、比方

Exemple

Gamme modèle

Dominante

3 4 7 8

½ ton

一百十三问：比方要靠托之田爱诗咾做多化正排音，做之一个再做一个，阿能够做来使得每下一个比之上一个弗过换一眼[①]小花头？

答：能够个。只要每一(輴)[趟]做好之一个排音，就那[②]第个排音里个陶弥囊脱做下头一个排音个刀你革，比方：(图例见左页)。

① 一眼：一点儿。与下文中的“一眼眼”同。

② 那：下文作“那⁺”，应该是“拿”的记音字。

45

百五問

比方又要靠托之盤毛兒咾做做多好正排音、做之一个再做一个、阿能彀做來使得每下一个比之上一个也⁺弗過換一眼眼小花頭、

答

也⁺能彀个、只要每一輪做好之一个排音、就担第个排音裡个蘇陶彌囊脱做下頭一个排音个刀你革、　比方

Sous-dominante
Gamme modèle
3
4
7
8
½ ton
½ ton

一百十四问： 比方又要靠托之盘毛儿咾做多好[①]正排音，做之一个再做一个，阿能够做来使得每下一个比之上一个也⁺弗过换一眼眼小花头？

答： 也能够个。只要每一(輤)[趟]做好之一个排音，就担第个排音里个苏 陶弥囊脱做下头一个排音个刀你革，比方：(图例见左页)。

① 多好：前文作“多许”，“许多”之义。

百五問 箇个陶聲氣打頭个正排音、除脱之吽排音式還吽啥、

答 還吽茄没那(歹廷)來捋(Gamme naturelle)如同話自然个排音、

百六問 别个有#咾♭个正排音那能吽法、

答 照#咾♭數目咾吽个、比方有一个#、

或者有一个♭个排音吽第一田#排音、

或者第一盤♭排音、有兩个#、

或者兩个♭个排音吽第二田#排音、

或者第二♭盤排音、别个可以推想、

百七問 論到盎矮而毛你革(Enharmonique)啥意思、

答 就是話兩个闊脱聲氣是一樣、到底名頭弗是一樣个、

比方 Do# 搭之 Ré♭
Ré# 搭之 Mi♭ 齊吽盎矮而毛你革、

一百十五问： 箇个陶声气打头个正排音，除脱之叫排音式，还叫啥？

答： 还叫茄没 那(迁歹)咪捋(Gamme na-turelle)[①]，如同话自然个排音。

一百十六问： 别个有♯咾♭个正排音，那能叫法？

答： 照♯咾♭数目咾叫个。比方有一个♯或者有一个♭个排音叫第一田♯排音，或者第一盘♭排音；有两个♯或者两个♭个排音叫第二田♯排音，或者第二盘♭排音；别个可以推想。

一百十七问： 论到盎矮而毛你革(Enharmonique)[②]啥意思？

答： 就是话两个闹脱声气是一样，到底名头弗是一样个，比方Do♯搭之Ré♭、Ré♯搭之Mi♭，齐叫盎矮而毛你革。

① 茄没 那(迁歹)咪捋(Gamme naturelle)：今用术语"自然音阶"。

② 盎矮而毛你革(Enharmonique)：今用术语"等音"。

47

○第八章第三分專講

茄没米図而（Gamme mineure）次排音、

百八問　次排音第七个閙脱叫啥、

答　叫笙細勑捋（Sensible）

百九問　啥个閙脱是次排音个本來面目、

答　另外是第三咾第六个閙脱、第七个有常時也是、

百十問　第个三个閙脱叫啥、

答　叫閙脱苐大捋、（Notes modales）

就是話伊拉个聲音弗板煞个、

因為是第个三个閙脱換來換去做成功次式个排音个咾、

百十一問　別个次排音个閙脱叫啥、

第八章第三分专讲　茄没 米团而(Gamme mineure)次排音

一百十八问：　次排音第七个闹脱叫啥？

答：　叫笙细勃捋(Sensible)[①]。

一百十九问：　啥个闹脱是次排音个本来面目？

答：　另外是第三咾第六个闹脱，第七个有常时也⁺是。

一百廿问：　第个三个闹脱叫啥？

答：　叫闹脱 茅大捋(Notes modales)[②]，就是话伊拉个声音弗板杀[③]个，因为是第个三个闹脱换来换去做成功次式个排音个咾。

一百廿一问：　别个次排音个闹脱叫啥？

---

① 笙细勃捋(Sensible)：今用术语"导音"，指的是音阶里第七个音级，也是一个音阶里对主音倾向性最强的音。

② 闹脱 茅大捋(Notes modales)：今用术语"调式音"，其作用是明确调式类别，即明确是大调性还是小调性，是自然的、和声的，还是旋律的大小调式。

③ 板杀：定死。

48

答　頭一第四咾第五个鬧脫、吽鬧脫刀那將（Notes-tonales）就是話伊拉个聲音是板殺拉个、因為第个三个鬧脫拉次排音裡、如同拉正排音裡一樣弗能个換來換去、所以第个三个鬧脫不能彀定當次排音个、又要曉得正排音裡拉刀那將个鬧脫上、常常能彀做一个第三大隔、拉次排音裡弗能彀常常做个、

問　第二个鬧脫吽啥、

答　弗吽第大將、也弗吽刀那將、

問　第八个鬧脫吽啥、

答　吽四羌帶物、（Octave）就是解釋第八个鬧脫、比方

tonale　ni tonale ni modale　Modale　tonale　tonale　Modale　Modale rarement　Octave

一.　二.　三.　四.　五.　六.　七.　八.

答： 头一、第四咾第五个闹脱叫闹脱 刀那捋(Notes tonales)①，就是话伊拉个声音是板杀拉个，因为第个三个闹脱拉次排音里，如同拉正排音里一样弗能(个)[够]换来换去，所以第个三个闹脱不能够定当次排音个，又要晓得正排音里拉刀那捋个闹脱上⁺，常常能够做一个第三大隔，拉次排音里弗能够常常做个。

一百廿二问： 第二个闹脱叫啥？

答： 弗叫茅大捋，也⁺弗叫刀那捋。

一百廿三问： 第八个闹脱叫啥？

答： 叫凹克带物(Octave)②，就是解释第八个闹脱，比方：(图例见左页)。

---

① 闹脱 刀那捋(Notes tonales)：今用术语"调性音"，指的是音阶里第一、四、五音级，其作用是支持主音的稳定性。

② 凹克带物(Octave)：今用术语"第八音级"。

49

百十二問　比方有两个排音、一个正排音、一个次排音、伊拉个刀你革是一樣个、介味第两个排音吽啥、

答　吽茄没凹麻你末、(Gammeshomonymes)要看就拉上頭个比方、

百十三問　每一个正排音阿是終有一个次排音對伊相應个否、

答　終有个、

百十四問　為啥緣故第个次排音搭之上頭个正排音算相應个耶、

答　因為拉鑰匙邊頭个田愛詩、或者盤毛兜个数目、替正排音一樣个咾、

比方　正　排　音

全東　全東　半東　全東　全東　全東　半東

相應个次排音

全東　半東　全東　全東　半東　全東又半　半東

(1)　(1/2)　(1)　(1)　(1/2)　(1½)　(1/2)

一百廿四问： 比方有两个排音，一个正排音、一个次排音，伊拉个刀你革是一样个，介味第两个排音叫啥？

答： 叫茄没 凹麻你末（Gammes homonymes）[1]，要看就拉上头个比方。

一百廿五问： 每一个正排音阿是终有一个次排音对伊相应个否⁺？

答： 终有个，比方：（图例见左页）。

一百廿六问： 为啥缘故第个次排音搭之上头个正排音算相应个耶？

答： 因为拉钥匙边头个田爱诗或者盘毛儿个数目，替正排音一样个咾。

① 茄没 凹麻你末（Gammes homonymes）：今用术语“同名大小调”，也叫“同主音大小调”，简称“同名调”，指的是一组主音相同的大调音阶和小调音阶。

問 介味次排音搭之相應拉个正排音、拉啥裡分別呢、

答 拉第个裡、就是頭一次排音个刀你華從正排音个刀你華算下來是第三小隔、(Tierce mineure)第二拉弗變个次排音裡第七个鬧脫、就是笙細勒將終用一个田愛詩來換一眼花頭个、拉變个次排音裡第六咾第七个鬧脫、升上去味也用田愛詩來換花頭、蹂下來味弗个、 比方

Exemple

Gamme mineure invariable

Gamme mineure variable

一百廿七问：　介味次排音搭之相应拉个正排音拉啥里分别呢？

答：　拉第个里，就是头一次排音个刀你革从正排音个刀你革算下来是第三小隔（Tierce mineure）。第二拉弗变个次排音里第七个闹脱，就是笙细勃将，终用一个田爱诗来换一眼花头个，拉变个次排音里第六咾第七个闹脱升上去味，也$^{+}$用田爱诗来换花头，跽下来[①]味弗个。比方：

（图例见左页）。

① 跽下来：降下来。

51

又要曉得次排音裡、第六咾第七个鬧脱、正是拉相應个正排音裡、第四咾第五个鬧脱、第八章第四分專講矮而(栕)而談格咪 (Armure des clefs)

百六問 矮而(栕)而談格來啥意思、

答 就是話、拉鑰匙右面替該當換花頭个鬧脱、挨之次序咾放田愛詩、或者盤毛兜个法子、

百九問 田愛詩有幾化、

答 有七个、就是第一歪井、第二陶井、第三少咘井、第四咪井、第五拉井、第六米井、第七西井、

百卌問 放起來挨啥个次序、

答 就挨上頭寫拉个次序第一歪井第二陶井、云云

又要晓得次排音里，第六咾第七个闹脱正是拉相应个正排音里第四咾第五个闹脱。

第八章第四分专讲 矮而(迁末)而 谈 格味(Armure des clefs)[1]

一百廿八问：矮而(迁末)而 谈 格来啥意思？

答：就是话拉钥匙右面替该当换花头个闹脱，挨之次序咾放田爱诗或者盘毛儿个法子。

一百廿九问：田爱诗有几化？

答：有七个，就是第一歪♯、第二陶♯、第三少而♯、第四味♯、第五拉♯、第六米♯、第七西♯。

一百卅问：放起来挨啥个次序？

答：就挨上头写拉个次序第一歪♯、第二陶♯，云云。

① 矮而(迁末)而 谈 格味(Armure des clefs)：今用术语"调号"，指的是五线谱里记在谱号后面，用以表示乐曲所用调域的变音记号。

五十二問 盤毛兜有幾化、

答 也有七个、就是第一西♭、第二米♭、第三拉♭、第四咪♭、第五少唏♭、第六陶♭、第七歪♭、

五十三問 放起來照啥个次序、

答 也就照上頭寫拉个次序、就是第一西♭、第二米♭云云

fa do sol ré la mi si
1. 2. 3. 4. 5. 6. 7.
si mi la ré sol do fa
1. 2. 3. 4. 5. 6. 7.

五十四問 包而歹左橫頭、鑰匙右面、單單放一个井、或者一个♭可以否、

答 倘使是頭一个井、或者是頭一个♭可以个、若使是第二第三咾啥个井或者♭味勿可以、

一百卅一问：　盘毛儿有几化？

答：　也有七个，就是第一西♭、第二米♭、第三拉♭、第四咪♭、第五少而♭、第六陶♭、第七歪♭。

一百卅二问：　放起来照啥个次序？

答：　也+就照上头写拉个次序，就是第一西♭、第二米♭，云云。（图例见左页）

一百卅三问：　包而歹左+横头、钥匙右面，单单[①]放一个♯或者一个♭，可以否+？

答：　倘使是头一个♯或者是头一个♭可以个，若使是第二、第三咾啥个♯或者♭味勿可以。

① 单单：只，仅仅。

百四十二問 介味第二第三咾啥个#或者♭味那能做法呢、

答 該當同之前頭个幾个一氣寫出來、

百四十三問 照啥次序、

答 照伊拉大家挨拉个次序、 比方

百四十四問 拉包而歹左橫頭、担#咾♭寫拉一淘可以否+、

答 勿可以、

Exemple

Musique à un dièse ou à un bémol

à 2 dièses ou à 2 bémols

à 3 dièses ou à 3 bémols

à 4 dièses ou à 4 bémols

à 5 dièses ou a 5 bémols

à 6 dièses ou o 6 bémols

à 7 dièses ou a 7 bémols

一百卅四问：　介味第二、第三咾啥个♯或者♭味，那能做法呢？

答：　该当同之前头个几个一气写出来。

一百卅五问：　照啥次序？

答：　照伊拉大家挨拉个次序，比方：(图例见左页)[①]。

一百卅六问：　拉包而歹左横头，担♯咾♭写拉一淘，可以否⁺？

答：　勿可以。

---

① 图例中第一行法语“Musique à un dièse ou à un bémol”，即“一个田爱诗或盘毛儿的乐曲”。以下以此类推，仅田爱诗和盘毛儿的个数递增。

54

○第八章第五分講排音東搭之調子東

(Ton de la gamme - Ton d'un morceau de musique)

百五問 排音東懂得啥意思

答 懂得一个排音裡幾好聲氣大家一淘个意思

百六問 一个排音東要担那裡一个鬧脱个名頭當自己个名頭呢

答 要那頭一或者末脚一个鬧脱个名頭當自己个名頭

比方 第个排音頭一或者末脚一个鬧脱

咁歪因而第个排音東咁排音東歪法國話茄沒盎歪(Gamme en fa)

或者話茄沒蕩捋東歪(Gamme dans le ton fa)

慣常為要曉得一个排音東是啥問起來話第个排音東

拉啥上答應起來話第个排音東拉歪上

第八章第五分讲　排音东搭之调子东（Ton de la gamme-Ton d'un morceau de musique）①

一百卅七问：排音东懂得啥意思？

答：懂得一个排音里几好声气，大家一淘个意思。

一百卅八问：一个排音东要担那里一个闹脱个名头当自己+②个名头呢？

答：要那+头一或者末脚一个闹脱个名头当自己+个名头，比方：（图例见左页）。第个排音头一或者末脚一个闹脱叫歪，因而第个排音东叫排音东 歪，法国话茄没 盎歪（gamme en fa）或者话茄没 荡捋 东 歪（gamme dans le ton fa）③。

惯常为要晓得一个排音东是啥，问起来话"第个排音东拉啥上+"，答应起来话"第个排音东拉歪上+"。

---

① 排音东搭之调子东（Ton de la gamme-Ton d'un morceau de musique）：排音东（Ton de la gamme）指的是某一音阶中出现的音级，如C大调中出现的音级有C、D、E、F、G、A、B。调子东（Ton d'un morceau de musique）指的是某一调式或乐曲中出现的音级，有时与调式或乐曲使用的音阶有关，如《c小调夜曲》。

② 自己+：训读，本字为"自家"。

③ 茄没 盎 歪（gamme en fa）或者话茄没 荡捋 东 歪（gamme dans la ton fa）：今用术语"D调音阶"，指的是以D（唱名fa）起止的音阶。

55

« Dans quel ton est cette gamme ? - Cette gamme est en Fa »

[illegible]問　調子東懂得啥意思、

答　就是一隻啥調子、照之一个排音裡个聲氣咾做拉个、調子東味、就懂得第个排音裡个幾化聲氣、也大家一淘个意思、

[illegible]問　一个調子東要担那裡一个闊脫个名頭當自己个名頭呢、

答　調子用啥排音來做拉个味、調子東就担第个排音裡頭一或者末脚一个闊脫个名頭、當自己个名頭、

[illegible]問　排音東咾調子東、也有買圓而(Majeur)咾米圓而(Mineur)个叫頭否、或者用中國話、也有正咾次个叫頭否、

答　有个、要看排音是啥、倘使是正排音、東味叫正東、若使是次排音、个味東叫次東、

（–Dans quel ton est cette gamme? –Cette gamme est en Fa.）

一百卅九问：调子东懂得啥意思？

答：就是一只啥调子，照之一个排音里个声气咾做拉个。调子东味就懂得第个排音里个几化声气，也[+]大家一淘个意思。

一百四十问：一个调子东要担那[+]里一个闹脱个名头当自己[+]个名头呢？

答：调子用啥排音来做拉个味，调子东就担第个排音里头一或者末脚一个闹脱个名头当自己[+]个名头。

一百四十一问：排音东咾调子东也[+]有买圆而（Majeur）咾米团而（Mineur）个叫头[①]否[+]？或者用中国话，也[+]有正咾次个叫头否[+]？

答：有个，要看排音是啥。倘使是正排音，东味叫正东；若使是次排音，介味东叫次东。

① 叫头：叫法。

56

[illegible]問 比方鑰匙身邊無啥井咾♭个記號、

答 正排音咾次排音打那裡一个鬧脱起頭、

正排音咊打陶起頭、次排音咊打拉起頭、

[illegible]問 什介能第兩个排音个東拉啥上、

答 正排音个東就拉陶上、吽陶貫圓而、（Do majeur）

次排音个東咊就拉拉上、吽拉米圉而、（La mineur）

[illegible]問 比方拉鑰匙身邊有一个、或者有幾个井个記號、介咊正排音打啥鬧脱起頭、次排音打啥鬧脱起頭、

答 正排音咊打從有末脚一个井个鬧脱、再朝上一个鬧脱起頭、次排音咊打從有末脚一个井个鬧脱、退下一个鬧脱起頭。

比方

次排音

正排音

一百四十二问：　比方钥匙身边无啥♯咾♭个记号，正排音咾次排音打那里一个闹脱起头？

答：　正排音味打陶起头，次排音味打拉起头。

一百四十三问：　什介能第两个排音个东拉啥上⁺？

答：　正排音个东就拉陶上⁺，叫陶 买圆而（Do majeur）[①]；次排音个东味就拉拉上⁺，叫拉米团而（La mineur）[②]。

一百四十四问：　比方拉钥匙身边有一个或者有几个♯个记号，介味正排音打啥闹脱起头？次排音打[③]啥闹脱起头？

答：　正排音味打从有末脚一个♯个闹脱再朝上一个闹脱起头，次排音味打从有末脚一个♯个闹脱退下一个闹脱起头，比方：（图例见左页）。

---

① 陶 买圆而（Do Majeur）：今用术语“C大调音阶”，指的是以C（唱名do）起止的大调音阶。下文中“唱名+Majeur”均同此。

② 拉 米团而（La Mineur）：今用术语“a小调音阶”，指的是以A（唱名la）起止的小调音阶。下文中“唱名+Mineur”均同此。

③ 打：从。

57

拉第个比方裡、鑰匙身邊有三个#、末脚一个#是少唎。正排音打拉起頭、次排音打歪起頭、

還問　什介能第兩个有三个#个排音東拉啥上†、

答　正排音个東就拉拉上†、吽拉買圖而（La majeur）、次排音个東味拉歪上†、吽歪米困而（Fa mineur）。

還問　比方拉鑰匙身邊有一个或者有幾个♭个記號、个味正排音打啥鬧脱起頭、次排音打啥鬧脱起頭、

答　正排音味打從有末脚一个♭个鬧脱再朝下第四个鬧脱起頭、次排音味打從有末脚一个♭个鬧脱再朝下第六个鬧脱起頭、比方

正排音　次排音

拉第个比方裡鑰匙身邊有兩个♭、末脚一个♭是米、正排

拉第个比方里，钥匙身边有三个♯，末脚一个♯是少而。正排音打拉起头，次排音打歪起头。

一百四十五问：　什介能第两个有三个♯个排音东拉啥上⁺？

答：　正排音个东就拉拉上⁺，叫拉 买圆而（La majeur）。次排音个东味拉歪上⁺，叫歪 米团而（Fa mineur）。

一百四十六问：　比方拉钥匙身边有一个或者有几个♭个记号，介味正排音打啥闹脱起头？次排音打啥闹脱起头？

答：　正排音味打从有末脚一个♭个闹脱再朝下第四个闹脱起头，次排音味打从有末脚一个♭个闹脱再朝下第六个闹脱起头，比方：（图例见左页）。

拉第个比方里，钥匙身边有两个♭，末脚一个♭是米。正排

58

音打西♭起頭、次排音味打⿰少而起頭、

[illegible]問　什介能第兩个、有兩个♭个排音東拉啥上†、

答　正排音个東味、就拉西♭、吽西♭買圍而（Si ♭ majeur）、

次排音个東味、就拉⿰少而、吽⿰少而米囯而（Sol mineur）、

[illegible]問　比方拉鑰匙邊頭無啥♯咾♭个記號、介味調子東要話啥、

答　倘使是正東要話陶買圍而（Do majeur）就是話陶正个、

倘使是次東要話拉米囯而（La mineur）就是話拉次个、

[illegible]問　比方拉鑰匙身邊有一个或者幾个♯个記號、

介味調子東要吽啥、

答　倘使是正東、吽起來要照從有末脚一个♯闡脱、再朝上

一个闡脱个名頭咾吽、倘使次東、吽起來

音打西♭起头，次排音味打少而起头。

一百四十七问： 什介能第两个有两个♭个排音东拉啥上⁺？

答： 正排音个东味就拉西♭，叫西♭买圆而（Si ♭ majeur），次排音个东味就拉少而，叫少而米团而（Sol mineur）。

一百四十八问： 比方拉钥匙边头无啥♯咾♭个记号，介味调子东要话啥？

答： 倘使是正东，要话陶 买圆而（Do majeur），就是话陶正个；倘使是次东，要话拉 米团而（La mineur），就是话拉次个。

一百四十九问： 比方拉钥匙身边有一个或者几个♯个记号，介味调子东要叫啥？

答： 倘使是正东，叫起来要照从有末脚一个♯闹脱再朝上一个闹脱个名头咾叫；倘使次东，叫起来

59

要照從有末脚一个#闊脱退下一个闊脱个名頭咾吽、比方有一隻調子鑰匙身邊有兩个#、正東是㗰、吽㗰買圓而(Re majeur)就是話㗰正个、次東是西、吽西米囝而(Si mineur)就是話西次个、

百卆問

比方鑰匙身邊有一个或者幾个♭个記號、介味調子東要吽啥、

答

倘使是正東、調子東吽起來要照從有末脚一个♭个闊脱再朝下第四个闊脱个名頭咾吽、若使是次東、介味要照、從有末脚一个♭个闊脱再朝下第六个闊脱个名頭咾吽、比方有一隻調子鑰匙身邊有兩个♭正東是西♭吽西♭買圓而(Si♭ majeur)就是話西♭正个

要照从有末脚一个♯闹脱退下一个闹脱个名头咾叫。比方有一只调子，钥匙身边有两个♯：（图例见左页）。

正东是咪，叫咪 买圆而（Re majeur），就是话咪正个；次东是西，叫西 米団而（Si mineur），就是话西次个。

一百五十问：　比方钥匙身边有一个或者几个♭个记号，介味调子东要叫啥？

答：　倘使是正东，调子东叫起来要照从有末脚一个♭个闹脱再朝下第四个闹脱个名头咾叫；若使是次东，介味要照从有末脚一个♭个闹脱再朝下第六个闹脱个名头咾叫。比方有一只调子，钥匙身边有两个♭：（图例见左页）。

正东是西♭，叫西♭买圆而（Si♭ majeur），就是话西♭正个；

60

問答

問 次東是少師咩少師米囝而（Sol mineur）就是話少師次个一隻調子拉正東上†呢阿是拉次東上†、那能能彀分別得出那、有許多法子能彀分別得出、第个多好法子、要緊學習之聲音相和咾啥多化講†究、難末能个到把、到底慣常要看鑰匙身邊有啥、又要留心拉調子裡末脚一个最低个鬧脱、又看見之一隻調子能彀設想伊个刀你華貫圜而就垃拉第个刀你華貫圜而上頭第五个、或者第四咾第五个鬧脱、也能彀告訴儂、一隻調子拉正東上†呢阿是拉次東上†、因為倘使第个幾个鬧脱拉調子裡頭一趟出來有#个、介味就可以話第隻調子拉次東上†、若使頭一趟出來無啥#、可以話第隻調子拉正東上†。

次东是少而，叫少而 米团而（Sol mineur），就是话少而次个。

一百五十一问：　一只调子拉正东上⁺呢，阿是拉次东上⁺？那能能够分别得出耶？

答：　有许多法子能够分别得出。第个多好法子，要紧学习之声音相和咾啥多化讲⁺究，难末能（个）[够]到把[①]。到底惯常要看钥匙身边有啥，又要留心拉调子里末脚一个最低个闹脱，又看见之一只调子能够设想伊个刀你革 买圆而，就垃拉第个刀你革 买圆而上头第五个或者第四咾第五个闹脱，也能够告诉侬，一只调子拉正东上⁺呢，阿是[②]拉次东上。因为倘使第个几个闹脱拉调子里头一（輈）[趟]出来有♯个，介味就可以话第只调子拉次东上⁺；若使头一（輈）[趟]出来无啥♯，可以话第只调子拉正东上⁺。

① 到把：到位。
② 阿是：还是。

61

比方一隻調子有兩个#拉第隻調子裡設想拉个刀你華買圓而是唻、現在要曉得伊个東是正个呢阿是次个、要看唻上頭第五个闊脱拉、拉調子裡第一鞘出來有啥#否、倘者見有个、因而能彀話第隻調子个東是西米囯而、就是話西次个、為要曉得來更加着實點、還要看調子末脚一个闊脱是西否、第隻調子末脚一个竟然是西、有之第个兩个憑據、可以保得住話第隻調子个東是西米囯而、

下面另外寫出幾條為尋#咾♭搭之尋♭東咾搬東个便當法子、

比方一只调子有两个♯。(图例见左页)

拉第只调子里设想拉个刀你革 买圆而是唻，现在要晓得伊个东是正个呢阿是次个，要看唻上头第五个闹脱 拉拉调子里第一(�)[趟]出来有啥♯否$^{+}$。伲看见有个，因而能够话第只调子个东是西 米团而，就是话西次个。为要晓得来更加着实点，还要看调子末脚一个闹脱是西否$^{+}$。第只调子末脚一个竟然是西。有之第个两个凭据，可以保得住[①]话第只调子个东是西 米团而。

下面另外写出几条为寻♯咾♭搭之寻♭东咾搬东个便当法子。

① 保得住：保管，肯定。

62

頭一尋♯个便法、曉得之一个♯吽啥、要尋拉伊後來一个♯吽啥、只要從題箇个已經曉得拉个♯名頭个閘脫、算上去算到第五个閘脫、第个第五个閘脫个名頭味、就是第个我拉尋个♯个名頭、比方歪是第一个♯已經曉得者、陶是就拉伊後來个♯、因為陶從歪算上起、帖正是第五个閘脫咾、少吶是就拉陶後來个♯、因為少吶從陶算上去、帖正也是第五个閘脫咾、

第二尋♭个便法曉得之一个♭吽啥、要尋拉拉伊後來一个♭吽啥、只要從題箇个已經曉得拉个♭名頭个閘脫、算上去算到第四个閘脫、第个第四个閘脫个名頭味、就是我拉尋个♭个名頭、比方西是第一个♭已經曉得者、米是就

头一寻♯个便法：晓得之一个♯叫啥，要寻拉伊后来一个♯叫啥，只要从题箇个已径[①]晓得拉个♯名头个闹脱，算上去算到第五个闹脱，第个第五个闹脱个名头味就是第个我拉寻个♯个名头。比方歪是第一个♯已经晓得者，陶是就拉伊后来个♯，因为陶从歪算上（起）［去］，帖正[②]是第五个闹脱咾；少而是就拉陶后来个♯，因为少而从陶算上去，帖正也是第五个闹脱咾。

第二寻♭个便法：晓得之一个♭叫啥，要寻垃拉伊后来一个♭叫啥，只要从题箇个已经晓得拉个♭名头个闹脱，算上去算到第四个闹脱，第个第四个闹脱个名头味就是我拉寻个♭个名头。比方西是第一个♭已经晓得者，米是就

① 已径：已经。
② 帖正：恰好，正好。

63

拉伊後來个♭、因為米從西算上去、帖正是第四个闊脱哰、拉是就拉米後來个♭、因為拉從米算上去、帖正也是第四个闊脱哰、啥人担第二分裡放拉一眾有♯哰♭个排音、逐个逐个考察起來、就能彀懂得啥緣故哰什介能个、第三尋有♭个東个便法論到有♭个排音東調子東、正東味叫起來終是照末脚第二个♭、次東味就是正東下頭第三小隔、 比方

比方 一 二 三

拉第一个比方裡 正東是西♭買圓而 次東是少咡米国而

拉第二个比方裡 正東是米♭買圓而 次東是陶米国而

拉第三个比方裡 正東是拉♭買圓而 次東是歪米国而

拉伊后来个♭，因为米从西算上去，帖正是第四个闹脱咾；拉是就拉米后来个♭，因为拉[①]从米算上去，帖正也是第四个闹脱咾。啥人担第二分里放拉一众有♯咾♭个排音，逐个逐个考察起来，就能够懂得啥缘故咾什介能个。

第三寻有♭个东个便法：论到有♭个排音东，调子东，正东味叫起来终是照末脚第二个♭，次东味就是正东下头第三小隔。

比方：(图例见左页)。

拉第一个比方里：{正东是西♭ 买圆而；次东是少而 米团而}

拉第二个比方里：{正东是米♭ 买圆而；次东是陶 米团而}

拉第三个比方里：{正东是拉♭ 买圆而；次东是歪 米团而}

① 按，原文缺“﹏﹏”，此处据文意补。

第四搬東个便法、

啥人要担一隻調子從第个東換到箇个東、只要得担、為箇个東要緊个#、或者♭加个加減个減　比方一隻調子東拉咪上†、鑰匙身邊有兩个#、

現在要担伊搬高一个全東吔又是一个半東就是要搬到歪上†、个味只要拉鑰匙身邊担脫之兩个#吔加一个♭、就是西♭、因為調子東是歪味、終歸有西♭个吔、

○第九章講　快慢　變樣　輕重

第四搬东个便法：啥人要担一只调子从第个东换到箇个东，只要得[①]担，为箇个东要紧个♯或者♭加个加、减个减。比方一只调子东拉咪上$^{+}$，钥匙身边有两个♯：

(图例见左页)。

现在要担伊搬高一个全东咾又是一个半东，就是要搬到歪上$^{+}$，介味只要拉钥匙身边担脱之两个♯咾加一个♭，就是西♭。因为调子东是歪味，终归有西♭个咾。(图例见左页)

第九章讲　快慢、变样、轻重

① 只要得：只要。

65

快慢

話法	口音	意思
Largo	拉而(擠凹)	十分慢
Larghetto	拉而搕刀	更加慢
Lento	凌刀	慢
Adagio	矮大齊凹	比凌刀快一眼
Andante	杏宕歹	弗快也弗慢
Andantino	杏宕的鬧	比杏宕歹快一眼
Allegretto	矮將獮唻刀	快活个樣子
Allegro	矮唻獮咾	爽快
Praesto	潑唻斯刀	快
Praestissimo	潑唻斯的雪冒	十分快

快　慢①

话法	口音	意思	今用术语	今用形容
Largo	拉而（凹搿）	十分慢	广板	宽广的，庄严的
Larghetto	拉而搕刀	更加慢	小广板	比*Largo*稍快
Lento	凌刀	慢	慢板	慢慢的
Adagio	矮大齐凹	比凌刀快一眼	柔板	从容的，悠闲的
Andante	杏宕歹	弗快也弗慢	行板	徐缓的，行进的
Andantino	杏宕的闹	比杏宕歹快一眼	小行板	比*Andante*稍快
Allegretto	矮捋搿唻刀	快活个样子	小快板	比*Allegro*稍慢
Allegro	矮唻搿咾	爽快	快板	欢快的，活泼的
Praesto	泼唻斯刀	快	急板	迅速的
Praestissimo	泼唻斯的雪冒	十分快	狂板	最快的，极急速的

① 本页及随后两页的表格中，为便于理解，特加入“今用术语”“今用形容”等列，便于对照参考。

變樣

話法	口音	意思
Affettuoso	矮勿多凹召	發情个能
Agitato	矮齊滯刀	急忙个能
Risoluto	離曹羅刀	勇敢个能
Moderato	冒台癩刀	安安頓頓
Maestoso	買哀斯刀召	堂堂皇皇
Sostenuto	少斯歹奴刀	漲氣个能
Vivace	帷槐者	活動个能
Grazioso	珩癩齊凹召	文文雅雅
Con Fuoco	公花高	發火个能
Cantabile	更滯皮來	像唱个能

变 样

话法	口音	意思	今用形容
Affettuoso	矮勿多凹召	发情个能	热情地，冲动地
Agitato	矮齐带刀	急忙个能	激动地，不安地
Risoluto	离曹罗刀	勇敢个能	决断地
Moderato	冒台癞刀	安安顿顿	节制地，中速地
Maestoso	买哀斯刀召	堂堂皇皇	隆重地，庄严地
Sostenuto	少斯歹奴刀	涨气个能	持续地，延续地
Vivace	惟槐者	活动个能	活泼地，轻快地
Grazioso	掰癞齐凹召	文文雅雅	优美地
Con Fuoco	公花高	发火个能	热烈地
Cantabile	更带皮来	像唱个能	如歌地

67

輕重

記號	話法	口音	意思
pp.	Pianissimo,	比矮你雪冒	十分輕
p.	Piano,	比矮鬧	輕
mf.	Mezzo forte,	湍朝化而歹	弗大重
f.	Forte,	化而歹	重
ff.	Fortissimo,	化而的雪冒	十分重
Cres.	Crescendo,	克唻興陶	一眼重一眼
decres.	Decrescendo,	台克唻興陶	一眼輕一眼
Mez. voce.	Mezza voce,	湍若話者	半輕半重
ad lib.	Ad libitum,	矮奪里皮多末	隨便
Tenuto	Tenuto,	歹奴刀	宕拉

轻　重

记　号	话　法	口　音	意　思	今用术语
pp.	*Pianissimo*	比矮你雪冒	十分轻	很弱
p.	*Piano*	比矮闹	轻	弱
mf.	*Mezzo forte*	满朝化而歹	弗大重	中强
f.	*Forte*	化而歹	重	强
ff.	*Fortissimo*	化而的雪冒	十分重	很强
cres. <	*Crescendo*	克味兴陶	一眼重一眼	渐强
decres. >	*Decrescendo*	台克味兴陶	一眼轻一眼	渐弱
mez. voce	*Mezza voce*	满若话者	半轻半重	小声，低声
ad lib.	*Ad libitum*	矮夺里皮多末	随便	随意，任意
tenuto	*Tenuto*	歹奴刀	宕拉	持续

○第十章講脱離將(Trille)、街宕斯(Cadence)、
~搿羅搬刀(Gruppetto)矮保騎矮(延)而(Appoggiatura)咾啥

Trille 脱離將、脱離將味拉一个閙脱上頭只寫tr.第个有tr.个閙脱吽閙脱潑凌西拜將(Note principale)、就是話正个閙脱就拉伊上頭个閙脱味吽閙脱凹克西利愛將(Note auxiliaire)、就是話偏个閙脱、脱離將个長遠味就是正閙脱个長遠、伊个起頭咾末脚个閙脱味、慣常是正閙脱、倘使正閙脱个左面有一个偏閙脱、介味脱離將該當從第个偏閙脱起頭、倘使正閙脱下頭有一个閙脱、介味脱離將該當就從第个閙脱起頭、有常時為更加好聽个緣故、從有tr.个閙脱、搬到後來个閙脱、介味拉伊拉當中加幾个小个閙脱、倘使拉tr.个

第十章讲 脱离捋（Trille）、街宕斯（Cadence）、~舟罗搬刀（Gruppetto）、矮保骑矮(迁歹)而（Appoggiature）咾啥

Trille脱离捋[①]：脱离捋味拉一个闹脱上头只写tr.，第个有tr.个闹脱叫闹脱 泼凌西拜捋（Note principale）[②]，就是话正个闹脱；就拉伊上头个闹脱味叫闹脱 凹克西利爱捋（Note auxiliaire）[③]，就是话偏个闹脱。脱离捋个长远味就是正闹脱个长远，伊个起头咾末脚个闹脱味惯常是正闹脱。倘使正闹脱个左面有一个偏闹脱，介味脱离捋该当从第个偏闹脱起头；倘使正闹脱下头有一个闹脱，介味脱离捋该当就从第个闹脱起头。有常时为更加好听个缘故，从有tr.个闹脱搬到后来个闹脱，介味拉伊拉当中加几个小个闹脱。倘使拉tr.个

---

① 脱离捋（Trille）：今用术语"颤音"，指的是一种主音与上方音急促地交替演奏的装饰音，在乐谱上以"tr."标示。

② 闹脱 泼凌西拜捋（Note principale）：今用术语"主音"，指的是标有颤音符号的那个音。

③ 闹脱 凹克西利爱捋（Note auxiliaire）：今用术语"上方音"或"相邻音"，指的是这首乐曲的调式音阶中主音上方的音级。

69

左面有一个♭或者♯或者♮、作頭个，就是發顯偏鬧脱，有♭或者♯或者♮、指出

tr.

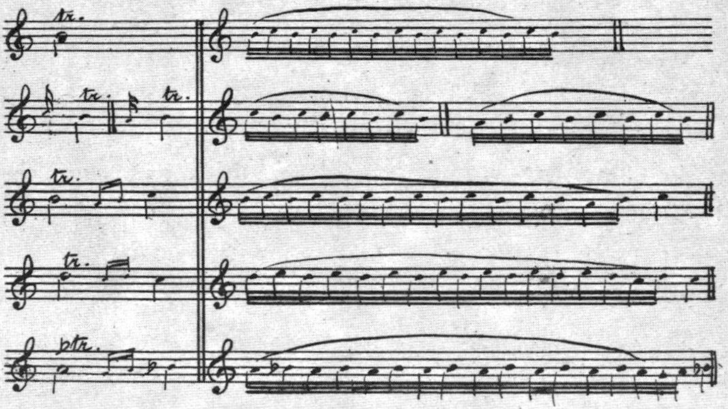

将離脱个一脚末是斯宕街

左面有一个♭或者♯或者♮，头个[1]就是发显偏闸脱有♭或者♯或者♮。

（图例见左页）

街宕斯[2]是末脚一个脱离捋。

（图例见左页）

① 头个：第一个。

② 街宕斯（Cadence）指的是颤音中最后一个音。

70

～ 搿羅搬刀

指 出 作

或者 2

Appoggiatures-Longues

矮保騎矮（歹廷）而長个、

Appoggiatures - Brèves

矮保騎矮（歹廷）而短个、

~搿罗搬刀（Gruppetto）[①]

（图例见左页）

Appoggiature-Longues

矮保骑矮（迁歹）而[②]长个

（图例见左页）

Appoggiature-Brèves

矮保骑矮（迁歹）而短个

（图例见左页）

① 搿罗搬刀（Gruppetto）：今用术语“回音”，此处仅指顺回音。在乐谱上以~标示。

② 矮保骑矮（迁歹）而（Appoggiature）：今用术语“倚音”。

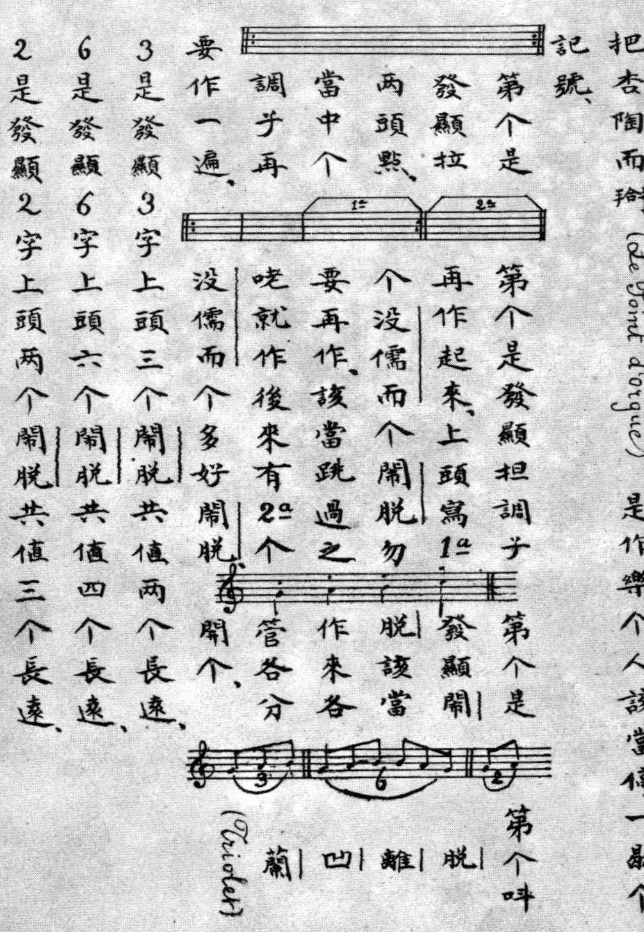

（𝄐）把杳陶而琊（Le Point d'orgue）、是作樂个人該當停一歇个記號、

第个是發顯拉兩頭點、當中个調子再要作一遍、

第个是發顯担調子再作起來、上頭寫1a个没儒而个鬧脱勿要再作、該當跳過之咾就作後來有2a个没儒而个多好鬧脱

第个是發顯鬧脱該當作來各管各分鬧个、

第个呌脱離凹蘭（Triolet）

3是發顯3字上頭三个鬧脱共值兩个長遠、

6是發顯6字上頭六个鬧脱共值四个長遠、

2是發顯2字上頭兩个鬧脱共值三个長遠、

𝄐 把杳 陶而簃（Le Point d'orgue）[1]是作乐个人该当停一歇个记号。

（图例见左页）第个是发显拉两头点当中个调子再要作一遍。

（图例见左页）第个是发显担调子再作起来，上头写1ª个没儒而个闹脱勿要再作，该当跳过之咾就作后来有2ª个没儒而个多好闹脱。

（图例见左页）第个是发显闹脱该当作来各管各分开个。

（图例见左页）第个叫脱离凹兰（Triolet）[2]。

3是发显3字上头三个闹脱共值两个长远，6是发显6字上头六个闹脱共值四个长远，2是发显2字上头两个闹脱共值三个长远。

① 把杳 陶而簃（Le Point d'orgue）：今用术语“延长号”。

② 脱离凹兰（Triolet）：今用术语“三连音”。

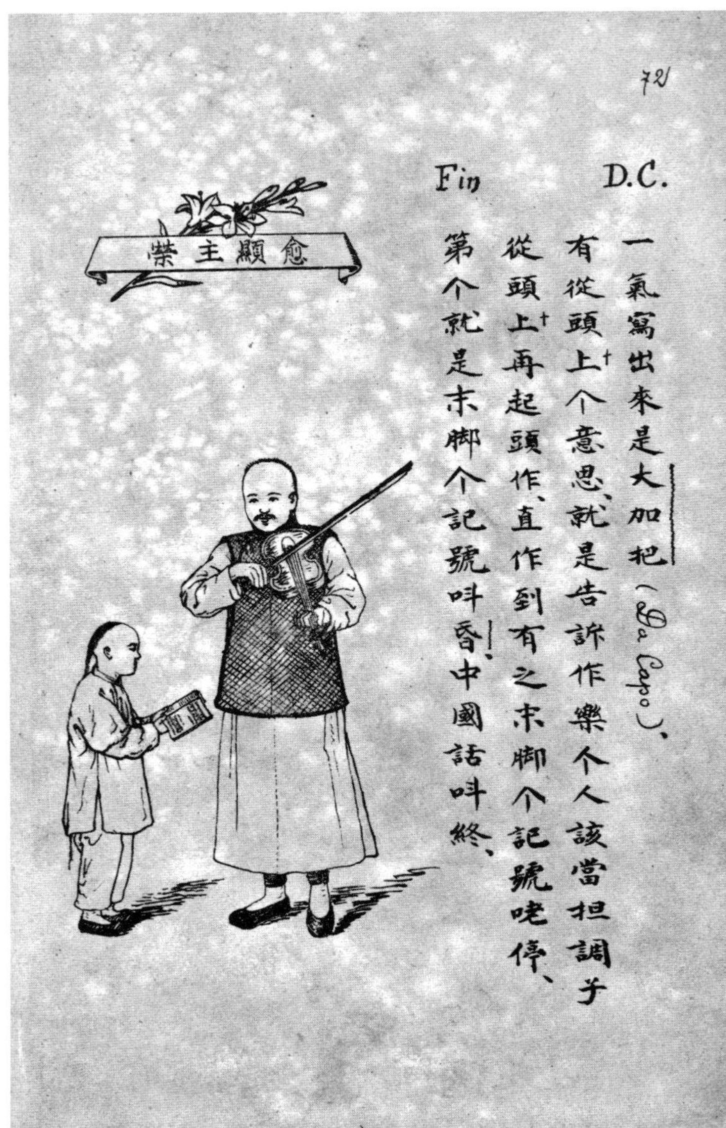

72

D.C.　Fin

一氣寫出來是大加把（Da Capo）、有從頭上†个意思、就是告訴作樂个人該當担調子從頭上†再起頭作、直作到有之末脚个記號咾停、第个就是末脚个記號吽唔、中國話吽終、

愈顯主榮

D.C. 一气写出来是大加把（Da Capo）①。有从头上+个意思，就是告诉作乐个人该当担调子从头上+再起头作，直作到有之末脚个记号咾停。

Fin 第个就是末脚个记号，叫昏，中国话叫终。

① 大加把（Da Capo）：今用术语“从头反复记号”，指的是在演奏时须从此处重复演奏，直到Fin标记处停止。如果没有Fin标记，则重复演奏到曲终。

附　录

一、术语对照表

王羿人　编

《方言西乐问答》术语	现今通用术语
矮大齐凹（Adagio）	柔板
矮保骑矮（迁歹）而（Appoggiature）	倚音
矮夺里皮多末（Ad libitum）	随意，任意
矮而（迁末）而谈格咪（Armure des clefs）	调号
矮咪搿咾（Allegro）	快板
矮捋搿咪刀（Allegretto）	小快板
矮齐带刀（Agitato）	激动地，不安地
矮勿多凹召（Affettuoso）	热情地，冲动地
盎矮而毛你革（Enharmonique）	等音
凹克带物（Octave）	第八音级
把恩 夺 泼劳浪茄西盎（Point de prolongation）	附点
罢儿（barre）	小节线
把杏 陶而搿（Le Point d'orgue）	延长号
包尔歹（Portée）/包而歹	谱表/五线谱
包时［Pause (Sous la ligne)］	全休止符
比矮闹（Piano）	弱
比矮你雪冒（Pianissimo）	很弱
勃浪血（Blanche）	二分音符

（续表）

《方言西乐问答》术语	现今通用术语
大加把（Da Capo）	重复演奏记号
歹奴刀（Tenuto）	持续
刀你革（Tonique）	主音
东（Ton）	音/全音
夺癖来（degré）	度
夺米 包时［Demi Pause (sur la ligne)］	二分休止符
夺米 东 克咾买帝革（Demi-tons chromatiques）/花半东	变化半音
夺米 东 提矮刀你革（Demi-tons diatoniques）/素半东	自然半音
夺米 苏比而（Demi Soupir）	八分休止符
恩歹而槐捋 夺 买袁（Intervalle de Majeur）/大隔	大音程
恩歹而槐捋 夺 米团（Intervalle de Mineur）/小隔	小音程
恩歹槐捋（Intervalle）/隔	音程
癖癞齐凹召（Grazioso）	优美地
更带皮来（Cantabile）	如歌地
公花高（Con fuoco）	热烈地
怪夺吕泼捋 克咾血（Quadruple croche）	六十四分音符
过来（Coulé）	连奏
化而歹（Forte）	强
化而的雪冒（Fortissimo）	很强
昏（Fin）/终	重复演奏终止
癖罗搬刀（Gruppetto）	回音

（续表）

《方言西乐问答》术语	现今通用术语
记板	拍
加而 夺 苏比而（Quart de Soupir）	十六分休止符
降排（Gamme descendante）	下行音阶
街宕斯（Cadence）	颤音中最后一个音
克来（Clé）/钥匙	谱号
克唻兴陶（Crescendo）	渐强
克咾血（Croche）	八分音符
拉 米团而（La mineur）	a小调音阶
拉而（凹[illegible]）（Largo）	广板
拉而搕刀（Larghetto）	小广板
离曹罗刀（Risoluto）	决断地
利爱藏（Liaison）	连音
凌刀（Lento）	慢板
嚨夺（Ronde）	全音符
买哀斯刀召（Maestoso）	隆重地，庄严地
满朝化而歹（Mezzo forte）	中强
满若话者（Mezza voce）	小声，低声
毛夺 买圆而（Mode Majeur）/正式	大调
毛夺 米团而（Mode Mineur）/次式	小调
毛夺（Mode）	调
冒台瘷刀（Moderato）	节制地，中速地
没儒而 刚保在（Mesures Composées）/凑合个没儒而	复合节拍/复拍子
没儒而 生泼捋（Mesures Simples）/纯一个没儒而	简单节拍/单拍子

（续表）

《方言西乐问答》术语	现今通用术语
没儒而（Mesure）	小节/节拍
闹脱 凹克西利爱捋（Note auxiliaire）/偏个闹脱	上方音/相邻音
闹脱 刀那捋（Notes tonales）	调性音
闹脱 茅大捋（Notes modales）	调式音
闹脱 泼凌西拜捋（Note principale）/正个闹脱	主音
闹脱（Note）	音符
奴矮（Noire）	四分音符
排音东（Ton de la gamme）	某一音阶中出现的音级
盘街儿（Bécarre）	还原记号
盘毛儿（Bémol）	降号
泼咪斯刀（Praesto）	急板
泼咪斯的雪冒（Praestissimo）	狂板
茄没 盎歪（gamme en Fa）/茄没 荡捋 东歪（gamme dans la ton Fa）	D调音阶
茄没 凹麻你末（Gammes homonymes）	同名大小调/同主音大小调
茄没 克咾买帝革（Gamme chromatique）/花排音	半音音阶
茄没 买圆而（Gamme Majeur）/正排音	大调音阶
茄没 毛台捋（Gamme modèle）/排音式	调式音阶
茄没 米团而（Gamme Mineure）/次排音	小调音阶
茄没 那(迁歹)咪捋（Gamme naturelle）/自然个排音	自然音阶

（续表）

《方言西乐问答》术语	现今通用术语
茄没 提矮刀你革（Gamme diatonique）/素排音	音阶
山齐爱末 夺 苏比而（Seizième de Soupir）	六十四分休止符
少斯歹奴刀（Sostenuto）	持续地，延续地
升排（Gamme ascendante）	上行音阶
笙细勃捋（Sensible）	导音
率共夺 凹瑀忙歹（Une Seconde augmentée）	增二度（音程）
苏 陶弥囊脱（Sous Dominante）	下属音
苏比而（Soupir）	四分休止符
台克咪兴陶（Decrescendo）	渐弱
陶 买圆而（Do majeur）	C大调音阶
陶弥囊脱（Dominante）	属音
田爱司（Dièse）/田爱诗	升号
调子东（Ton d'un morceau de musique）	某一调式或乐曲中出现的音级
图勃捋 克咾血（Double croche）	十六分音符
脱离凹兰（Triolet）	三连音
脱离捋（Trille）	颤音
脱利泼捋 克咾血（Triple croche）	三十二分音符
惟槐者（Vivace）	活泼地，轻快地
西浪诗（Silence）/默静	休止符
杏宕歹（Andante）	行板
杏宕的闹（Andantino）	小行板
俞以的爱末 夺 苏比而（Huitième de Soupir）	三十二分休止符

二、追寻遥远的土山湾音乐

——纪念土山湾乐队创立及《方言西乐问答》出版110年

张　伟

他们，是一群中国孩子，但是手中却拿着西洋的乐器，奏着西方的音乐。即使时光已流逝了几十载，但他们说起那些乐器，首先跃入脑海的却是流利的法语名称。他们并没有接受过专业的音乐训练，最高的学历不过初中；他们的老师也只是教会里普通的神父和修士，他们的职业也与音乐并没有什么关系。但是，就是由这些人组成的乐队却频频受到邀请，有资格到上海滩的各个学校和机构演出；每次有贵宾到访徐家汇，负责奏乐迎宾的也总是这支乐队。他们——就是闻名遐迩的土山湾乐队。

早期的管弦乐队

土山湾乐队名声在外，论历史也颇有渊源。西方音乐走进土山湾的时间，最早可以追溯到太平天国战争期间。当时为确保上海的安全，很多外国雇佣军开进这个城市，而法国人和中法联队的军队则驻扎在徐家汇一带，这是法国人的“天下”。当时，法籍耶稣会会士兰廷玉神父（Franciscus Ravary，1823—1891，1856年来华）在徐家汇组建了一支管弦乐队，这也是上海第一支西乐乐队。他从法国运来了西方的乐器，训练孩子们演奏。乐队的组成者包括徐汇公学的学生和土山湾的孤儿。这里有一个细节：一次演出前，兰廷玉神父拿出一块银元，让

清末时期土山湾孤儿的音乐启蒙

两个最大的孩子去买些糕饼，结果他们买了近十斤的馒头。这些小乐师们不到半小时就把这些馒头全吃光了，而一个半小时后却又饿了。[①]据此我们可以猜测：这些乐师很可能来自贫寒的家庭或孤儿院。这支乐队最早的演出是1864年11月22日圣女则济利亚瞻礼时在洋泾浜天主堂表演《晨曲》和《弥撒曲》。结果大获成功，法国驻沪总领事葛笃对乐队大加赞赏，并附赠了三十元银洋以奖励青年演奏者。从此以后，每逢天主教的四大瞻礼日，洋泾浜总要请这支乐队去参加演奏。而在一些特殊场合，也经常会看到这支乐队的身影，如在蔡家湾育婴堂收满孤儿逾三百人时，兰廷玉神父就曾率领这支乐队前往"奏乐唱经，以志庆幸"[②]。1871年，奥地利驻上海领事于布内（Hubner）参观上

① 原文摘自兰廷玉神父《通讯》1864年11月18日，转引自史式徽《江南传教史》第二卷，第291页，上海译文出版社，1983年出版。

②《蔡家湾育婴堂继迁徐家汇土山湾之历史》，载1914年《善导报》第15期。

海土山湾孤儿工艺院，陪同的谷振声会长盛情邀请他聆听孤儿院这支管弦乐队的演奏。当乐声响起的时候，这位领事先生惊讶地发现，他们演奏的竟然是海顿的交响乐曲。于布内无法相信自己的眼睛，但是眼前分明是四个中国人在演奏，连担任指挥的也是一个“架着奇怪眼镜”的中国神父。于是在回国后，他不无激动地写道：“海顿的作品在中国演出，而且由中国人演奏！有什么理由能让我们不深深陶醉其中？”①

军乐队的组建

管弦乐队成立较早，人数不多，对外活动也很少；真正让土山湾音乐扬名海上的是土山湾军乐队。说起土山湾军乐队，有一群人不能不提，那就是1900年义和团运动期间负责保护上海法租界的那支法国部队。当时，这些法国海军士兵曾经利用周日中午的休息时间，来土山湾和孤儿们进行“交流”活动，比如和孤儿们做游戏，对孩子们进行军事训练，等等；同时，他们还利用闲暇时间教孩子们吹奏军乐。虽然这些法国海军士兵们并没有在土山湾组织起一支军乐队，这件事本身也并非土山湾与西方音乐的最早结缘，但是他们却把西方最流行的音乐和最易学的乐器带给了土山湾的普通孩子们。从此，西方音乐在土山湾普及起来。

土山湾军乐队的创办者是葡萄牙籍耶稣会士叶肇昌，时间是1903年。叶肇昌（Francesco Xavier Diniz，1869—1943），字树藩，葡萄牙人。1869年生于上海，早年就读于虹口圣方济学校，后从英籍建筑师多德尔学习建筑工程学。1896年进耶稣会，被派往徐家汇，是当时几个著名的读书相公之一。1905年晋升为神父，旋被派往安徽水东传教，一年后回上海，专务教区建筑，并被上海震旦大学聘任为工程系建筑学教授，负责设计监造了徐家汇大教堂（1910年）、佘山山顶教堂（1935

① D. J. Kavanagh, “Zikawei Orphenage”, 1915, San Francisco, p.14.

年）以及震旦大学、徐汇公学校舍等。除了建筑专业外，叶肇昌还精通乐理，能演奏多种乐器。他在土山湾组建这支乐队的目的，是为了让孤儿院的孩子们多学一些本领，拥有丰富多彩的业余生活，用他的话来说就是："乃朝后散起心来，可以作作乐，快活快活，免脱多化厌气咾啥。"①（译文：从今往后散心的时候，可以作作乐，快活快活，打发许多无聊时间。）其实他心里很清楚：这些孩子不可能走专业道路，他们最终都会成为一名普通的工人。但是他希望能够用艺术来弥补这些孩子童年心灵的创伤，同时陶冶他们的情操，让这些孩子们在艺术的阳光下变得乐观开朗起来。乐队奉圣若瑟为主保，故叶肇昌将这支乐队命名为圣若瑟音乐班；又因乐队使用的都是铜管乐器，对外一般又叫圣若瑟军乐队，简称土山湾乐队。协助他训练孩子的是土山湾木工间主任、德国籍修士葛承亮，以及五金间主任、葡萄牙籍修士笪光华，他们也都擅长音乐，会演奏圆号、小号等管乐器，能够胜任这一工作。就从这时开始，音乐正式成了土山湾孤儿们课余生活的重要部分。

把孩子们组织起来教会他们吹奏乐器并不算太难，难的是让他们在吹奏的同时懂得一些必要的乐理知识，即不但要知其然，而且要知其所以然。叶肇昌在准备组建军乐队的同时即开始撰写一本适合孩子们阅读的乐理普及书籍。考虑到孤儿院的孩子大都是土生土长的上海人，故他决定这本书就用上海方言来写。土山湾素有以方言撰书出版的传统，仅19世纪末出版的就有1883年的《松江方言练习课本》、1889年的《土话指南》、1894年的《法华上海方言松江方言词典》等。1903年5月24日，叶肇昌将自己编撰的这本音乐教科书命名为"方言西乐问答"，由土山湾慈母堂用石印正式出版；与此同时，土山湾圣若瑟军乐队也宣告正式成立。《方言西乐问答》的第一部分为中、法文序，叶肇昌在序中记述了编辑此书的起因和目的："话咾下头几章书是专门为土山湾圣婴会穷苦婴孩做拉个。徐家汇几位读书相公，望伊拉

①《方言西乐问答·序》，土山湾慈母堂，1903年5月石印出版。

常常欣欣勤勤做好小团，愿意伊拉学西洋音乐。拉伊拉当中拣一排出来，求圣若瑟做主保，因而叫‘圣若瑟音乐班’，就拉散心个时候，起头教伊拉学几只调子。既然要教伊拉作乐，必罢弗得要担作乐里顶要紧晓得个规矩咾法子，聚集笼来做一本书。为此缘故，相公拉特特里做第本问答，拨拉伊拉看之，学起作乐来，更加便当。”①（译文：话说以下几章书，是专门为土山湾圣婴会穷苦的孩子所做。徐家汇的几位读书相公，希望他们一直能开开心心、勤勤恳恳，做个好小孩，愿意让他们学习西洋音乐，从中选出一些来，求圣若瑟做主保，所以叫圣若瑟音乐班，在散心的时候，开始教他们学几个调子。既然要教他们作乐，就不得不把作乐里必须知晓的最重要的乐理，汇总起来做一本书。为此缘故，相公们特地写了这本问答，给他们看，为了日后学起作乐来，更加容易。）《方言西乐问答》的第二部分为10章，共151问加2章叙述，在一问一答间介绍五线谱的识谱知识，如音阶和调式的定义和分类、音乐强弱和快慢的识别，等等，完全口语，文字浅显，通俗易懂。如第一章讲“为学西乐，先要晓得个几样话头”，开篇介绍“音阶”。一问：垃拉西洋作乐里向，高高低低声音个名头，有几个？答：有七个，就是陶、唻、米、歪、少、拉、西（Do、Re、Mi、Fa、Sol、La、Si）。二问：声音个记号味，叫啥？答：叫闹脱（Note）。三问：为写闹脱记号味，有几样？答：有两样，就是空圈○咾实圈●。四问：闹脱，要写拉啥上？答：要写拉包尔歹（Portée）上。五问：包尔歹是啥？答：是五条一并排个横线。［译文：第一问：在西洋作乐里，高高低低声音的名字，有几个？答：有七个，就是哆、来、咪、发、嗖、拉、西（Do、Re、Mi、Fa、Sol、La、Si）。第二问：声音的记号，叫什么？答：叫音符（Note）。第三问：若要写音符记号的话，有几种？答：有两种，就是空心圈○和实心圈●。第四问：音符，要写在什么上？答：要写在五线谱（Portée）上。第五问：五线谱是什么？答：是五条一并排组成的横线。］像这样完全用日常简单的口

①《方言西乐问答·序》。

语教学，加以形象丰富的图表作标记，有时还用乐器当场演示，故土山湾的孩子们学起来一点也不困难，教学效果非常出色。

土山湾孤儿院在教授音乐知识时一向使用法语和五线谱，2008年，笔者采访多位土山湾老人，在问到乐队问题并涉及一些音乐专业名词时，他们脱口而出的就是法语，拿出的当年的乐谱也都是五线谱。中国音乐史学界一般都认为：沈心工1904年5月编辑的《学校唱歌集》、曾志忞1904年8月编辑的《乐理教科书》及李叔同1905年编辑的《国学唱歌集》等，是“现见中国近代最早出版的音乐教科书”，为最早用中文介绍西方乐理的文字。[①]但这本原为土山湾孤儿普及乐理知识撰写的《方言西乐问答》的发现，却打破了这一传统说法，不经意间成为近代中国大地上出版最早的介绍西方音乐的书籍，在中国近代音乐史上理应占有重要一页。当然，身为葡萄牙人的叶肇昌虽然生在上海并一直在此生活，但却并不擅长沪语，此书是他口述，而由上海籍修士张石漱用上海方言翻译笔录的，故这本《方言西乐问答》的另一特色，是保存了20世纪初部分沪语的发音和文字记述，对研究上海方言演变亦有一定意义。

土山湾的乐队在社会上影响很大，经常有人来邀请他们出席各种节庆的活动，而叶肇昌也在相当长的一段时间内作为领队和指挥始终陪伴着这支他一手培训起来的乐队。在一些历史文献中我们能找到相关的记载，如：1909年3月19日，土山湾乐队在叶肇昌神父率领下，应常熟本堂舒神父邀请，赴常熟塘角堂参加圣若瑟主保瞻礼，在迎圣母仪式上“一路唱经奏乐”，并在当日晚，“应常熟县署之请，登大堂，环奏西乐数章，祝其上寿高升”。[②] 1910年9月21日，徐家汇大教堂举行

① 参见张静蔚编选《中国近代音乐史料汇编》，人民音乐出版社1998年12月版；伍雍谊主编《中国近现代学校音乐教育（1840—1949）》，上海教育出版社1999年6月版；孙继南编著《中国近代音乐教育史纪年（1840—2000）》新版，上海音乐出版社2012年1月版等书。

②《土山湾西乐队到常熟》，载1909年8月《圣心报》第23年第8期。

1903年土山湾孤儿院圣若瑟音乐班合影，中坐为叶肇昌，后排右一为葛承亮，右五为笪光华

盛大开堂仪式，土山湾派出18个人参加鼓号队（整个鼓号队的规模有48人之多）演出，并出动了全部合唱队成员与徐汇公学、老堂、洋泾浜教堂一起组成60人的大合唱队，在徐家汇天主堂演唱。仪式的最后，土山湾的军乐队作为压轴，演奏了Filliard的《圣母》。据当时报道：典礼上"土山湾军乐全队，由叶神父管领作乐：天文台上放大炮三声，新堂大小二钟，洪声大吼，军乐全队，三十二洋招军，八大铜鼓，皆铿锵合奏"①。土山湾乐队使用的乐器全部都是西洋乐器，主要由小号、大号、圆号、长号、大管、萨克斯、军鼓等组成，都从法国进口。乐器虽然高级，而乐队则完全是业余性质，不论是学徒还是工人都可以报名参加，且费用全免，类似于现在学校里的兴趣小组或社团。乐队的训练时间全部都放在下班或放学之后，对工作和学习没有任何影响。有很长一

① 《（徐汇大堂）开堂志盛》，载1910年12月《圣心报》第24年第12期。

段时间，乐队没有固定的排练场所，今天这里，明天那里，队员们疲于奔命，缺乏荣誉感，也影响别人休息。这个棘手问题，由于叶肇昌神父的竭力争取而得到了解决。沈则宽神父曾两次出任土山湾孤儿工艺院的院长一职，在他负责期间，都建有供本堂先生、司务休息、读书和聚会的场所，第一次叫何陋居，第二次则取名友益草堂。1906年，叶肇昌向沈则宽神父提出申请：土山湾乐队应该有一个固定的排练地方，友益草堂是比较合适的场所。他建议：司务们休息可以移至先生饭间内。沈则宽神父从善如流，同意了他的要求，将友益草堂腾出给乐队使用。[①]从此，土山湾乐队告别了"打游击"的境遇，终于有了理想的排练场所。由于叶肇昌对土山湾乐队具有开创之功，并在相当长的时间内一直为此而努力，故社会上和教会内部都牢记着他在这方面作出的贡献。1943年8月6日，叶肇昌神父在上海病逝，教会的讣告除了提及他"生平最擅建筑术，凡上海教区各大建筑物，皆由司铎设计监修，终老不辍"外，还特地强调他"长于音乐，为土山湾孤儿院乐队指导"。[②]

民国时期的乐队活动

从现有史料看，叶肇昌神父在1910年以后似乎离开了土山湾乐队，集中精力去从事建筑事业。接他班的是土山湾木工间主任葛承亮修士和五金间主任笪光华修士，其中主要由笪光华（Joseph Damazio）负责，同时他本人还担任乐队指挥。笪修士会吹奏圆号，有较高的音乐素养，由他来负责这支声名遐迩的乐队，叶肇昌神父应该是能放心的。值得我们注意的是，笪光华修士也是葡萄牙籍，就这一点来说，他们两人的心灵应该是相通的。从此，每逢土山湾乐队出来表演的时

① 佚名《江南育婴堂记》，转引自《重拾历史的碎片》，中国戏剧出版社，2010年2月版。

② 《传教士近亡录：上海教区叶司铎》，载1943年11月《铎声》第2年第11期。

候，人们总能在队伍的最前列看到一个矮胖的外国修士（笪光华）在指挥一群中国儿童，而队伍的最后面，另一个清瘦的外国修士（葛承亮）则永远是这支乐队的忠实成员。应该说，叶肇昌神父的眼光很准，土山湾的乐队因为笪修士的良好组织获得了不少美誉。在此之前，土山湾管弦乐队基本上满足于闭门训练、自我欣赏，只有在贵客来访土山湾时才应上级要求出来表演一番。笪修士悄悄改变了这一切，在他带领下的土山湾军乐队经常外出演出：耶稣会会长本命良辰、震旦大学举办慈善义演、佘山圣母朝圣、刚恒毅主教来访甚至大户教友家庭的堂会上，都会出现笪光华修士和土山湾军乐队的身影。笪修士一直担任乐队指挥的角色，而葛修士也一直作为乐队的指导参与乐队的建设工作。葛修士虽然脾气不好，但是却十分喜欢小孩子，在天真活泼的孩子们面前，他俨然成了另外一个样子。他的口袋里永远放着糖果，那是随时准备奖赏给孩子们的。

当时，在一些特殊场合，土山湾军乐队的到场助兴是一道少不了的风景：如1911年2月20日，法国飞行家环龙在上海进行飞行表演，

民国初年土山湾孤儿院军乐队中的鼓乐部分，后排左为笪光华，后排右为葛承亮

民国初年土山湾乐队合影，中排右五持指挥棒者为葛承亮，后排右一拿大号者为笪光华，乐队中甚至有了低音大提琴之类弦乐器

这是上海人第一次看到飞机在蓝天上翱翔。当时在现场为表演助兴的就是这支在上海滩享有盛名的土山湾军乐队。每年春节期间，土山湾的乐队也会应邀去广慈医院（今瑞金医院）为医生和病人演出；乐队还经常去当时的法商电车公司（原址今为重庆南路上的巴士新新公司）演出。有时，教友家遇有喜庆大事，也会临时和院长神父们商量，叫土山湾的军乐队来为自己“撑撑场面”；此外，徐汇公学要办什么庆典活动或送往迎来之类的事情，通常也会把土山湾的乐队叫去帮忙，而中外贵宾访问徐家汇的时候，乐队也常常会站在最醒目的位置为他们表演助兴。出于乐队的公益性，土山湾乐队所有的演出均不收报酬，邀请方顶多就是给参加演出的孤儿们管一顿饭而已。

继葛承亮于1931年去世后，笪光华也于1937年因胃癌而病逝。他们去世后，乐队改由会弹奏风琴的法籍修士潘国磐（Xavier Coupé）负责。此时，土山湾乐队已进入夕阳黄昏阶段，不再拥有往日的风光。在上海解放前夕的大撤退中，由于缺少人手，潘修士一人得负责多个工场的运转，于是乐队逐渐无人管理，前程愈加黯淡；尽管工人和孤儿

音乐是土山湾孤儿的业余消遣之一，此帧合影中就有两人手中拿着西洋管乐器（1901）

们依然会拿出乐器来自娱自乐，但是水平已大不如前。乐队的乐器一直存放在土山湾的仓库内，上海解放后，在舞会等一些活动场合依然拿出来用过，但此时，乐队已无存在的环境。1958年，土山湾孤儿工艺院正式退出历史舞台，而在此前几年，土山湾乐队早已名存实亡，成了一个历史名词。

（原收入氏著《纸边闲草》，广西师范大学出版社，2017年）

三、简明虚词注释表

虚词	释义	例句
阿	用于动词前表达疑问	~能够做来使得每下一个比之上一个弗过换一眼小花头？
阿是	还是	一只调子拉正东上呢，~拉次东上？
不/弗/勿	本书有三种不同的写法	弗是一样个
搭之	本书只用作并列连词，相当于"和"	论到全东咾半东个数目~次序
打	介词，相当于"从"。书中也说"打从"	正排音咾次排音~那里一个闹脱起头？
担	介词，相当于"把"	~闹脱写拉包尔歹上之
单单	副词，相当于"光"	~放一个♯或者一个♭，可以否？
得	能性补语助词	那能能够分别~出耶？
得/来/得来	引介状态补语的结构助词	包含~多个一隔味，叫大隔
第	指示词，相当于"这"	右面法国话是话出做~本书个大意
多化/多好	表示不定的数量	第个多好法子
否/唔	句末疑问语气词，相当于"吗"	担♯咾♭写拉一淘可以~？

（续表）

虚词	释义	例句
介咾	所以	~话陶咾米个一隔东包得多
介味	那么	~第两个排音叫啥？
个$_1$	助词，相当于“的”	右面法国话是话出做第本书~大意
个$_2$	句末语气词，相当于“的”	有尝时要停停~
箇	指示词，相当于“那”	~个重复拉个少个声音如同啥？
几化/几好	疑问代词，相当于“多少”	大家远开个~，就是隔
拉$_1$	处所介词，相当于“在”	~伊拉当中拣一排出来
拉$_2$	接受者介词，相当于“给”	拨~伊拉看之
拉$_3$	存现体标记	照上头话~个说话
拉$_4$	复数后缀	相公~特特里做第本问答
垃拉	相当于“在”	~西洋作乐里向
咾	表并列的语气词	乐里顶要紧晓得个规矩~法子
咾啥	助词，相当于“什么的”	免脱多化厌气~
里	语气词，相当于“呢”	还有个~
曼	语气词，相当于“了吗”	够事~？
味	话题标记	声音个记号~，叫啥？

虚词	释义	例句
那里	即“何里”，本书用训读字，相当于“哪里、哪”	七隔当中，~一隔最小？
那能	疑问代词，相当于“怎么、怎么样”	素排音~个？
乃	那么	~每一级个声气味叫啥？
伲	我们	~看见有个
呢$_1$	表示选择的语气词	是一停弗停个要作个~啥？
呢$_2$	用于特指问等后的语气词	究竟那能做法~？
侬	你	就是用第个记号来拨~晓得
齐	总括副词，相当于“都”	~是什介个
啥	疑问代词，相当于“什么”	包尔歹是~？
啥个	相当于“什么”，用于定语	照之~样子咾做呢？
啥咾	为什么	~拉包尔歹个左横头要放一个钥匙耶？
啥人	谁	~要担一只调子从第个东换到箇个东
什介	这么，这样	齐是~个
什介能	这么、这样	~个长远，共总有几化？
倘使	连词，相当于“假如”。本书中也叫“若使”	~是正排音

（续表）

虚词	释义	例句
特特里	特地	相公拉～做第本问答
替	伴随介词，相当于"跟"	～正排音一样个咾
为啥	为什么	～缘故第个次排音搭之上头个正排音算相应个耶？
无啥	没什么	比方拉钥匙边头～♯咾♭个记号
伊	人称代词，相当于"他"	搭之～写拉一条线上个闹脱
伊拉	人称代词，相当于"他们"	愿意～学西洋音乐
耶	语气词，相当于"呀"	从啥地方算起～？
之	体标记，相当于"了$_1$"	看见～一个闹脱味
者	句末语气词，相当于"了$_2$"	或者算下来，就晓得～
终归	终究	～有西♭个咾

四、虚词索引简表

后　　记

我在读本科时就买了游汝杰教授的《西洋传教士汉语方言学著作书目考述》(黑龙江教育出版社,2002年),可来复旦之前,我因对西洋传教士的方言著作所知甚少而并不"感冒"。到复旦之后,有两桩机缘让我开始对这批重要的资料产生浓厚兴趣。2018年底,潘悟云教授希望组织一套"吴语史研究丛书",承蒙潘老师信任,《吴语语法史》的主要撰写任务托付给了我,西洋传教士的近代吴语文献是研究吴语语法史的重要材料,自此我开始有意识地搜集关注这宗资料。2019年,上海教育出版社徐川山主任打算重版游老师的《西洋传教士汉语方言学著作书目考述》,委托我协助游老师校对该书,这让我有机会仔细地通读全稿,也越发对传教士的工作产生兴趣与敬意。

学界之前主要关注传教士的方言《圣经》、方言课本、方言词典等资料,而我则对科学类教科书、文艺作品这些比较有意思的著作更感兴趣。本丛刊所收的几种科学类教科书,学界之前罕有或者无人提及,都是笔者2019年下半年在因缘际会之下凑巧获得的:《西算启蒙》是在严敦杰先生的数学史论文中看到的;6月29日,在石汝杰教授与宫田一郎教授主编的《明清吴语词典》的附录"吴语文献资料全书"中,查到有《全体功用问答》一书,查阅CADAL(中国数字图书馆)得以一窥全书的面貌;7月24日,偶然在《典册琳琅:上海图书馆历史文献典藏图录》中发现《方言西乐问答》一书的书影,经徐家汇藏书楼徐锦华兄确认，上图藏有该书；8月13日，在张晓先生的《近代汉译西学书目提要：明末至1919》中，又发现《土话算学问答》，咨询徐锦华兄后，确定上图也藏有该书；9月30日，在澳大利亚国家图书馆伦敦会特藏中，发现《启悟问答》这本之前从未有人提及的著作。更令人惊喜的是，《全体功用问答》《土话算学问答》《启悟问答》存在对应的官话本，不禁萌生将这批有趣的书重新编排整理的想法。

我就此想法与中西书局李碧妍女史沟通，得到了她极大的鼓励与支持，并安排了编辑负责本丛刊的编辑工作，几位在编辑过程中倾注了大量心血。丛刊的编排整理得到翁琳佳、王羿人、方晓斌、杨阳、鲁静晗五位同学的全情投入；向中文系领导汇报此出版计划后，也得到了系里高峰高原计划的大力资助。

丛刊编辑过程中给予我们帮助的各位师友，我已经在每本导言中表达过感谢了。最后，要向传教士汉语方言著作研究的先行者、领军人游汝杰教授表达由衷的敬意。游老师是复旦语言学的老前辈，虽然我入职复旦的时候游老师已经荣休，但游老师一直对我关爱有加，无私地将珍藏的文献悉数馈赠予我，并不断鼓励我好好研究这批资料，令人感佩！承蒙游老师抬爱，拨冗为丛刊作序，序中的溢美之词，实在是对我的鞭策。只有在本领域继续深耕不辍，方能不辜负游老师的殷切期许。

由于本人缺乏整理相关文献的经验，不当之处，祈请方家不吝赐正！

盛益民

2022年12月29日改定于光华楼

今早惊闻上海图书馆研究馆员张伟先生去世的消息，不禁愕然。张伟先生是近代沪上文献、海派文化研究的大家，我与他结识就缘起于本丛刊的编纂。查阅《方言西乐问答》相关文献过程中，获悉张伟先生的大作《追寻遥远的土山湾音乐》，文章基于大量一手资料，将《方言西乐问答》及圣若瑟音乐班的历史背景交代得清清楚楚，正可以补本人这方面的不足。于是萌生了将该文作为附录收入丛刊《方言西乐问答》的想法，承蒙徐锦华兄引荐，我联系上张先生，他非常爽快地答应了，并很快发来文章的word文档。之后我还向张先生求教过小校场年画中的方言、天主教沪语戏剧演出等问题，张先生都耐心地予以解答；当我咨询徐家汇藏书楼所藏吴语著作时，张先生给我打了一通48分钟的微信电话，详细地告知这批藏书因修建地铁1号线所经历的波折。由于疫情的缘故，本丛刊的出版耽搁许久，本打算丛刊出版之后，当面奉上并继续向张先生讨教，没想到竟成了永远的遗憾。补上这段往事，聊表对张先生的感谢与怀念。

2023年1月11日补记